대공황의 세계
1929–1939

Die Weltwirtschaftskrise by Charles P. Kindleberger
© 1973 dtv Verlagsgesellschaft mbH & Co. KG, Munich/ Germany
Korean Translation Copyright © 2018 by Goodmorning Books
All rights reserved.

The Korean language edition is published by arrangement with
DTV Verlagsgesellschaft mbH & Co. KG through MOMO Agency, Seoul.

이 책의 한국어판 저작권은 모모 에이전시를 통해
DTV Verlagsgesellschaft mbH & Co. KG와의 독점계약으로
"굿모닝북스"에 있습니다.
저작권법에 의해 한국 내에서 보호를 받는 저작물이므로
무단전재와 무단복제를 금합니다.

이 도서의 국립중앙도서관 출판예정도서목록(CIP)은 서지정보유통지원시스템 홈페이지
(http://seoji.nl.go.kr)와 국가자료공동목록시스템(http://www.nl.go.kr/kolisnet)에서 이
용하실 수 있습니다.(CIP제어번호: CIP2018002026)

대공황의 세계
1929-1939

The World in Depression
1929-1939

찰스 P. 킨들버거 지음 | 박정태 옮김

굿모닝북스

■ 일러두기

1. 인명과 지명을 비롯한 외래어 표기는 국립국어원 외래어표기법을 따랐으나 일반적으로 통용되는 표기가
   있을 경우 이를 참고했습니다.
2. 저자의 주석과 출처 표시는 미주로 달았고, 옮긴이가 독자의 이해를 돕기 위해 붙인 설명은 각주로 처리
   했습니다.
3. 본문에서는 신문을 비롯한 정기간행물은 〈 〉로, 단행본으로 출간된 책은 《 》로 표시했으나, 주석에서는
   모두 이탤릭체로 표시했습니다.

이 책의 개정판을 내자는 아이디어는 출판사가 아니라 내가 낸 것이었다. 초판이 쓰여진 지 13년이나 지났기 때문에 이 주제와 관련된 저작이 엄청나게 불어났다. 나는 그 저작들에서 많은 것을 배웠다. 물론 그렇다고 해서 내 독특한 시각을 바꾸려 하지는 않았다. 또한 최근에 열린 두 번의 심포지엄에 참가해 두 가지 중요한 방향에서 내 지식을 넓힐 수 있었는데, 첫 번째는 1981년에 지나니 토니올로가 주최한 1930년대 은행과 산업 간의 관계에 관한 심포지엄이었고, 두 번째는 1982년에 로즈마리 소프가 주최한 1930년대 라틴아메리카가 겪은 경제 상황에 관한 것이었다.

이 개정판에서 주의를 기울인 부분 가운데 하나는 내가 제기한 가설의 타당성에 의구심을 품고 있는 사람들에게 답하는 것이었다. 그 중에는 통화주의자들이 있는데, 롤랜드 보벨이 가장 최근에 지적한 경우였다.[1] 도널드 모그리지 같은 케인지언들도 있다. 모그리지는 1930년대의 대공황이 내가 처방으로 제시한 방안보다 훨씬 더 강력한, 가령 마셜 플랜과 유사한 수준의 치료법을 필요로 했다고 확신하고 있다.[2] 나는 이 문제를 어떠한 논점도 전제하지 않고, 또 우리가 알 수 있는 것보다 더 많이 알아야 한다는 주장 따위는 제쳐놓고 논의를 진행해 나갔으면 한다.

내 진짜 의도는 앞서도 언급했듯이, 물론 내 생각이지만 전도傳道하려는 것이다. 미 연방준비제도의 정책 미스로 인해 미국의 경기 침체가 미국의 공황으로 확대됐고 이것이 마침내 해외로까지 파급됐다는 주장이 있지만 나는 대공황이 그 기원부터, 또 상호 작용이라는 점에서 전 세계적인 현상이었다고 보았는데, 많은 학자들로 하여금 나의 이런 생각을 받아들이도록 하는 데는 실패했다. 나는 로빈 매튜스가 이미 한 세기 전의 세계적인 공황에 대해 내렸던 판단을 1930년대에도 그대로 적용하고 싶다. "어떤 나라가 전체적인 경기 사이클에서 혹은 개별 경기 국면에서 제일 중요했다고 미리 확고하게 결정해두려고 해봐야 아무 소용도 없다."[3] 통화주의자들은 대공황을 설명하면서 틀림없이 국제적인 요인 하나를 추가할 텐데, 바로 스무트–홀리 관세법이다. 대개의 거시경제 모델에서는 관세가 외국의 보복 관세나 수입 쿼터 장벽을 불러오지 않는다면 국내적으로 경기 확장을 가져온다고 여긴다. 그러나 스무트–홀리 관세법은 경기 위축을 가져왔다.[4]

초판에 실린 내용들 가운데 논란조차 되지 않고 그냥 넘어가버린 것들도 있다. 1929년 10월의 주식시장 대폭락으로 인한 유동성 압박이 상품가격 하락에 미친 영향의 중요성이 그 중 하나다. 상품가격은 1929년 8월부터 1930년 8월까지 전세계적으로 12~20% 떨어졌다. 물가 하락의 고착화가 은행 파산에 미친 파급의 중요성도 있다. 1931년 9월부터 그해 12월까지 30%나 떨어졌던 파운드 화의 평가절하(이로 인해 달러 화와 라이히스마르크, 금 블록 국가들의 통화 가치는 평가절상됐다)가 미국과 독일, 금 블록 국가들에 미친 디플레이션 충격도 주목 받지 못했다.

나는 대공황을 단지 하나의 현상으로 보거나 통상적인 경기 후퇴가 주로 미국 통화 당국의 실수로 인해 큰 규모의 불황으로 발전했다고 인식하는 것은 정말로 잘못된 일이라는 점을 독자들에게 분명히 심어주고 싶다. 통상적인 경기 후퇴보다 그 강도가 훨씬 더 강했던 1929~1930년의 불황과 1931~1933년의 불황에 대해서는 별도의 설명이 필요하다. 대부분의 통화주의자들이 1929년부터 1933년까지를 하나의 기간으로 해서 미국의 실질 국민소득 대비 통화량을 비교하고 있다. 그러나 1929년과 1930년을 따로 떼어내 두 해만 비교해보면 실질 국민소득은 10% 줄어들었고, 물가는 12% 떨어진 반면 통화량은 5%밖에 감소하지 않았다는 점을 알 수 있다. 이는 통화주의자들의 주장과는 전혀 다른 것이다. 실질 통화량─명목 통화량을 도매물가로 나눈 것─은 이 기간 중에 실제로 증가했다. 하지만 그렇다고 해서 1929년과 1930년의 불황을 설명하면서 반드시 케인지언이 돼야 한다는 말은 아니다. 케인지언은 생산과 소득의 위축이 주로 지출(가령 소비자들의 주택과 자동차 구매)의 감소에서 비롯된 것이라고 주장한다. 나는 이런 설명 역시 통화주의자들의 설명과 마찬가지로 복잡한 세상을 너무 단순하게 본 결과라고 생각한다. 1929년과 1930년의 불황에 대한 내 설명은 통화량의 상관성을 중시한다는 점에서 다분히 금융론적이라고 할 수 있지만 결코 통화주의자 쪽은 아니다.

내가 완전하게 풀어낼 수 없었던 역사적 수수께끼 몇 가지를 이 자리에서 고백하는 게 나을 것 같다.

(1) 1929~1930년의 불황에 대한 내 설명은 주식시장 대폭락에서 비롯된 유동성 압박에 큰 비중을 두고 있는데, 주식시장 대폭락은 상품가격과 대다수 자산 가격의 급락으로 이어졌고, 이는 결과적으로 은행 파산 사태에도 영향을 미쳤다. 그런데 1920~1921년에도 이와 비슷한 상품가격의 급락이 있었는데, 그때는 왜 은행 파산 사태나 광범위한 공황으로 발전하지 않았는가 하는 문제가 남는다. 이와 관련된 설명은 얼마든지 있다. 다만 충분히 납득할 수 있는 설명은 아무도 내놓지 못하고 있다.

(2) 세계경제에 꼭 필요했던 것은, 특히 1931년의 금융 붕괴 상황에서는 구조 조정과 함께 단순한 최후의 대부자를 넘어서는 것이었다는 주장이 그것이다. 모그리지의 이러한 논점은 어떤 식으로도 그 타당성을 증명할 수 없다. 내가 생각하기로는 만일 오스트리아와 독일, 영국에서 예금 인출 사태가 벌어졌을 때 파격적인 국제 지원을 통해 적시에 그것을 멈추었더라면 경쟁적인 시장이 갖고 있는 기본적인 복원력에 의해 공황이 그리 오래가지도 않았을 것이고 그리 심각해지지도 않았을 것이다. 하지만 이것 역시 증명할 수 있는 것은 아니고 어디까지나 나의 주장일 뿐이다. 아무튼 나와는 다른 모그리지의 견해는 주목할 만하다.

(3) 1931년 9월의 파운드 화 평가절하는 이 책에서 지적하고 있듯이 영국 내의 물가를 끌어올리는 데 실패했다. 하지만 파운드 화를 사용

하지 않는 다른 지역의 물가는 큰 폭으로 떨어뜨렸는데, 미국과 금 블록 국가들이 특히 심했고, 각종 규제로 스스로 대외 교역 창구를 닫아걸기 시작하던 독일은 조금 덜했다. 그런데 달러 화가 평가절하된 1933년에는 미국 내의 물가는 오른 반면 다른 나라 물가는 그대로 머물렀다. 이 같은 상이한 파급은 세계경제의 회복에 결정적인 요인이었다. 하지만 파운드 화와 달러 화의 평가절하가 가져온 파급의 차이에 대해서는 어떤 명확한 설명도 떠오르지 않는다.

이어서 1973년에 출간된 초판본의 서문을 덧붙이고자 한다. 나름대로 필요한 일이기도 하려니와, 이번 개정판에서는 초판 출간 당시 마지막 순간 퇴고 과정에서 삭제했던 앞부분의 한 단락도 포함시켰다. 사실 이 부분을 빼버린 것은 동료의 조언에 따른 것이었는데, 다시 보니 괜한 짓이었다는 생각이 들었기 때문이다. 이 책의 다른 부분들도 똑같은 과정을 거쳤다. 일부 내용과 분석이 추가됐고 약간 잘라내기도 했지만, 넘칠 정도로 많아 보이는 일부 그림과 표의 수치들은 그대로 두었다. 그 결과 초판보다 책이 두꺼워졌다. 더 나은 책이 되었으면 하는 바람이다.

"이건 내가 경제학에 발을 들여놓았을 때의 일이다." 볼프람 피셔 박사가 나에게 1930년대 세계경제의 역사에 관한 집필을 요청했을 때 나는 흔쾌히 동의했다. 그건 부분적으로 세계 대공황에 대한 지적 관심이 고조되어가고 있었기 때문인데, 이 같은 열기는 어디를 가든 학자들 사이에서 발견할 수 있었다. 또한 부분적으로는 나의 청년기와 경제전문가로서의 인생을 시작하던 무렵의 다난했던 사건들을 나 스스로 규명해보고 싶었기 때문이다. 사실 나뿐만 아니라 많은 사람들을 경제학에 빠져들게 만들었던 것은 바로 그 사건들이었다.

1928년 3월, 그러니까 뉴욕 주식시장의 하루 거래량이 처음으로 400만 주를 넘어섰던 무렵의 이야기부터 시작해보겠다. 우리 집은 뉴욕 시 교외지역에 있었는데, 나는 다른 주에 있는 고등학교에 입학해 집을 떠나 있었다. 그런데 1928년 2월 말 학교에 갑자기 전염성 폐렴이 퍼졌다. 항생제도 없던 시절이라 결국 세 명의 학생이 사망했고, 이어서 3주 동안 나머지 학생들은 집에 가 있어야 했다. 플러싱에 있는 집에서는 할 게 없었다. 내 친구들은 다른 학교로 가거나 동네 고등학교에서 하루 종일 틀어박혀 있었다. 아버지는 나에게 당신이 거래하고 있는 월스트리트의 증권회사에서 "러너runner", 그러니까 사환으로 일해보라고 했다. 내가 받은 주급은 10달러인가 12달러인가였는데, 매일 롱아일랜드까지 가는 기차 삯이 편도 33센트였고, 또 지하철 요금이 편도 5센트라 교통비로 거의 써야 했다. 그런데 주식시장이 붐을 타며 주가가 연일 사상 최고치를 기록한 덕분에 나에게도 떡고물이 조금 떨어졌다. 증권회사 업무는 6시에 끝났지만 그때 내가 일했던 2주 동안은 매일같이 더 남아서 서류작업을 했는데, 덕분에 나에게도 1달러의 석식비가 주어졌다. 집에 갈 때까지 저녁을 먹지 않으면 이 돈을 다 가져갈 수 있었고, 40센트쯤 했던 아주 괜찮은 저녁식사를 한 다음 나머지를 가져갈 수도 있었다.

그렇게 일했던 2주 동안의 일 중에서도 뇌리 속에 생생하게 남아있는 것은 매일같이 주머니 안에 100만 달러짜리 수표를 넣고 내셔널 시티 뱅크로 달려갔던 일인데, 그 수표는 알다시피 그날그날 브로커즈 론 brocker's loan* 을 상환하는 돈이었다. 그로부터 56년이 지났지만 나는 아직껏 그만한 금액의 수표를 발행해본 적이 없다.

1929년 10월의 주식시장 대폭락 사태는 내 기억 속에 그리 큰 자국을 남기지 않았다. 세상사 여느 일들처럼 의식은 했지만 당시 대학 2년생이었던 나에게 그건 먼 나라 얘기일 뿐이었다. 우리 가족도 투자한 주식이 조금 있었는데, 주식 매입자금은 거의 빌리지 않았고 가진 돈만으로 투

....

* 증권회사가 자기 매매나 고객 대출 등에 필요한 자금을 은행 등에서 차입하는 것.

자했다. 경기가 나빠지고 있었음에도 불구하고 나는 해운회사에 근무하는 아저씨의 도움으로 다음해 여름 화물선에서 일할 수 있었다. 코펜하겐에서 레닌그라드로 중장비를 실어다 주고 돌아오는 길에 핀란드의 코트카와 라우모, 케미에서 목재펄프를 실어오는 배였다. 당시 그것들이 덤핑가격으로 수출되는 것은 아니었던 같은데 잘 모르겠다. 이 책의 제8장에서 이야기하는, 1932년 이후에 벌어졌던 환덤핑exchange dumping*은 아니었다. 당시의 일을 기억하는 건 순전히 배가 코펜하겐에 도착한 다음 각자 자기 돈을 내고 맥주와 스피릿 같은 술을 마실 수 있었기 때문이다.(갑판담당 사환이었던 나의 월 급여는 20달러였다.) 아무튼 이때의 여행 덕분에 나는 국제무역에 흥미를 가졌을 뿐만 아니라 덴마크 맥주 투보그Tuborg에 맛을 들여 지금껏 마시고 있다.(내 친구 한 명도 1940년에 자기 아저씨를 통해 해운회사의 일자리를 구할 수 있었다. 내가 일할 수 있게 도와준 아저씨는 해운회사의 부사장이었고, 내 친구의 아저씨는 선원노조의 부위원장이었다. 이런 식의 연줄 관계는 1930년대 내내 이어졌는데, 그 양상만 조금씩 달라졌다.)

가족의 수입은 떨어졌지만 대학 학비를 대기에는 문제 없었고, 국제 학생연맹에서 장학금을 받아 1931년 여름학기 동안 공부할 유럽으로 갈 여비도 충당할 수 있었다. 평소에 세미나를 주재하던 살바도르 드 마다리아가 교수가 마침 미국 주재 스페인 대사로 임명된 직후였다. 그 덕분에 미국과 유럽 대학의 학부생들인 우리는 제네바 국제학 대학원 의 대학원생들과 함께 알프레드 짐먼 교수(훗날 작위를 받았다)의 지도를 받게 됐다. 그건 정말 멋진 경험이었다. 방문 교수의 강의부터 여름학

....
* 자국 통화의 평가절하를 통해 수출 상품의 가격을 떨어뜨리고 수출을 늘리는 것.

기 마지막에 있었던 패트릭 슬론의 송별회까지 다 그랬는데, 소련에 가서 1년 동안 있을 예정이었던 패트릭은 화장실용 휴지와 바늘을 한 무더기 준비해놓고 있었다.

그러나 당시 내가 이 책의 제7장에서 설명한 사건들에 대해 아주 분명한 생각을 갖고 있었다고는 말하기 어렵다. 그 해 여름 내가 갖고 다녔던 공책을 꺼내보았더니 폴 더글러스 교수와 미국 출신의 E. M. 패터슨 교수, 모리스 본 교수, 앙리 오제 교수, 더글러스 코플랜드 교수를 비롯해 여러 교수들의 강의가 적혀 있었다. 심지어는 '미국 내의 경제 상황Economic Condition in the United States'이라는 제목으로 경제학 그룹에서 내가 직접 발제한 세미나의 개요까지 들어 있었다. 마구 갈겨쓴 이 내용들은 이 책을 쓰는 데 하나도 도움이 되지 않았다. 내가 국제결제은행BIS에 대해 알게 된 것도 실은 당시 그곳에서 일하던 젊은 직원 하나가 제네바의 미국인 거주지역에 살던 미모의 여인에게 작업을 걸기 위해 바젤에서 뻔질나게 드나들었기 때문이다.

1932년 2월에 대학을 졸업한 뒤 나는 실업자로서 아주 강렬한 경험을 해봤는데, 다행히 8주에서 10주정도로 끝났다. 이번에도 아는 분 덕분에 사환 자리(그래도 학사학위 소지자에 파이 베타 카파 회원이라야 했다)를 구했는데, 케인지언의 한 사람이 된 지금 밝히기 좀 부끄럽지만 당시 내가 일한 직장은 전국경제연맹이라는 곳으로, 아치볼드 루스벨트를 비롯한 보수주의자들이 정부의 균형 예산을 요구하기 위해 만든 압력단체였다. 1932년 7월에는 또다시 연줄을 통해 존슨 앤 히긴스라는 해상보험 중개회사에 사환 자리를 구했다. 그 다음 해에 회사에서 있었던 일 가운데 두 가지가 또렷이 기억에 남아있다. 하나는 1종 우편물의 요금이 2센트에서 3센트로 오른 것이었는데, 그러자 회사는 맨해튼 중심가로 가는 우편물은 우체국을 통하지 말고 직원을 이용해 직접 보내도록 했다.(나로서는 수요 탄력성과의 고통스러운 첫 만남이었다.) 또 하나는 담당 부서장으로부터 받은 종이 한 장이었는데, 거기에는 NRA(국가부흥국) 때문에―행간의 의미는 "다른 이유는 없이"―내 급여가 주당 12달러에서 15달러로 인상될 것이라고 적혀 있었다.

1933년 2월 나는 그 해 가을 학기부터 컬럼비아 대학교 대학원에서 경제학을 공부하기로 하고 입학절차를 마쳤다. 입문 과정으로 나는 당시 〈뉴욕이브닝포스트〉의 금융 담당 에디터였던 랄프 W. 로비 교수로부터 화폐 및 은행론의 야간 강좌를 들었다. 1933년 2월 초부터 3월 사이 로비 교수는 미국 은행 시스템의 붕괴에 관해 정말로 실감나는 설명으로 학생들을 즐겁게 해주었는데, 경제학 수업이 마치 《폴린의 모험》이야기만큼이나 흥미진진했다.

지금 돌아보면 어떻게 했는지 모르겠지만 아무튼 1933~1934년 가을 학기에 수강한 국제은행론의 기말 논문 주제로 덴마크와 뉴질랜드 간에 있었던 경쟁적인 평가절하를 다뤘다. 벤저민 H. 벡하트 교수는 그 논문을 다듬으면 출판할 수 있을 것이라며 용기를 불어넣어 주었는데, 내가 학문의 길로 접어들게 된 계기가 된 그 논문의 개략을 제8장에서 발견할 수 있을 것이다. 변동환율제에 대해 내가 젊은 시절부터 가졌던 거부감 같은 게 여전히 남아 있지만 말이다.

1936년 6월에 학과 과정을 마치고 논문 준비에 들어가면서 재무부의 국제조사과에서 근무하게 됐는데, 그곳에서 내가 한 일은 해리 D. 화이트와 프랭크 V. 코 밑에서 금 블록 국가들을 포함한 여러 나라 통화의 구매력 평가를 계산하는 것이었다. 물론 임시직이었다. 내가 근무한 첫 정규 직장은 1936년 10월 1일자로 들어간 뉴욕 연방준비은행이었다. 그곳에서 내가 받은 급여는 월 200달러, 연봉으로 2400달러였다. 화이트 씨는 나에게 재무부에서 계속 일할 생각이 없느냐고 물어왔다. 나는 연봉 2600달러인 P-2 직급─당시 전문직은 P-1에서 P-6까지의 직급이 있었다─이라면 고려해보겠노라고 대답했다. 화이트 씨는 내 요구가 너무 지나치다고 여겼고, 나는 자리를 옮기게 된 것인데, 내가 뉴욕 연방준비은행에서 일하기 시작한 것은 삼국통화협정이 체결된 1936년 9월 26일로부터 불과 나흘이 지난 뒤였다.

뉴욕 연방준비은행에서는 유럽 경제권과 뉴욕 외환시장에서 일어나는 사건들을 분석했는데, 1937년 4월에 벌어졌던 금 가격이 인하될지도 모른다는 금 우려와 그 해 가을의 달러 화 평가절하에 대한 우려까지 다 챙겼다. 히틀러가 프라하로 진격하기 전인 1939년 2월에 나는 그 해 여름부터 국제결제은행에서 근무하기로 했다. 결국 연방준비제도이사회에 있는 친구의 도움으로 1940년 6월 파리 함락 뒤 겨우 귀국할 수 있었다.

이 모든 일들이 독자들에게는 나만큼 흥미로울 수 없겠지만 이런 식으로라도 내가 경제학의 길로 들어서게 된 계기를 이해해주었으면 좋겠고, 또한 이 책이 어느 정도는 '잃어버린 시간을 찾아서'라는 점을 알아주었으면 한다. 하지만 이 책에는 젊은 시절의 경험에 따르기 마련인 편견은 물론이고, 어쩌면 그 이상으로 내가 전후 강단에서 20년간 학생들을 가르치면서 갖게 된 좀 특이한 지적 성향도 그 이상 담겨 있을 것이다. 이 두 가지 점으로 인한 변형에 대해서는 독자들이 미리 양해

해주기 바란다.

이 책은 1930년대에 관한 것이므로 당연히 대공황에 빠진 세계경제를 주의 깊게 들여다본다. 미국인의 시각에서 쓰여졌다고 할 수 있지만 그건 어디까지나 부득이한 경우에 한해서 그렇다. 이 책에는 유럽과 관련된 내용도 많이 들어있다. 그러나 소련과 아시아에 관한 내용은 그리 많지 않다. 그런 점에서 전체적인 서술이 좀 기울어졌을 수도 있지만 그렇다고 해서 모르는 것을 아는 체할 수는 없는 노릇이다.

대공황으로 인해 피폐해질 대로 피폐해진 시절의 사회적, 정치적, 개인적 드라마, 그러니까 스터즈 터클과 존 브룩스, 케네스 갤브레이스가 펴낸 최근 저서에서 읽을 수 있는 내용들을 이 책이 별로 담아내지 못하고 있다는 점은 잘 알고 있다. 예전에 계량경제학적인 방법으로 경제사를 서술한 책을 리뷰한 적이 있는데, 면화를 재배하는 농부의 땀방울과 바다를 항해하는 선원들의 노랫소리가 없어 아쉽다고 평한 적이 있다. 이 책에는 앞서 소개한 나의 자전적 이야기 외에는 휴업 사태로 사과 노점상을 차린 은행원들이나 증권중개인들의 흥미진진한 일화 같은 것들은 별로 없다. 또한 시차변수를 갖는 다중회귀분석으로 아주 정밀하게 가설을 증명하고자 하는 새로운 경제사 연구 방식인 계량경제학과도 거리가 멀다. 이 책은 결정계수나 더빈–왓슨 검증을 통한 표 같은 것 대신에 그저 이야기를 풀어서 역사를 써내려 간 것이다. 그만큼 더 부족할 수도 있다.

마지막으로 굳이 변명하자면, 나는 대공황이 왜 그렇게 광범위한 지역을 강타했으며, 왜 그토록 심각했으며, 왜 그리도 오랫동안 이어졌는가에 관한 해답을 나의 전공 분야인 국제 통화 메커니즘에서 찾았다.

이건 독자들에게도 그리 놀라운 일은 아닐 것이다.

　역사가가 아니다 보니 나는 역사전문가들과, 나처럼 그 경계에 서있는 사람들에게 많은 빚을 졌다. 나는 역사전문가들이 자신들의 관할 영역을 막아내려 하기 보다는 외부인들에게 도움을 주려는 친절한 마음을 갖고 있다는 점에 깊은 인상을 받았다. 가장 먼저 캠브리지 클레어 칼리지의 D. E. 모그리지와 MIT의 동료인 피터 테민에게 감사의 뜻을 전하고 싶다. 두 사람은 이 책의 초고를 주의 깊게 읽어주었을 뿐만 아니라 각자의 전공에 따라 내용을 다듬어주었다. 테민은 예시와 증명에 관해 매우 폭넓은 질문을 던져주었다. 모그리지는 통상적인 도움의 정도를 넘어 다른 증거에 대해서도 주의를 촉구했고, 나의 해석에 의문을 제기하기도 했으며, 특히 증거가 부족한 여러 논점들과 관련해서는 추가적인 자료를 얻기 위해 공식 기록들을 뒤지는 일도 서슴지 않았다.

　모그리지와 테민은 당연히 예외로 하고, 내가 지적으로 신세를 진 나머지 사람들에 대해서는, 그래서도 안되지만 그렇게 할 수도 없는 차별을 피하기 위해서라도 알파벳 순서로 소개하고자 한다. 프린스턴 대학과 애틀랜타 대학에 있던 레스터 V. 챈들러 교수는 뉴욕 연방준비은행의 파일에서 찾아낸 산더미 같은 기록물 사본들과 함께 내가 저술 작업을 시작할 수 있게 해주었고 숱한 토론 과정에서 자극과 암시를 주었다. 뉴욕 연방준비은행의 스티븐 V. O. 클라크는 초고를 읽고 유용한 논평을 무수히 해주었으며 여러 논점들에 대해서는 은행 파일까지 검색해주었다. 나처럼 공황에 대해 연구하고 있는 코넬 대학의 헤이우드 플레이지그 교수는 아직 발표하지 않은 그의 학위논문과 미완성 상태의 중요한 논문 한 편을 나에게 보여주었고, 내 초고에서 중요한 오류 하나를 바로잡아 주었다. 뉴욕 연방준비은행의 조지 가비 부총재는 1931년과 1932년에 독일에서 벌어졌던 공공사업의 부흥 문제와 관련해 보이틴스키의 연구에 주목하도록 해주었으며, 내가 미처 구입하지 못한 그로트코프의 저작 《대공황Die große Krise》을 은행 서가에서 빌려주었다. 나와 마찬가지로 공황이라는 주제에 깊이 천착해온 하버드 대학의 알렉산더 커센크론 교수는 1930년과 1931년에 독일 경제성의 고위 관료를 지냈던 빌헬름 라우텐바흐의 경기 확장적 아이디어가 중요하다는 점을 강조해주었다.

국제부흥개발은행에서 일하고 있는 헬렌 휴즈 박사는 아직 발표하지 않은 호주 경제사에 관한 저술 중 초고 2개 장을 빌려주는 친절을 베풀었다. 고미야 류타로 교수는 나의 부탁으로, 일본이 어떻게 한 명의 케인지언도 없던 1932년에 벌써 케인지언 정책을 내놓을 수 있었는지, 정말 수수께끼 같은 문제에 대한 답을 찾아 일본의 자료를 파헤쳐주었다. 위스콘신 대학의 피터 H. 린더트 교수는 이 책의 첫 번째 원고를 읽고 신랄하게 논평해주었다. 뉴욕 주립 스토니브룩 대학의 대학원생 제임스 R. 무어는 1933년의 세계경제회의에 관한 논문을 쓰면서 명실상부한 역사학자들에게서 자문 받은 참고문헌 목록을 나에게 알려주는 친절을 베풀었다. 일리노이 대학의 아돌프 슈투름탈 교수는 통화 가치의 평가절하 문제와 관련해 독일 마르크스주의자들이 반감을 가졌다는 내용의 참으로 흥미로운 자료를 제공해주었다.

이런 책을 쓰려면 세미나와 강의에서 나온 다양한 아이디어도 구해야 한다. 나는 앨라배마 대학과 케임브리지 경제사 연구 그룹, 컬럼비아 대학, 코넬 대학에서 그런 작업을 할 수 있었고, 또한 외교협회와 코네

티켓 주 솔즈베리에 있는 세계문제연구소(1931년에 설립된 국제학생연맹의 후신이다), 뉴욕 메트로폴리탄 이코노미스트 연구그룹의 토론 모임에도 참여했다. 앞서 소개했던 인사들도 참여했던 이런 모임에서 나눈 의견 교환과 토론은 나에게 큰 힘이 되어주었고 내용도 알찼다.

하버드 대학은 중앙도서관인 와이드너 도서관의 방대한 문헌을 인근에 거주하는 학자들에게 1년에 한 달 동안 무료로 개방하는 관대함을 베풀고 있다. 나는 이 소중한 특권을 두 번이나 누렸는데, 대학과 도서관 측에 무척 고맙다. 하지만 내가 이따금 건너편의 거창한 도서관에 눈길을 주었다고 해서 MIT의 듀이 도서관에 대한 나의 애정과 신뢰가 달라지지는 않았다. 듀이 도서관의 친절함과 열성적인 자세는 소장 자료의 부족함을 메워주기에 충분했고, 그런 점에서 나는 바바라 클링겐하겐과 윌리엄 프레슨을 비롯한 여러분들에게 변함없이 감사하고 있다.

지금은 베일리 여사가 된 매리 앤 리어든 양은 1970년 초여름 다 쓸 수 없을 만큼 많은 통계 자료를 찾아주었다. 앤 포프 양은 이 책의 첫 번째 원고를 일일이 정리하고 타이핑까지 하는 일을 손수 맡아서 해주었다. 이 책의 최종 원고는 클링겐하겐 양과, 나처럼 노련한 타입인 이네즈 크랜달 여사가 작성해주었는데, MIT에서 학과장 비서로 20여 년간 재직했던 크랜달 여사는 이제 은퇴했다.

불굴의 의지로 신체적 장애와 대공황에 맞서 싸우셨던 아버지 E. 크로스비 킨들버거의 영전에 이 책을 바친다.

| 차례 |

1

시작하며
Introduction

참 묘한 일이다. 이미 50년 넘는 세월이 흘렀는데도 경제학자들은 여전히 1930년대의 세계 대공황을 제대로 이해하지 못하고 있다. 아니 어쩌면 그들은 상대의 의견을 받아들일 수 없는 것인지도 모른다. 이런 견해 차이는 종종 지상에 소개돼 왔다. 그러나 〈저널 오브 포트폴리오 매니지먼트Journal of Portfolio Management〉가 발간 50주년을 기념해 "대폭락: 원인과 결과, 시사점The Great Crash: Causes, Consequences, Relevance"이라는 제목으로 펴낸 1979년 가을호만큼 그 차이가 명료하게 드러난 경우도 없었다.[1] 시장 붕괴에 관한 처음 세 편의 글은 편집자 말로는 제비 뽑기 식으로 원고를 청탁했다고 하는데, 한 편은 폴 새뮤얼슨Paul Samuelson, 또 한 편은 나, 그리고 나머지 한 편은 밀턴 프리드먼Milton Friedman과 로즈Rose 부부가 썼다. 세 편의 논문을 쓴 필자들은 완전히 의견이 달랐다. 새뮤얼슨의 글은 기지가 넘쳤는데, 시장 붕괴와 대공황에 관한 기존의 논문 대부분이 일종의 신화를 다루고 있다고 주장했다. 그는 '절충적인eclectic' 시각을 유지하면서 이렇게 밝혔다. 1929년의 대폭락 사태는 대공황을 초래하고 또 심화시킨 여러 중요한 사건들 가운데 하나였으며, 어느 정도는 '우발적fortuitous' 요인들 중의 하나였다고 말이다.[2] 반면 프리드먼 부부는 대폭락 사태 그 자체는 나중에 일어난 일들을 볼때 그리 중요하지 않다고 말하면서도 대공황에서 어떤 우연적인 요소도 찾으려 하지 않았다. 이들의 주장, 그리고 밀턴 프리드먼이 쓴 다른 논문들, 특히 안나 제이콥슨 슈워츠Anna Jacobson Schwartz와 함께 쓴 권위 있는 논문인 〈1867–1960년 미국의 화폐금융 역사A Monetary History of the United States, 1867-1960〉에 따르면[3] 대공황은 미국의 통화 정책에 기인한 것이었다.[4] 그런 점에서 내가 쓴 글은 전혀 달랐다. 나는 대공황의 근저에는 여러 원인들이 결합한 복잡한 시스템이 있으며, 대공황은 국제적인 차원에서, 그리고 부분적으로는 통화 측면에서, 혹은 적어도 금융측면에서 발생했다고 주장했다.[5]

　새뮤얼슨이 대공황의 우발적인 성격을 강조하는 주장도 아주 만족스러운 건 아니다. 금융위기는 상당히 주기적으로 발생해왔다고 할 수있는데, 적어도 19세기와 제2차 세계대전 이전 시기에는 그랬다. 1816년, 1825년, 1836년, 1847년, 1857년, 1866년, 1873년, 1890년, 1907년, 1921년, 1929년, 1937년이 금융위기가 발생했던 해다.[6] 이 가운데 상당수가 공황으로 발전했다. 경제사가들에 의해 전형적인 대공황으로 자주 거론되는 1873년부터 1896년에 걸친 공황도 그 기원과 특징, 파급에서 독특했을 것이고, 그런 점에서 1929년부터 1939년까지의 대공황 시기 역시 특별하다고 할 수 있을 것이다.[7] 그러나 역사를 더 거슬러 올라가면 사회과학자들이 찾고자 하는 공통점을 발견하게 된다. 제1차 세계대전과 마찬가지로 나폴레옹 전쟁이 끝난 다음에도 1816년에 짧고도 강렬했던 디플레이션이 있었는데, 이는 1920년에서 1921년 사이의 디플레이션과 흡사하다. 또 영국이 금평가金平價*로 복귀했던 1819년과 1821년에 정점에 다다랐던 통화 조정기도 있었는데, 곧이어 1821년부터 1825년까지 외국 자금의 대부가 급증했다가 1826년 주식시장이 붕괴되고 공황이 찾아왔다. 만일 1920년대와 30년대의 주요 경제적 사건들을 103년 전에서 105년 전의 사건들과 비교해보면 아주 흥미로운 유사점들이 드러날 것이다. 1826년의 공황은 아마도 1929년의 공황에 비해 그렇게 심각하거나 광범위하지 않았고, 뒤이어 나타났던 1837년과 1848년의 공황에도 못 미쳤을 것이다. 그러나 공황이 발생한 시점만큼은 정말 놀라울 정도로 비슷하다.[8]

게다가 1840년대 유럽의 공황은 세계적으로 다른 지역에서는 그리 심각하지 않았는데도 공황의 기원과 우발적 요인들의 역할을 다룰 때는 1930년대의 공황과 똑같이 취급한다. 영국의 역사가들은 "1847~1848년의 상업 위기"를 철도 투기로 인한 광기에 곡물 거래업자들의 연쇄 도산과 관련된 자금시장의 패닉이 어우러진 결과라고 생각한다. 그런데 유럽 대륙 쪽의 시각은 상당히 다양하다. 캐머론Cameron은 그것을 "지금까지 없었던 최초의 금융 위기이자 은행 위기"라고 부른 반면[9] 다른

---

* 통화 가치를 일정량의 금에 고정시키는 것으로, 중앙은행에 금을 맡겨놓고 법정화폐만 사용하는 현대적인 의미의 금본위제와는 다르다. 이때 영국 정부는 금 1온스에 3파운드를 교환해주기로 했다.

1. 시작하며

경제사가들은 1846년에 밀 수확량이 50년 만의 최저치를 기록했다가 1847년에는 50년 만의 최대치를 기록한 것과 같은 실물 경제 요인에 초점을 맞춘다. 포엥Fohlen은 금융 부분은 어느 정도 무시하면서 "1848년 위기는……일련의 경제적, 정치적 사건들이 영향을 미친 것"이라고 말한다.[10] 좀더 깊이 파고들면 유럽 대륙에서 벌어진 1848년 위기와 1929년의 대공황 간에 어떤 유사점을 찾아볼 수도 있을 것이다. 둘 다 경제 시스템이 과도기 단계에서, 그러니까 하나의 제도와 형태를 가진 경제 시스템에서 다른 경제 시스템으로 이행하는 과정에서 실패했기 때문이다. 하지만 이는 우발적인 것이 아니라 예상할 수 있는 것이다.

우발적으로 발생하는 "역사적 사건"의 또 다른 형태는 서로 다른 주기를 갖고 있는 세 가지 경기 순환 사이클이 진짜 우연히 동시에 공황 국면에 도달한 경우가 될 것이다. 50년 정도인 콘트라티에프 장기 사이클에서의 공황과 9년 내외인 주글라 중기 사이클의 공황, 그리고 재고 변동 수준의 단기 사이클인 키친 경기 순환상의 불황이 동시에 발생하는 것이다. 너무 단순화한 것 같지만 이것은 슘페터Schumpeter의 시각이다.[11] 한편 아서 루이스 경Sir Arthur Lewis은 1929년의 대공황을 위의 세 가지 경기 순환 사이클이 아니라 앞서 1873년과 1893년의 공황에 딱 들어맞았던, 건설 경기에 의해 좌우되는 20년 주기의 쿠즈네츠 사이클로 설명한다.[12]

밀턴 프리드먼 같은 통화주의자들은 1929년에 시작된 대공황이 전혀 우연이 아니었다고 생각한다. 이들은 대공황의 기원을 유럽이나 주변부가 아니라 미국 내부에서 찾으려 한다. 또 실물 경제 요인보다는 화폐 경제 측면에서, 정부 기관의 기본적인 속성이나 그들에게 요구되는 역할보다는 실제 정책에서, 국제 경제 시스템의 작동보다는 국내 경제 차원에서 그 기원을 찾으려 한다. 게다가 미국의 통화 정책으로 스스로 그 한계를 정하다 보니 다른 많은 분석에서 대공황의 원인으로 지적하고 있는 요인들, 가령 제1차 세계대전 이후 유럽에서 나타난 구조적인 혼란이나 미국이 1930년 6월 스무트-홀리 관세법Smoot-Hawley Tariff Act을 제정한 데서 드러나듯이 전혀 채권국답게 행동하지 못한 것 등을 배제해버렸다. 이들은 또 주식시장의 투기 붐과 1932년에 글래스-스티걸 법Glass-Steagall Act을 통과시키지 못하고 다음 해로 미룬 사실도 무시했는데, 글래스-스티걸 법은 중앙은행이 시중 은행들의 채무를 보증하는 데 필요한 적격어음eligible paper이 부족할 경우 금 대신 정부가 발행한 증권을 사용할 수 있도록 함으로써 연방준비제도Federal Reserve System로 하여금 미국 내에서 화폐용 금monetary gold 부족 사태에 빠지지 않도록 하는 제도적 장치였다. 완벽한 통화 정책이 시행됐더라도, 혹은 미국 내에서 통화 공급이 적절한 속도로 이루어졌더라도 경기 후퇴나 불황은 틀림없이 있었을 것이다. 그러나 1929년에 시작된 세계적인 대공황에 대한 프리드먼의 설명은 일국적일 뿐만 아니라 통화 측면에 한정돼 있고 또한 정책 결정과 관련돼 있다. 내가 판단하기에 이건 잘못된 것이다. 앨런 멜처Allan Meltzer가 처음 보여준 것처럼 최근 들어 통화주의자들도 한 가지 국제경제적인 요인을 받아들이고 있는데, 스무트-홀리 관세법이다.[13] 하지만 이 정도 양보는 너무 제한적인 데다 이들은 여전히 전적으로 화폐수량설에 매달려 분석하고 있다.

　대체로 하나의 근본적인 원인이나 하나의 기원에 기대어 대공황을 설명하려는 비슷한 이론들도 많다. 후버Hoover 대통령은 재임 중일 때는 물론 20년 뒤 회고록을 쓰면서도 대공황의 발단은 유럽에 있었으며 제1차 세계대전 이후의 어려웠던 조정 과정에서 문제가 비롯돼 1931년의 금융위기로 발전하게 됐다고 확신하고 있었다.[14] 유럽인들이 보는 대체적인 시각은 대공황이 미국에서 시작됐다는 것이다. 이들은 기본적으로 미국이 전채戰債(전쟁 채무)를 탕감해주려 하지 않았다는 점을 들기도 하고, 딱 한 가지를 집어서 말하자면 1929년의 주식시장 붕괴 혹은 1927년과 1928년에 미친 듯이 늘어났던 대출이 대공황을 촉발했다고 본다. 좀더 세련된 분석가들은 금본위제가 제대로 운영되지 못한 점을 지적하는데, 금본위제가 금환본위제gold-exchange standard*로 전환됐기 때문이라는 시각도 있고, 미국이 1927년에 지나치게 금리를 인하했기 때문이라는 주장도 있다.

케인스주의와 통화주의는 대공황을 하나의 원인으로 설명하는 대표적인 이론인데, 케인지언과 통화주의자들 간의 논쟁은 자주 벌어진다. 쟁점은 닭이 먼저냐 달걀이 먼저냐는 것과 비슷하다. 통화 공급의 실패가 지출의 감소로 이어졌던 것인지, 아니면 지출이 독립적으로 또 자생적 요인에 의해 감소하면서 통화 공급이 줄어들었는지가 문제인 것이다. 프리드먼과 슈워츠는 전자를 선택한다.(내 생각으로는 틀렸다.) 피터 테민Peter Temin은 후자를 지지한다.[15] 브루너Brunner가 대공황을 되돌아본 저서에서는 논의의 초점을 거의 전적으로 통화주의자 대 케인지언의 논쟁에 맞추고 있다.[16] 테민은 지출(투자와 저축을 나타내는 I-S 곡선)이

....
* 중앙은행이 태환에 대비해 금을 보유하는 대신 금본위제를 채택하고 있는 나라의 통화를 보유하는 것.

먼저 움직였는지 여부, 혹은 통화 공급(유동성과 통화량을 나타내는 L-M 곡선)의 하향 이동에서 문제가 있었는지 여부를 시험해보는 것은 통상적인 IS-LM 분석을 통해, 그러니까 국민소득과 이자율을 각각 가로축과 세로축으로 하는 도표에 이들 변수의 균형점을 나타낸 곡선을 그려봄으로써 얼마든지 해결할 수 있다고 주장한다. 만일 통화 공급이 먼저 줄어들었다면 이자율이 올랐겠지만 만일 지출이 먼저 줄어들었다면 이자율이 떨어졌을 것이다. 이런 분석은 한 나라의 금융위기가 다른 나라로 전파되는 메커니즘이 존재하지 않고 상품가격이나 자산 가격, 자본 이동, 환율 따위도 없는 일국 내로 제한된다. 또 지출의 자생적인 증감을 야기하는 요인은 무엇인지에 대해서도 말하지 않는다. 가령 자동차 생산과 주택 건설 붐의 소멸이나 주식시장 붕괴로 인한 부의 감소가 있었는지, 물가의 하락으로 인해 실질 소득은 증가했는데도 명목 소득이 급격히 줄어들었다는 인식과 행동의 변화가 서서히 나타났는지 여부에 대해 이야기하지 않는 것이다. 대부분의 경우 논쟁은 통화주의자 대 케인지언, 통화 대 지출의 논리로 이루어진다. 똑같이 하나의 원인만으로 대공황을 설명하려는 두 이론이 벌이는 대결이다.

대공황을 설명하면서 만일 어떤 하나의 원인 혹은 지배적인 요인을 따르면서 우연적이거나 우발적인 사건들을 배제한다면 오히려 엄청난 문제들에 직면하게 된다. 가령 이렇게 질문을 던져볼 수 있을 것이다. 대공황은 어디서 어떻게 발원했는가? 왜 그토록 광범위하게 확산됐는가? 왜 그렇게 심각했으며 오래 지속되었는가? 대공황이 어디서 어떻게 발원했는가라는 문제는 정치적 공세는 별개로 하더라도 그 자체로 아주 흥미로운 것이지만 곧바로 새로운 의문에 맞닥뜨리게 되는데, 대공황의 근인近因, causa proxima과 원인遠因, causa remota은 무엇이었으며 궁극적 원인causa causans은 또 무엇이었느냐는 것이다. 대공황이 어디에서 발원했는가에 대한 답을 미국과 유럽, 그리고 그 주변부에서, 혹은 이들 중 두세 곳간의 관계에서만 찾는다고 해보자. 그러면 먼저 무엇이 그런 사태를 촉발시켰는지를 알아야 하고, 그 다음으로 경제 시스템은 왜 그런 사태를 제대로 다루지 못했는지를 이해해야 할 것이다. 사실 경제 시스템은 수요와 공급을 조절하는 미시경제적인 메커니즘을 통해, 혹은 통화 및 재정 시스템을 이용한 거시경제적 대응을 통해 자동적으로 그런 사태를 다룰 수 있고, 그렇지 않으면 스스로 돌아가는 경제 요인들을 경제 안정의 필요에 따라 바꾸거나 강화하는 식의 정책적 대응을 통해서도 역시 자동적으로 그런 사태를 다룰 수 있다. 한 예로 제1차 세계대전 기간 중에 식량과 원자재, 섬유 같은 것들의 해외 생산량이 크게 늘어났고, 게다가 전후에 이것들의 유럽 내 생산마저 회복됐다는 데서 대공황의 발원지를 찾는 견해를 보자. 이건 통화 측면에서의 설명이 아니라 실물 경제 측면에서의 설명이겠지만, 경로가 몇 개가 됐든 해외 생산량이 크게 늘어났다면 가격이 떨어져 생산량을 줄이고 자원을 재배치해야 하는데 왜 이런 일이 벌어지지 않았는가를 설명하지 못한다면 불완전하다고 할 수밖에 없다. 혹은 독일과 주변부 국가들에 대한 미국의 대출이 1928년에 중단된 데서 대공황의 원인을 찾고자 한다면 이는 뉴욕 주식시장의 상승세를 떠받치느라 자금이 콜머니 시장으로 흘러감으로써 벌어진 일 같은데, 아무튼 이것을 비난하고자 한다면 대출 중단이 어떻게 세계경제를 후진시키게 되었는지는 물론이고, 왜 다른 요인들이—가령 다른 곳에서 돈을 빌려오거나 자동적으로 조절되는 시장 메커니즘을 통한 또 다른 방식으로—그 충격을 흡수하지 않았는지, 혹은 통화금융 정책이나 재정 정책 수단들이 왜 정책 결정의 결과에도 불구하고 그 충격을 완화시키지 못했는가를 설명해야 하는 것이다. 대공황을 야기한 최초의 요인들은 아마도 두 측면에서—자동적으로 혹은 정책 결정에 의해—왔을 것이다. 따라서 그 결과를 설명하기 위해서는 경제의 자동적인 요인들이 작동하지 못한 것과 정책 결정 기관이 실패한 것 모두를 밝혀내야 하는 것이다.

실패한 경제 정책은 상대적으로 찾아내기 쉽다. 나중에 대공황을 연대기 순으로 설명하면서 뒤늦게나마 경제적 무지로 인한 것이었음을 깨닫게 된 사례들을 차례로 언급할 것이다. 누구 혼자만의 잘못도 아니다. 디플레이션주의자들은 도처에서 발견되는데, 후버와 브뤼닝Brüning, 스노든Snowden, 라발Laval 등이다. 잘못된 판단의 예는 아주 많다. 1925년에 영국이 금본위제로 복귀하기로 한 결정과 일본이 1929년 7월에 비슷한 결정을 내리고 1930년 1월에 시행한 것이 그렇다. 부흥금융공사RFC, Reconstruction Finance Corporation가 미국 내에서 새로 채굴된 금의 구매 가격을 변경할 수 있게 함으로써 상품가격을 끌어올리고자 했던 루스벨트-모겐소-워런Roosevelt-Morgenthaw-Warren의 시도와 1936년 프랑스에서 주 40시간 노동제로 시행된 블룸Blum의 실험처럼 잘못 처방된 엉터리 정책들도 있었다. 1931년 6월 16일 영란은행Bank of England이 1주일짜리(그 뒤 여러 차례 연장할 수밖에 없게 되지만) 대출자금 5000만 실링(700만 달러)을 오스트리아에 제공한 것처럼 너무 규모가 작거나 시기를 놓친 정책도 있었다. 그런가 하면 때로는 어떤 정책 당국자도 무엇을 해야 할 것인지에 대한 적극적인 생각조차 없었고, 그래서 균형 예산이라든가 금본위제의 복원, 관세 인하 같은 상투적인 정책으로라도 사태에 대처하려고 하지 않았다. 홉스봄Hobsbawm의 말은 어쩌면 여기에 딱 들어맞는다. "선장과 승무원이 재난의 원인에 대해 무지할수록 혹은 재난에 대응해 무기력하게 행동할수록 그 배는 절대로 침몰하지 않았다."[17] 경제학자들도 많았고 명망 있는 정부 인사들도 여럿 있었다. 영국의 케인스Keynes와 H. D. 헨더슨H. D. Henderson, 모슬리Mosley, 프랑스의 레이노Reynaud, 독일의 라우텐바흐Lautenbach와 보이틴스키Woytinsky, 그리고 미국에서도 볼 수 있었던 이들의 이름을 일일이 다 열거할 수는 없지만, 아무튼 이들은 현대적 관점에서 보자면 국내 경제의 처방책을 갖고 있었다. 그리고 1933년 세계경제회의World Economic Conference에서 나온 수많은 제안들이 있었는데, 이것들은 물리적으로는 10년 뒤지만 지적으로는 몇 광년 후에나 있을 브레튼우즈Bretton Woods 결정을 미리 내다본 것이었다. 루스벨트는 자신의 무지함에 대해 자주 토로하곤 했지만 비현실적인 공상가가 아니라는 장점이 있었고, 도움이 될만한 무언가를 찾아낼 때까지 하나하나 고집스럽게 시도해 보는 덕목까지 갖추고 있었다.[18]

정책이 만들어지는 과정에서 학설을 강조한다는 건 너무 단순한 발상일지 모른다. 많은 경우 정책 결정에 제약을 가하는 것은 정부 관리들이 경제원칙을 어떻게 이해하고 있느냐가 아니라 국민들이 어떤 생각을 갖고 있느냐다. 그 고전적인 사례가 전채일 것이다. 미국 국민은 전쟁 채무 대금을 징수해야 한다는 데 대해 "외교 정책상의 다른 어떤 문제보다 일치된 의견"을 나타냈다.[19] 비록 후버와 루스벨트가 전채 징수를 포기하려 했다 해도—실제로는 그렇게 하지 못했다—쉽게 그것을 실행할 만한 시간을 갖지 못했을 것이다.(후버가 전채에 대해 제대로 이해하지 못했다는 사실은, 프랑스가 가령 1932년 12월에 전채 상환 금액보다 많은 예치금을 뉴욕 내에 갖고 있으므로 프랑스는 상환할 능력이 있다고 주장한 데서 잘 드러나는데, 그는 자본과 소득의 차이를 무시해 버리거나 프랑스 재무부가 어떻게 법령이나 예산 집행 절차를 위반하지 않고 프랑스은행Bank of France으로부터 달러나 금의 처분 권한을 획득할 수 있는지에 대해 아예 외면해 버렸다.)[20] 프랑스 의회 역시 1932년 12월에 전쟁 채무 상환을 하지 않겠다는 점에서 똑같이 아주 강경했는데, 이는 1932년 12월 15일에 만기가 돌아오는 전채 분할 상환금을 갚자고 제안했던 에리오Herriot 총리가 12월 14일 실각한 데서 입증된다.[21]

경제 시스템을 공황 쪽으로 몰고 간 여러 가지 일들이 벌어졌는데도 자동적으로 작동하는 경제 요인들이 이를 상쇄해주지 못한 점은 금본위제와 관련해서는 어느 정도 주목을 받았지만 다른 측면에서는 별로 주목 받지 못했다. 사실 실패한 것은 금본위제가 아니라 그것을 운영한 방식이라는 주장이 널리 받아들여지고 있다.[22] 금이 빠져나간 나라들이 항상 통화 공급을 줄이지는 않았으며, 마찬가지로 금이 유입된 나라들, 특히 프랑스와 미국의 경우 통화 공급을 너무 많이 혹은 너무 적게 늘렸다. 미국이 1920년대에 과도하게 통화 공급을 늘렸으며 인플레이션을 유발할 지경이었다고 보는 견해는 머레이 로스바드Murray Rothbard가 주창한 것으로 영국의 역사가인 폴 존슨Paul Johnson은 이를 그대로 되풀이했다. 존슨은 로스바드의 주장에 근거해 자신의 저서에서 대공황에 관한 흥미로운 장을 썼는데, 내 생각으로는 너무 고집스러운 것 같다.[23] 보다 일반적인 견해는 미국이 제1차 세계대전 기간 중에, 그리고 그 직후에 금이 유입된 것만큼 통화 공급을 늘리지 못했으며, 그로 인

해 전세계적으로, 특히 영국에 디플레이션 압력을 가했다는 것이다.[24]

금본위제와는 달리 국제 통화 메커니즘의 다른 측면들에서는, 자동적으로 작동하는 경제 요인들이 대칭적으로 움직인다고 보는 주장이 그리 널리 주목 받지 않는다. 가령 자본의 유출입이 중단되면 자본 수입이 끊어진 나라에서는 디플레이션 요인이 되지만 더 이상 국내 저축을 해외로 보내지 않는 나라에서는 통화 확대 요인이 될 것이다. 마찬가지로 관세를 부과하게 되면 그로 인해 수출 시장을 잃는 나라에게는 통화 긴축 요인이 되겠지만 상품 수입국에게는 확대 요인이 될 것이다. 또 국제적으로 거래되는 특정 상품의 가격이 떨어진다면 그 상품에 특화된 나라의 소득과 지출 역시 감소할 것이 분명하지만 그 상품을 계속해서 수입해오던 나라의 소득과 지출은 당연히 증가할 것이다. 똑같은 논리로 어느 나라의 통화 가치 상승은 디플레이션 요인이 되겠지만 그에 상응하는 다른 나라의 통화 가치 하락은 반대 방향으로 작용하게 된다. 그러므로 세계적인 공황을 설명하면서 금의 유출이나 수출시장의 상실, 상품가격의 하락, 통화 가치의 상승만을 언급하는 것은 불충분하다. 왜냐하면 이 같은 디플레이션 요인의 상대편에 있는 통화 확대 요인이 왜 적절하게 기능하지 않았는지에 대한 이유를 분명히 밝혀야 할 것이기 때문이다. 지적해야 할 경제 요인들은 한두 가지가 아니다. 필요할 때마다 자세히 설명하겠지만 먼저 디플레이션을 가속화하는 요인들이 있고, 화폐 착각money illusion이나 탄력적 기대, 디플레이션의 은행 시스템으로의 급속한 확산 등도 있다. 그러나 이런 비대칭적인 측면이나 선순환하는 피드백 효과가 없다면 대규모 공황은 발생할 수 없다.

금본위제의 경우처럼 대칭적인 경제요인들이 균형을 이루는 것을 전제로 하는 시스템은 결국 구성원 각자가 자신들의 단기 이익을 극대화하려는 시스템으로 바뀌게 될 것이다. 바로 아담 스미스Adam Smith가 상정했던 경쟁 시스템으로, 여기서는 각자가 (혹은 각국이) 자기 자신의 복지를 증진함으로써 전체의 복지도 증진시킬 수 있는데, 이는 구성원들 간의 상호작용이 없기 때문에, 혹은 외부 경제가 없기 때문에 가능해지는 것이다. 그러나 행위 주체(혹은 국가)가 몇몇이라도 있는 세계경제 시스템에서는 이런 식이 될 수 없고, 합성의 오류—전체가 때로는 부분의 합과 다르다고 하는 것—가 그 결과에 영향을 미치게 된다. 어떤 나라가 관세 부과와 자국 통화의 평가절하 혹은 외환 통제를 통해 자국의 경제적 이익을 증진시키려고 할 경우 어쩌면 상대편 나라의 복지에는 자신들이 얻는 이익보다 더 큰 손실을 끼칠 수 있다. 근린궁핍화beggar-thy-neighbor 전술은 보복 조치를 불러올 수 있으며, 그렇게 되면 각국은 서로 자국의 이익을 추구하면서 더 나쁜 상황으로 빠져들 것이다.[25] 각국의 경제적 이해는 이처럼 한두 나라에 의해 그 결과가 좌지우지될 수 있는 것이 아니라 모든 나라가 어떻게 행동하는가에 달려있다는 점에서 때로는 서로 보완적이고 때로는 서로 대립적인 것이다.[26]

이것은 전형적인 비제로섬 게임nonzero sum game인데, 여기서는 어느 나라가 스스로 장기적인 해결책을 채택하면 다른 나라는 그것을 이용해 이득을 챙기려고 할 것이다. 모든 나라가 반드시 장기적인 전략을 채택해야 한다는 합의는 개념적으로는 가능하지만 어느 시점이 되면 각국이 치러야 하는 희생의 정도가 달라질 수 있다. 영국은 파운드 화 환율이 3.40달러에서 안정되기를 원했지만 미국은 파운드 당 4.86달러에 근접할 때까지 이 문제에 큰 관심을 보이지 않았다. 배상금과 전채, 민간 부채가 얽혀 있는 문제도 그렇다. 독일은 영국과 프랑스에 배상금을 지불해야 하고 미국에는 민간 부채를 갚아야 한다. 영국은 독일한테서 배상을 받을 금액만큼 미국에 갚아야 할 민간 부채가 있고, 프랑스한테서는 지불 받을 전채가 있다. 프랑스는 가장 많은 금액의 배상금을 받을게 있는데, 이는 영국과 미국에 지불해야 할 전채 상환액보다 훨씬 많다. 이런 상황에서 독일은 해외 자산을 보유하고 있는 데다 국제 신용도도 유지하고 싶기 때문에 민간 부채 상환의 이행을 거부하는 대신 언제든 배상금을 없던 일로 만들었으면 한다. 영국은 배상금을 없애주고 싶지만 그것은 어디까지나 전채 상환을 면제해줄 경우에만 그렇다. 프랑스는 배상금은 반드시 받아야겠다는 입장이고 전채 상환은 없던 일로하고 싶지만 민간 부채는 어떻게 되든 별 관심이 없다. 미국은 전채 상환과 배상금을 왜 연결시키는지 알지 못하고, 최후의 순간에는 배상금과 전채 상환에 대한 지불 유예를 받아들일 준비가 돼 있지만, 민간 부채의 채무관계는 지키고자 하며 전채 상환도 지불 유예 기간이 끝나면이루어지길 원한다. 공정한 해결책은 불가능하다. 배상금과 전쟁 채무, 민간 부채의 상환을 전부 다 싹 씻어버리고 새롭게 출발하려다 보면 시스템이 붕괴해버릴 수밖에 없다. 여러 나라가 서로 맞물려 다자간 무역을 하는 시스템에서도 이와 똑같은 일이 벌어진다. 한 나라가 무역수지 흑자를 달성하려고 할 경우 무역 상대국들로 하여금 차례로 다른 나라로부터의 수입을 줄이도록 해 국제 교역 전체에 악영향을 끼치게 된다.

이런 상황에서 국제 경제 및 통화 시스템은 리더십을 가진 나라를 필요로 한다. 리더십을 가진 나라는 내부적으로 확립된 원칙의 틀 아래서 의식적으로든 무의식적으로든 다른 나라들의 행동 기준을 정하고 그 나라들로 하여금 그 기준을 따르도록 하며, 자신은 시스템의 부담을 과도할 정도로 떠안으면서 특히 문제가 생겼을 경우 남아도는 상품들을 인수하고 투자 자본의 이동을 유지하며 유가증권을 할인해주는 것 같은 지원을 언제든 할 준비가 돼 있어야 한다. 20세기 들어 1913년까지는 영국이 이런 역할을 수행했다. 미국은 제2차 세계대전 이후부터 금리평형세Interest Equalization Tax가 시행된 1963년까지 혹은 금풀gold pool*을 포기한 1968년까지, 아니면 달러 화의 금 태환을 중지한 1971년이나 변동환율제를 채택한 1973년까지 지도국의 역할을 수행했다. 이 책이 다루는 주제는 바로 여기에 있다. 세계적인 대공황이 오랫동안 지속된 부분적인 이유와 왜 그토록 심각했는지에 대한 전반적인 설명은 영국이 국제 경제 및 통화 시스템의 책임자 역할을 계속할 수 없었다는 것, 그리고 미국은 1936년까지 그 역할을 떠맡고 싶어하지 않았다는 데서 찾을 수 있다.

국제 경제 및 통화 시스템을 이렇게 게임이론으로 해석하는 것에다 앞서 살펴본 시스템의 비대칭적인 작동 주장까지 결부시키면 일반적으로 받아들여지는 결론에 도달하게 된다. 대부분의 현대 경제학자들이 투기의 위험성과 상품가격 인상의 필요성, 관세 인하의 긍정적 효과, 환율 안정의 시급한 요구가 국제 경제 및 통화 시스템에 결정적인 영향을 미쳤다고 믿는 것과 마찬가지로 당시의 통념도 이와 별로 다르지 않았다는 것이다. 주식시장에서의 투기는 1929년 이후에는 더 이상 문제가

....
* 국제 금 시세의 안정을 위해 미국을 비롯한 주요 8개국 중앙은행들이 보유 금을 갹출해 만든 제도.

되지 않았으며, 세계적으로 상품가격을 어떻게 끌어올려야 할지, 혹은 단지 해외에서의 금 표시가격만 떨어뜨릴 뿐인 환율의 평가절하를 통해 어떻게 국내적으로 상품가격을 올릴 것인지조차 아무도 알지 못했다. 관세 전쟁의 휴전이나 경쟁적인 평가절하의 중단을 위한 프로그램은 피드백 효과를 내는 메커니즘을 되돌리려는 어떤 긍정적인 역할도 하지 못한 채 세계경제가 계속해서 가라앉도록 만든 아주 부정적인 억제력이었을 뿐이다. 1930년대의 선도적인 이론가와 실무 인사들이 예산 균형 같은 숱한 현안 문제에서 오류를 범했고 그 처방에서도 서툴렀지만 이들의 진단만큼은 오늘날 널리 받아들여지고 있는 것처럼 그렇게 어리석은 게 아니었다는 점은 분명하다.

연대기 순으로 서술할 것인지 아니면 어떤 변수가 작용하는 것 위주로 구성할지 어쩔 수 없이 선택해야 할 경우 이 책은 주로 연대기 방식을 취했지만 각각의 연도별로 혹은 2년 단위로 특정한 문제나 사건들을 묶어두었다. 제2장은 제1차 세계대전으로부터의 회복이 이루어진 1926년무렵까지의 기간과 전채, 배상금, 환율의 안정, 그리고 해외 대출이 어떤 상태에 있었는지를 다룬다. 제3장은 1927년을 집중적으로 다루는데, 중앙은행들간의 협력에서 발생하는 어려움과 국제 자본시장, 그리고 뉴욕 주식시장의 상승세에 초점을 맞춘다. 제4장에서는 1925년에서 1928년 사이에 완전히 달라진 주요 농산물 및 원자재의 현황을 살펴본다. 그리고 1929년은 주식시장 붕괴의 해이므로 당연히 제5장의 제목이 됐다.

1930년부터 1933년까지는 연도별로 별개의 장으로 나눠 각각의 주제를 다루었는데, "끝없는 추락"(제6장), "1931년"(제7장), "디플레이션의 지속"(제8장), "세계경제회의"(제9장) 등이다. 그 다음부터는 연대기 서술에 속도가 붙는다. 제10장은 1934년과 1935년을 대상으로 하는데, 제목은 "회복의 시작"이다. 1936년을 다루는 제11장은 "금 블록 굴복하다"다. 제12장에서는 1937년과 경기 후퇴에 관해 이야기한다. 제13장 "세계경제의 해체와 재무장"에서는 대공황의 마지막 시기인 1938년과 1939년을 대상으로 한다. "1929년 대공황에 관한 하나의 설명"(제14장)에서는 지금까지의 분석을 모두 종합해 결론에 도달한다.

책을 쓰면서 연대기 순으로 구성하지 않고 분석적으로 서술하게 되면 어떤 이슈가 핵심 쟁점이 되기 이전과 이후의 기간을 다루기가 어렵다. 저개발국가들에 대한 문제는 주로 제4장에서—가령 농산물 가격에 대해—설명하지만 1932년과 1934년의 심각한 대공황 속에서, 혹은 그 뒤의 경기 회복 단계에서도 이 문제는 반드시 살펴봐야 한다.

이 책에서처럼 연대기 순으로 서술하다 보면 강조해야 할 수많은 전환점들이 드러난다. 1929년과 1930년, 1931년, 1933년이 그렇고, 주식시장의 붕괴와 금융 위기, 1930년 봄에 있었던 경기 회복의 실패와 세계경제회의를 통한 경제 부흥 기회를 놓친 것도 있다. 대부분의 분석은 1929년 10월과 1931년 5~6월에 초점을 맞춘다.[27] 그러나 실패로 끝나버린 1930년 2분기와 세계경제회의가 열렸던 1933년 6~7월이야말로 대공황이 왜 그토록 심각했으며, 왜 그렇게 오래 지속되었고, 왜 그리도 회복이 불완전했는가를 설명하는 데 매우 중요하다.

2

제1차 세계대전으로부터의 회복
Recovery from the First World War

1925년은 일반적으로 제1차 세계대전 이후의 경기 회복 단계에서 대공황 직전의 짧고 제한적인 붐으로 가는 전환기로 여겨진다. 1925년은 파운드 화를 비롯해 뒤이어 금본위제로 복귀한 다른 통화들도 안정을 찾은 해였다.(미국에서도 1925년은 여러 가지 중요한 면에서 붐이 정점에 달했던 해로 평가된다. 플로리다 토지 투기 거품이 터졌고, 전후 주택 착공 건수가 피크에 달했으며, 밀 가격은 최고치를 기록했다.) 그러나 마르크 화가 안정을 찾고 도스 플랜Dawes Plan이 채택된 1924년이나 미국과의 마지막 전채 협상이 타결되고 프랑스 프랑 화가 사실상 안정된 1926년도 1925년과 마찬가지로 전환기가 될 수 있을 것이다.

유럽에서 제1차 세계대전으로부터의 회복이 지연된 것은 전쟁으로 인해 가장 생산적인 청년 자원을 잃은 데다 식민지와 일본, 미국의 경제

성장에 자극을 받아야 할 정도로 경제적인 입지가 상대적으로 후퇴했기 때문이다. 그러나 1925년 내지 1926년이 되자 유럽은 전쟁이 발발한 1914년 이전을 되돌아보는 것을 멈추고, 보다 자신감을 갖고 미래를 계획하기 시작했다. 이렇게 회복 국면에는 들어섰지만 여기에는 분쟁의 씨앗도 들어있었으니 1929년의 세계 대공황이 출현하게 된 첫 번째 단초였다. 그 중에서도 특히 주목할 만한 것은 1921년 무렵 이후 노동자들의 임금 삭감 반대가 점점 더 거세져 임금 및 물가의 상승 추세를 되돌릴 수 없게 만든 것이었다.[1] 배상금과 전채 문제는 도스 플랜과 연합국 내부의 채무 협정을 통해 상당 부분 해결된 것처럼 보였지만 나중에 드러나듯이 불안정 요소로 작용했다. 파운드 화는 고평가되고 프랑 화는 저평가돼 있던 환율 시스템은 결과적으로 프랑스의 대對 영국 채권을 엄청나게 늘려놓았다. 미국이 세계 대부 시장에 등장한 것은 부분적으로는 영국을 대신한 것으로, 그 열의는 대단했지만 경험은 전혀 없었고 지도 원리라고 할 만한 것도 거의 없었다.

강렬했지만 짧았던 붐

1919년과 1920년에 세계적으로 일었던 단기간의 강렬했던 붐은 주로 5년간의 전쟁 기간 중에 소진된 재고를 보충하기 위해 각종 재화를 경쟁적으로 사들인 덕분이었다. 이런 붐은 영국과 미국에서 특히 두드러졌다.[2] 재고 상품은 한정돼 있는데 전시에 소비를 못해 쌓여 있던 금융자산이 한꺼번에 풀리자 물가는 급등했다. 심지어는 러시아의 볼셰비키 요원들이 인플레이션을 가속화시켜 자본주의 시스템을 위태롭게 할 요량으로 서유럽에서 위조지폐를 쓰고 다닌다는 루머까지 돌 정도였다.[3] 프랑스와 독일을 비롯해 유럽 대륙 대부분의 나라는 이런 사재기에 뛰어들만한 금융자원이 부족하다 보니 아무래도 한 발짝 물러나 있었다. 예외적으로 초기에 독일 철강기업들이 훗날의 구매처 확보 차원에서 스웨덴 철광석 생산업체들에게 전시에 진 빚을 갚으려고 시도한 적이 있는데, 이로 인해 마르크 화의 평가절하가 앞당겨지게 된다.[4] 이 같은 재고 확보에 더해 "무분별한 투기"도 있었다.[5] 그러나 물가가 급격히 상승한 뒤 생산이 늘기 시작하고 시장에 공급이 증가하면서 다시 물가는 급격히 하락했다. 물가 지수 곡선을 머리핀 모양으로 만드는 급등락이었다. 하지만 1920년 여름과 특히 1921년 봄에 있었던 물가 하락에도 불구하고 전반적인 물가 수준은 1914년보다 훨씬 높은 수준이었다.

작은 거품과도 같았던 이 짧았던 붐은 전적으로 수요가 견인했으며 투기와 은행 신용의 확대가 키웠다는 게 전통적인 분석이다. 여기에 원가 상승 요인도 있었으며, 특히 전후 유럽에서 채택된 하루 8시간 노동제가 작용했다는 건 최근의 시각이다.[6] 노동시간 단축 요구는 1891년 제2 인터내셔널Second International로 거슬러 올라가는데, 프랑스, 독일, 이탈리아 같은 나라들의 사회주의자 노동조합들이 주도했다. 연합국들 사이에서는 모든 노동자 단체가 노동시간 단축을 지지했다. 승전의 과실을 함께 향유하고 퇴역군인들에게도 직장을 나눠주자는 것이었다. 영국의 경우 1919년 초 몇 달 동안 이런 움직임이 크게 일어 노동시간이 13%나 줄었다.[7] 프랑스 정부는 일찌감치 1918년 4월에 8시간 노동제를 채택했다.[8] 이탈리아에서는 "정부가 1919년 6월 8일 군수공장 및 철도회사에 대해 8시간 노동제를 승인한 뒤 빠르게 다른 산업으로" 확산돼 갔다.[9]

2. 제1차 세계대전으로부터의 회복

사회주의 인터내셔널에서는 8시간 노동제가 시행되면 충분한 휴식을 취한 노동자들이 더 높은 생산성을 발휘할 것이기 때문에 생산이 줄어드는 일은 없을 것이라고 주장했다. 이와 관련된 논쟁은 독일에서 뜨거웠는데, 독일은 이미 1917년과 1918년 석탄 광산과 금속 공장 같은 중공업 분야를 중심으로 식량 부족에 따른 생산 감소를 경험해 봤기 때문이다. 그래서 바이마르 공화국 정부가 전후에 8시간 노동제를 채택하자 오히려 노동시간을 늘려야 하며, 그래야 비록 바라는 바는 아니지만 독일의 배상금 지불 능력을 늘릴 수 있을 것이라는 주장까지 제기됐다.[10]

이 시기의 짧았던 붐이 전적으로 수요에 의해 견인된 것인지, 아니면 결정적인 원가 상승 요인이 있었던 것인지와는 관계없이 아무튼 거품이 터지자 임금과 물가는 떨어졌다. 그러나 임금이 이처럼 큰 폭으로, 또 빠르게 하락한 것은 이게 마지막이었다. 영국의 경우 1921년 1월부터 1922년 12월 사이 평균 주급이 38%(생계비는 50%) 떨어졌다. 임금 하락의 상당 부분은 슬라이딩 스케일 임금 협약sliding scale wage agreement*에 따른 것이었다.[11] 하지만 급격한 임금 하락은 아무도 좋아하지 않았다. 몇몇 산업에서는 실질임금이 전쟁 이전 수준으로 돌아가자 노동조합들이 전시에 채택됐던 이 제도를 거부하기도 했다. 여기서 아주 근본적인 차원에서 경제 시스템의 비대칭성이 처음으로 현실화했다. 그러니까 완전고용 상태에서 경기가 확장할 때는 제조업 부문에서 물가와 임금이 상승하는 반면, 경기가 위축될 때는 물가와 임금이 하락하는 것에 강력히

....

* 물가가 상승하거나 하락하면 그에 따라 임금을 조정하는 것.

저항해 실업이 발생하는 것이다. 영국의 경우가 가장 두드러졌다. 그러나 독일에서도 전후에 나타난 새로운 현상—실업—이 주목을 받았다.[12]

저항은 임금 하락에 대한 것뿐만이 아니었다. 1919년부터 1920년 사이의 짧았던 붐은 자본재 가격의 상승을 가져왔고, 이것은 고정비 증가로 이어졌다. 주택과 선박 가격이 급등했고, 특히 기업 지분이 환상적인 가격으로 거래됐는데, 기업 합병과 기업 결합, 개인기업의 주식시장 상장이 홍수를 이룬 덕분이었지만, 이로 인해 향후 회사채 및 은행 차입금에 대해 지불해야 할 이자와 정기 배당금 부담도 크게 늘어났다. 영국의 경우 석탄과 철강, 조선, 섬유 산업에서 독일과의 경쟁이 사라질 것이란 전망에 붐은 더욱 커졌다. 하지만 이들 분야에서 영국이 누렸던 우위는 눈깜짝할새 사라져버렸다. 석탄 산업에 걸었던 기대는 1921년 4~6월의 끔찍했던 파업 사태로 인해 무너졌다. 조선 분야는 스칸디나비아 지역을 위시한 다른 나라의 기술 발전과 곧이어 벌어진 파운드 화의 고평가로 인해 타격을 입었다. 면직물 쪽에서도 일본과 인도 제품이 수익성 높은 식민지 시장을 빠르게 잠식해 들어왔다.[13]

독일에서는 1922년에서 1923년 사이의 인플레이션 기간 중에 많은 기업들이 외부 차입금을 활용해 거대 기업 제국을 건설했다가 마르크 화가 안정을 되찾자 어려움에 처하게 됐는데 후고 스티네스Hugo Stinnes가 대표적이었다.[14] 스티네스 제국은 무너졌고, 인플레이션 시기에는 부채를 갚아나갔던 다른 기업들도 결국 운전자본이 부족해졌다. 게다가 마르크 화가 안정된 뒤에는 아주 높은 이자율로 돈을 빌려야 했다. 독일 기업들의 제일 큰 불만사항은 "자본 부족"에 관한 것이었다.[15]

배상금 문제

1980년대의 시점에서 돌아보면 악착같이 독일한테서 배상금을 받아내려 했던 것은 의미 없는 시도로 보인다. 독일이 전쟁 비용과 재건 비용을 동시에 부담할 수 있을 것이라는 생각은 더더욱 의미가 없다. 그러나 당시 이런 선택을 하게 된 데는 충분한 선례가 있었다. 독일은 1871년에 프랑스에 큰 어려움을 안기지 않고도 50억 마르크의 배상금을 받아냈다.[16] 영국도 워털루 전투에서 승리한 나라들의 선봉에 서서 1815년 이후 프랑스로부터 7억 프랑을 가차없이 징수했다. 이제 프랑스에게 차례가 돌아온 것이다. 두 차례나 배상금을 지불해야 했던 프랑스는 기꺼이 받을 준비가 돼 있었다.

제1차 세계대전의 연합국, 그 중에서도 프랑스가 독일한테서 받아내려 했던 배상금을 끝내 받아내지 못한 역사는 잘 알려져 있고 눈물겨울 정도다. 이 기간은 셋으로 나눠진다. 첫 번째는 1919년 베르사유 조약부터 1924년 9월 도스 플랜까지, 두 번째는 도스 플랜부터 영 플랜Young Plan까지(1924년에서 1930년까지), 세 번째는 영 플랜이 발효된 1930년 4월부터 후버 모라토리움이 나온 1931년 6월까지 14개월이 조금 넘는 기간이다. 전채의 경우 영국이 미국에게 1932년 12월과 1933년 6월에 분할 상환액을 지불했지만 배상금은 이와 달리 1931년 6월에 이미 폐기된 것과 다름없는 상태가 되었고 결국 1932년 7월 로잔 회의에서 공식적으로 폐기 선언이 이루어졌다. 대공황이 배상금에 종지부를 찍도록 한 것은 분명하다. 케인스의 《평화의 경제적 귀결Economic Consequences of the Peace》에 대해 뒤늦게 거센 비난을 퍼부었던 프랑스의 경제학자 에티엔 망투Étienne Mantoux는 베르사유 조약의 배상금 규정은 대공황에 아무런 직접적 책임이 없다고 주장한다. 아마도 그럴 것이다. 하지만 배상금의 역사는 많은 점에서 간접적으로나마 대공황의 기원과 밀접하게 연관돼 있기 때문에 그 중요한 윤곽은 마음속에 새겨두지 않으면 안 된다.[17]

베르사유 조약에서는 독일의 배상금을 확정할 수 없었다. 금액을 얼마로 하더라도 독일에게는 (그리고 미국과 아마도 영국에게는) 너무 과도해 보였을 것이고 프랑스에게는 너무 작아 보였을 것이다. 조약에서는 배상금 지불을 해외 유가증권과 현물(즉 수출), 외환으로 한다는 일반적인 원칙을 세우는 데 그쳤고, 세부적인 금액 결정을 위해 배상금 위원회 Reparations Commission를 설치했다. 배상금 위원회는 1921년 4월 1320억 금마르크gold mark라는 금액을 내놓았다. 위원회의 연합국 측 위원은 그 때까지 유가증권과 선박, 현물 인도를 통해 79억 금마르크의 배상금이 지불되었다고 계산한 반면 독일 쪽에서는 200억 금마르크를 지불했다고 주장했다. 거의 120억 금마르크에 달하는 이 차이에 대해 독일은 할양한 영토에 있던 국영 공장의 가치라고 밝혔다.[18] 프랑스 북부의 노르드 지방 재건을 위해 독일 노동자를 쓰자는 제안을 프랑스는 거절했다. 이 방안은 원래 전쟁 피해 지역의 재건 담당 장관이었던 루슈르Loucheur 가 제안해 독일 외무장관 발터 라테나우Walther Rathenau의 협조까지 받아 이루어진 것이었는데, 프랑스 내의 국민 정서를 건드린 데다 일감을 빼앗길까 우려한 건설업계의 반발까지 불러왔다.[19] 이와는 별개로 독일에서는 현물, 특히 석탄으로 배상금을 지불하기가 어려웠는데, 독일의 석탄 수출가격은 영국 석탄 노동자들의 파업이 발생한 1926년에야 크게 올랐다. 결국 프랑스에 배상해야 할 외환과 현물 인도를 통한 지불액이 1922년에 급감하자 프랑스와 벨기에 군대가 1923년 1월 루르 지방에 파견되기에 이른 것이었다.

　루르 지방 점령은 아무런 도움도 되지 않았다. 독일의 고용주와 노동자들은 소극적 저항 혹은 비폭력 투쟁을 대대적으로 전개해 생산과 운반을 사보타주했다. 유혈참사도 벌어졌다. 부활절 토요일이었던 1924년 3월 31일에 크룹스Krupps 사를 수색하던 프랑스군 1개 분대가 노동자 무리에 의해 "위협을 받자" 발포해 10대 청소년 5명을 포함해 13명이 숨지고 52명이 다쳤다. 장례식은 고조된 감정 속에서 치러졌다. 점령 기간 내내 긴장의 정도는 독일인들보다 프랑스군 쪽이 더 심했다고 한다.[20]

　독일 정부는 산업 보조금을 지불하고 은행에 유가증권을 할인해줌으로써 임금 체불이 없도록 했다. 이미 1922년에 상당히 진행되고 있던 인플레이션은 이제 초인플레이션hyperinflation으로 발전했다. 빠르게 진행되던 인플레이션이 언제 초인플레이션으로 바뀌었는지에 대해서는 일부 이견이 있다. 아마도 배상금 위원회의 보고서가 나온 다음인 1921년 5월부터일 수 있고, 프랑스와 벨기에 군이 루르 지방을 점령한 1923년 1월 혹은 매우 부정적인 영향을 미쳤던 세 가지 사건이 발생한 1922년 6월 직후일 수도 있다. 세 가지 사건이란 (1) 프랑스 정부가 1921년 5월로 돼 있던 배상금 지불 일정의 수정 요구를 거부한 것과 (2) 배상금을 탕감해주지 않으면 독일에 대한 차관도 불가능하다는 내용의 보고서를 J. P. 모건J. P. Morgan 은행 측에서 주도한 은행가 위원회에서 발표한 것, 그리고 (3) 6월 22일에 발생한 라테나우 외무 장관의 암살 사건이다. 아무튼 5월에 달러 당 275마르크였던 환율은 6월에 370마르크가 됐고, 10월에는 485마르크, 1923년 6월에는 1만6667마르크로 치솟았다. 그리그Grigg는 루르 지방 점령이 "히틀러를 부른 가장 효과적이고도 직접

적인 원인이었으며, 이것이 없었다면 제2차 세계대전도 없었을 것"이라
고 생각했다.[21] 물론 대부분의 분석가들은 루르 지방 점령 그 자체보다
는 인플레이션과 그로 인한 중산층의 궁핍화가 더 큰 원인이라고 보고
있다.[22] 하나의 문제로 인해 불가피하게 또 다른 문제가 파생하였는가에
대해서는 아마도 얼마든지 이견이 가능할 것이다. 그러나 초인플레이션
의 파급은 뒤늦게 나타나 1930년 이후 대공황의 와중에서 디플레이션
에 맞서 싸우는 것을 어렵게 만들었다. 인플레이션이 초래한 참상이 많
은 사람들의 기억 속에 각인됐고, 이것은 경제를 디플레이션이라는 정
화용 불로 단련시켜야 한다고 믿는 이들에게 통화금융 정책이나 재정
정책 측면에서 온건한 확장 프로그램조차 반대할 수 있는 무진장한 공
격수단을 제공했던 것이다.[23]

　루르 지방 점령 기간 중 프랑스가 받아낸 금액은 1923년 첫 4개월 동
안 비용을 제외하고 62만 5000달러였는데, 한 해 전인 1922년 같은 기
간 받아냈던 금액은 5000만 달러였다. 영국은 5월부터 중재에 나섰지
만 당장의 어떤 결과도 얻어내지 못했다. 초인플레이션은 빠르게 진행
되어갔고, 그 영향은 어느 쪽 입맛에도 맞지 않았다.

　마침내 12월에 영국과 프랑스, 독일이 두 개의 위원회를 설치하는 데
합의했다. 첫째는 프랑스의 자존심을 세우는 것 외에는 아무런 중요성
도 없는 위원회로, 독일 국민이 연합국의 감시를 피해 얼마나 많은 자
본을 해외로 빼돌렸는지 (또 그것을 환수할 가능성은 얼마나 되는지) 산정하기
위해 레지널드 맥케나Reginald McKenna를 위원장으로 해서 만든 것이었
다. 둘째는 미국 예산국Bureau of the Budget 초대 국장을 지낸 찰스 G. 도
스Charles G. Dawes를 위원장으로 한 것인데, 독일의 예산 균형과 마르크

화의 안정 방안을 강구하고, 연간 배상금 상환액을 실행 가능한 수준으로 새롭게 정하기 위한 위원회였다. 미국은 베르사유 조약에 서명하지도 않았고 국제연맹에도 참여하지 않았으며 전후 유럽이 겪고 있던 진통에도 눈을 돌리고 있었지만 찰스 E. 휴즈Charles E. Hughes 국무 장관은 연합국이 미국에 상환해야 할 전채와 배상금은 아무런 관계도 없다고 주장하면서도 비공식적으로나마 배상금 문제의 해결을 돕고 싶어했다. 도스는 공화당원이었지만 그의 곁에는 민주당원이자 기업 임원 출신인 오웬 D. 영Owen D. Young을 비롯해 은행과 학계 출신의 우군이 여럿 있었다.[24] 런던 은행 가街의 관측통과 자문역들, 특히 J. P. 모건 은행의 토머스 라몬트Thomas Lamont와 영란은행의 몬테규 노먼Montagu Norman 총재는 정치인과 관료들이 합의한 도스 플랜의 분별력에 상당한 의구심을 갖고 있었다.[25]

도스 플랜에 포함된 연도별 배상금 지불 계획은 첫 해에 10억 금마르크부터 시작해 5차 연도에는 25억 금마르크로 증액하고, 그 다음부터는 세계경제의 변동에 따라 (가령 금값이 10% 이상 오르거나 내릴 경우) 조금씩 조정한다는 것이었다. 베를린에는 배상금 사무처Reparations Agency가 설치돼 필요한 마르크화의 추가 조달을 감독하고 배상금 지불에 심각한 어려움이 있을 경우 개입해 지불을 연기할 수 있도록 했다. 또 8억 마르크의 차관을 독일의 철도회사 유가증권을 담보로 여러 곳의 금융 중심지에서 공채로 발행하기로 했다. 이 마지막 규정은 광산과 산림, 공장 같은 생산적인 담보를 계속해서 요구했던 푸앵카레가 원했던 것이었다.

도스 차관은 아주 결정적인 역할을 했다. 1억1000만 달러의 공채가 J. P. 모건 은행의 인수로 뉴욕에서 판매됐는데, 발행액보다 10배의 수요가 있었다. 그러나 무엇보다 중요한 것은 뉴욕의 해외 차관이 폭발적으로 늘어나는 기폭제가 되었다는 점이다. 처음에는 독일이, 곧 이어 라틴아메리카와 유럽 대부분 국가들이 뉴욕에서 차관을 얻어갔다.[26] 1980년대에도 라틴아메리카에 대한 미국의 대출이 이때처럼 비정상적으로 늘어났다고 보는 일부 시각은 돈을 빌려간 나라들에서 자주 쓰이는 "벼락 경기the dance of the millions"라는 표현에서 읽을 수 있다.[27]

배상금과 연관된 정치적 목적의 차관이 이렇게 성공적인 공채 발행으로 이어질 경우 과거에도 해외 차입이 연이어 폭발적으로 이뤄졌다. 워털루 패전 후 배상금을 물기로 한 프랑스는 런던의 베어링 브러더스Baring Brothers로부터 장기공채rentes를 할인해 지불했다. 일종의 모험이었던 이 장기공채 발행이 성공을 거두자 1820년대 영국의 대외 차관이 급증하게 됐다. 보불전쟁 이후 프랑스가 독일에 지불한 배상금 역시 그 유명한 티에르 장기공채Thiers rente를 아주 높은 할인율로 발행해 조달한 것이었다. 이 같은 장기공채 발행은 프랑스의 시중 은행과 상공은행, 개인 투자자들에게 엄청난 이익을 가져다 줌으로써 제1차 세계대전이 발발하기 전까지 투자의 관심을 산업 분야로부터 해외 채권을 비롯한 채권 투기 쪽으로 돌려버렸다.

망투가 주장하듯이 배상금 문제가 대공황의 직접적인 이유는 아닐지 모른다. 그러나 배상금은 전채 문제와 함께 1920년대의 모든 국면마다, 또 세계경제회의가 개막하고 3일이 지난 1933년 6월 15일에 이르기까지 대공황 기간 내내 국제 경제 시스템을 꼬이게 만들었고 발목을 붙잡았다. 케인스의 탁월한 반론인 《평화의 경제적 귀결》에 대한 평가는 여러 면에서 왜곡돼 있지만—가령 독일에게는 배상금을 지불할 능력이 없다는 합리적인 주장을 독일인들이 충분히 듣는다면 그들이 진짜로 배상금을 지불하지 않을 것이라는 이 책의 논점은 너무나 자기 확증적인 것이며, 윌슨Wilson 대통령을 병약한 무능력자라고 공격함으로써 미국의 고립주의자들을 더욱 격렬하게 부추겼다고 비난 받지만—아무튼 케인스가 전채를 탕감해주고, 배상금을 100억 달러 정도로 줄여주어야 하며, 이 문제를 국제적인 의제에서 제외시키는 게 필요하다고 생각한 것은 아주 정확한 진단이었다.[28]

전채 딜레마

영국과 프랑스, 이탈리아, 벨기에는 배상금과 전채 문제를 함께 생각했지만 미국은 그렇지 않았다. 미국은 "더 나은 목적을 위한 고집으로" 두 가지를 분리해서 생각했다.[29] 미국은 독일로부터 배상금을 받는 것은 거절했다. 하지만 휴전하기 전까지 연합국에 전시 원조로 지원한 차관과 선불금, 그리고 휴전 이후에 공여한 식량과 면화, 기타 물자들—비교적 소액인 것까지 포함해서—은 상환 받기를 원했다. 미국은 정치적인 문제와 경제적인 문제를 결부시키는 데는 반대했지만 미국과 채무 협정을 맺지도 않고 비준하지도 않은 나라에 월스트리트가 차관을 제공하는 것에는 난색을 표명했다. 유럽의 연합국들 사이에도 전시에 진 비교적 적은 금액의 부채가 있었는데, 그래도 프랑스와 이탈리아, 그리고 (별 의미는 없지만) 러시아가 영국에 갚아야 할 금액이 상당히 컸고, 벨기에와 유고슬라비아 등도 프랑스에 부채가 있었다. 그림1은 알프레드 소비가 도식화한 것인데, 여기에는 러시아가 영국과 프랑스에 갚아야 할 비교적 큰 채무액(각각 25억 달러와 9억 달러)이 포함돼 있다.

그림1. 제1차 세계대전 종전 시점의 연합국간 채무 관계 (백만 달러)

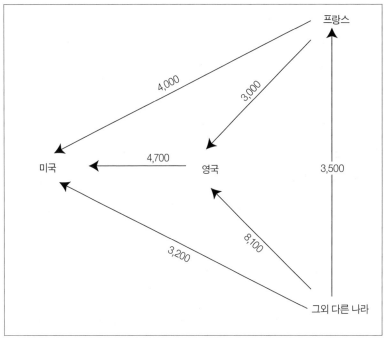

출처: Alfred Sauvy, *Histoire économique de la France entre les deux guerres*, vol. 1: *1918-1931*, 1965, p. 169.

전채를 탕감하자는 영국의 제안은 원래 케인스의 책에서 출발한 것인데, 로이드 조지Lloyd George와 윌슨 대통령 간의 편지로 최종 결말이 났던 1920년의 일련의 의견 교환에서 공식적으로 제안됐고, 특히 1922년 8월 1일에 서명된 벨포어 각서를 통해 다른 연합국들에게도 알려졌다. 벨포어 각서에서는 미국이 전채 상환을 주장하는 한 영국도 다른 나라들에게서 빚을 징수하는 수밖에 없으나 그 한도는 영국이 미국에 갚아야 할 채무액이 될 것이라고 밝혀두었다.

프랑스의 정책은 배상금을 "상품화"하는 것이었다. 그러니까 독일로 하여금 뉴욕에서 돈을 차입하게 해서 그 돈으로 프랑스에 배상금을 지불하도록 하는 것이었다.[30] 이 같은 "재활용" 방식은 금융시장에서 다양한 경우에 기계적으로 사용돼 왔다. 앞서 1870~1871년의 보불 전쟁 이후 프랑스가 프러시아에 대한 배상금 지불을 위해 티에르 공채를 발행해 자금을 모았을 때가 그랬고, 한참이 지나 석유수출국기구OPEC가 1973년과 1979년에 유가를 올린 뒤 유럽 은행들에 엄청난 수익금을 예치해 석유 수입국들에게 그 돈을 빌려주도록 한 경우도 마찬가지였다. 그러나 미국에서는 충분히 상환 받을 수 있을 것으로 기대되는 프랑스 정부의 채무를 고위험국인 독일에 대한 차관으로 대체하는 것에 누구도 관심을 보이지 않았다.

미국은 채무국들에게 몇 차례나 정책 방향을 제시했다. 미국은 협상할 준비가 돼 있었지만, 채무국들과 개별 협상을 벌이고 또 상환 능력을 감안해 개별 협정을 맺겠다는 입장이었다. 집행기관인 행정부 입장에서는 채무를 탕감해 줄 어떤 권한도 갖고 있지 않았다. 이건 의회의 소관 사항이었다. 아무튼 엄격하게 준수하지는 않았지만 미국 정부는 1922년 2월 9일에 승인된 법률에 따라 1923년 핀란드와 영국을 시작으로 1926년 프랑스와 유고슬라비아까지 모두 13개국과 협정을 체결하게 된다.[31] 이 가운데 상징적인 것이 1923년 6월 19일에 체결된 미국과 영국 간의 협정인데, 62년 동안 처음 10년간은 연 3%, 그 다음부터는 연 3.5%의 이자율로 상환하도록 규정했다. 여기서 원금은 실제로 빌려준 금액에다 협정 체결일까지 연 4.5%의 이자를 가산하고 약간의 조정금액을 가감한 것이었다. 프랑스와 이탈리아, 유고슬라비아와의 협정에서는 상대적으로 취약한 상환 능력을 감안해 상당히 낮은 이자율이 적용됐는데, 3개국 각각에 대한 이자율은 평균 1.6%, 0.4%, 1.0%였다.

배상금 문제와 마찬가지로 전채 문제 역시 1920년대와 대공황 기간 동안 국제 경제 관계를 한층 악화시킨 요인이었다. 가령 미국은 전채를 상환하도록 압력을 가하는 수단으로 뉴욕 자본시장으로의 접근과 같은 전혀 별개의 경제적 수단을 사용하려고 했고, 1932년에는 파운드 화의 안정과 같은 전혀 다른 목적을 위해 전채를 이용하기도 했다.[32]

전채는 배상금과 함께 자본의 국가간 이전이라는 문제를 야기했는데, 그 결과 통상 정책에서 중요한 이슈가 되었다. 전채 상환금은 채무국 예산에 계상되어야만 했고, 채권국의 예산 균형을 위해 필요할 때도 있었다. 미국 정부는 전채 상환금으로 제대군인들에게 보너스를 지급하는 방안을 검토했을 정도다. 전채 문제는 마치 시리고 아픈 치아처럼 정신을 집중하지 못하게 만들었던 것이다.

통화 가치의 안정

각국의 통화 가치가 일정한 환율에서 안정을 되찾으려면, 아니 적어도 그런 방향으로 나아가려면 전채와 배상금 문제가 어느 정도 해결돼야 했다. 독일에서는 초인플레이션이 극심했던 1922년에서 1923년 사이 국민들의 부동산 담보 채무가 완전히 사라졌는데, 덕분에 독일 정부는 1923년 11월 토지증권 및 건물증권을 기초로 한 새로운 화폐 렌텐마르크Rentenmark를 도입할 수 있었다. 렌텐마르크 화는 기존의 구舊 마르크 화와 병용해 서서히 유통되기 시작했지만, 국민들의 신뢰를 회복하면서 인플레이션을 멈추고 심지어 그 추세마저 뒤집어버렸다. 그러나 1924년 4월 이후 기업들의 부도 건수가 늘어나기 시작했다. 그러자 1923년 12

월에 라이히스방크Reichsbank 총재로 취임한 샤흐트Schacht는 1924년 벽두부터 영국과 금화할인은행Golddiskontobank의 창설을 위한 원조 방안을 놓고 협상을 벌였는데, 금화할인은행이 설립되면 독일 기업들이 해외 무역을 하는 데 사용할 수 있도록 금마르크를 대출해줄 수 있었다.

1924년 8월에 도스 플랜이 받아들여지면서 렌텐마르크는 라이히스마르크Reichsmark로 완전히 대체됐는데, 구 화폐와 신 화폐의 교환비율은 1조 구 마르크 대 1라이히스마르크였다. 라이히스방크는 도스 플랜이 정한 대로 독일 정부로부터 독립할 수 있었을 뿐만 아니라 8억 마르크에 이르는 도스 차관을 받아 신뢰도를 더욱 높일 수 있었다. 도스 플랜은 라이히스방크에 대한 준비금 규정을 별도로 마련해 두었는데, 제5조에서는 라이히스방크가 발행한 은행권과 예금의 40%에 이르는 금액 가운데 4분의 3은 금으로, 4분의 1은 외화로 보유하도록 했다. 샤흐트는 디플레이션 기조를 계속해서 유지했다. 높은 이자율 덕분에, 또 도스 차관의 공여가 성공적으로 이뤄짐에 따라 독일은 더 많은 해외 자금을 끌어들일 수 있었다. 이 같은 해외 자금 유입을 단순히 통화 측면에서의 현상이라고 보아서는 안 된다. 다시 말해 단기 금리의 상승과 유동성이 풍부해진 데 힘입어, 혹은 고평가된 환율 덕분에 나타난 게 아니라는 것이다. 독일에서는 전후 인플레이션이 진행되던 시기에 상당한 자본이 모아졌지만, 그럼에도 불구하고 전쟁과 인플레이션의 여파로 실물 자본이 여전히 부족한 상태였다. 처음에는 주로 산업 부문에서 해외 자금을 차입했다. 그러다 점차 주 정부와 시 정부로 해외 차입이 확산되어갔는데, 샤흐트는 이처럼 비생산적인 부문까지 해외에서 차입하는 것을 막기 위해 총대를 맸다. 한 예로 1927년 11월에는 "운동 경기장과 수영장, 광장, 연회장, 컨벤션 홀, 호텔, 오피스 빌딩, 천문대, 공항, 극장, 박물관 등을 건설하고, 이를 위한 땅을 사들이는" 독일의 시 정부들을 맹비난하기도 했다.[33] 이런 식의 자금 유입은 당연히 실물 자본의 부족에 따른 것이라고 할 수 없다. 하지만 워낙 처음부터 자본이 부족하다 보니 금리는 높아질 수밖에 없었고, 고금리는 해외 자금이 유입되는 유인 요인으로 작용한 것이다. 게다가 시간이 흐르자 이런 과정이 자체의 모멘텀까지 갖고 움직이게 됐다.

1925년 봄 영국이 파운드 화의 금평가를 전쟁 전과 똑같은 수준으로 해서 금본위제로 복귀한 것은 더 큰 논쟁거리였다. 이 문제는 그때 당시에도 논란을 불러일으켰고, 지금도 여전히 논란이 되고 있다. 논쟁에서 제일 뜨거운 이슈는 그것이 과연 어느 정도나 우발적인 것이었느냐는 점이다. 먼저 파운드 화의 불안정을 야기한 투기 세력의 움직임 덕분에 파운드 화는 1924년 가을에 이미 전쟁 전의 금평가 수준에 근접해 있었다. 또 한 가지는 반드시 전쟁 전의 금평가로 돌아가야 한다는 뿌리깊은 의지였는데, 이 힘은 아주 강력했다. 한마디로 전쟁 전의 금평가로 돌아간 것은 그 성격상 "영국이라는 나라의 지위와 체면이 걸린 문제이자……거의 종교적인 문제"라고 할 정도였다.[34] 프랑스에서 나온 또 한 가지 견해는 전쟁 전의 금평가로 회귀한 것은 통화 정책이 아니라 영국의 손상된 '자존심'이 걸린 문제라는 것이다.[35] 반면 그 시절 영국에서 제기된 주장을 보면 비꼬는 투는 아니지만, 아무튼 금평가를 둘러싼 견해들이 기본적으로 선이냐 악이냐 하는 도덕적 잣대를 갖고 있으며 "전쟁 이전의 금본위제 메커니즘에 대한 강력한 믿음"[36]에 기초한 것이라고 한다.

물론 시티오브런던City of London은 전쟁 이전에 누렸던 세계 금융의 중심지로서의 위상을 되찾고자 애썼고, 이 점에서는 어느 정도 성공하기도 했다. 파운드 화의 가치가 안정되자 독일은 외환 준비금 가운데 파운드 화의 비중을 점차 늘려갔고, 네덜란드 역시 파운드 화의 안정 이후 외화 예치금을 뉴욕에서 런던으로 돌렸다.[37]

영국 내 여론은 가능한 한 전쟁 전의 금평가로 복귀해야 한다는 의견이 지배적이었다. 1918년 1월에 설치된 전후 통화 및 외환에 관한 컨리프 위원회Cunliffe Committee on Currency and Foreign Exchanges after the War는 전쟁 전의 금평가로 복귀하는 것을 일체의 반대 토론 없이 하나의 목표로 채택했다. 풀어야 할 유일한 숙제는 과연 그것이 가능한가, 그렇다면 언제인가 하는 점이었다. 1920년 말 1파운드 당 3.40달러까지 떨어졌던 파운드 화 가치는 1923년 봄 4.70달러 수준을 회복했는데, 독일의 극심한 인플레이션과 프랑스의 루르 지방 점령을 피해 유럽 대륙에서 자본이 유입된 결과였다. 그러나 실업률이 15%로 치솟자 정부가 고용 문제 해결을 위해 경기 확장 정책을 취해야 한다는 주장이 설득력을 얻고, 또 선거를 통해 자본에 대한 과세를 내세운 노동당 정부가 들어서자 1923년 하반기에는 자본이 유출되면서 파운드 화 가치는 4.30달러 밑으로 떨어졌다. 노동당 정부는 1924년 2월 컨리프 보고서Cunliffe Report가 권고한 원칙들을 받아들이기로 결정했고, 그러자 파운드 화의 평가절하 움직임도 멈추었다.[38] 하지만 경기가 활기를 띠기 시작했고 실업률은 줄어들었다. 이로 인한 파운드 화의 급격한 평가절하는 나타나지 않았고 억지로 그렇게 할 필요도 없었다. 운신의 폭이 넓어진 영란은행은 영국 정부로 하여금 전문가들로 구성된 위원회를 설치하도록 압박을 가할 수 있었는데, (이 위원회의 초대 위원장은 오스틴 체임벌린 경Sir Austen Chamberlain이 맡았고, 그가 보수당 정부의 외무 장관에 임명되자 브래드버리 경Lord Bradbury이 후임 위원장이 되었다.) 컨리프 위원회에 참여했던 멤버 대부분으로 구성된 전문가 위원회에서는 정부가 시급히 해결해야 할 문제로 두 가지를 제시했다. (1) 전쟁 중에 정부가 발행해 유통된 바 있는 지폐를 영란은행이 보증 발행한 지폐와 통합하는 문제와 (2) 1920년에 제정된 금은 수출 규제법Gold and Silver Export Control Act의 시행이 1925년 말로 종료되면 어떤 후속 조치를 취할 것인가 하는 문제였다. 먼저 두 지폐를 통합하는 문제는 아주 시급한 것은 아니었다. 그러나 금 수출 규제법을 이 기회에 폐기할 것인지, 아니면 법을 개정해 금 수출 금지를 계속 이어갈 것인지는 빨리 결정해야 했다. 금 수출 규제법의 폐기는 어떤 방식으로든 금본위제로 복귀하는 것을 의미했는데, 파운드 화의 가치는 전쟁 전의 금평가대로 정해질 것이었다.

위원회는 1924년 여름 내내 청문회를 열었다. 전쟁 전의 파운드 화 금평가를 영국이 회복할 수 있다는 데 대해 케인스와 맥케나를 제외한 증인 모두가 낙관적이었다. 사실 구매력 평가purchasing power parity를 계산해본 결과 영국의 물가 수준이 10%쯤 더 높은 것으로 나타났으나 청문회를 지켜본 대부분의 관계자들은 영국의 물가가 안정을 유지하는 동안 미국의 물가가 상승하면 이 격차는 사라질 것이라고 봤다. 케인스 역시 같은 의견이었지만 영란은행 총재인 몬테규 노먼은 그렇지 않았다. 앞서 1923년에는 미국의 물가 상승을 유도하기 위해 영국이 1억 달러의 금을 전채 지급용으로 별도로 보내줘야 한다는 제안까지 나왔을 정도였다. 물론 노먼은 이에 대해서도 반대했는데, 미국이 이렇게 금을 받는다 해도 얼마든지 불태환 정책을 쓸 수 있기 때문이었다. 이와 관련해 모그리지Moggridge는 케인스의 증언이 '여러 가지로 해석될 수 있었다'고 지적한다. 케인스가 우려한 것은 영국의 금 수출 금지 조치가 제거되고 파운드 화가 전쟁 전의 금평가로 복귀함으로써 평가절상이 이뤄지면, 이와 동시에 미국에서는 물가가 상승하고 따라서 미국이 보유한 금이 영국으로 건너올 것이므로 영국은 디플레이션이 아니라 인플레이션 상태에 빠질 수도 있다는 점이었다. 대부분의 관계자들은 만일 미국의 물가 수준이 상승하지 않더라도 영국의 물가가 10%쯤 더 떨어지도록 하는 게 불가능한 일만은 아니라고 생각했다. 위원회는 결국 1924년 9월에 작성한 보고서 초안에서, 금본위제로 돌아가는 것 말고는 현실적인 대안이 달리 없다고 하면서도 금본위제로의 복귀는 일단 미국의 물가가 상승할 때까지 기다리는 게 좋겠다고 밝혔다.[39]

바로 이 시점에 영국의 첫 노동당 정부가 무너졌다. 집권 9개월만이었다. 스노든이 물러난 재무 장관 자리에 윈스턴 처칠Winston Churchill이 앉았다. 파운드 화의 가치가 새롭게 조정될 것이라는 일반적인 기대가 널리 받아들여졌다. 투기적 요인이 가세하면서 파운드 화는 4.795달러까지 올랐고 구매력 평가에 따른 환율 4.86달러에 불과 몇 센트 차이까지 근접했다. 노먼은 마침내 때가 왔다고 판단했다. 물론 이런 흐름을 다시 뒤집을 기회도 몇 차례 더 있었다. 브래드버리 위원회는 2월 5일 발표한 보고서를 통해 금본위제로의 복귀를 권고했다. 처칠도 이에 앞서 1월 29일에 주요 인사들에게 일련의 질문서를 돌렸다. 노먼 영란은행 총재와 브래드버리 경, 오토 니메이어Otto Niemeyer, 그리고 재무성의 랄프 오트리Ralph Hawtrey에게 보낸 이 질문서에는 대체로 케인스와 맥케나의 생각에 대해 묻는 내용이 담겨 있었는데, 금본위제로의 복귀가 과연 바람직한가, 복귀한다면 그 시점은 언제가 적당한가, 복귀하는 대가로 미국으로부터 더 나은 조건을 얻어낼 수는 없는가에 대해 물었다. 처칠이 이런 내용의 질문서를 돌린 데 대해 모그리지는, 그것은 처칠이 중대한 결정을 앞두고 일을 처리하는 방식이기도 하고, 또 한편으로는 비버브룩Beaverbrook의 반대를 우려해 미리 대응한 것이기도 하다고 언급했다. 아무튼 처칠이 질문서를 회람시킨 진의가 무엇이었는지, 그러니까 모그리지의 생각처럼 단지 문서화한 기록을 남기고 싶어서였는지[40] 아니면 최근에 나온 처칠의 전기 대부분이 서술하고 있는 것처럼 자신의 솔직한 의문을 드러낸 것이었는지[41]는 뭐라고 확실하게 단언할 수 없다. 게다가 처칠은 자신의 질문서에 대한 답변을 보고 안심한 뒤에도 니메이어에게 케인스가 〈네이션Nation〉에 기고한 논문에 대해 적절히 대응할 것을 주문하면서 이런 예리한 논평을 날리기도 했다. "실업 문제를 안고 있는 영국의 상황이 과연 재무적으로 난국에 처해있는 프랑스보다 나은 것인지는 나도 알 수 없다." 처칠이 3월 17일에 개최한 저녁 만찬에는 니메이어와 브래드버리, 케인스, 맥케나, 그리그가 참석했는데, 이들 가운데 니메이어와 브래드버리는 금본위제로의 복귀를 찬성한 반면 케인스와 맥케나는 반대했다. 그리그가 보기에는 '찬성파'가 이겼다.[42] 마침내 3월 20일 결정이 내려졌고 4월 28일에 발표됐다. 1925년 금본위제법Gold Standard Act은 사실상 이날 발표되면서부터 시행에 들어갔지만 실제로 입법화된 것은 5월 14일이었다.

금본위제로 복귀하면서 파운드 화의 금평가를 얼마로 할 것인지에 대해서는 달리 고려할 필요가 없었다. 브래드버리 위원회 보고서에서는 그런 정책이야말로 한번 쓰고 버리기 위한 카드일 뿐이라고 했을 정도다.[43] 모그리지는 노동 장관을 지낸 톰 존슨Tom Johnson의 말을 인용하고 있는데, 파운드 화의 금본위제 이탈 이후 그는 이렇게 언급했다고 한다. "금평가를 다르게 정할 수 있다고 말한 사람은 아무도 없었다."[44] 그러니 고민해야 할 문제는 하나뿐이었다. 전쟁 전의 금평가로 "돌아갈 것인가/ 말 것인가"를 선택하는 것이었다. 더구나 케인스도 전쟁 전의 금평가를 받아들였다. 레더웨이Reddaway는 1924년 10월에 노동당 정부가 붕괴된 사건(이는 소련과 이루어질 조약 및 차관을 둘러싼 의문들과 한 공산주의 저널리스트에 대한 기소가 기각된 된 것이 결정적이었다)이 투기를 자극해 파운드 화의 동요를 가져왔다고 지적했다. 어쩌면 이 사건이 금본위제로의 복귀 시점에 영향을 미쳤을 수 있다. 하지만 파운드 화의 가치가 4.79달러가 아닌 4.40달러로 몇 개월 아니 몇 년씩이나 더 이어졌다 하더라도 여론은 크게 바뀌지 않았을 것 같다. 케인스와 맥케나는 절친한 친구 사이였고, 또 대부분의 현안에 대해 비슷한 시각을 가졌는데, 두 사람은 대중이 자신들의 견해에 귀를 기울이도록 만들기는 했지만 설득하는 데는 실패했다. 케인스는 아주 똑똑했지만 종잡을 수 없었고, 금본위제와 관련된 그의 증언은 '여러 가지로 해석될 수 있었다.' 심지어 이로부터 10년이나 지난 뒤 열린 세계경제회의에서 한 미국 정치인이 이렇게 말했을 정도다. "대다수 사람들이 존 메이너드 케인스를 극단주의자로 보고 있다."[45] 경제규모가 작은 나라들은 한결같이 금본위제에 의한 통화 가치의 안정을 바라고 있었다.(스웨덴의 경우 기다리다 지쳐 1924년 3월 금본위제로 복귀했고, 스웨덴 중앙은행 총재는 영국의 금본위제 복귀를 강력히 요구하고 있었다.) 이보다 더 중요한 것은 미국의 계속적인 압박이었는데, 미국은 금본위제로의 복귀 시기를 앞당기라고 요구하고 있었다. 뉴욕 연방준비은행 총재인 벤저민 스트롱Benjamin Strong뿐만 아니라 재무 장관 멜런Mellon, 그리고 연방준비제도의 주요 인사들도 1924년 12월과 1925년 1월에 걸쳐 노먼 영란은행 총재에게 시기가 도래했음을 알리는 데 전혀 주저하지 않았다.[46] 스트롱의 이 같은 입장은 부분적으로 세계경제를 고려한 것이었는데, 외환시장의 혼란이 국제 교역에 미칠 악영향을 차단하려는 목적이었다. 스트롱이 고려한 또 다른 기대가 있었으니 미국 내 요인을 반영한 두 가지였다. (1) 금이 미국으로 유입되고 있는 상황을 반전시켜 유출되는 흐름으로 만들고자 하는 바람과 (2) 런던의 금리가 더 높아지게 되면 뉴욕이 국제 금융시장에서 차지하는 대부자로서의 비중이 더 커질 것이라는 기대였다.[47] 케인스로부터의 공격에 시달렸던 처칠은 훗날 자신이 실수를 저질렀다고 인정했지만, 당시 그가 생각하기에는 선택의 여지가 거의 없었다.

지금 돌아보면 영국이 금본위제로 복귀하면서 전쟁 전의 금평가를 그대로 가져간 것은 어쩔 수 없는 불가피한 실책이었다. 물론 다들 그렇게 생각하는 것은 아니다. 바로 앞에서 보았듯이 레더웨이는 그것이 하나의 불행한 사건이었다고 말한다. A. J. 영슨A. J. Youngson을 비롯한 몇몇 경제사가들은 아예 문제가 다른 나라에 있었다며 이렇게 이야기한다. "그것을 망친 것은 자기만 생각한 프랑스의 어리석음과 미국의 통화 정책이었다."[48] 그러니까 금평가로 인해 파운드 화의 가치가 과대평가된 것이 아니라 프랑스의 프랑 화가 너무 저평가됐다는 것이다. 또 영국의 수출이 애로를 겪은 이유는 파운드 화가 너무 높이 평가됐기 때문이 아니라 전쟁으로 인한 구조적 변화 때문이었다는 것이다. 하지만 이런 견해는 당시 파운드 화가 10%나 고평가돼 있다는 구매력 평가 수치가 (1) 실은 전쟁이 야기한 구조적 결함으로 인해 구매력 평가를 조정할 필요성을 간과한 데 따른 것이며 (2) 물가와 임금에 대해서는 언제든 하방 압력을 가할 수 있다는 아주 결정적으로 잘못된 생각을 전제로 한 것이라는 두 가지 점을 무시한 것 같다. 파운드 화의 과대평가 문제는 당연히 프랑 화의 과소 평가에 의해, 또 뉴욕 주식시장이 치솟기 시작한 1929년 3월 이후 미국이 어떤 식으로든 금융 완화 정책 쓰지 않으려 함으로써 더욱 증폭된 게 사실이다. 영국이 예전의 금평가로 돌아간 것은 전쟁 이전의 질서를 회복하기 위한 시도로 불가피한 것이었을지 모른다. 그렇다고는 해도 그것은 중대한 실책이었다.

프랑 화 환율은 1926년 여름에서 가을에 걸쳐 서서히 안정을 찾아 갔는데, 과소평가된 환율이었으므로 아마도 프랑스에게는 긍정적이었겠지만 국제 통화 메커니즘에는 극히 부정적인 것이었다. 다만 이런 시각에도 반론은 있다. 소비Sauvy는 프랑 화의 안정이야말로 오류의 바다에 떠있는 합리성의 섬과 같다고 일컬으며, 프랑 화 환율이 더 낮았다면(즉, 프랑 화의 가치가 더 높았다면) 프랑스가 더 빨리 대공황의 세계로 빠져들었을 것이라는 논리를 당연하게 받아들인다. 이는 클레오파트라의 코가 조금만 더 높았더라면 어떻게 됐을지를 상정해 역사를 다시 써서는 안 된다는 그 자신의 성향과는 배치되는 것인데,[49] 아무튼 그의 이런 주장은 국제 통화 메커니즘의 역사가 아니라 프랑스의 역사에 초점을 맞춘 것이다.

당시 프랑스가 직면했던 문제는 프랑 화의 가치를 어느 수준에서 안정시킬 것인가가 아니라 과연 안정시킬 수 있느냐의 여부였다. 프랑스의 통화 정책은 그야말로 혼돈 상태에 빠져있었다. 전쟁으로 파괴된 지역에서는 "독일인이 다 물게 하라Le Boche paiera"라는 구호와 함께 재건 작업이 진행되고 있었는데, 독일의 배상을 기다리는 동안 재건 비용의 지출은 단기 차입으로 충당됐다. 어떤 재무 장관도 자금을 장기 차입금으로 들여와 채권자들을 묶어둘 수 없었다. 이처럼 대부분의 차입금이 단기 채무다 보니 채권자들은 그들의 재산을 언제든 현금화할 수 있었다. 이런 상황에서 정치적 불안이 나타나면 자본 유출을 야기하고, 이는 프랑 화 가치의 하락으로 이어질 것이었다. 알베르 아프탈리옹Albert Aftalion이 창안한 '환심리설psychological theory of foreign exchange', 즉 환율은 정부에 대한 국민적 신뢰에 따라 변동한다는 이론은 여기서 힌트를 얻은 것이었다.

그런데 바로 이런 국민적 신뢰가 그리 높지 않았다. 1923년 말과 1924년 초에 프랑 화에 대한 아주 격렬한 투기적 공격이 있었다. 프랑스는 J. P. 모건 은행으로부터 1억 달러를 지원받아 이를 물리칠 수 있었고, 공격에 가담했던 오스트리아와 독일의 투기 세력은 상당한 손실을 입어야 했다.[50] 하지만 투기를 성공적으로 방어한 데 따른 이득은 아무것도 없었다. 당초 6개월 기한으로 들여온 차입금의 만기가 1924년 9월에 도래하자 은행에서는 프랑스의 재무 관리 상태를 믿을 수 없다며 만기 연장을 해주지 않았다.[51] 게다가 프랑스 국내에서는 금융 정책을 둘러싼 기술적인 불협화음뿐만 아니라 아주 뿌리깊은 정치적 분열상을 드러내고 있었다.[52] 도스 플랜이 발효된 1924년 9월부터 1926년 7월 사이 재무 각료는 열 명이나 거쳐갔고 정부 내각의 교체도 그만큼 잦았다. 예산안이 국민의회Chamber of Deputies(하원)의 승인을 얻지 못하고, 또 프랑스은행으로부터의 차입마저 얻지 못하면 재무 각료는 물러나고 정부 내 각은 붕괴했다. 프랑 화 가치는 1달러 당 18프랑, 1파운드 당 90프랑 수 준에서 떨어지지 시작해 1925년 내내 하락했고 1926년 봄까지 이런 추 세는 이어졌다. 1926년 봄 브리앙Briand 내각에서 재무 장관으로 입각한 라울 페레Raoul Péret가 1926년 4월 의회로부터 예산안 승인을 받아냈으 나 프랑 화 가치의 하락은 오히려 가속화했다. 그 해 4월에는 미국과의 전채 협상이 타결됐고, 5월에는 영국과 잠정적인 합의를 도출했다. 하 지만 4월 중순 1파운드 당 145프랑이었던 프랑 화의 가치는 5월 중순 1 파운드 당 170프랑까지 떨어졌다. 급기야 6월 1일 페레는 더 이상의 출 혈을 막기 위한 수단을 강구할 전문가 위원회를 구성했다. 그러나 위원 회가 보고서도 내기 전에 브리앙 내각은 재무 장관을 경질해 페레 대신 카요Joseph-Marie-Auguste Caillaux가 새로 임명됐고, 프랑스은행 총재도 로 비노Robineau에서 모로Moreau로 교체했다. 하지만 프랑 화는 1파운드 당 174프랑에 이르렀고, 신뢰는 여전히 바닥권이었다. 7월 17일 브리앙 정 부가 물러나고 에리오 정부가 들어섰다. 프랑 화는 1파운드 당 220프랑 까지 주저앉았다. 7월 21일 에리오 정부가 무너졌다. 프랑 화는 1파운드 당 243프랑으로 추락했다.(달러 화에 대해서는 1달러 당 49프랑을 웃돌았는데, 이 는 1프랑이 거의 2센트 수준이라는 말이다.) 파리 시민들이 거리를 돌아다니는 관광객들을 위협해야 할 지경이었다.

　실각한 에리오 정부에 이어 푸앵카레Poincaré 정부가 들어섰는데, 대통 령까지 지낸 바 있는 푸앵카레 총리는 실력자답게 재무 장관을 겸임했 다. 그는 맨 먼저 전문가 위원회Committee of Experts에서 7월 3일 제출한 권고안을 뒤집어버렸다. 증세가 아닌 감세 정책을 단행한 것이다. 덕분에 자산계급의 신뢰를 얻을 수 있었고, 이에 따라 자본의 흐름이 역전되자 프랑 화의 가치도 회복돼 7월 25일에는 1파운드 당 199프랑으로 상승했고 다음날인 7월 26일에는 190프랑까지 올랐다. 상황이 이쯤 되자 푸앵카레는 비로소 전문가 위원회가 권고했던 증세 정책을 채택했다.

프랑 화는 푸앵카레 정부가 들어선 시점부터 강세로 돌아섰고 외환시장에서 프랑 화 가치는 상승세를 타기 시작했다. 그러자 8월 7일에 벌써 프랑스은행으로 하여금 외환시장에서 프랑 화로 외화를 매입할 수 있도록 했다. 프랑 화 가치의 상승 속도를 늦추기 위한 조치였다. 그러나 프랑스은행은 재무부로부터 손실 보전에 관한 확실한 보장을 받기 전까지는 외화 매입에 나서지 않으려 했다. 가령 1파운드 당 150프랑일 때 파운드 화를 매입했는데 프랑 화 가치가 계속 올라 1파운드 당 125프랑이 됐을 때 절상 속도를 늦추기 위해 프랑 화를 매각한다면 재무부에게야 좋은 일이겠지만 프랑스은행은 손실을 입어야 했다. 결국 이 같은 손실 보전에 대한 확약은 9월 말에야 이루어졌다.[53]

프랑스은행이 프랑 화의 평가절상을 억제하기 위해 시장에 개입한다는 것은 모로 총재 시각으로 보자면 전쟁 이전 금본위제 시절 프랑 화가 가졌던 금평가로는 영원히 돌아갈 수 없다는 것을 의미했다.[54] 그 같은 희망은 애당초 헛된 것이었지만 푸앵카레는 그것을 도의적인 문제로 여기며 마음속에 품고 있었다.[55] 심지어 프랑 화의 새로운 금평가가 전쟁 전보다 훨씬 낮은 수준으로 결정되기—이는 영국보다 상당히 영리하게 처리한 것인데, 물론 인플레이션이 훨씬 더 높았기에 가능한 일이었다—직전까지도 전쟁 전의 금평가로 돌아가야 하는가 하는 문제가 논의되었을 정도다. 구매력 평가 수치도 여럿 있었다. 케네Quesnay가 프랑스은행을 위해 만든 것을 비롯해 몇 가치 수치가 8월에 이미 나왔고,[56] 독자적으로 작성된 구매력 평가들도 있었는데 프랑 화가 1파운드 당 130프랑에 이른 11월에 뢰프Rueff가 푸앵카레를 위해 만든 것도 그 중 하나였다.[57] 스트롱에게 제시하기 위해 계산된 케네의 수치는 1파운드 당 131프랑에서 196프랑의 범주였는데, 160~170프랑이 적절한 범위였고, 163프랑이 최적의 구매력 평가 수치였다. 뢰프가 계산한 구매력 평가 수치는 1파운드 당 100프랑에서 150프랑의 범주였다. 뢰프는 여기서 120프랑이라는 수치를 도출해냈는데, 이는 7월 21일의 프랑 화 가치에 비하면 두 배에 달하는 1파운드 당 124프랑, 미화로는 1프랑에 3.92센트라는 최종적인 환율에 근접한 것이었지만, 그래도 프랑 화는 여전히 저평가된 상태였다.

그러나 이 같은 환율은 논리적 근거가 아니라 정치적 판단에 따라 선택된 것이었다. 프랑 화 가치가 1파운드 당 160프랑에서 170프랑 사이에서 움직이던 10월 말부터 프랑 화 가치가 상승하기 시작했다. 푸앵카레는 결단을 내릴 수가 없었다. 모로는 프랑 화 환율을 너무 높게 잡으면(즉, 프랑 화의 가치를 너무 낮추면) 안 된다는 점을 중요하게 인식하고 있었다. 인플레이션으로 인해 중산층이 보유한 채권이 휴지조각이 되어서는 안 되기 때문이었다. 하지만 그는 기업인들로부터도 압력을 받고 있었다. 특히 자동차 제조업계에서는 프랑 화의 환율을 너무 낮게 잡을 경우(즉, 프랑 화의 가치를 너무 높게 잡으면) 자동차 산업은 디플레이션 압박에 시달릴 것이라고 호소했다. 전문가 위원회의 보고서에서도 프랑 화 환율이 너무 낮아지면 영국과 마찬가지로 디플레이션을 야기할 수 있으며, 이는 제조업과 상업, 농업에 치명적일 것이라고 경고했다. 모로가 회고록에 남긴 내용만 보자면, 다른 나라의 중앙은행에서는 프랑 화 환율을 최종적으로 얼마에 고정시킬 것인지에 대해 거의 논의하지 않았으며, 논의했다 하더라도 의견이 일치하지 않았다. 스트롱과 노먼은 위기가 고조되고 있던 7월의 첫 3주 동안 프랑스에서 휴가를 보내고 있었다. 하지만 스트롱이 모로를 방문한 7월 20일에 나눴던 대화나 노먼이 모로를 찾아간 7월 29일의 대화는 각국 중앙은행의 독립성이 필요하다는 점과 통화 가치 안정을 위한 차관이 빠른 시일 안에 가능할 것인가에 관한 것이었지 프랑 화 환율에 대한 것이 아니었다. 연방준비제도이사회 멤버인 아돌프 밀러Adolph Miller와 모로가 8월에 프랑 화 환율에 대해 논의했지만 밀러가 어떤 견해를 밝혔는지는 기록돼 있지 않다. 레지널드 맥케나는 프랑 화 가치의 상승을 용인해야 한다는 입장이었고, 아서 솔터 경Sir Arthur Salter은 프랑 화가 너무 많이 올라서는 안 된다는 의견이었다.[58] 10월 내내 망설여왔던 푸앵카레가 마침내 결단을 내려 1파운드 당 120프랑 수준으로 환율을 안정시키기로 결정했는데, 프랑스 노동총연맹CGT, Confédération Générale de Travail의 레옹 주오Léon Jouhaux 의장이 프랑스 수출업계에서 고조되고 있는 실업 사태에 반발해 시위에 나선 시점이었다.[59]

프랑스가 국내외에서 받은 조언의 대부분은 프랑스 내부의 문제에 초점을 맞춘 것이었지 프랑스의 환율 선택이 세계경제 전체의 시스템에 미치는 충격은 고려하지 않은 것이었다. 영국 파운드 화의 고평가 혹은 프랑스 프랑 화의 저평가에 문제가 있었다고 주장하든, 아니면 그 두 가지 모두에 어느 정도씩 잘못이 있었다고 주장하든, 상대적으로 파운드 화가 고평가되고 프랑 화가 저평가된 점은 전체 시스템에 위험한 것이었다는 사실은 의심할 여지가 없다. 국가적인 관점에서 보자면 프랑스는 신중하게 결정한 것이었다. 그러나 전체적인 시스템이라는 관점에서 보자면, 물론 사후에 돌아보는 것이기는 하지만, 프랑스의 환율 결정은 자국이 보유한 거액의 해외 자산을 비중 있게 고려하지 않은 것이었다. 사실 프랑스의 해외 자산은 러시아 채권 투자에서 손실을 본 뒤 다른 해외 증권에 투자하기를 꺼렸고, 따라서 국내로 돌아올 가능성이 높았다. 이런 상황에서는 수입품과 경쟁을 벌이는 산업과 수출업계를 부양하기 위한 약간의 저평가된 환율조차 부적절할 수 있는데, 왜냐하면 해외로 나갔던 자본이 국내로 회귀할 때는 그 자본이 빠져나갈 때와 마찬가지로 실제 상품 및 용역의 형태로, 다시 말해 무역수지 상의 수입 초과로 들어오는 것이 바람직하기 때문이다. 그런데 프랑스로의 자본 회귀가 무역수지 상의 수출 초과와 결합하면 결과적으로 프랑스은행의 준비금이 늘어나 시스템에 압박을 가하게 되는 것이다.

영국은 전체 시스템을 지켜야 한다는 점에서 프랑스보다 더 큰 관심을 가진 게 사실이며, 프랑스는 별로 주의를 기울이지도 않았고 책임감도 없었다. 그런 점에서 파운드 화의 환율 결정이 전체 시스템에 미친 영향은 프랑 화의 경우보다 훨씬 광범위했다. 그러나 프랑스가 저지른 결정적인 실책은 프랑 화의 환율 선택이 자국에 미칠 충격만 생각했을 뿐 시스템 전체에 미칠 파급은 전혀 고려하지 않았다는 점이다. 프랑스에 앞서 영국이 이미 선택을 했고, 비록 그것이 잘못된 것이었다 하더라도 말이다.

이탈리아 역시 1920년대에 통화 부문에서 큰 홍역을 치렀다. 첫 번째 위기는 1921년에 있었는데, 증권시장의 거품 붕괴로 인해 수많은 은행들이 곤란을 겪었다. 그 중 하나였던 방카 디 스꼰또Banca di Sconto는 결국 도산했다. 1922년에 무솔리니Mussolini의 로마 진군과 함께 무솔리니 내각이 출범했다. 파운드 화의 금본위제 복귀가 이뤄지고 프랑스 프랑 화의 가치도 회복되자 무솔리니는 1926년 리라 화의 안정에 착수했다. 리라 화는 전쟁 전인 1914년 당시 프랑 화와 마찬가지로 1파운드 당 25리라(미화로는 19.3센트 당 1리라)였으나 전쟁 이후 급락해 1파운드 당 150리라까지 떨어지기도 했다. 무솔리니는 1파운드 당 90리라를 회복하겠다고 나섰는데, 이름하여 '꾸오타 90quota novanta'이었다. 뉴욕 연방준비은행의 스트롱 총재는 앤드류 W. 멜런 재무 장관의 지시에 따라 리라 화의 안정을 적극적으로 지원했다. 스트롱은 몬태규 노먼 영란은행 총재의 협조를 받아 7500만 달러의 중앙은행 대부금을 주선해주었고, 이와는 별도로 5000만 달러의 일반자금 대출을 환율 안정용으로 지원했다.[60] 리라 화의 평가절상에 따른 디플레이션 충격으로 이탈리아의 주식 가격은 더 떨어졌고, 통상적으로 제조업체 주식을 자산으로 보유하고 있던 이탈리아 은행들의 재무건전성도 더 나빠졌다. 사실 노먼과 스트롱은 1파운드 당 90리라, 5.263센트 당 1리라의 환율은 너무 고평가된 것이라고 생각했지만, 이 정도 수준의 환율을 이미 시장에서 목격한 일이 있는 보날도 스트링허Bonaldo Stringher 이탈리아은행Banca d'Italia 총재의 설득에 두 사람은 넘어갔다.[61]

스페인도 1920년대에 자국 통화의 환율을 다시 설정하고자 했던 나라다. 프리모 데 리베라Primo de Rivera 독재정권 하에서 세계 최강의 관세 장벽을 두른 채 국제시장에서 격리돼 있던 스페인은 1924년 10월에서 1926년 12월 사이 페세타 환율을 금평가의 72퍼센트에서 79퍼센트로 조정했고, 곧 이어 1927년 3월에는 94퍼센트로 재조정했다. 환율이 이 정도 수준에 이르자 페세타를 매수해왔던 투기자들도 약세 쪽으로 돌아서 페세타를 매도해버렸다. 결국 1928년 6월 독재정권은 5억 페세타 규모의 외환 및 금으로 무장한 외환개입위원회Exchange Intervention Committee를 동원해 환율 방어에 나섰지만, 이런 노력은 1929년 10월 완전히 물거품이 되었고 외환 보유고 역시 사실상 바닥나 버리는 상황에 처하게 됐다.[62]

　파운드 화와 프랑 화, 리라 화, 페세타 화에 이어 유럽의 다른 통화들도 안정화되었다. 하지만 이들 통화의 안정이 자국의 거시경제적 환경에 미치는 중요성이 아무리 컸다 해도 국제 통화 시스템에는 주요 통화들만큼 그리 중요하지 않았다.[63] 국제적인 차원에서 이보다 더 파급이 컸던 사실은 노먼과 모로가 각국의 중앙은행들에게 더 많은 영향력을 행사하기 위해 경쟁했다는 점이다. 두 사람은 그래서 특정 통화의 안정화를 위한 차관을 구성하는 과정에서 어느 한 사람이 너무 오랫동안 주도권을 쥔다거나 혹은 한 쪽이 너무 큰 비중을 차지하지 못하도록 서로 견제했다. 스트롱이 나서 두 사람 사이를 조정할 수밖에 없었는데, 폴란드에 차관을 제공할 때는 파국을 피하기 위해 아예 스트롱 자신이 주도해나가기도 했다. 결국 잇따라 제기된 오해와 불신의 대부분은 이들 두 사람간의 충돌에서 빚어진 것이었다. 의심이 많았던 모로는 노먼을 제국주의자로 여겼고, 욱하는 성격의 노먼은 모로가 기술적으로 풀어나가야 할 경제 문제와 금융 문제를 정치적으로 해결하려 한다고 비난했다.[64] 동맹국 중앙은행들을 지배하려는 영국의 움직임에 프랑스가 반발한 것은 맞지만 그렇다고 해서 프랑스가 그 이상의 독자적인 야심을 가졌는지는 확실하게 단언할 수 없다. 더구나 영국이 그려놓았던 전체 시스템에 대한 구상─금환본위제, 환율의 안정, 런던의 금융 주도권 (패권) 회복─은 국가적 고려에 의한 것이었지 국제 통화 시스템이나 혹은 양자를 함께 고려한 것이 아니었다. 노먼의 확고한 신념은, 세계경제가 회복돼야 영국 경제가 살아날 수 있으며 그 역도 성립한다는 것이었다. 지도자의 입장에서는 이처럼 전체의 이익과 자신의 이익을 구별하기가 쉽지 않은 경우가 자주 있다.

자국 통화의 가치를 금평가로 복귀시킨 마지막 나라는 일본이었다. 상당히 늦은 시점이었다. 그도 그럴 것이 일본 역시 1919년부터 1921년 사이의 세계적인 인플레이션 현상을 피해갈 수 없었는데, 이 시기에 물가는 (1913년을 100으로 할 때) 200에서 320까지 치솟았다가 190으로 가라앉았다. 결국 일본 정부는 엔 화 안정을 위한 작업에 착수했는데, 바로 이 무렵인 1923년 9월 1일 도쿄와 요코하마 일대에 대지진이 발생하면서 문제는 한층 복잡해졌다. 1924년 3월 일본 정부는 '지진 지폐 earthquake bills'의 유통에 따른 금융 완화의 파급이 커지자 엔 화 환율을 시장에 맡겨버렸다. 다행히 엔 화의 평가절하는 그리 심각하지 않았고 금의 매각으로 1925년에 다시 바로잡을 수 있었다. 그러나 1928년 프랑 화 환율이 공식적으로 안정화된 이후 일본은 전세계적으로 금본위제를 채택하지 않은 마지막 주요 국가가 되었다. 국내외적으로 엔 화의 안정을 요구하는 압력이 거세졌다. 특히 국내 수출입업자들은 엔 화 가치가 조금만 떨어져도 동요했고, 일본에 대한 자금 지원을 논의하던 외국 은행가들은 금본위제로의 복귀(그러나 낮은 금평가로)를 요구했다. 마침내 1929년 7월 새로이 들어선 하마구치 오사치濱口雄幸 총리 내각이 금

평가로 복귀하겠다는 정책을 발표했다. 그러자 투기 세력이 가세하면서 엔 화 가치가 급등해 1929년 6월 1엔 당 평균 43.88센트 했던 것이 그 해 12월에는 평균 48.96센트가 됐다. 엔 화는 1930년 1월 11일 금평가로 복귀했다.[65]

영국과 달랐던 미국의 대부 행태

도스 차관이 미국의 해외 대부에 시동을 걸었다는 주장은 물론 과장된 것이다. 외국 정부들은 이미 전쟁 중에 뉴욕과 워싱턴에서 자금을 빌려갔는데, 미국 정부로부터 직접 차입할 때까지는 J. P. 모건J. P. Morgan & Co.을 통하는 게 통상적인 방식이었다. 전쟁이 끝나자 외국 정부의 달러 표시 채권을 통한 차입이 크게 늘어나 1922년에는 엄청난 금액에 달했다. 그러나 1924년에는 차입금 규모가 더 불어나 한 해 9억 달러를 넘어서는 사상 최고치를 기록했고, 증가세는 계속 이어져 1927년과 1928년에는 12억5000만 달러를 웃돌았다. 차입금을 지역별로 보면 캐나다와 아시아, 오세아니아에 대한 증가 규모는 그리 대단하지 않았다. 늘어난 차입금은 라틴아메리카와 유럽에 대한 것이었다. 앞으로 살펴보겠지만 훗날 이 대부가 갑자기 중단되면서 아주 난처한 결과로 이어졌다.

뉴욕은 외국 정부가 채권을 발행하는 시장이라는 관점에서 보자면 전쟁 전의 런던과 기능적으로 상당한 차이가 있었다. 이것은 슘페터가 말하는 이유, 그러니까 미국의 대부는 차입국에 상품과 서비스가 실제로 이전되도록 하는 신규 투자로 이루어진 것이 아니라 배상금과 같은 각국의 착란 요인을 상쇄해주는 역할을 했기 때문만은 아니다.[66] 또 뉴욕의 은행가들은 보다 경험 많은 영국의 은행가들과는 대조적으로 고

압적인 방법을 썼고, 독일과 라틴아메리카의 쓰레기 같은 프로젝트에 자금을 빌려주었다는 점도 주된 차이는 아니다.[67] 경제적인 관점에서 볼 때 정말로 흥미로운 사실은 이런 것이다. 영국에서는 외국으로의 자금 대출과 국내에서의 투자가 대체관계에 있었고, 다만 경기 사이클의 변곡점에서만 이 둘이 금리 변화에 대응해 함께 움직였다. 반면 전후 미국에서는 오히려 외국으로의 대출과 국내에서의 대출이 이윤과 금리의 순환적 흐름에 대응해 같은 방향으로 움직였고, 다만 경기 변곡점 때만 예외였다. 1928년 중반과 1931년 1분기에 이 둘 사이에 단기적인 괴리가 나타났다는 점은 특별히 주목할 만하다.[68]

이처럼 대조적인 양국의 움직임은 어쩌면 미국의 넘쳐나는 자금과 영

표1. 1924-1929년 중 미국과 영국의 지역별 대외 대부 (백만 달러)

	유럽	아시아와 오세아니아	아프리카	캐나다와 뉴펀들랜드	라틴 아메리카	합계*
미국 1924	527	100	–	151	191	969
1925	629	147	–	137	163	1,076
1926	484	38	–	226	377	1,125
1927	577	164	–	237	359	1,337
1928	598	137	–	185	331	1,251
1929	142	58	–	295	176	671
합계	2,957	644	–	1,231	1,597	6,429
영국 1924	159	314	66	20	31	590
1925	53	216	72	10	68	419
1926	120	226	32	29	129	536
1927	105	238	136	34	126	639
1928	164	232	80	98	96	670
1929	105	139	51	74	78	447
합계	706	1,365	437	265	528	3,301

출처: League of Nations, *Balances of Payments, 1930*, 1932, p. 30.
  * 영국에 대한 소액의 대부가 포함됨.

2. 제1차 세계대전으로부터의 회복

국 투자업계의 오랜 연륜에 기인한 것일 수도 있지만, 그 연관성은 파악하기 어렵다. 차이점이 좀더 드러나는 부분은, 영국의 경우 일정하게 공급되는 투자 자금이 국내외의 이용자들에게 각각의 향후 수요 강도에 따라 배분되는 공급 모델에 의해 대부가 이루어진 반면 미국의 경우에는 투자 가능한 자금의 공급이 경기 사이클에 따라 늘었다 줄었다를 반복했고, 1924년 이후에는 외국과 국내 수요처에 대체로 일정한 비율로 배분되었다는 점이다. 그러나 경제를 어떤 시기와 장소에서는 이런쪽으로 움직이게 하고, 또 다른 시기와 장소에서는 저런 쪽으로 움직이게 하는 것이 과연 무엇인지는 분명하지 않다.

표1에 나타나 있듯이 1924년부터 1929년까지 6년간 미국은 64억 달러가량의 자금을 외국에 대부해주었고, 영국은 33억 달러를 대부해주었다. 자금 대출의 패턴과 변동성은 달랐다. 1924년 이후 영국의 증권발행이 급감한 것은 1924년 11월부터 시행돼 1925년과 1926년 막바지까지 이어진 영란은행의 해외 대부 금지조치 때문이었다. 미국의 증권발행 쪽을 보면 유럽과 라틴아메리카의 감소가 두드러진다. 아시아와 오세아니아, 특히 호주에 대한 대부는 1928년과 1929년에 영국과 미국양국에서 모두 줄었는데, 강도 면에서 보면 미국이 더 심했다.

$$\boxed{3}$$

붐
The Boom

뜨겁지 않았던 붐

경기 회복은 1925년 혹은 1926년까지 이어졌는데 그 이후 붐이 시작됐다. 붐은 전반적이지 않았고 중간중간 끊어지기도 했으며 그렇게 광범위하지도 않았다. 게다가 긴장도가 계속 높아져가는 조짐마저 있었다. 농산물을 비롯한 1차 산업 생산품의 재고가 쌓여갔고(제4장에서 논의할 것이다) 주식시장의 상승세는 현기증이 날 지경이었으며(제5장에서 논의할 것이다) 금융 부문과 정치 분야에서 풀어야 할 숙제들도 더욱 복잡해졌다. 그러나 그렇다 해도 분명히 붐은 붐이었다.

주요국 중에서는 영국과 이탈리아, 일본이 예외였다. 영국은 경기 확장을 맛보기는 했으나 거의 누리지 못했고 1920년대 내내 붐의 무풍지대로 남아있었다. 1920년대 영국의 실업 문제는 아주 심각했다. 파운드 화의 안정화 조치 후 물가와 임금을 추가적으로 더 떨어뜨리려 하면서 시작된 석탄 파업과 거기서 촉발된 1926년의 총파업 이전에도, 또 그 이후에도 실업은 심각했다. 석탄, 철강, 조선, 섬유, 주택 건설 부문이 모두 침체 상태에 빠져 있었다. 실업 문제는 특히 웨일즈와 맨체스터, 그리고 북동부 지역에 집중돼 있었다. 중요한 것은 너무 과장해서는 안 된다는 것이다. 런던과 남동부 지역, 그리고 신흥 산업 분야는 괜찮은 편이었다. 자동차와 화학, 전기장비 분야에서는 고용이 늘었고 기술적 발전도 이루어지고 있었다. 1929년에는 산업 생산이 1928년보다 비약적으로 증가했다. 하지만 전체적으로 볼 때 1929년을 제외한 1920년대는 영국에게 잃어버린 10년이었다.[1]

이탈리아는 앞장에서 보았듯이 리라 화에 대한 의도적인 평가절상으로 인해 1926년에 주식시장이 크게 하락했다. 1921년 은행 위기의 후유증까지 이어져 이탈리아 산업부문의 자금 조달은 1920년대 내내 좋지 않은 편이었다.

지구 반대편에서는 일본이 상대적으로 경기 침체를 겪고 있었다. 일본 정부와 금융당국이 엔 화 가치를 끌어올리기 위해 신용을 꽉 조임에 따라 1920년대의 성장률은 1910년대와 1930년대의 절반 수준에 머물렀다. 결정적인 원인은 1923년 9월 1일에 발생한 관동 대지진이었는데, 이로 인해 대규모의 재건 프로그램과 신용 확장 정책이 불가피했고, 엔 화의 평가절하가 뒤따랐다. 게다가 1927년의 은행 위기는 새로이 일어난 신용 확장마저 단명에 그치게 만들었다. 결국 그 해 4월과 5월에 걸쳐 3주간의 모라토리움이 단행될 수밖에 없었다. 이 여파로 수많은 소형 은행들이 파산했고, 몇몇 대형 은행들이 인수 합병의 대상이 됐다.

하지만 일본 경제는 다른 나라 경제와의 연결고리가 그리 강하지 않아 일본의 문제가 세계로 파급되지는 않았다.

이 같은 지역적 예외에 덧붙여 경기 붐이 잠시 중단되는 일도 있었다. 미국은 1927년에 '경기 후퇴'를 경험했는데, 1923년에서 1925년을 기준으로 한 산업 생산 지수가 1927년 5월 111에서 그 해 11월에는 99로 떨어졌다. 지금 돌아보면 사실 이때의 상황은 통상적인 경기 사이클의 특성에서 벗어난 것으로, 1차적으로는 헨리 포드Henry Ford가 6개월간 자동차 생산을 중단한 데 따른 것이라고 여겨지는데, 포드는 전쟁 전부터 주력 제품으로 생산해왔던 모델 T에서 경쟁차종인 시보레Chevrolet와 보다 효과적으로 겨룰 수 있는 모델 A로 생산라인을 교체하기 위해 이 같은 결정을 내렸던 것이다. 이때의 경기 후퇴는 미국이 금리를 인하해 유럽 각국이 금융 부문의 애로를 해결하는 데 도움을 주었다는 점에서 그 중요성을 무시할 수는 없다.

또 다른 경기 붐의 중단은 1926년과 1928년에 독일에서 잇달아 발생했다. 1926년의 경기 후퇴는 처음부터 국내적 요인에 의한 것이었다는 점이 명백하다. 그런데 1928년의 경기 후퇴는 그 해 하반기에 있었던 독일에 대한 미국의 대부 중단에 의해 야기된 것이라고 보는 견해가 많았다.[2] 그러나 보다 깊이 분석해보면 정반대의 결론을 얻을 수 있는데, 1928년 독일에서의 경기 후퇴는 처음부터 국내적 요인에 의한 것이었으며 오히려 해외에서 자본이 유입된 덕분에 멈출 수 있었다.[3] 1926년 12월에 샤흐트는 독일 채권을 매수하는 외국인 투자자들에 대한 자본이득세 면제를 폐지했다. 이 조치로 인해 1927년 상반기에 해외 차입금이 급감하자 자본이득세 면제가 다시 부활하게 됐는데, 덕분에 1927년 하반기와 1928년 상반기 중 독일로 들어온 자본 유입액이 12개월래 최고 수준에 달해 이전의 차입 감소분을 상쇄하기에 충분했다. 발더스톤 Balderston에 따르면 1928년 하반기 이후 자본 유입이 줄어든 것은 뉴욕 주식시장의 상승세에 기인한 것이 아니라 독일 국내의 여건이 나빠지면서 독일의 대외 신용도도 악화됐기 때문이다.[4] 그러나 표2에서 볼 수 있듯이 1928년 3분기부터 다른 지역들에서도 해외 대부가 급격히 감소하고 있는데, 이처럼 해외 채권에 대한 관심이 미국 주식으로 옮겨간 것도 독일로의 자본 유입 감소에 어느 정도는 영향을 미쳤을 수 있다.

표2. 1928-1930년 중 미국 내에서의 신규 자본증권 발행액

(재발행분 제외, 분기별, 액면가액, 백만 달러)

	자본 수출국[ⓐ]	독일	기타 유럽국가	유럽전체	북미	라틴 아메리카	아시아와 오세아니아	합계
1928								
I	13.2	46.7	109.5	179.4	40.5	86.4	15.6	312.1
II	32.0	153.8	94.2	280.0	74.8	74.3	100.6	529.7
III	36.1	14.2	19.5	49.8	6.8	81.9	0.4	118.9
IV	11.7	62.4	24.6	93.7	63.4	88.4	19.9	270.4
1929								
I	42.9	21.0	16.4	80.4	56.8	73.4	53.7	264.3
II	3.9	–	3.3	7.2	114.1	70.3	2.0	193.6
III	14.0	–	8.7	21.7	28.8	29.8	0.4	79.7
IV	24.2	8.5	–	32.7	96.1	2.5	2.3	133.7
1930								
I	–	43.3	26.6	69.9	42.9	39.3	11.5	269.3[ⓑ]
II	–	113.5	14.5	128.0	83.7	143.0	50.3	429.6[ⓑ]
IV	–	10.0	25.0	35.0	49.0	16.1	–	100.1
III	–	–	–	–	105.7	0.6	–	106.3

출처: League of Nations (Bertil Ohlin), *The Course and Phases of the World Economic Depression*, 1931, pp.320–321.
　ⓐ 벨기에, 체코슬로바키아, 프랑스, 네덜란드, 스웨덴, 스위스, 영국.
　ⓑ 앞의 지역에 들어있지 않은 "국제적인 발행분"이 각각 105.7과 24.6 포함됨.

공식적으로 경기 붐이라고 말할 수 있는 곳은 미국과 호주, 캐나다, 프랑스 정도였다. 저개발 국가에서는 재고 누적과 원자재 가격의 약세 진입에 따른 재난의 조짐들이 나타났다. 미국조차도 이미 언급한 문제들을 안고 있었다. 플로리다 토지 거품이 1925년에 터져버리면서 은행 파산이 줄을 이었고, 1925년에 95만 가구에 달했던 신규 주택 착공건수가 1927년 5월까지 계속 감소했는데, 이 수치는 그 뒤 1928년 4월까지 잠시 회복세를 보였을 뿐이다.

미국 경기 붐의 진앙은 자동차 분야였는데, 완성차 제조업뿐만 아니라 타이어와 관련 부품 제조업, 도로 건설 사업, 주유소 및 정비소, 정유업, 도시 외곽 지역에까지 그 붐이 이어졌다. 트럭을 비롯한 운송수단에 내연기관이 폭넓게 사용됐고, 농촌에서는 트랙터가 말을 대체했다.[5] 1920년대가 시작되기 전까지는 알지도 못했던 전기제품들—라디오, 냉장고, 진공청소기—이 1929년에는 대중화됐다. 영화 쪽에서도 기술혁신이 일어나 1926년에 첫 유성영화가 상영됐다. 보다 값비싼 물건들은 이 시기에 새로 선보인 할부 신용에 의해 판매됐는데, 할부 신용을 통한 매출액은 1925년에 13억7500만 달러에 달했고, 1929년에는 30억 달러를 기록했다.

이처럼 붐은 인상적이기는 했지만 아마도 주식시장의 투기 붐을 제외하고는 그렇게 뜨겁지는 않았다. 실물 영역에 가해진 압박도 그리 강하지 않았다. 실업률은 1929년에 3.1%였다. 1929년 1월의 임금 수준은 1925년 1월에 비해 불과 5% 높았을 뿐이다. 상품가격은 1926년에서 1929년 사이 거의 5%나 떨어졌는데, 농산품 가격은 5% 상승했지만 다른 상품들의 가격은 거의 8%나 하락했다. 주식시장만 집중해서 들여다보지 않는다면—앞으로 드러나겠지만 주식시장 붐에도 의문은 있었다—붐은 그렇게 대단한 것이 아니었다.

이렇게 언급하는 것은, '그것이 무엇이든 올라간 것은 반드시 내려오게 돼 있으며, 올라가지 않는다면 내려올 이유도 없다'고 하는, 영향력 있는 학파의 주장과 관련이 있다. "공황을 막을 수 있는 유일하고도 효과적인 방책은 붐을 막는 것이다."[6] "경기 회복의 관건은 지역간 균형을 유지함과 동시에 붐이 커가는 것을 방지할 수 있는 금본위제다."[7] "붐에 관한 아주 훌륭한 이론이 있다면 공황도 설명할 수 있다. 붐이 진행되는 동안 뿌려졌던 것들을 위기의 시기에 거둬들여야 하는 것이다."[8]

머레이 로스바드는 1921년에서 1929년 사이의 붐은 성격상 다분히 인플레이션을 유발한 것이었다고 주장한다. 그러니까 이때의 붐이 연방준비제도의 느슨한 통화 정책에서 비롯된 것이고, 비록 물가가 상승하지는 않았다 하더라도 괄목할만한 생산성 향상이 있었음을 감안하면 물가는 떨어졌어야 하는 게 정상이므로 인플레이션이 있었다고 보아야 한다는 것이다.[9] 그가 쓴 책의 한 장에 '안정적인 물가 수준의 유혹'이라는 제목이 붙은 것도 이런 맥락이라고 할 수 있다. 이와는 반대로 요즘 유럽에서는, 미국이 당시 물가를 끌어올릴 만큼 충분한 통화 확장을 하지 않았다고 보는데, 전쟁 기간과 전후에 막대한 양의 금이 미국으로 흘러들어갔다면 마땅히 그에 상응하는 통화를 발행했어야 했다는 말이다.

프리드먼과 슈워츠는 아예 미국 주식시장과 경기 확장을 확실하게 분리해버렸다. "1920년대는 인플레이션이 유발된 시기가 결코 아니다. 실은 정반대다." "연방준비제도의 정책은 주식시장의 강세를 멈추게 하기에는 충분한 수단을 갖고 있지만 경기 확장의 불길을 지켜내는 데는 제약이 많다." 두 사람은 특히 1920년대가 뚜렷한 인플레이션의 시기도, 경기 확장의 시기도 결코 아니었다고 강조한다. 왜냐하면 통화량이 증가하지 않았기 때문이다. "그 이전 혹은 그 이후의 어떤 경기 확장 국면에서도 볼 수 없는 현상"[10]이다. 그런데 이런 주장이 다른 쪽 방향으로 너무 멀리 가는 바람에 붐의 실체마저 부정하게 된다. 국가별로 1929년의 산업 생산을 과거와 비교해 보면, 미국의 경우 1913년에 비해 75% 높은 수준으로, 독일의 10%, 영국의 9%, 벨기에의 52%, 프랑스의 39.5%와 확연히 대조적이다. 그러나 1913년이 아니라 1924년과 비교하게 되면 다른 어떤 산업 국가보다 독일이 높은 수준이다.

프랑스의 붐은 프랑 화의 저평가 덕분에 1913년에 비해서든 1924년에 비해서든 더 나았을 뿐만 아니라 지속적으로 이어졌다. 가장 먼저 지적해야 할 점은, 프랑스의 산업 생산은 1929년이 아니라 1930년 상반기에 정점을 찍었고, 1931년 하반기가 되어서야 비로소 감소하기 시작했다는 것이다. 두 번째로는 1929년에 도달했던 여러 기록들이 제2차 세계대전 이후에도 상당한 기간 동안 깨지지 않았다는 것이다. 이 같은 사실은 프랑스에서의 붐보다는 공황에 대해 더 많은 것을 시사해준다. 그러나 연도별 생산지수를 보면 1927년에 110(1926의 126에서 줄어든 것이다)이던 것이 1929년에는 139.5로 늘어난 데서 알 수 있듯이 생산의 증가는 부인할 수 없는 사실이다. 프랑스의 정부 예산은 큰 폭의 흑자를 이어갔는데, 덕분에 프랑스은행에 대한 정부 부채를 다 갚을 수 있었고, 주가는 프랑 화의 안정 이후 두 배가 됐다. 1929년 말 프랑스 재무 장관 앙리 셰롱Henri Chéron은 1926년 7월에 고작 100만 프랑에 불과했던 국고에 170억 프랑의 잉여금를 쌓아두었다고 밝혔다. 이는 전년도의 국제수지 흑자에 기인한 것이었는데, 이 같은 발표가 나오면서 정부 지출은 빠르게 늘어났고, 이에 힘입어 프랑스의 국내적 번영은 1930년까지도 계속될 수 있었지만 결국 국제수지를 적자로 반전시키는 결과를 낳고 말았다.[11]

금환본위제

국제연맹은 1920년에 국제 금융 분야의 다양한 현안들을 논의하기 위해 브뤼셀에서 회의를 소집했다. 외환과 관련된 구매력 평가 이론, 잠재적 대부자와 차입자 간의 조정자 역할을 해줄 국제 은행의 설립 가능성, 그리고 국제 자본시장을 되살릴 수 있는 방안 등이 주요 의제였다. 하지만 독일의 배상 문제가 미해결 상태로 남아있는 한 아무것도 결정할 수 없다는 점은 이미 다 알고 있는 사실이었다.

프랑스와 영국은 이와는 별도로 1922년에 국제 통화 시스템의 재건 문제를 다룰 회의를 제노바에서 열었다.[12] 몬테규 노먼의 영향력 하에 있던 영국은 전세계적으로 금의 공급이 충분한지 걱정하고 있었다. 전쟁 전까지 금 가격은 고정돼 있었다. 그런데 그 후 전시 인플레이션으로 인해 금의 채광 비용이 상승했다. 게다가 금 가격이 높아지면 각국 중앙은행에서 보유해야 할 금의 수요도 증가한다. 그래서 전문가들은 각국의 통화당국을 향해 금 대신 외환을 준비금으로 보유하는 방안을 명시적으로 채택하도록 권고하기도 했다. 사실 당시 많은 중앙은행들이 준비금을 런던과 파리, 베를린에 채권 형태로 보유하고 있었다.[13] 그러니까 이 같은 권고는 이런 관행을 제도화하는 것이었다.

그러나 전문가들은 외환을 보유해야 할 중앙은행을 어느 곳이라고 특정하지도 않았고, 어떤 외환을 보유해야 할 것인지도 권고하지 않았다. 외환은 자산이자 동시에 부채이기도 하다 보니 금이나 다른 통화 같은 대체 자산이 있을 경우 아주 민감한 부채가 된다. 그래서 그레샴의 법칙Gresham's law*에 따라 불안정해질 수 있는 것이다. 국내 통화 이론에서 이야기하는 외부 화폐outside money에는 차이가 분명한 두 가지 종류가 있다. 금처럼 어느 쪽에게도 부채가 되지 않는 자산이 그 하나고, 또 하나는 정부가 발행한 불태환지폐처럼 앞으로 상환되지 않을 부채다. 국내와는 달리 국제 경제에서는 금이 유일한 외부 화폐였고, 또 비교적 희소했다. 그런데 이제 추가적으로 금이라는 외부 화폐에 달러 화가 파운드 화의 대체 자산으로서 더해지게 된 것이다.

영연방 국가가 보유한 파운드 화는 아마도 외부 화폐일 것이다. 영국 정부가 국내에서 발행한 지폐처럼 이것을 상환할 것이라고는 아무도 생각하지 않을 것이니 말이다. 그러나 다른 나라에서 보유하고 있는 파운드 화는, 특히 보유 중인 파운드 화를 달러 화나 금으로 갈아탈 것을 고려하고 있던 유럽 대륙의 은행들에게는 분명히 내부 화폐inside money였는데, 이는 불안정한 부분이었다.

해외 채권자들에게 지불해야 할 채무가 있는 중앙은행의 경우 시장 상황에서 야기되는 문제도 떠안아야 한다. 자산을 보유한 쪽에서 왜 금이 아니라 해외 자산을 보유하려고 하는지, 그리고 다른 외환이 아니라 굳이 어떤 특정한 외환을 보유하려고 하는지에 관해서는 다양한 이유가 있을 수 있다. 여기에는 안전성과 편리성, 무역 거래상의 필요성, 전통, 충성도, 투기적 이익에 대한 기대 등이 포함된다. 그러나 이런 이

....
* 악화가 양화를 구축한다는 법칙.

유들에 더해 수익성이라는 요인도 있다. 자산 보유자들은 다른 조건들이 동일하다면 더 높은 수익률을 거둘 수 있는 곳에 자금을 묻어두려고 한다. 이 말은 한 나라가 경쟁력 있는 금리를 유지해야만 하는 이유를 설명해주는데, 외국의 자산 보유자들이 그 나라에서 자금을 빼내 자국 통화나 금으로 전환하는 것을 막으려면 그만큼 경쟁력 있는 금리를 가져가야 하는 것이다.

세계 각국의 중앙은행들은 민간 자산 보유자들에게 영향을 미치는 요인들을 비롯해 많은 것을 고려해 움직인다. 중앙은행은 비록 업무 수행에 필요한 수입이 필요할 수는 있다 하더라도 기본적으로 영리 기관이 아니므로 이익 극대화를 위해 너무 세세한 데까지 신경 쓰지 않아도 된다. 중앙은행은 국가 전체를 위해 일한다는 점에서 보유 자산의 안전성에 대한 책임이 무엇보다 중요하다. 그러나 중앙은행은 경제정책 상의 판단으로 보유 자산을 금에서 외환으로, 혹은 그 반대로 옮기기도 하고, 또 특정 외환에서 다른 외환으로 바꾸기도 하는데, 이 같은 선택이 그 나라와 해외 여러 나라, 또는 그 나라와 특정 국가 간의 금리 차이에 영향을 미칠 수 있는 것이다. 아니면 순전히 정치적인 이유로 특정 국가를 지원하기 위해, 혹은 해당 국가에 압력을 가하기 위해 그런 정책을 쓸 수도 있다.

독일은 기본적으로 도스 차관의 영국 몫에 해당하는 만큼의 금액을 파운드 화로 보유하고 있었다. 샤흐트와 노먼은 도스 차관의 공채 발행 과정에서, 또 금할인은행을 설립하는 과정에서 긴밀히 협력했고, 샤흐트는 라이히스방크가 할 수 있는 범위 안에서 최선을 다해 파운드 화가 전쟁 전의 금교환비율로 돌아갈 수 있도록 도왔다. 파운드 화 가치가 상승하면 라이히스방크가 보유한 준비금의 가치도 늘어나기 때문이었다. 그런데 1926년이 끝나갈 즈음 독일로 외국 자본이 물밀듯이 쏟아져 들어오자 샤흐트는 딜레마에 빠지게 됐다. 그는 외국 자본의 유입이 계속 이어지는 것을 달가워하지 않았다. 그렇다고 외국 자본의 유입을 차단하기 위해 국내 금리를 내리는 것 역시 원치 않았는데, 그럴 경우 국내 통화량이 팽창하는 요인이 될 수 있기 때문이었다. 그는 결국 라이히스방크가 보유하고 있는 파운드 화를 금으로 바꾸기로 했다. 이렇게 하면 상대적으로 국외의 금리가 높아져 외국 자본을 런던에 그대로 묶어둘 수 있을 것이었다.

라이히스방크가 금리 인하를 원치 않았던 것처럼 영란은행은 금리 인상을 탐탁하게 여기지 않았다. 영국의 실업 문제는 이미 심각한 상태였다. 여기에 자금 시장마저 경색된다면 재무성의 반발은 물론이고 정치적 불안까지 야기할 수 있었다. 그리하여 영란은행은 전통적인 방식에 따라 대응하지 않은 채 그냥 금이 유출되는 것을 묵인했던 것이다. 독일이 런던 시장에 미치는 영향력은 그리 크지 않았다. 그러나 이때 벌어진 상황은, 금본위제가 효과적으로 작동하던 시대는 이제 끝나가고 있음을 알려주는 것이었다.

프랑스에는 파운드 화가 쌓여가고

프랑 화의 가치를 1파운드 당 124프랑 이상과 1달러 당 25프랑 이상(1프랑에 3.92센트)으로 안정화한 것은 더욱 심각한 문제를 야기했다. 저평가된 프랑 화 환율은 프랑스에서 생산된 수출품과 수입 경쟁품에 보조금을 주는 효과가 있어 국제수지 측면에서 경상수지 흑자를 늘렸고, 또 프랑스 국내로의 자본 이동을 부추겼다. 프랑스로 들어온 자본의 대부분은 프랑 화의 가치가 떨어졌던 1925년과 1926년 초에 해외로 나갔던 프랑스 자본이 다시 유입된 것이었다. 일부는 장래에 프랑 화 가치가 더 올라갈 것이라는 기대로 프랑 화를 매수한 외국 자본이었다. 프랑스은행은 환율 하락을 막기 위해 외환을 사들였는데, 보유 외환에 대한 은행 규정이 따로 없어 대차대조표에는 매수한 외환을 '기타 자산 Miscellaneous Assets'으로 분류해두었다. 프랑스은행의 외환 매입은 1926년 11월부터 서서히 시작돼 1927년 초까지 꾸준히 이뤄졌다. 프랑스은행은 1927년 4월 말 영란은행에서 빌렸던 차관을 상환했는데, 이는 프랑 화가 오를 일만 남았다는 확신을 시장에 심어주었다. 프랑스의 자금을 굳이 해외에 두어봐야 아무런 실익이 없었다. 프랑 화의 가치가 올라갈 것이라고 판단한 외국의 자본가들은 과감히 베팅에 나섰다. 프랑스은행의 외환 보유액은 1926년 11월 530만 파운드에서 1927년 2월 말에는 2000만 파운드로 늘었고, 그 해 4월 말에는 6000만 파운드, 5월 말에는 1억6000만 파운드로 불어났다.[14]

　이처럼 파운드 화가 쌓이자 모로는 유리한 위치에 서게 된 반면 노먼은 불리한 입장에 처하게 됐는데, 이를 활용한 첫 행동으로 프랑스은행은 파운드 화를 금으로 바꾸기 시작했다. 1927년 5월 말 파리에서 열린 회의에서 양측의 의견 충돌이 있었다. 노먼은 프랑 화의 가치 상승을 노린 투기에 찬물을 끼얹기 위해서라도 프랑 화 가치를 안정화하는 것을 법적으로 공식화하라고 프랑스에 요구했다. 반면 프랑스 측에서는 앞서 샤흐트가 그랬던 것처럼, 프랑스로 자본이 유입되는 것을 막을 수 있는 방책으로 영국이 금리를 인상해야 한다고 요구했다. 프랑스는 프랑 화 가치를 안정화하는 것을 내켜 하지 않았는데, 로스차일드 Rothschild 같은 은행업자들도 국제적인 환율 안정을 고려하기 보다는 국내적인 이해관계에 따라 프랑 화의 더 높은 환율을 기대하고 있었다. 마찬가지로 노먼 역시 금리를 인상할 수 없었다. 노먼은 말하기를, 만일 자신이 그런 시도를 한다면 틀림없이 재무성의 처칠과 정면으로 부딪치게 될 것이라고 했다.

프랑스는 영국이 금본위제를 포기해야 할 정도로 몰아붙이려 하지는 않았지만 추가로 파운드 화를 금으로 바꿀 수 있다는 우려는 있었다. 영국은 이런 위협에 맞서 전채를 한꺼번에 회수하겠다고 압박했다. 프랑스가 기한에 맞춰 전채를 상환하고는 있었지만 1926년에 체결된 처칠-카요Churchill-Caillaux 전채 협정이 프랑스 의회에서 아직 비준을 받지 못한 상태였기 때문이다.

타협이 이뤄졌다. 여기에는 뉴욕도 참여했다. 프랑스는 일정 규모의 파운드 화를 보유하는 데 동의했다. 이 금액은 프랑 화의 가치 상승을 노린 외국 투기자들이 끝내 공격을 포기하고 포지션을 청산할 경우 필요한 금액이었는데, 7000만 파운드에서 8000만 파운드로 추산됐다. 이 가운데 3000만 파운드는 언제든 금으로 교환될 수 있었고, 1200만 파운드 상당의 금은 뉴욕 연방준비은행이 파운드 화의 교환에 대비해 런던에 보관 중인 금으로 제공하기로 했다. 타협의 최종 단계로 프랑스은행은 외환시장에서 지지 가격을 변경하기로 했는데, 매수가격에 차별을 두어 파운드 화에는 불리하게, 달러 화에는 유리하게 매입하도록 했다.[15]

이 같은 합의가 나오자 상황은 즉각 나아졌다. 보다 광범위하며 더욱 강력한 협력 관계를 구축하기 위한 시도로 노먼과 스트롱, 샤흐트, 그리고 모로를 대신한 리스트Rist가 참석한 회의가 1927년 7월 초 롱아일랜드에 있는 미국 재무 장관 오그덴 밀스Ogden Mills의 저택에서 열렸다. 회의 목적은 (1) 독일과 영국에 가해지고 있는 압박이 유럽의 금리 인상이 아니라 미국의 금리 인하에 의해 완화될 수 있는지 알아보고 (2) 전반적인 통화 정책과 전세계적으로 벌어지고 있는 상품가격의 하락 사이에 어떤 인과관계가 있는지 조사하며 (3) 계속해서 불어나고 있는 프랑스은행의 파운드 화 및 달러 화 보유 문제의 해법을 찾아보자는 것이었다. 8일간 이어졌던, 적어도 그럴 계획이었던 이 회의에서 어떤 결론을 냈는지는 기록이 남아 있지 않다. 단지 모로의 일기에 짧게 기술되어 있을 뿐이다. 간략하게 적어놓은 내용은 뉴욕 연방준비은행이 (1) 런던과 베를린(모로의 기록에 의하면 파리가 아니다)을 지원하기 위해 금리를 내리며 (2) 런던이 보유한 금 재고에 여유를 줄 수 있도록 런던이 정한 금 가격과 동일한 가격으로 뉴욕에서 유럽 대륙으로 금을 보낼 수 있도록 하며 (3) 프랑스은행이 보유한 파운드 화를 달러 화로 매입하기로 결정했다는 것이다.[16]

금본위제는 원래 자동적으로 작동한다고 여겨진다. 금이 유입된 나라들은 통화 팽창 조치를 취하게 되고, 금이 빠져나간 나라에서는 통화 긴축 조치를 취하는 것이다. 그런데 1920년대에 이르자 이 같은 자동성이 풀려버리기 시작했고, 이 자동성을 지지해주거나 대체해주기 위해서는 중앙은행의 협력이 필요했다. 물론 이것이 첫 번째 사례는 아니었지만 가장 극적인 사례 가운데 하나였고, 제2차 세계대전 이후 벌어졌던 거시경제 정책상의 협력—1966년 영국 총리 관저 체커스에서의 회동,

경제협력개발기구OECD와 국제결제은행BIS에서 갖는 모임, 궁극적으로
는 1970년대 말과 1980년대의 각국 정상들의 회담—이라는 관점에서
보면 통화당국 사이의 협의체에 선례가 되었다고 말할 수 있을 것이다.

　연방준비제도가 취했던 1927년의 그 유명한 금리 인하 조치에 대한
이야기는 잠시 뒤에 하기로 하자. 먼저 프랑스은행이 통화 긴축의 방향
으로 국내에서 공개시장 조작을 수행하면서 외국 자본이 파리로 흘러
들어오지 않도록 유도할 수 있었던 장치가 무엇이었는지 주목할 필요
가 있다. 국내적인 관점에서 보자면 금과 마찬가지로 파운드 화도 다
루기 힘든 자산이었다. 그러나 파운드 화를 매수하는 선도거래forward
contracts를 이용하면 그렇지 않았다. 그래서 1927년 8월부터, 그러니까
프랑스로의 자본 유입이 잠잠해진 이후 프랑스은행은 공개시장 조작을
하면서 프랑 화 증권을 매각하는 대신 파운드 화 현물을 매각하고 이
를 파운드 화 선물계약 매수로 커버하는 방식을 활용했다. 이처럼 프
랑스은행이 파운드 화 선물계약을 매수하게 되자(사실상 프랑 화를 매각하
게 되자) 파리 자금시장 참여자들 입장에서는 파운드 화 선물계약을 매
도하고 파운드 화 현물을 보유하는 것이 유리해졌다. 그렇게 해서 민간
자금은 파리 시장에서 빠져나가 영국으로 들어갔다. 래그나 넉시Ragnar
Nurkse가 기술하고 있듯이[17] 이 같은 정책은 프랑 화 가치를 공식적으로
안정화한 1928년 6월 직전뿐만 아니라 1927년 8월에도 시행됐다. 1928
년 5월에 프랑스은행이 매수한 선물 계약은 4억4000만 달러에 달했고,
1928년 6월까지 이 금액은 거의 6억 달러에 이르렀다.[18]

　프랑스은행이 전세계적으로 다른 나라에 요구할 수 있는 금에 대한
청구권 총액은, 외환과 현물 및 선물 표시금액을 전부 합쳐 1928년 5월

에 14억5000만 달러에 달했고, 이로부터 한 달 뒤 프랑 화 가치를 안정화한 시점에는 이보다 약간 줄었다. 이는 프랑스은행이 금 청구권을 가진 시장에 대해 엄청난 영향력을 행사할 수 있게 해주었다. 게다가 1928년 6월 시점에서 프랑스은행이 보유하고 있던 금 청구권의 3분의 1에서 절반 정도는 영국 통화당국이 전혀 알지 못한 선물 계약 형태였다는 사실은 국제 통화 시스템 전체를 여전히 불안하게 만드는 요인이었다. 영국 입장에서는 프랑스은행이 공식적으로 보유하고 있는 금 청구권이 금으로 전환될 수 있을 것이라는 점을 충분히 예상하고 있었으므로 언제든 거기에 대응할 수 있도록 하는 게 중요했다. 물론 민간이 보유한 파운드 화에 대해서는 이렇게까지 대응할 필요가 없었다. 하지만 통화당국에 선물 계약을 매도한 형태로 파운드 화를 보유하고 있을 경우 프랑스은행의 금 청구권처럼 언제든 금으로의 전환을 요구할 위험이 있었다.[19] 프랑스가 선물시장에서 어떤 식으로 공개시장 조작을 했는지 영국이 알고 나서 두 나라가 직면한 문제에 대해 영국이 어느 정도나 심각하게 느꼈는지는 파악할 수 없다. 아무튼 두 나라는 예민하게 반응하기는 했지만 신경질적일 정도로 반응하지는 않았다.

이 기간 동안 프랑스은행과 영란은행은 유럽 군소 국가들의 통화를 안정화하는 프로그램에서 어느 쪽이 리더십을 가질 것인가 하는 중요하지 않은 문제를 놓고 내내 언쟁을 벌였다. 뉴욕 연방준비은행의 스트롱 총재가 중재자로 논쟁을 진정시키는 역할을 떠안았다. 스트롱이 보기에는 국제 금융 시스템에서의 리더십에 대한 노먼의 구상이나 이해관계가 그리 대단하지 않았고, 그런 만큼 그는 모로에게 공감하는 편이었다. 스트롱은 그러나 모로 역시 상당히 위협적인 인물임을 알게 됐다.[20] 스트롱에게 모로는 친구였고, 노먼은 아주 막역한 사이였다. 스트롱은 어느 편도 들지 않는 쪽을 선택하고 싶어했다. 하지만 그는 제노바 회의에서 합리성을 인정받은 금환본위제가 세계경제에 불확실한 기반이라는 생각에 갈수록 더 기울어져 갔는데, 이런 인식에서는 샤흐트와 모로 역시 같았지만 노먼은 달랐다. "역사에서는 한 명 한 명의 배우들이 중요하다"고 여기는 사람들에게는 이 무렵의 상황에서 특히 불안정한 요소는 바로 노먼의 정서, 즉 친親독일 및 친샤프트와 반反프랑스 및 반모로 성향이었다. 그리고 후자의 정서는 프랑스인들이 아주 철저하게 되갚아주었다.

미국의 통화 완화 정책과 주식시장 붐

1927년 7월 초에 있은 롱아일랜드 회의는 연방준비제도의 금리 인하 결정에 시동을 걸었다. 금리 인하는 단지 영국을 지원하려는 목적, 즉 영국으로 자본이 흘러 들어가게 하고, 또 영국에서 금이 빠져나가는 것을 멈추게 하려는 것만 있지는 않았다. 게다가 시기도 국내적인 고려 사항과 국제적인 고려 사항이 양쪽 방향에서 충돌하는 그런 '딜레마 상황'에 있지 않았다. 연방준비제도 당국자들은 1927년의 경기 후퇴를 세계적인 상품가격 하락세와 마찬가지로 심중에 두고 있었다. 연방준비제도는 1927년 7월부터 9월에 이르기까지 계속된 공개시장 조작을 통해 2억 달러 규모의 채권을 매수하고, 할인율을 0.5%포인트 인하해 뉴욕 연방준비은행의 할인율을 3.5%로 낮추었다.

이 같은 통화 완화 조치가 1928년 봄에 시작된 주식시장의 상승세를 얼마나 강하게 자극했는지에 대해서는 주장이 엇갈린다. 갤브레이스Galbraith는 아예 일고의 가치도 없다고 단언해버린다.[21] 프리드먼과 슈워츠는 이 조치가 주식시장의 상승세에 영향을 미쳤을 수는 있지만 연방준비제도가 범한 진짜 잘못은 그 다음에 나왔다는 입장이다. 그러니까 연방준비제도의 정책 방향은 부분적으로는 주식시장을 염두에 둔 것이고, 또 부분적으로는 경기 수준을 감안한 것이었는데, 통화 정책상 이 두 가지 목적은 얼마든지 상충될 수 있었다. 프리드먼과 슈워츠는 통화당국이 플로리다 토지 붐을 무시했던 것처럼 주식시장의 상황을 무시해야 했으며, 그렇게 경기 수준에 집중했더라면 1927년부터 1929년까지 일관되게 통화 완화 정책을 펴나갈 수 있었을 것이라고 확신한다. 하지만 어느 쪽이 됐든 한 가지만 목표로 삼았다면 두 가지를 다 목표로 했던 것보다 좋았을 것이다. 문제는 두 마리 새를 돌 하나로 잡으려 한 데서 비롯됐다.[22]

1928년부터 1929년 사이의 주식시장 상승세와 곧이어 벌어진 대폭락의 책임을 전적으로 1927년의 통화 완화 조치에 지우는 것은 너무 지나치다. 그러나 통화 완화 조치가 아무 관계도 없다고 하는 것 역시 좀 과한 것이다. 통화 정책의 방향이 1928년 봄에 반전되었는데도 주식시장의 상승세가 꺾이지 않았다는 점을 들어 통화 정책이 주식시장에 아무 영향도 못 미쳤다는 식의 주장이 성립하는 것은 아니다. 성질이 예민하고 쉽게 흥분하는 말일수록 한 번만 채찍질해도 내달리게 할 수 있지만 나중에 고삐를 쥐고 끌고 가려면 강하게 저항하기 마련이다. 이 경우에도 주식시장의 예민한 반응과 불 같은 성질이 통화 정책이 가한 자극의 성격이나 정도보다 더 중요하다. 주식시장은 1924년 이후 투기의 정점을 향해 나아가고 있는 중이었다. 주식시장의 거래량이 하루 300만 주에 달했던 날이 1925년에는 단 이틀뿐이었고, 1926년 봄에는 세 차례 있었을 뿐인데, 1928년 3월 1일 하루 거래량이 400만 주에 달했다. 브로커즈 론이 1927년 하반기에 24%나 증가해 44억 달러에 이르렀다. 신주 발행이 그야말로 붐을 이뤘다.

연방준비제도가 주식시장을 무시해야 했다는 주장도 설득력이 없다. 주식시장은 간접적인 방식으로라도 경기 상황에 영향을 미치기 때문이다. 국제 통화 경제와 국내 경기 상황 간에는 이해상충의 딜레마가 없었다 하더라도 국내 금융시장과 경기 상황 간에는 고통스러운 딜레마가 있었다. 마치 샤흐트가 독일의 차입에 대해 경계했듯이 허버트 후버도 상무 장관 시절 주식시장의 투기에 대해 경고했었다. 그러나 쿨리지 Coolidge 대통령은 꿈쩍도 하지 않았다.[23] 더구나 1927년 중반 시점에서 향후 주식시장이 얼마나 예민하게 반응할 것이며 그야말로 불같이 타오를 것인지를 내다볼 수는 없었다.

대외 대부의 중단

1928년 상반기 내내 뉴욕 주식시장의 상승세와 발맞춰 대외 장기 대부도 활발히 이뤄지고 있었다. 국내 기업들의 주식이 인기를 끌면서 1927년 중반 들어 회사채 발행이 감소세로 돌아섰지만 외국 정부와 기업들이 발행한 채권은 1927년 4분기와 1928년 상반기에 연이어 사상 최고치를 기록했다. 그러나 표2에서 볼 수 있듯이 1928년 6월 이후 갑자기 줄어들었는데, 독일과 여타 유럽 국가, 아시아와 오세아니아의 채권 발행이 특히 그랬다. 캐나다의 차입은 1928년 3분기에 급격히 감소했으나 다시 회복했다. 라틴아메리카의 신규 채권 발행은 1929년 3분기까지 1년간 그런대로 유지됐다. 그러나 표2에서 확연히 알 수 있는 것처럼 1928년 6월 이후 변화는 두드러졌다.

이와 어느 정도 유사한 변화가 거래소에 상장된 증권, 특히 뉴욕증권거래소에서 거래되는 미국 주식들에서 나타났다. 하지만 자본 유출이 중단된 것이 아니라 1927년에는 약간의 자본 유출이 있었고, 1928년과 1929년에는 상당한 규모의 자본 유입이 있었는데, 구체적인 수치는 표3에 나타나 있다. 그런데 함께 표시한, 거래소에 상장된 외국 증권의 1927년부터 1929년까지 연도별 미국 내 거래대금이 표2에서 본 신규 상장 증권의 거래대금과 상반되는데, 이 점은 전적으로까지는 아니더라도 어느 정도는 다른 패턴이다.[24]

헤이우드 플레이시그Heywood Fleisig가 예일 대학교에서 발표한 논문을 보면 1928년 6월 30일 이전 18개월 동안의 자본 흐름과 그 후 1929년 9월까지 15개월 동안의 자본 흐름 간에 어떤 변화가 있었는지 추정하기 위해 상장 증권 거래와 관련된 이 데이터를 연도별로 분류해 놓았다. 이 같은 작업의 목적은 물론 1928년 6월 말에 일어난 장기 자본 흐름상의 급격한 변화가 얼마나 컸는지, 그 양상을 파악하려는 데 있었다.

표3. 1927-1929년 중 미국인 투자자와 외국인 투자자 간의 상장증권 거래액 (백만 달러)

	국내 증권			외국 증권		
	외국인 투자자 로부터의 매수	외국인 투자자 로의 매도	순매수액(-) 순매도액(+)	외국인 투자자 로부터의 매수	외국인 투자자 로의 매도	순매수액(-) 순매도액(+)
1927	624	594	-30	143	336	+193
1928	490	973	+483	483	389	-94
1929	917	1,295	+378	307	412	+105

출처: Hal B. Lary, *United States and World Economy*, 1943, p.107.

신규 증권이 얼마나 발행됐는지 그 추이는 직접적으로 추정이 가능하고, 직접 투자의 변화는 규모가 작아 곧바로 가늠할 수 있다. 문제는 상장 증권 거래를 통해 자본 흐름의 변화를 추정하는 데 있다. 1928년과 1929년의 상장 증권 거래대금은 다양한 가정 아래 분류된다. 첫째는 연도별 수치를 분기별로 나누는 것이다. 둘째는 뉴욕 주식시장이 보합세 혹은 하락세에 있을 때는 미국과 유럽 투자자들이 서로의 주식을 매도하고, 상승세에 있을 때는 매수한다는 가정이다. 셋째는 뉴욕주식시장이 보합세 혹은 하락세에 있을 때는 유럽 투자자들이 미국 주식을 매도하고 미국 투자자들은 유럽 주식을 매수함으로써 양쪽 모두 자본이 빠져나가는 반면 뉴욕 주식시장이 상승할 때는 이와 반대 현상이 벌어져 자본이 유입된다는 것이다. 플레이시그는 주가의 변동에 따라 자본 흐름이 어떻게 변하는지 그 규모뿐만 아니라 방향성에 대해서도 가정을 세운다. 3년간의 순 자본이동은 그대로다. 1927년의 처음 두 분기와 뒤이은 세 분기에 무슨 일이 벌어졌는지 다양한 가정을 해봄으로써 1928년 6월까지의 18개월과 그 뒤의 15개월 간의 변동 수치를 알 수 있

표4. 1927-1929년 중 상장증권 거래를 통한 미국으로부터의 자본 흐름 변화 추정치

(백만 달러; 미국의 매수는 -, 매도는 +)

기간	가정1 (비례배분)	가정2 (대항적 이동)	가정3 (병행적 이동)
1927년 1월 1일 ~ 1928년 6월 30일[a]	+350	-50	-800
1928년 7월 1일 ~ 1929년 9월 30일[b]	+500	+1,350	+3,050
(변동액)	(+150)	(+1400)	(+3,850)
차액(c=d-a-b) 1929년 10월 1일 ~ 1929년 12월 31일[c]	+200	-250	-1,200
3년간 합계[d]	+1,050	+1,050	+1,050

출처: Heywood W. Fleisig, "Long-Term Capital Flows and the Great Depression:The Role of the United States, 1927-1933." 1970, table 1, p.33(반올림한 수치).

을 뿐만 아니라 1929년의 마지막 3개월 동안의 간접적인 자본 이동을 알 수 있는데, 표4에서 그것을 보여준다.

세 가지 가정 가운데 어느 것도 실제로 어떤 일이 벌어졌는지 합리적으로 설명해준다는 확실한 증거는 없다. 다들 이리저리 숫자들을 재배열했을 뿐이다. 그러나 표4의 수치와 표3의 매매 규모를 비교해보면 셋째 가정에 따라 도출한 결과는 실제로 불가능하다는 것을 알 수 있다. 1929년의 마지막 3개월 동안의 간접적인 자본 유출은 1929년 한 해 동안 외국인들에게서 매수한 미국 및 해외 증권 총액과 같다. 게다가 당시 증권거래의 특성상 통상적인 관행으로는 아무리 거래가 활발한 시장이라 해도 외국인 투자자들의 순매수액 혹은 순매도액이 전체에서 차지하는 비중은 20%를 넘지 못하는 게 보통이었다. 그러므로 첫째 가정에서 연도별 수치를 일정하게 비례 배분한 것은 1928년 6월 이후 자본 유입이 어떻게 변동했는지를 과소평가하게 되며, 둘째 가정은 상당한 금액만큼 과대평가하게 된다. 내 나름대로 경험에 기초해 추측해보면 처음 18개월 동안 2억 달러의 자본 유입이 있었고, 다음 15개월 동안에는 7억 달러의 변동이 더해져 9억 달러의 자본 유입이 있었을 것이다. 또 1929년의 마지막 3개월 동안에는 5억 달러의 간접적인 자본 유출이 있었을 것으로 추측해본다.

이렇게 보면 1927년 1월 1일부터 1928년 6월 30일까지 18개월 동안, 그리고 1928년 7월 1일부터 1929년 9월 30일까지 15개월 동안 미국의 대외 대부에는 대략 20억 달러의 변동이 있었다고 할 수 있다. 이는 신규 해외 증권 감소분 12억7500만 달러에서 직접 투자 증가분 1억 달러를 제하고, 상장 증권 감소분 7억 달러를 더한 것이다. 이 정도 금액은 상당히 큰 규모다.

1928년 6월에 미국의 대외 대부에 변동을 초래한 요인은 무엇이었을까? 간단히 답하자면 주식시장이었다. 투자자들의 시선은 주식으로 향했다. 심지어 주식 매수가 허용되지 않았던 금융중개업자들조차 콜시장에 자금을 대출해주었다. 금리는 1928년 봄부터 빠르게 상승했는데, 연방준비제도가 1927년 여름 공개시장 조작을 통해 보유 증권을 추가로 매각하고 재할인율을 세 차례나 인상한 데 따른 것이었다. 뉴욕증권거래소의 거래량도 늘어났고, 콜머니 론은 1927년 말 40억 달러에서 1928년 중반 52억7500만 달러로 증가했고, 그 해 말에는 64억 달러로 불어났다. 은행들은 콜시장에서 어느 정도 발을 뺐으나 비은행 금융기관들은 꿈쩍도 하지 않고 오히려 대출을 더 늘려갔다. 금융기관들뿐만 아니라 철도회사와 제조업체들마저 실물 투자보다 더 안전하고 유동성도 높고(그렇게 여겨졌다) 수익률도 높은 콜론 쪽으로 눈을 돌렸다.

1920년대까지 거슬러 올라가는 해묵은 논쟁거리는 과연 주식 붐이 자금을 흡수했는가에 관한 것이다.[25] 이 책에서는 주가 대폭락이 기업 경기에 찬물을 끼얹었는지에 대해 나중에 다룰 것이다. 지금 풀어야 할 문제는 과연 주식 붐이 정상적인 기업 활동에 쓰여야 할 자금을 다른 데로 돌림으로써 경기에 악영향을 주었는가 하는 것이다. 주식 붐이 투자 자금의 조달을 쉽게 만들고—해외 직접 투자의 경우에서 볼 수 있듯이—배당금의 증가와 부의 증대 효과를 통해 가계 소비를 늘려주며, 또 기업과 가계의 기대를 높여줌으로써 경기를 자극할 수 있다는 점은 분명하다. 주식 붐이 불러일으킬 수 있는 부정적인 영향은 주로 통화 정책과 관련된 것인데, 1928년 상반기에 연방준비제도가 신용을 줄여야 한다는 압박을 받은 데서, 또 기업과 가계 소비로 가야 할 자금이 주식 투기로 방향을 튼 데서 드러난다. 지금 지적한 두 가지 요인은 결국 산업 및 상업 부문의 신용 여건을 긴축으로 돌려놓게 된다.

주식시장이 신용을 흡수한다는 견해에 대한 선험적인 반론은 주식을 매수하고 돈을 내는 개인이나 기업의 맞은편에는 주식을 팔고 돈을 받는 개인이나 기업이 있다는 것이다. 그러므로 주식시장은 화폐의 총량을 변화시키지 않는다. 많은 선험적인 주장들이 그런 것처럼 이 반론 역시 그 자체만으로는 반박할 수 없으나 경험적으로도 그러한지는 의문이다. 만일 통화 공급을 금융 부문에서 유통되는 쪽과 거래를 위해 유통되는 쪽(케인스의 표현을 따르자면 상품과 서비스를 구입하는 데 사용되는 화폐)으로 나누어 본다면, 주식 붐은 거래를 위해 유통되는 쪽 자금을 금융 부문에서 유통되는 쪽 자금으로 돌려놓을 수 있다. 물론 신규 주식의 발행은 자금 흐름을 이와는 반대 방향으로 돌려놓을 수 있다. 그러나 주식시장에 대한 관심이 뜨거워지면 투기를 노리는 대기 자금의 양은 늘어나는 반면 상품의 생산과 유통, 소비에 투입돼야 할 자금의 양은 줄어들게 된다. 주식 붐은 통화 공급량 전반을 줄이지도 않고, 따라서 그 악영향에 대해 추궁할 필요도 없을지 모르지만, 정상적인 소득 흐름이 유지될 수 있게 해주는 통화 공급을 줄이는 것은 아닐까?

이 같은 논쟁은 일반적으로 폐쇄 경제를 상정하고 벌어진다. 다른 나라 시장들과 금융망이 연결돼 있는 개방 경제에서는 주식 붐이 해외에서 들어오는 자금을 흡수할 수 있을 것이다. 이것은 외국인이 미국 주식을 매수할 때처럼 모든 것을 감안할 때 긍정적일 수 있다. 그러니까 해외에서는 금융 부문에서 유통되는 쪽이든 거래를 위해 유통되는 쪽이든 통화가 줄어드는 반면 미국에서는 금융 부문에서 유통되는 통화가 증가하는 것이다. 선험적인 주장에서 발견되는 대칭성은 여기에 적용되지 않는다. 만일 주식 붐이 해외 대부를 줄이게 된다면 분석은 좀 더 복잡해진다. 가령 어느 나라 경제가, 미국 금융 부문에서 유통되는 쪽에서 해외 거래를 위해 유통되는 쪽으로 가는 자금 흐름에 의존해왔다고 할 때 이 자금 흐름이 멈춰버린다면 그 나라의 거래를 위해 유통되는 통화는 비교적 큰 폭으로 줄어들겠지만 미국 금융 부문에서 유통되는 통화는 팽창할 것이다.

게다가 국제적인 거래에 적용할 수 있는 것은 미국 내 지역간 자금이동에도 똑같이 적용된다. 선험적인 추론에서 보았듯이 주식 붐은 통화 공급의 총량은 변화시키지 않지만 자금의 흐름을 지방에서 도시로 바꿀 수 있다.

주식 붐에 따른 기대감과 부의 증대 효과, 신용의 확대는 소비와 풍요의 욕구를 자극할 것이다. 그러나 이와 동시에 주식 붐은 해외와 지방의 자금을 흡수하고, 또 거래를 위한 유통 쪽으로부터 자금을 흡수함으로써 경제 전체적으로는 긴축 압력을 가하게 된다.

통화 수요량의 증가는 표5에서 보듯이 경제 전체의 통화량, 즉 M_2가 비슷한 수준을 유지하는 가운데서도 뉴욕 자금시장의 여러 금리가 상승하는 데서 발견할 수 있다. 통화량은 1927년부터 1930년 중반까지 비교적 일정했지만 금리는 두 배 이상 차이가 날 만큼 변동이 심했고, 최우량 상업어음의 금리는 4%에서 6.25%까지 움직였다.

이 모든 것은 주식시장의 상승세가 금리의 상승을 이끌었으며, 이는 독일과 그 주변부에 대한 자본 대부의 급격한 감소를 야기했다(앞서 살

표5.1927-1930년 6월 중 미국의 통화 공급과 금리

(1927년은 연평균, 1928년부터는 월평균, 십억 달러, 연율 %)

	통화 공급 M₂*	프라임 기업어음 (4~6월물)	주식대출 (90일물)	신규 주식콜론	채권수익률 국채	채권수익률 회사채 Aaa	채권수익률 회사채 Baa
1927년	44.4	4.11	4.35	4.52	3.34	4.51	5.48
1928년							
1월	45.7	4.00	4.38	4.15	3.18	4.46	5.35
2월	45.8	4.00	4.56	4.33	3.19	4.46	5.33
3월	46.1	4.13	4.63	4.48	3.17	4.46	5.32
4월	46.5	4.38	4.94	5.06	3.20	4.46	5.33
5월	46.5	4.50	5.25	5.69	3.24	4.49	5.42
6월	45.9	4.75	5.69	6.32	3.29	4.57	5.55
7월	46.0	5.13	6.00	6.06	3.42	4.61	5.58
8월	45.8	5.30	6.25	6.91	3.48	4.64	5.61
9월	46.0	5.63	7.00	7.40	3.46	4.61	5.59
10월	46.3	5.50	7.13	7.12	3.47	4.61	5.58
11월	46.4	5.38	6.94	6.86	3.38	4.58	5.55
12월	46.6	5.38	7.50	8.86	3.45	4.61	5.60
1929년							
1월	46.2	5.38	7.15	6.94	3.52	4.62	5.63
2월	46.3	5.50	7.63	7.47	3.62	4.66	5.66
3월	46.2	5.88	7.88	9.80	3.74	4.70	5.79
4월	46.1	6.00	8.75	9.46	3.64	4.69	5.80
5월	45.8	6.00	8.75	8.79	3.64	4.70	5.80
6월	45.9	6.00	8.25	7.83	3.69	4.77	5.94
7월	46.4	6.00	7.75	9.41	3.64	4.77	5.95
8월	46.3	6.13	8.88	8.15	3.71	4.79	6.04
9월	46.3	6.25	8.88	8.62	3.70	4.80	6.12
10월	48.2	6.25	8.13	6.10	3.61	4.77	6.11
11월	45.0	5.75	5.50	5.40	3.35	4.76	6.03
12월	45.9	5.00	4.88	4.88	3.36	4.67	5.95
1930년							
1월	45.3	4.88	4.75	4.31	3.42	4.66	5.92
2월	45.5	4.75	4.75	4.25	3.41	4.69	5.89
3월	46.2	4.25	4.25	3.56	3.29	4.62	5.73
4월	45.6	3.88	4.13	3.79	3.37	4.60	5.70
5월	45.2	3.75	3.50	3.05	3.31	4.60	5.72
6월	45.3	3.50	2.88	2.60	3.25	4.57	5.78

출처: 통화공급: Milton Friedman and Anna Jacobson Schwartz, *A Monetary History of the United States, 1867-1960*, 1963, table A-1, pp. 712-713.
금리: Federal Reserve System, *Banking and Monetary Statistics*, 1943, pp. 448-451, 468-470.
*M₂(광의의 통화)는 현금 및 요구불예금, 정기예적금을 말한다.

퍼본 볼더스톤과 테민의 견해에도 불구하고)는 점에서 중요하다.[26] 그리고 대부
중심지에서 계속 증가하던 자본 수출이 갑자기 중단됨으로써 마치 불
안정한 중심지에 대한 반향처럼 외국의 소득은 급격히 감소하게 되었
다. 이런 상황은 1825년과 1857년, 1866년, 1873년에 벌어졌고, 1929년
과 1982년에 나타났던 것과 유사하게 아주 격렬했던 1890년의 베어링
위기 때도 발생했다.[27] 이것은 마치 어린아이들의 놀이인 '스냅 더 휩snap
the whip'과 비슷하다. 이 놀이에서는 한 줄로 늘어선 아이들이 손에 손을
맞잡고 달리기 시작하는데 그러다 한쪽 끝에 있는 아이가 멈춘다. 그러
면 다른 쪽 끝에 있는 아이들은 점점 더 빨리 달리다가 원심력에 의해
마침내 멀리 우주 바깥으로 튀어나가게 되는 것이다.

1927년의 세계경제회의

1920년대는 전세계적으로 관세가 인상되었고, 관세를 줄여야 한다는
요구는 있었지만 대체로 실패로 돌아갔다. 전후에 관세는 (1) 무역이 중
단됐던 동안 성장한 새로운 산업을 보호하기 위해 (2) 오스트리아-헝
가리 제국이 붕괴하면서 새로 탄생한 나라들을 보호하기 위해 (3) 가
장 중요한 것으로, 현저히 저평가된 통화 가치를 무기로 수출품을 쏟
아내는 외국의 소위 환율 덤핑exchange dumping으로부터 국내 산업을 보
호하기 위해 부과되었다. 이에 따라 1920년에는 브뤼셀, 1921년에는 포
르토르즈, 1922년에는 제노바에서 열린 국제회의에서 잇달아 높은 관
세를 부과하지 말 것을 강력히 권고했다. 그러나 성과는 거의 없었다.
미국이 1922년에 제정한 포드니-맥컴버Fordney-McCumber 관세나 영국
이 1916년에 제정한 맥케나McKenna 관세—1921년에 시행된 산업보호법

Safeguarding of Industries Act에 따라 그 근거를 갖게 됐다—를 피해갈 수는 없었다. 관세 인상은 영연방 산하 국가에서 특히 심했는데, 1923년과 1926년에 열린 대영제국회의에서는 자치령에서 생산되는 상품을 우대하는 관세를 고려하도록 영국 본국에 촉구하기도 했다. 아무튼 볼드윈 Baldwin 내각이 붕괴하고 1923년 12월의 총선으로 영국 최초의 노동당 정부가 출범하면서 자유 무역의 전통을 폐기하고자 했던 보수당의 시도도 물거품이 돼버렸다.

국제연맹은 이 같은 관세 인상 흐름에 당혹스러워하며 1927년에 제네바에서 관세 휴전을 협상하기 위한 세계경제회의를 갖기로 했다. 유럽 국가들은 협상에 진지한 자세로 임했지만 쟁점에 민감하게 반응하지는 않았다. 사실 관세가 국제 무역을 제한하는 것 이상으로 해외 대부가 국제 무역을 더 원활하게 했다. 그러나 관세는 국제 경제 시스템의 잠재적인 교란 요인이었는데, 최혜국 대우의 폐기가 예상되고 관세 우대 조치가 확산되는 상황에서는 특히 그랬다. 1927년 세계경제회의의 한 가지 성과는 수입 금지를 폐지키로 한 협정이었다. 하지만 이 협정은 나라별로 유보조항을 두고 있었던 데다 발효되기에 충분한 비준을 얻는 데도 실패했다. 또 다른 성과는 관세 휴전이었는데, 궁극적으로 관세 인하를 목표로 했다. 이것은 성공했다. 그러나 허버트 후버는 1928년 여름 대통령 선거 유세에서 농산물 가격 하락으로 고통받고 있는 농민들을 지원하기 위해 미국의 관세를 인상하겠다고 약속했다. 그는 1929년 3월 취임하자 자신의 공약을 이행하기 위해 하원 임시회의를 소집했다. 하원 세입위원회 청문회는 이미 쿨리지 행정부가 끝나가던 1929년 1월 7일에 시작된 상태였다. 청문회에서는 의제를 농산품에 대한 관세 인상만으로 국한하지 않았다. 이렇게 시작된 과정이 15개월 뒤인 1930년 6월 스무트-홀리 관세법의 제정으로 귀결되었던 것이다.

1927년 세계경제회의에서 관세 인하를 지원한 세력은 거의 없었다. 영국의 속마음은 이 문제와 관련해 두 가지였다. 노동당은 관세 인하를 지지했으나, 보수당 정부는 대영제국의 자치령에 대한 우대 관세에 마음이 가 있었고, 자유당은 무력한 상태였다. 전통적으로 고율의 관세를 부과해왔던 유럽 대륙 국가들은 이 문제에 관심이 없었다. 사실 1926년 이후 밀 가격이 하락하자 독일은 도스 플랜 이전까지는 부과하지 못하도록 했던 관세를 다시 부과했다. 무솔리니는 1925년 7월 밀과의 전쟁Battle for Wheat을 시작해 밀에 대해 관세를 부과했다. 프랑스도 관세를 부과함과 동시에 제분업자들로 하여금 수입 밀에 국내산 밀을 다량 섞어서 제분토록 하는 제분 쿼터를 시행했다. 밀에 대한 관세 부과 문제는 1927년 세계경제회의에서 제기됐지만 아무런 성과도 없었다. 미국은 국제연맹의 회원국이 아니었을 뿐만 아니라 전통적으로 고율의 관세 부과를 지지해온 공화당이 집권하고 있었다. 리더십은 찾아볼 수 없었고, 어떤 조치도 나올 수 없었다.

영 플랜과 런던에서의 금 유출

1928년 6월 배상 대리사무소Reparation Agency의 책임자인 S. 파커 길버트 S. Parker Gilbert는 정례 보고서에서 이제 배상 문제의 해결을 위해 도스 플랜을 대체할 때가 되었다고 제안했다. 이 제안을 뒷받침할 근거는 제시하지 않았다. 길버트는 배상이 대부분 차입에 의해 지불되고 있다는 점을 우려하고 있었다. 다만 그가 미국의 대외 대부가 곧 줄어들 것을 미리 내다봤는지는 알 수 없다. 독일은 프랑스의 라인란트 점령이나 배상 대리사무소의 자국 예산 감독처럼 주권을 침해하는 협정에 불만이었다. 더구나 배상 총액은 여전히 확정되지 않은 상태였다. 프랑스는 도스 플랜에서 정한 배상 의무를 민간 채무로 돌리기를 원했다. 그러나 독일 경제가 회복되기는 했다 해도 연간 25억 금마르크의 할부 배상금을 물리는 것은 과도한 부담이라는 데는 대체로 동의했다. 이 문제에 관한 결정이 1928년 9월에 내려졌는데, 1929년 2월에 파리에서 새로운 전문가 위원회를 소집해 각국 정부에 권고할 '최종적이며 확정적인 해결 방안'을 모색하자는 것이었다.

전문가 위원회의 중립적인 위원장은 미국의 오웬 D. 영Owen D. Young이 맡았다. 미국은 회의에 참여하지는 않았지만 영과 계속 접촉하면서 전채를 의제에서 제외할 것을 지시했다. 그러나 이 문제에서 영은 실패했고, 결국 채권자가 수령하는 전채 금액 가운데 순 감면액을 뺀 금액의 12분의 8을 배상 지불액에서 덜어주기로 결정했다. 독일 대표는 샤흐트였는데, 그가 1929년 4월 16일에 내놓은 협상안은 최후 통첩으로 여겨졌다. 협상안에서 그는 독일의 식민지와 폴란드 회랑의 반환을 요구하는 것으로 보였다. 비록 샤흐트는 훗날 주장하기를, 그는 단지 식민지와 회랑을 돌려받지 않는다면 독일은 배상금을 지불할 수 없을 것이라고 이야기했을 뿐이라고 했지만 말이다.[28]

프랑스는 분노했고, 회의는 위기를 맞았다. 뒤이어 샤흐트는 언론 보도를 이용해 프랑스를 비판했다. 프랑스가 독일 통화를 겨냥한 고의적인 공격을 가하고 있으며, 프랑스 시중 은행들에 지시해 독일에서 예금을 인출토록 하고 있다고 비난했다. 그는 훗날 이와 관련해 엄중한 결론을 이끌어냈다. "독일 통화에 대한……이 같은 프랑스의 공격은……지금(1931년) 전세계에 드리운 점증하는 신뢰 부족의 출발점이었다."[29] 프랑스가 자국의 민간 자금을 인출해 마르크 화를 고의적으로 공격했다는 말은 라이히스방크의 1929년도 연차 보고서에서도 반복되고, 이를 확증해주는 피에르 케네의 발언이 별개의 두 가지 기록에 나와 있다. 오웬 D. 영의 파일을 보면 케네가 영 위원회의 간사인 프레드 베이트Fred Bate에게 4월 18일에 다음날 정오까지 독일에서 2억 달러가 인출될 것이라고 말한 사실이 기록돼 있다.[30] 그런가 하면 배상 대리사무소 직원으로 역시 미국인인 셰퍼드 모건Shepherd Morgan은, 자신이 케네에게 대체 프랑스가 독일로부터 자금을 인출하는 것이 무슨 의미가 있느냐고 묻자 돌아온 답은 "전쟁이란 그런 것C'est la guerre"이었다고 밝혀두었다.[31]

샤흐트에 대단히 우호적인 심슨Simpson은 최근에 쓴 전기에서 이 일에 대해 전혀 언급하지 않았을 뿐만 아니라 레이스-로스Leith-Ross 같은 당시 현장에 있었던 사람들에 대해서도 소개하지 않고 있다.[32] 〈이코노미스트Economist〉는 "고의적인 공격"과 관련한 루머에 대해 주목하면서도 그것이 "파리나 런던의 은행에 의해 거액의 단기자금이 인출된 증거가 없다는 점에서 의심스럽다"고 적었다.[33] 케네의 입에서 나왔다고 하는 수치도 좀 믿기 힘든 것이다. 2억 달러는 라이히스방크가 1929년이 시작된 뒤 4월 23일까지 상실한 금의 총액과 대략 일치하는데, 7억4500만 라이히스마르크에 달하는 금액이다. 라이히스방크는 패닉에 가까운 날이었던 4월 26일이 끼어있던 바로 그 다음주에 2억5100만 라이히스마르크 상당의 금을 추가로 상실했다. 그러나 프랑스는 독일에 장기 차관을 제공하지 않았다.[34] 이 같은 금의 인출로 인해 라이히스방크의 금 보유고는 예금 지불에 필요한 양의 41%까지 감소했는데, 이는 도스 플랜에서 정한 하한선 40%에 근접한 아주 위험한 수준이었다.[35] 유일하게 구할 수 있는 단기 차관의 수치는 1931년 6월의 7억 라이히스마르크로 이것은 훨씬 뒤의 일이지만, 아무튼 1929년에 인출해갔던 단기 채권 2억 달러와 일치한다. 샤흐트는 주장하기를, 프랑스가 그들의 잔고에서 계속 인출해갈 경우 독일은 배상금 지불을 중단할 수 밖에 없다며 파커 길버트를 위협해 일단 인출을 중단시킬 수 있었고, 또한 길버트 역시 프랑스로 하여금 인출을 멈추도록 하는 데 성공했다고 밝혔다.[36] 독일에서 자금 인출이 있었다는 점은 명백하지만 이것은 단지 배상 회의가 결렬될 것이라는 우려 때문에 빚어진 결과일 수 있다. 실제로 벌어진 상황을 보면 의문의 여지가 있다. 프랑스와 독일 양국 중앙은행간의 협력이 깨졌느냐 하면 그것도 아니었다.

흥분은 가라앉았다. 독일은 이전의 금 보유고를 회복하지는 못했지만 라이히스마르크는 외환시장에서 강세를 되찾았다. 샤흐트는 뭔가 불안한 기색을 보이면서도 6월에 전문가 위원회의 보고서에 서명했다. 당시 많은 사람들이 의심했던 것처럼 그가 독일의 재무적인 취약성 때문에 서명한 것이라면 프랑스의 위협은, 만일 그런 것이 있었다고 할 경우 단기적으로는 성공한 것이겠으나 그 대가는 국제 경제 시스템이 치렀다고 해야 할 것이다.[37]

배상 문제의 세부적인 합의 사항들은 공황과 큰 관련성이 없다. 정치적으로 볼 때 영 플랜은 도스 플랜과 확연히 다른데, 무엇보다 독일에 강제로 부과한 것이 아니라 독일이 자유의사에 따라 수락한 것이라는 점에서 그렇다. 배상 대리사무소는 독일의 재정을 감독하는 데서 손을 뗐고, 프랑스군은 루르 점령지에서 철수했다. 합의 사항을 경제적으로 따져보면, 매년 16억5000만 금마르크를 37년간 지불하겠다는 독일의 제안과 매년 23억 금마르크를 59년간 지불하라는 연합국의 요구 사이에서 타협이 이뤄진 것이라고 할 수 있다. 배상금은 처음에는 적은 금액으로 시작해 해마다 증액해 나가는 것으로 합의했다. 연간 배상금 지불액은 무조건 지급액과 조건부 지급액으로 나눠 조건부 지급액은 지불금의 인도에 애로가 있을 경우 연기할 수 있도록 했다. 배상금 지불을 외부에서 모니터하고 또 효율적인 지불금 인도를 돕기 위해 은행이 설립되었다. 3억 달러의 영 플랜 차관 가운데 3분의 2는 채권국들에게 분배됐고 3분의 1은 독일이 쓸 수 있게 했는데, 이로써 시스템은 비로소 돌아가기 시작했다.

영 플랜은 또 다른 통화, 즉 파운드 화에 대한 금 인출 쇄도와 관련이 있을 수 있다. 전문가 위원회의 보고서는 1929년 8월 헤이그에서 열린 연합국 회의에서 논의됐고, 전문가 위원회에서 몇몇 사소한 부분을 해결한 다음 열린 1930년 1월의 2차 헤이그 회의에서 최종 합의가 이루어졌다. 합의 내용은 1930년 4월 7일부터 발효되었다. 1차 헤이그 회의의 핵심 이슈는 영국 노동당 정부의 재무 장관인 필립 스노든Philip Snowden이 전문가 위원회에서 권고한 배상금 배분 방식을 받아들이려 하지 않는다는 점이었다. 영국의 정책은 배상금 지불액과 전채 상환액을 받아 자국이 갚아야 할 전채를 상환한다는 것이었는데, 이것이 충분히 반영되지 않았다는 말이다. 스노든은 영국 내에서 호응이 있을 것이라고 생각되는 입장을 취해 영국 몫을 늘리는 새로운 배분 방안을 주장했다. 램시 맥도널드Ramsay MacDonald 총리와 외무성에서는 기껏 250만 파운드의 80%를 더 받으려고 국제적인 마찰을 야기하고 회의를 깨겠다고 협박한다는 것은 우스운 짓이라고 생각했다.[38] 논쟁을 벌이는 과정에서 스노든은 프랑스 재무 장관 셰롱Chéron의 주장에 대해 "우스꽝스럽고 터무니없는ridiculous and grotesque"이라고 말했는데, 이 표현은 영어에서도 좀 강한 것이지만 불어에서는 더욱 심한 것이었다.[39] 이로 인해 어려움이 초래되기도 했다. 이 일이 있고 나서 곧바로 케네는 전문가 위원회의 일원들인 이탈리아의 피렐리Pirelli와 벨기에의 프랑키Francqui와 함께 레이스-로스를 방문해 프랑스 정부는 영 플랜의 배상금 배분 방식을 변경하려는 스노든의 시도를 받아들일 수 없다고 밝혔다. 그는 계속해서, 만일 스노든이 요구 사항을 철회하지 않는다면 프랑스 정부는 보유 중인 파운드 화를 금으로 교환해 파리로 가져갈 것이라고 덧붙였다. 케네가 이렇게 열변을 토했지만 레이스-로스는 아무런 대답도 하지 않은 채 메신저를 불러 자기를 찾아온 손님들을 출구로 안내해주도록 했다.[40] 그러나 이렇게 생각하는 사람들도 있는데, 레이스-로스가 말한 대로 2억 4000만 파운드를 갖고 있던 프랑스가 이 가운데 일부를 실제로 9월에 금으로 인출해갔다는 것이다. 물론 대부분의 견해는 영국이 8월과 9월에 걸쳐 4500만 달러에 이르는 상당한 양의 금을 상실하게 된 것은 연방준비제도가 마침내 재할인율을 인상하자 자본 흐름이 뉴욕으로 유입된 결과라는 것이다. 또 다른 설명에 따르면, "우스꽝스럽고 터무니없는"이라는 표현이 프랑스로 하여금 런던에서 금을 인출토록 했고, 그 결과 영란은행은 재할인율을 인상할 수밖에 없었다는 것이다. 그러니까 금융 사기 파문을 일으킨 해트리Hatry 기업의 도산보다는 이것이 영란은행의 재할인율 인상과 뉴욕 주식시장의 붕괴에 도화선이 됐다는 말이다.

그러나 우리는 지금 우리 주제에서 너무 앞서나가고 있다. 우리는 이제 유럽과 미국에서 눈을 돌려 전세계적인 상품시장을 들여다봐야 한다.

4

농업 불황
The Agricultural Depression

농업 부문만 불황에 빠질 수 있을까?

1929년 10월 뉴욕 주식시장 대폭락 이후 산업 생산의 급격한 감소와 1931년의 금융위기 여파로 농업 부문에서는 심각한 불황이 뒤따랐고 산업 생산에서는 이보다 더 광범위한 깊은 불황이 이어졌다. 농업 부문에서의 실질 소득 감소는 산업 부문만큼이나 심각했다. 농산물 생산량은 그대로 유지됐고, 물가 수준은 떨어졌는데도 말이다. 그러나 주식시장이 대폭락하기 이전에 혹시 농업 부문에서만 벌어진 불황이 주식시장 대폭락과 산업 생산의 감소, 은행 도산 사태를 야기하는 데 한 요인으로 작용하지 않았는가 하는 물음은 여전히 남아 있다. 아서 솔터 경 Sir Arthur Salter 같은 논자는 경기 사이클과 농업 불황, 금융 위기라는 세 가지 현상이 대체로 각기 독립적으로 존재했다고 주장한다.[1] 이는 대공황을 우발적으로 벌어진 일련의 역사적 사건들로 보는 학파의 입장이다. 후버 대통령은 1930년 12월 2일 발표한 연두교서에서 공황의 출발점이 어느 정도는 미국 내의 요인들, 특히 투기에 있었다는 점을 인정했지만, 또 다른 근본적인 원인들을 지적했다. 주로 전세계적으로 벌어졌던 "밀, 고무, 커피, 설탕, 은, 아연 그리고 어느 정도는 면화"의 과잉 생산이었다.[2] 훗날 그는 범위를 좁혀 카르텔의 인위적인 가격 인상이 초래한 과잉 생산과 유럽에 비난의 화살을 돌렸다. "유럽의 정치인들은 이같은 이슈에 맞설 용기가 없었다."[3] 아시아와 아프리카에서 있었던 쌀의 과잉 생산에 주목하는 한 전문가의 조금은 국지적인 견해도 있는데, 특히 1928년의 쌀 대풍작이 밀의 공급 초과에 더해져 농업 국가의 물가 하락과 구매력 감소를 가져왔고, 이것이 결국 세계적인 공황을 낳았다는 것이다.[4] 그러나 대체적인 시각은 농업 부문의 불황은 전세계적인 불황의 결과였지 원인이 아니었다는 것이며, 전세계적인 불황은 미국에서 벌어진 투기에서, 혹은 제1차 세계대전이 야기한 구조적인 변화에서 시작되었다는 게 일반적인 인식이다.

1929년 10월 이전 농업 부문에 어느 정도의 불황이 있었는가는 시점 선정이라는 좀 까다로운 문제를 야기한다. 전세계적인 농업 소득의 감소가 발생했을 수 있지만 산업 생산이나 금융 상황과는 무관했을 수 있고, 산업 부문의 불황이나 금융 부문의 위기 상황이 일어났을 때는 오히려 무난히 이겨냈을 수도 있다. 혹은 이와는 반대로 농사란 원래 하늘의 뜻에 달려있다고 하듯이, 농업 부문은 소득과 생산 수준을 유지하면서 잘 견뎌왔는데 외부의 작은 충격에 엄청나게 흔들렸을 수도 있다. 게다가 불황에 관한 설명을 이해하려면 분명히 해두어야 할 것이 있다. 가령 과잉 생산 같은 어려움이 발생했을 때 왜 가격 메커니즘을 통해 스스로 문제를 해결하지 못하고 농산물 가격의 연이은 하락과 총매출액의 지속적인 감소, 그리고 농민 소득이 계속적으로 쪼그라들게 되는지 그 이유를 밝혀야 하는 것이다.

따라서 지금부터 이어질 설명에서는 농업 부문과 산업 부문, 금융 부문 간의 상호관계에 방점을 두고서, 이런 상호관계가 불황의 발생과 확산 과정에서 어떤 작용을 했는지, 또 어떻게 해서 불황을 이겨내는 것을 그토록 어렵게 만들었는지 주의 깊게 살펴볼 것이다. 특히 여기서는 한 생산자 집단의 가격 변동은 그 집단의 손실이 발생할 경우 고객의 이익으로 상쇄되므로 거시경제적 관점에서는 중요하지 않다고 하는 현대 케인지언의 생각은 받아들이지 않는다. 이런 시각에서 보자면, 비록 농산물 가격을 올리는 방식에 잘못이 있을 수 있더라도 농산물 가격의 상승을 중시하는 전통적인 사고 방식은 옳다고 할 수 있다. 개별 국가들이 수입 상품에 대해 쿼터제나 관세 부과를 한다든가 혹은 수출 상품에 보조금을 지급하거나 환율을 올려 농산물 가격을 올리려고 시도하는 것은 국제적으로 보면 실망스러운 일일 수밖에 없고, 또 문제를 더욱 악화시킬 수밖에 없다. 어떤 나라가 현재의 수요 수준(과 현재의 가격)에 맞춰 공급을 줄이고자 할 경우 거기서 생겨나는 이익은 다른 생산국이 가져갈 것이다. 다 함께 보조를 맞춰 가격을 인상하자는 국제적 합의는 성공할 수 없는데, 강력한 리더십(그리고 리더십을 가진 국가의 희생)이 없이는 실행 가능한 해결책, 즉 위반한 나라에 응분의 대가를 치르게 할 수 있는 방안을 내놓기가 어렵기 때문이다. 개별 국가의 힘만으로 농산물 가격을 올린다는 것은 불가능하다는 게 확실해졌다. 이제 해결책은 전세계적으로 지출을 늘려 전체 시스템이 돌아가기에 충분한 윤활유를 공급하고, 동시에 자원의 재분배가 가능하도록 만드는 것이다.

농업과 경기 사이클

1857년까지 이어진 경기 사이클 이전에는, 아니 어쩌면 1866년까지 이어진 경기 사이클 이전에는 농산물 작황이 경기 여건을 판단하는 지표였다. 풍작은 빵 값을 낮췄고, 이에 따라 근로자들의 임금도 떨어뜨렸다. 이와 동시에 농가 소득을 높여 산업 생산의 외연을 확장해주었다. 이와는 반대로 흉작은 불황을 몰고 왔다. 물론 상황에 따라 차이는 있다. 특히 농민들이 토지를 어떤 방식으로 보유하고 있느냐에 따라, 또 그 나라 경제가 대외 무역에 개방돼 있는가에 따라 다르다. 어떤 방식으로 토지를 보유하고 있는가는 지주와 농민 간의 소득 배분에 결정적인 요인이자, 농가 지출의 특성에도 영향을 미친다. 대외 무역에 좀더 개방적일 경우 수확량 변화에 따른 가격 변동을 줄일 수 있고, 이에 따라 근로자 임금은 안정되는 효과가 있지만 농가 소득은 불안정해질 수 있다.

그러나 19세기 중반 이후 한동안 경기 사이클이 사실상 농가 소득과는 독립적으로 움직이는 현상이 나타났다. 오히려 그보다는 경기 사이클이 금융시장의 상황이나 공산품 재고, 공장 및 설비 지출, 인구 변동과 더 관련성이 높아졌다. 농업은 완전히 잊어버리려는 경향마저 있었다. 어떤 경제학자가 구조적인 혼란을 강조할 경우, 가령 잉바르 스베닐손Ingvar Svennilson이 그랬던 것처럼 농가의 생산이나 소득이 아니라 산업 부문에서 벌어진 과잉 투자나 재조정 실패를 다뤄야 했던 것이다.[5]

하지만 서유럽 이외의 지역에서는 농업이 여전히 중요했다. 미국에서 농업은 1929년에 전체 고용의 4분의 1을 차지했고, 농산물 수출이 농가 소득에 기여한 비중은 28%에 달했다. 영연방 자치령과 아르헨티나, 우루과이를 비롯한 신 정착 지역에서는 이 두 가지 비율이 더 높았다. 전세계 무역의 40% 가까이가 농산물이었고, 20%는 광산에서 나오는 원자재였다.

농산물 가격 시스템의 실패에 대해서는 쉽게 설명할 수 있다. 그것은 부분적으로 제1차 세계대전 당시 공급 부족을 메우기 위해 유럽 이외의 지역에서 생산이 확대된 상황에서 전후 유럽에서의 생산이 회복된 데 기인한다. 또한 나무에서 수확하는 작물처럼 가격 상승에 대응한 신규 투자에서 최종 생산까지 긴 회임 기간이 걸리는 농산물은 가격 시스템의 실패가 자주 있다.

일단 과잉 생산이 이루어지면 생산 지역에서는 정부 정책이 개입하게 된다. 농산물 가격이 떨어지면 수출 보조금이 지급된다든가 정부가 비축물량을 늘린다든가, 혹은 드문 경우이기는 하지만 수출(과 때로는 생산)을 규제할 수도 있다. 티모셴코Timoshenko가 지적한 대로 농산물 생산에 관한 한 과잉 공급의 지표로는 가격보다 재고량이 더 낫다. 왜냐하면 정부가 구매에 나서 가격을 유지하려고 하기 때문이다.[6] 1923년부터 1925년까지의 전세계 농산물 가격 및 재고 지수를 100으로 할 때 가격은 1925년말부터 서서히 떨어지기 시작해 1929년 7월에서 10월까지는 약 70% 수준으로 하락한 반면 재고는 약 75%나 증가했다.[7] 그 뒤로 재고 비축을 위한 금융 조달이 어려워지면서 가격 하락 속도가 빨라졌다. 1929년 11월부터 1930년 1월까지 몇 개월 동안 가격 지수는 평균 64를 기록했는데, 이 수치는 1929년 7~10월에 비해 거의 9%나 더 떨어진 것이다. 그 다음으로 급락세가 닥쳐왔다. 1930년 3월에는 58로, 7월에는 다시 51.4로, 8월에는 45.5로, 12월에는 38.9로 떨어져 1928년 상반기에 비해 50%나 쪼그라들었다. 농산물 가격 지수는 1932년 12월까지 다시 절반 가까이 떨어져 1923~1925년을 기준으로 할 때 겨우 24.4%에 불과했다. 반면 재고 지수는 같은 지수를 기준으로 260까지 상승했다. 1930년과 1931년, 1932년의 연간 농산물 가격 하락율은 각각 40%, 28%, 12%에 달했다. 또 M2를 기준으로 한 통화 공급량의 감소는 12월 평균치를 비교할 때 각각 4%, 14.8%, 8.8%였다.

상품 문제

1929년에 세계 무역에서 거래 규모가 컸던 농산물은 표6에 열거돼 있는데, 거래액이 2억5000만 달러 이상인 모든 상품을 망라한 것이다. 이 리스트는 편의적인 것으로, 일부 품목—가령 밀과 밀가루, 옥수수와 라드 기름, 양모 원사와 소모사 및 방모사—은 합쳐놓은 반면 다른 품목들은 구분했다. 이 표를 잠깐만 보면 상품 문제가 결코 유럽에 국한된 것이 아니라는 사실이 명백해진다. 열거된 품목들 가운데 밀과 설탕, 실크, 버터만이 유럽에서 어느 정도 생산되고 있는 것이다. 더구나 앞으로 살펴보겠지만, 모든 1차 생산품이 공황 시기에 가격이 떨어졌지만, 이들 상품은 다른 시기에도 금액의 차이는 있지만 하락했다. 카를로스 디아즈 알레한드로Carlos Díaz Alejandro는 라틴아메리카의 농산물에 관해 언급하면서 개별 국가가 독립적으로 움직이는 것은 "상품시장에서 도박을 하는 격"이라고 말했을 정도다.[8]

그림2는 표6에 열거된 면화, 밀, 설탕, 실크, 고무에다 차와 주석을

추가해 이들 상품의 전세계 생산과 가격, 재고를 종합지수로 나타낸 것
인데, 국제연맹의 불안정성에 관한 연구에서 인용한 것이다. 그림에서
1929년이 100이라는 점에 주의하라. 이는 모든 곡선이 1929년에 만난
다고 해서 1929년이 균형점이라는 것은 아님을 의미한다. 상품 재고는
급격히 늘어난 반면 상품 가격은 급격히 떨어졌다는 점에서 1929년은
결코 안정된 해가 아니었음이 분명하다.

그림3은 티모셴코의 논문에서 인용한 것인데, 1932년까지의 짧은 기
간 동안 세 가지 상품의 추이를 보여준다. 그림2와 달리 기준 연도는
1923~1925년이며, 커피와 양모는 국제연맹의 차트에는 나와있지 않은
것이다. 고무는 비교를 위해 다시 인용했다.

무역 규모에서 가장 중요한 상품인 면화는 1929년까지 재고가 특별

표6. 1929년 당시 전세계적인 농산물 수출액 및 품목별 비중

	금액(백만 달러)	비율(%)
면화	1,400	11.3
밀	825	6.6
설탕(글루코스 포함)	725	5.8
양모	700	5.5
커피	575	4.5
실크	550	4.4
고무	425	3.4
버터	400	3.3
쌀	400	3.3
담배	350	2.8
옥수수	250	2.0
위의 품목 계	6,600	49.9
합계	12,500	100.0

출처: Henry C. Taylor and Anne Dewess Taylor, *World Trade Agricultural
Products*, 1943, table 2, pp.10-12.

4. 농업 불황

그림2. 1920-1938년 중 1차 생산품의 전세계 생산량 및 가격, 재고(1929년=100)

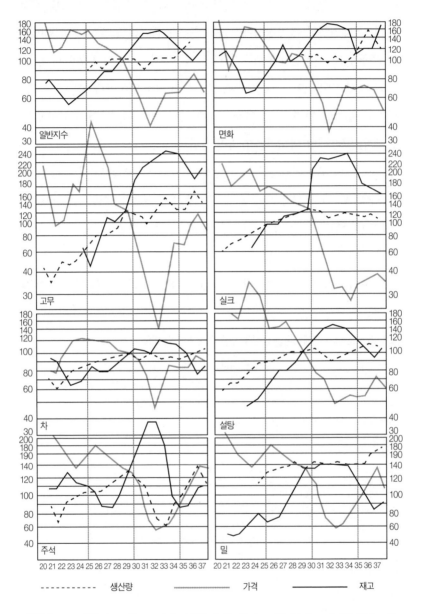

출처: League of Nations, *Economic Instability in the Postwar World: Report of the Delegation on Economic Depression*, 1945, p. 85.

그림3. 1923-1932년 중 커피, 양모, 고무의 전세계 생산량 및 가격, 재고

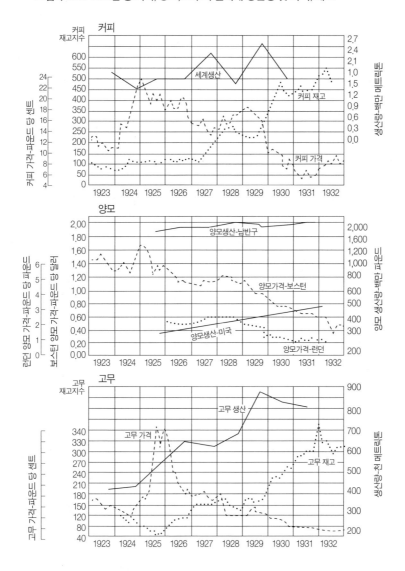

출처: Vladimir P. Timoshenko, *World Agriculture and the Depression*,
1953. pp. 20, 21.

4. 농업 불황

히 늘어나거나 가격이 크게 떨어지지도 않았다. 1920년대 초 미국 남부의 동쪽 지역에서는 목화 바구미가 창궐했는데, 이로 인해 면화 가격이 상승했을 뿐만 아니라, 이를 계기로 텍사스와 오클라호마 주에서는 기계를 이용한 새로운 면화 재배 방식을 사용하면서 생산을 늘려 나갔고, 브라질과 인도, 페루, 이집트 같은 신생국들에서는 보다 전통적인 방식에 의해 면화 생산을 확대해나갔다. 그러나 앨라배마와 조지아, 사우스캐롤라이나 주에서는 면화 생산이 크게 감소했다. 이에 따라 이미 1929년에, 그러니까 주식시장 대폭락에 앞서 애틀랜타 연방준비은행 관할 지역에 있는 은행들이 파산하게 됐는데, 물론 전국적으로 보면 면화 생산업계가 심각한 어려움에 처한 것은 아니었다. 당시 압박은 지역적인 것이었다.

그럼에도 불구하고 면화가 처해 있던 상황은 미국에 중요했다. 1926년 봄 벤저민 스트롱 뉴욕 연방준비은행 총재는 하원 은행 및 통화 위원회에 출석해 이같이 증언했다. "우리의 가장 중요한 수출품은 농산물이고, 그 중에서도 제일은 대부분이 영국으로 수출되는 면화입니다." 그는 이어서 1925년에 이뤄진 파운드 화의 금본위제 복귀에 대해 표면상 언급하면서도 1927년에 있을 연방준비제도의 통화 완화 정책을 암시하고, 또 멀리는 1931년에 있을 사건들을 예견하는 발언을 내놓았다. "지금 미국의 무역이 직면한 가장 큰 위협 중 하나는 외국 통화들의 평가절하라는 점을 간과해서는 절대 안 됩니다."[9]

밀은 사정이 전혀 달랐다. 1925년부터 밀 가격은 떨어지고 세계적인 재고는 많아졌는데, 1929년 이후에는 재고가 비슷한 수준을 유지했는데도 가격은 수직 낙하했다. 생산량은 아주 조금 증가했을 뿐이었다.

유럽 이외 지역에서의 경작지는 표7에서 보듯이 제1차 세계대전 기간 중 엄청나게 늘었다. 호주와 캐나다로의 이민이 늘어난 데다 말 사료에 대한 수요가 감소한 데 힘입은 것이다. 게다가 미국 내에서는 밀 생산이 소규모 농가 위주의 동부 지역에서 그레이트플레인즈Great Plains 지역으로 옮겨갔는데, 이곳에서는 트랙터로 파종하고 콤바인으로 추수하는 식의 기계화 농법 덕분에 밀 1부셸 당 생산원가를 1달러에서 60센트로 떨어뜨릴 수 있었다.[10] 유럽에서도 예전 수준까지는 아니었지만 경작 면적이 회복되었다.

미국과 캐나다에서는 밀 가격을 지지하려는 시도가 국가적인 차원에서 이루어졌다. 미국에서는 1929년 연방농업국Federal Farm Board을 신설해 밀을 매수하고 비축하도록 했다. 캐나다에서는 밀 생산자조합Wheat Pool이 이와 비슷한 역할을 했는데, 위니펙 상품거래소 외곽에서 활동했다. 미국 의회가 자국 내 밀 가격을 지지하기 위해 밀 수출에 보조금

표7. 주요 국가 및 전세계 밀 경작지의 시기별 비교 (백만 에이커)

	1909-1914년	1924-1929년
해외 수출국	87.51	117.37
아르헨티나	16.05	19.94
호주	7.60	11.97
캐나다	9.95	22.57
미국	53.91	62.99
유럽	187.13	183.13
유럽 내 수출국	95.31	89.42
유럽 외 수출국	37.27	41.70
유럽 내 수입국	50.48	47.39
유럽 외 수입국	4.07	4.62
합계	274.64	300.50

출처: Alfred Malenbaum, *The World Wheat Economy, 1885-1939*, 1953, pp. 236-237.

4. 농업 불황

을 지급하고자 했던 맥너리-호겐 농업구제법안McNary-Haugen Farm Relief Bill은 대통령의 거부권 행사로 무산됐다. 호주와 아르헨티나는 자국 농민을 위해 밀 가격을 지지할 만한 재정 능력이 없었고, 설사 해외에서 자금을 조달한다 해도 저장 시설이 부족해 밀을 장기간 비축해둘 수도 없었다. 따라서 두 나라는 수출하는 수밖에 없었다. 그러나 영국을 제외하고 유럽 대륙 시장이 하나씩 문을 걸어 잠금에 따라 두 나라는 팔 수 있는 곳이라면 어디든 팔았고 가격은 계속 떨어졌다.(이와 똑같은 상황이 쌀에서도 벌어졌는데, 쌀 수출국들—버마, 태국, 프랑스령 인도차이나 등인데, 이들 나라의 해외 무역은 주로 화교들이 담당했다—은 창고 시설이 부족하기 때문에 매년 수확한 쌀을 다음해 추수 전까지 다 소비해야만 했다.)[11]

밀 비축용 자금을 조달할 수 있다고 해서 그것이 꼭 축복이라고 할 수는 없었다. 그것은 투기를 부추겼고, 투기는 늘 좋은 결과만 가져다주지 않았다. 1928년 가을 캐나다는 비축 창고에 이미 엄청난 양의 밀을 보유하고 있었다. 그런데 다시 기록적인 풍작이 찾아온 데다 다른 나라에서 수출하는 일반 밀에 비해 통상 웃돈이 붙어 거래되는 경질밀hard wheat의 부족 현상이 나타나자 캐나다는 수출을 제한하기로 결정했다. 이 조치는 캐나다 경제는 물론 국제수지에도 값비싼 대가를 치르게 했다. 캐나다는 이 조치를 위해 뉴욕 시장에서 보유 유가증권을 싸게 팔아야 했을 뿐만 아니라 콜머니 시장에서도 자금을 인출해야 했다. 1929년 1월 금이 빠져나가면서 비공식적으로 금 수출을 금지하기도 했지만 단기 자본의 유입에 힘입어 캐나다 달러 화의 평가절하는 막을 수 있었다. 또 1월에 소련과 미국에서 거친 날씨로 인해 겨울 밀 수확이 타격을 입을 것이라는 전망이 나오자 캐나다는 수출 제한 조치를 더욱 강화했다. 그러나 유럽 바이어들은 경질 밀이 다른 밀에 비해 너무 높은 웃돈이 붙는다는 데 반발해 대거 공급선을 바꿨다. 결국 5월 초 위니펙 밀거래소Winnipeg Wheat Exchange에 닥친 검은 화요일Black Tuesday의 여파로 밀 가격은 급락했다. 하지만 밀 가격은 떨어졌어도 줄어든 수출은 회복되지 않았다. 설상가상으로 실책이 연거푸 터져 나왔다. 게다가 아르헨티나와 호주의 1928~1929년 작황이 평년작이었는데도 캐나다의 밀 생산자조합과 민간 곡물업자들은 1929년에 수확한 밀의 방출을 계속해서 제한했다. 이 같은 행동은 파국을 불러왔는데, 밀 수출의 손실과 캐나다 달러의 약세, 통화 긴축, 그리고 광범위한 부문에서의 손실이 이어졌다. 경질 밀의 부족으로 인해 일반 밀과의 가격 차이는 1929년 7월 42%까지 벌어졌는데, 이는 통상 밀 1부셸이 1.25달러 할 때 경질 밀이 10센트 높게 거래되는 것에 비하면 상당히 큰 것이었다. 그러나 그 해 말 캐나다가 비축 공간 부족으로 인해 어쩔 수 없이 매각에 나서자 경질 밀과 일반 밀 간의 가격 차이는 불과 몇 달만에 다시 제자리로 돌아갔다.[12]

1929년 중반의 밀과 양모 가격 폭락 이후 전개된 '밀 증산 운동Grow More Wheat Campaign'에 맞서 이 무렵 호주가 내놓은 대응에 대해서는 특별히 할 말이 없다. 호주에서는 1929년 가을 국민당—농민당 연립정권 붕괴 후 제임스 스컬린James Scullin 총리가 이끄는 노동당 정부가 들어서 1930년에만 밀 경작지를 22%나 늘렸다. 호주는 비축 시설이 거의 없었기 때문에 수출할 수밖에 없었고 결국 국제 밀 가격의 하락을 부채질하는 역할을 하게 됐다.

국제적인 차원에서 밀 가격 문제의 해결책을 마련해보려는 다양한 시도가 있었지만 한참 뒤까지 아무런 성과도 없었다. 1927년 세계경제회의에서도 밀 문제를 논의했으나 역시 어떤 합의점에도 이르지 못했다. 1929년 밀 가격이 급락한 다음 1930년부터 1933년 사이 이 문제에 대한 진지한 논의를 내세운 국제회의가 스무 차례가 열렸는데, 이 가운데 두 번은 대영제국 내부의 우대 문제를 다루는 것이었고, 일곱 번은 동유럽 생산국들에 국한된 것이었으며, 나머지 열한 번은 전반적인 문제를 논의한 것이었다. 1993년이 되어서야, 그것도 북미 지역의 가뭄 피해에 힘입어 비로소 전세계 주요 생산국들 사이에 원칙적인 합의가 도출될 수 있었다. 이렇게 해서 탄생한 것이 국제 밀협정International Wheat Agreement이었지만, 이 협정은 밀 경작지의 감축 같은 세부적인 사항까지는 나아가지 못했다.[13]

세계 밀 시장에서 또 하나의 변수는 소련이었다. 곡물 수출은 1913년도 러시아 수출에서 36%를 차지했고 1920년대 중반에는 그보다 약간 적은 수준이었다. 소련은 정책적으로 곡물 수출에서 공산품 수출로 전환하는 것을 목표로 하고 있었다. 그러나 완제품 시장에 진입하기가 어려웠던 데다 자본 설비를 수입하는 데 필요한 신용을 얻기도 힘들어지자 1927년과 1928년에 억지로라도 밀 수출을 하기로 결정했다. 첫 해는 흉작으로 인해 피해를 보았고, 둘째 해에는 농민들로 하여금 잉여 농산물을 해외 무역기관에 내놓도록 하는 데 어려움을 겪었다. 1930년에 풍작을 기록하자 그 해 밀 수출은 1929년의 10만 메트릭톤MT에서 23배나 늘어난 229만 메트릭톤으로 급증했다. 그러나 밀 가격이 떨어져 수출액은 1500만 달러에서 1억5000만 달러로 10배 늘어나는 데 그쳤다. 밀 가격의 하락세가 1931년에도 이어지자 전국적으로 생산집단을 강제로 조직함과 동시에 도시를 비롯해 통상 식량 생산이 소비보다 적은 지역에 배급제를 실시했다. 그렇게 해서 수출은 두 배 증가한 522만 메트릭톤에 달했으나 수출액은 늘지 않았다. 그렇지 않아도 과잉 공급에 시달리던 세계에 수출 물량을 쏟아내는 바람에 수백만 명의 소련 농민들이 굶어 죽어갔다. 많은 나라—미국과 캐나다, 프랑스, 벨기에, 네덜란드, 동유럽 국가들—에서 소련으로부터의 밀 수입에 반대하는 운동이 전개됐지만 독일과 영국은 여기서 빠졌다. 심지어 소련이 상품 가격을 낮춰 밀어내기 수출을 함으로써 자본주의 시스템을 전복하려 한다는 비난이 여기저기서 쏟아졌다.[14] 다른 사례들과 마찬가지로 이 경우에도 소련은 자국에 최선의 이익을 가져오기 위해 행동한 것이지만 방식 자체가 서툴렀고, 또 국민들에게 엄청난 희생을 요구한 것이었다.[15]

설탕의 패턴도 대체로 밀과 유사했으나 다만 해당 국가들이 달랐다. 설탕 생산은 제1차 세계대전 후 빠르게 늘어났는데 특히 쿠바와 자바에서 두드러졌고, 곧이어 유럽에서의 생산도 회복되었다. 유럽 대륙에서 설탕 생산이 회복될 것으로 예상되자 영국이 새로운 정책을 내놓았다. 대영제국 내에서 생산되는 사탕수수에 대한 우대 조치를 1919년부터 시행한 데 이어 1924년 10월 1일부터는 국내산 사탕무로 만든 설탕 생산업자에게 보조금을 지불했다. 유럽에서의 설탕 생산이 워낙 빠르게 회복되는 바람에 1920년대 중반에는 이미 체코슬로바키아가 전통적으로 수출해왔던 자국산 설탕의 판로를 찾지 못할 정도였다.[16] 불황기에 최대의 타격을 입은 곳은 자바였다. 1920년대에 자바는 네덜란드 농학자들이 개발한 다수확 신품종의 혜택을 누려왔는데, 설탕을 판매할 시장이 확 줄어든 것이다. 보호조치로 인해 자바 산 설탕의 인도 수출이 급감했다. 그러자 인도에서는 소 뼈를 태워 만든 골탄을 쓰지 않아 힌두교도들을 자극하지 않는 백설탕 제조법을 1930년에 도입했다. 이에 따라 1928~1929년에 300만 톤에 달했던 자바의 설탕 수출은 3년 뒤 6분의 1로 쪼그라들었다. 설탕 가격의 하락은 각지에서 분란을 일으켰다. 쿠바에서는 공황이 현실화되기도 전인 1928년에 이미 소요 사태가 벌어졌는데, 이는 그 뒤 라틴아메리카에서 발생하게 될 50건의 혁명에 자극제가 됐다.[17] 국제적인 합의를 도출해내기 위한 시도는 1927년 이후 꾸준히 있어왔지만 1931년 5월에야 비로소 소위 '채드번Chadbourne' 국제설탕협정이 체결됐다. 이 협정에서는 더 이상의 설탕 재고 증가를 막고 궁극적으로는 재고를 줄이도록 했으나 설탕 가격은 안정시키지 못했고 올릴 수도 없었다.

고무와 커피의 패턴도 대체로 비슷해 1929년 이전부터 재고는 증가하고 가격은 하락했는데, 두 가지 다른 요소가 있었다. (1) 1920년대 초의 아주 높은 가격은 채취하기까지 걸리는 회임기간으로 인해 오랜 기간 뒤에야 생산량을 증가시키는 요인이 되었다. (2) 정부에 의해 가격 안정 조치가 시행되었다. 커피의 경우 의례적인 것이었다. 고무는 영국령 말라야와 실론에서 시행된 1923~1924년의 스티븐슨 플랜Stevenson Plan에 힘입어 그림3의 상품 차트에 나와있듯이 가격이 최고 수준까지 상승했다가 곧바로 최저 수준으로 떨어졌다. 생산을 제한하지 않았던 네덜란드령 동인도에서는 막대한 이익을 거둠과 동시에 재배 면적도 늘렸다.

고무와 커피는 새로 심은 나무에서 생산물을 수확할 때까지 오랜 시간이 걸린다는 점에서 비슷하다. 이로 인해 거미집 사이클cobweb cycle이 만들어지는데, 거미집 사이클에서는 한번 가격이 오르게 되면 상당 기간 동안 높은 수준을 유지하게 된다. 다만 자연상태에서 채취하는 고무의 경우 정도가 조금 덜한 편이다. 고무 역시 다 자란 나무에서 채취하지만 가격에 따라 수액 채취가 달라질 수 있기 때문이다. 커피의 경우 인위적인 가격 안정 조치가 없었더라면 1927년과 1929년의 풍작에 따른 가격 하락은 훨씬 빨리 이루어졌을 것이다. 브라질 정부가 1917년과 1921년에 시행했던 가격 안정 조치는 1920년대 중반 커피 재배가 크게 늘어나는 데 한 원인이 됐다. 1924년에 브라질 연방정부가 커피 가격을 지지하려는 시도를 포기하자 상파울루 주정부가 그 정책을 이어받았다. 덕분에 커피 가격은 1929년 9월까지 유지될 수 있었는데, 풍작으로 커피 재고가 300만 부대에서 1300만 부대로 늘어났을 때나 흉작으로 재고가 1030만 부대로 줄어들었을 때나 가격은 일정했다. 그런데 1929~1930년의 두 번째 풍작으로 재고가 1000만 부대 더 늘어나자 런던에서 1억 파운드의 자금을 차입하려던 상파울루 주정부가 난관에 부딪쳤고, 1929년 말에 커피 가격은 절반 수준으로 떨어졌다.

양모는 관계된 나라만 약간 다를 뿐 밀과 똑같은 패턴을 보여준다. 양의 사육두수는 1920년대 내내 모든 곳에서 늘어났는데, 당시 최대의 목양 국가였던 호주에서는 마리 당 양모의 평균 중량이 16%나 증가했다. 양모 가격은 1924~1925년 이후 서서히 떨어지다가 1929년 8월 급락세를 보이고는 그 다음부터는 수직 낙하했다. 로널드 워커Ronald Walker는 주요 6개국의 양모 원료 산업 활동지수를 근거로, 양모 가격의 하락은 공급이 늘어난 결과도 아니고 양모를 다른 섬유가 대체한 때문도 아니며 기본적으로 섬유 전반의 수요 감소에 기인한 것이라고 주장했는데, 그는 이것이 자명한 결론과는 상반된다는 의미에서 "공정한 결론

fair conclusion"이라고 덧붙였을 뿐이다.[18] 그러나 주목해야 할 점은 독일이 대외 차입을 중단하자 1928년에서 1929년 사이 양모 수입이 19%나 감소했다는 것이다.[19] 호주는 양모 생산량의 77%를 수출했고, 이는 전체 수출액의 42% 이상과 국민소득의 14%를 차지했다. 그런데 주식시장이 붕괴되기도 전인 1929년 6월과 8월에 밀 가격과 양모 가격이 급락하면서 호주는 다른 대부분의 나라들보다 훨씬 앞서 공황에 빠져들게 됐다.

앞서 나온 표에는 포함되지 않았지만 최악의 피해를 입은 상품 가운데 하나는 라드 기름이었다. 옥수수는 별도의 사료 제품으로 판매되기보다는 농장에서 돼지를 사육하는 데 사용됐고, 이렇게 살찌운 돼지를 도살하면 돼지고기와 라드 기름을 얻었다. 덴마크와 캐나다, 뉴질랜드에서는 지방이 적은 베이컨을 얻기 위해 돼지를 나이가 어리고 무게가 적게 나갈 때 도살했다. 반면 옥수수 농사에 최적의 농지를 보유한 미국 농부들은 돼지들을 훨씬 더 살찌워 지방이 많은 돼지고기와 라드 기름을 생산했다. 미국은 1929년에만 약 25억 파운드의 라드 기름을 생산해 이 중 3분의 1을 수출했다. 미국산 라드 기름의 최대 시장은 독일과 쿠바로, 각각 수출의 26%와 10%를 차지했다. 두 나라의 국민소득은 공황 초기부터 타격을 받았는데, 독일은 대외 차입의 중단이, 쿠바는 설탕 가격의 하락이 주된 요인이었다. 미국 농부들 입장에서도 돼지 가격의 하락은 미국산 라드 기름과 돼지고기(전체 생산량 가운데 수출이 차지하는 비중이 라드 기름에 비해 훨씬 작았다) 수출 시장의 붕괴와 밀접하게 연결돼 있다고 생각할 수밖에 없었다. 다른 나라의 관세 인상은 1930년 6월에 제정된 스무트-홀리 관세법에 대한 보복 조치라고 이야기할 수 있겠지만, 독일과 쿠바가 취한 조치는 국제수지상의 어려움과 자국 농민을 보호하려 했다는 점만으로도 충분히 설명 가능하다. 1934년과 1936년의 가뭄 이후 미국은 불가피하게 아르헨티나로부터 옥수수를 수입해야 했을 뿐만 아니라, 한번 잃은 라드 기름의 수출 시장을 되찾을 수 없었다. 그러나 공황 초기에 옥수수 가격과 돼지 가격, 라드 기름 가격의 하락은 은행의 파산 사태를 몰고 왔는데, 미네소타와 캔자스시티, 세인트루이스 연방준비은행 관할 구역의 밀 경작 지대로부터 아이오와 주와 일리노이 주의 농촌지역을 포함하는 시카고 연방준비은행 관할 구역에 이르기까지 그 파급이 광범위했다.

농산물 가격 하락과 통화 긴축

농산물 가격의 하락과 대외 대부의 중단, 그리고 보호 관세는 서로 영향을 미쳤다. 발단이 된 것은 심각한 농가 부채였다. 미국에서 농장을 담보로 한 부채는 1910년 33억 달러에서 1920년 67억 달러로 증가했고, 1925년에는 94억 달러로 늘어났다. 몇몇 주에서는 농장의 85%가 담보로 잡혀 있을 정도였다. 캐나다에서는 1931년에 자가 소유 농장의 3분의 1이상이 평균적으로 농장가치의 40%를 담보로 잡혀두고 있었다. 독일에서도 앞서 인플레이션 시기에 부채를 전부 상환했던 토지 소유자들이 새로운 부채를 얻었는데, 대형 농장의 경우 농장 가치의 절반을 담보로 잡혀놓았다.

　산업화된 나라의 농업 부문이 처한 상황은 농업 국가에서도 똑같이 나타났다. 6대 농업 수출국—아르헨티나, 호주, 캐나다, 인도, 뉴질랜드, 남아프리카공화국—의 채무 상환 총액은 1923년 7억2500만 달러에서 1928년 9억 달러로 늘어났다. 브라질과 네덜란드령 동인도도 1928년과

1929년의 채무 상환액이 매년 3억 달러에 달했고, 폴란드와 루마니아, 헝가리, 유고슬라비아는 2억 달러를 웃돌았다. 이들 12개 국가가 원리금 상환에 쓴 금액은 전부 14억 달러에 달했지만 이를 상쇄해줄 원리금 수령액은 캐나다가 받은 1억 달러가 전부였다.[20] 독일에 대한 대출 중단은 이들 나라의 농산물 시장을 위축시켰다. 또한 이들 나라 역시 해외 대출이 끊기면서 어려움에 직면하게 됐는데, 그러자 이들은 해외에 예치해두었던 자금을 인출하기도 하고 금을 매각했는가 하면, 상당수는 다른 나라에 조정 부담을 떠넘기기 위해 자국 통화의 평가절하에 나서기도 했다. 국제 경제가 제대로 작동할 경우에는 수출이 줄어들면 대외 차입이 늘어나 이를 메워준다. 그런데 수출 감소와 동시에 대외 차입마저 중단되면 국가 경제의 조정 부담은 이중으로 난관에 부딪치게 된다.

자료 정리가 잘 되어있는 호주의 사례를 보면 이 점이 확실히 드러난다.[21] 1923년부터 1928년까지 호주의 대외 부채는 4억2000만 파운드에서 5억7000만 파운드로 늘어났는데, 이는 매년 3000만 파운드씩 증가한 것이다. 이를 가리켜 일부에서는 "해외 차입의 흥청망청 파티"라고 지적했지만, 한편에서는 단지 "과도했다"고만 보았다. 채무 상환액은 수출액의 16.2%에서 19.2%로 늘어났다. 어려움은 차입 방식에도 있었다. 연방정부와 주정부는 통상 런던의 은행들과 당좌대월 계약을 맺고 자금을 써왔는데, 당좌대월 금액이 채권을 발행해야 할 만큼 늘어나거나 은행들이 더 이상 당좌대월 계약을 연장해주려 하지 않을 때는 채권을 발행했다. 그런데 1927년에 런던 자금시장이 말라붙자 곧바로 호주도 금융 경색에 빠져들었다. 이는 부분적으로 할부 신용의 급속한 확산에도 원인이 있었다. 아무튼 영국의 경제 특사단이 호주를 방문해 문제의 원인을 파악했다. 이들은 전통적인 영국식 자유방임주의를 이탈한 데서 원인을 찾았는데, 특히 철도와 중앙은행의 국유화, 임금 결정을 중재하는 시스템, 그리고 "보호받지 못하는 1차 산업에 과도하면서도 위험하기까지 한 부담을 지우는" 관세를 지적했다. 그 직후 호주 정부는 J. B. 브리그덴J. B. Brigden을 위원장으로 하고, 경제학자들인 코플랜드Copland 와 기블린Giblin 등을 위원으로 하는 위원회를 자체적으로 출범시켰다. 이 위원회에서는 관세 덕분에 호주가 더 많은 국민을 부양할 수 있다며 관세를 옹호했으나 대외 채무에 대해서는 그 규모와 높은 이자 비용을 들어 그 부담이 증가하고 있다는 점에 우려를 표시했다.

1929년에는 상황이 더욱 어려워졌다. 1월에 런던에서 발행한 채권은 실수요자가 16%에 불과했고, 결국 증권인수업자가 나머지 물량을 인수할 수밖에 없었다. 4월에는 런던 시장에서 아예 채권 발행 자체를 거절했다. 런던의 은행들은 당좌대월 금액을 갚으라고 압박을 가했다. 호주의 은행들은 마지못해 대출을 서서히 제한해나갈 수밖에 없었고, 이는 지역 경제에 압력으로 작용했다. 5월로 접어들자 실업이 급격히 늘어났다. 11월에는 실업자수가 노동조합원의 13%에 달했다.(이 수치는 1932년 2분기에 30%로 치솟았다.) 호주 연방은행Commonwealth Bank*이 런던에 예치해둔 자금은 1928년까지도 2400만 파운드에 달했었지만 1929년 6월에는 1600만 파운드로 줄었고, 9월에는 800만 파운드로 더 쪼그라들었다. 급기야 호주 정부는 11월 시중 은행들에게 보유하고 있는 금을 은행권으로 교환하라고 요구했고, 12월에는 모든 은행과 일반 국민들에게 의

....
* 1960년까지 호주의 중앙은행 역할을 했다.

무적으로 금을 은행권으로 교환하도록 했다. 호주 화폐는 평가절하되기 시작했는데, 이 과정은 파운드 화에 점점 더 많은 웃돈이 붙는다는 식으로 완곡하게 표현됐다. 호주 연방은행은 시중 은행들에게 파운드 화를 배급제로 공급했고, 시중 은행들 역시 고객들에게 배급제로 파운드 화를 공급했다. 은행 바깥에서는 파운드 화에 웃돈이 붙어 거래되는 시장이 등장했다. 파운드 화에 붙은 웃돈은 1929년 12월에 1%로 시작해 1930년 1월에 2%가 됐고, 1930년 3월에는 공식적으로 6.25%(많은 거래에서 이보다 더 높았다)에 달했다. 파운드 화에 붙은 웃돈은 계속 올라 1930년 11월에는 9%가 됐고, 그 다음부터는 천정부지로 치솟았다. 뉴사우스웨일즈 은행은 상업은행으로서의 영업을 위해 1931년 1월 은행 카르텔에서 탈퇴했다. 파운드 화에 붙은 웃돈은 18%로 오르더니 25%가 됐고, 1931년 3월에는 급기야 30.25%로 정점을 찍었는데, 이 시점에서 연방은행은 파운드 화에 붙은 웃돈을 더 이상 용인하지 않았다. 그러나 영국이 파운드 화의 금본위제를 포기한 1931년 9월에도 호주에서는 파운드 화의 평가절하에 따른 추가적인 이익을 얻기 위해 30.25%의 웃돈(호주 파운드 화의 가치가 28% 할인되는 셈이다)이 유지됐다. 호주의 수출 가격은 그림4에서 보듯이 금을 기준으로 했을 때는 1928년 가격 대비 30%대까지 떨어졌고, 파운드 화를 기준으로 했을 때는 40%대, 호주 통화를 기준으로 했을 때는 50%대에서 60%대로 하락했다.

호주 통화의 평가절하를 지지하는 쪽은 거의 없었다. 은행가들은 영국 파운드 화의 금평가 환율이 마력에 가까운 신비한 힘을 가졌다고 여겼다. 호주 노동당 정부의 새 총리 스컬린은 1930년 초 런던에 도움을 요청했지만 영국은 오토 니마이어 경을 단장으로 하는 새로운 경제 특

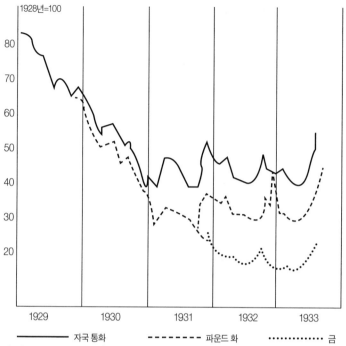

그림4. 1929-1933년 중 자국 통화 및 파운드 화, 금으로 나타낸 호주의 수출가격

자국 통화 —————— 파운드 화 ------- 금 ·············

출처: Douglas Copland, *Australia in the World Crisis, 1929-1933*, 1934, p. 30.

사단을 파견하는 데 그쳤다. 특사단은 디플레이션과 파운드 화에 연계한 고정환율을 유지할 것을 권고했다. 노동당 정부의 재무 장관 G. G. 시오도어G. G. Theodore는 사실상 유일한 이단자였는데, 정부 지출 확대를 위한 중앙은행의 신용 팽창 정책과 국제수지 적자의 억제를 위한 호주 통화의 평가절하를 원하고 있었다. 그러나 기블린과 다이슨Dyason, 코플랜드를 포함한 일단의 호주 경제학자들은 1930년 6월 디플레이션과 공평한 희생을 기초로 한 프로그램을 내놓았다. 이는 환율이 스스로 적정 환율을 찾아가도록 하려는 것이었으나 실제로는 효율성을 왜

곡하는 관세를 대체하려는 목적이었다. 결국 이 프로그램은 정부 정책으로 받아들여졌고, 1931년 초 공평한 희생의 일환으로 10%의 임금 삭감이 단행됐다.

수출은 줄어드는데 동시에 해외 차입은 불가능해짐으로써 외환 보유고가 감소하고 통화 가치는 떨어졌다. 그리고 이에 대한 조정의 부담은 다른 나라들에게 전가됐다. 이것은 아르헨티나와 호주의 경우만 그런 게 아니라 이들 두 나라와 밀접하게 관련돼 있던 나라—아르헨티나의 경우 우루과이, 호주의 경우 뉴질랜드—는 물론 1931년 이전부터 브라질과 볼리비아, 베네수엘라, 스페인에서 그랬다. 다만 미국과 소련의 곡물 생산 지역은 차치하고 캐나다와 칠레, 동유럽 국가들은 자국 통화를 평가절하시키지 않고도 압박을 견뎌냈다. 그러니까 첫 번째 그룹의 나라들은 자신들이 입은 손실을 어떻게든 만회하려 하지 않고 다른 나라로 전가시켰던 것이다. 이로써 금본위제는 세계경제의 주변부에서부터 무너져가기 시작했다.[22]

금 유출과 경쟁적인 평가절하

이 시기의 통계수치를 통해 각국의 금과 외환 보유고에 어떤 변화가 있었는지 파악하기는 힘들다. 금에 관한 통계수치는 연방준비제도 이사회가 1927년까지 매년 말 집계했고, 프랑스은행의 새로운 회계 보고서가 발표되기 시작한 1928년 6월 30일부터는 매달 작성됐다. 금 보유고에 관한 자료만으로는 한 나라의 국제수지가 어떤지 확실히 알 수 없는데, 그 나라의 외환 보유고가 줄어들었을 수도 있고 늘어났을 수도 있기 때문이다. 하지만 농산물을 생산하는 나라는 통상 외환 보유고의 증감을 용인하다가 외환 보유고가 위험 수준까지 떨어질 때만 금을 사용할 것이다. 이런 경우에 국한한다면 금의 유출은 그 나라가 상당한 어려움을 겪고 있다는 신호가 된다.

라틴아메리카와 극동 지역은 금의 이동에 관한 연방준비제도 이사회의 자료에 나타나 있듯이 대공황 기간 내내 금이 유출되었다. 표8은 이를 잘 보여준다.

그러나 밀을 생산하는 나라들이 다른 상품에 특화된 나라들보다 훨씬 일찍부터 금이 유출됐다는 점은 주목할 만하다. 호주의 경우는 표8에 나와 있지 않지만 이미 소개했다. 캐나다의 금 유출입은 미국과의 복잡한 금융 관계에서 많은 영향을 받았다. 따라서 그리 특별하다고 할 수는 없을 것이다. 캐나다에서는 1928년 6월까지 6개월 동안, 그리고 1929년 9월까지 9개월 동안 급격한 금 유출이 있었는데, 이는 주식시장 대폭락 전에 발생한 것이다. 표8에 나와 있는 라틴아메리카에서의 대량의 금 유출은 거의 전적으로 아르헨티나에 기인한 것이다. 아르헨티나에서는 해외 차입이 이루어지던 1928년 6월까지는 금이 유입됐으나 그 이후에는 빠른 속도로 금이 빠져나갔다. 1929년 한 해 동안 아르헨티나에서 유출된 금은 1억7330만 달러어치에 달했는데, 이 가운데

표8. 1929-1932년 중 라틴아메리카 및 극동아시아에서의 금 유출액 (백만 달러)

	라틴아메리카	극동아시아
1929	-178.5	-28
1930	-183	-12
1931	-190	-179
1932	-13	-28

출처: *Federal Reserve Bulletin*, July 1931, p. 394, for original data, and subsequent issues.

4. 농업 불황

64%가 주식시장 대폭락 이전인 1929년 9월 말까지 빠져나간 것이었다. 유럽 최대의 밀 수출국이었던 헝가리에서도 1929년 주식시장 대폭락 이전에 얼마 되지 않는 금 보유고의 5분의 1에 달하는 700만 달러어치의 금이 유출됐다. 호주에서는 1929년 마지막 3개월 동안에도 금이 유출되었지만 이것이 주식시장 대폭락과는 별개의 것이라는 점은 앞서 기술했듯이 호주 연방은행이 런던에 예치해둔 자금이 일찌감치 감소했다는 사실로 입증된다.

설탕 생산국인 자바에서도 1929년 9월 이전에 금이 유출됐다.(당시 쿠바는 중앙은행이 없었고, 쿠바 국내에서는 미국 달러 화가 페소 화와 함께 유통되고 있었다.) 커피 생산국들은 1930년 상반기까지도 금 보유고를 계속 유지했고, 실크 생산국이었던 일본 역시 마찬가지였다.

이와 똑같은 양상이 미국 내 연방준비은행의 여러 관할 지역들간의 준비금 재분배에서 어느 정도 나타나고 있는데, 자료가 명확한 것은 아니다. 1928년 말과 1929년 마지막 주 사이에 뉴욕은 다른 관할 지역들과 함께 준비금이 증가했으나 세인트루이스와 미니애폴리스, 댈러스 같은 서부의 농업 지역들은 모두 준비금이 감소했다. 더구나 주식시장 대폭락의 충격이 가라앉은 다음에도 농업 지역에는 다시 압박이 가해져 뉴욕의 준비금은 한층 더 늘어난 반면 시카고와 세인트루이스, 미니애폴리스, 댈러스, 그리고 이와는 연관성이 없는 보스턴까지 준비금이 크게 감소했다.

호주와 마찬가지로 아르헨티나도 결국은 자국 통화의 평가절하를 막을 수 없었다. 아르헨티나 페소 화의 미국 달러 화 대비 가치는 1928년 상반기 97센트에서 그 해 말에는 95.5센트로 약간 떨어졌지만 1929

년 11월까지 이 수준을 유지했다. 그러다 1929년 12월 우루과이와 함께 금본위제를 포기했는데, 이는 그 뒤로 이어질 금본위제 포기 행렬의 신호탄이었다. 금본위제를 포기한 12월의 페소 화 가치 평균은 93센트로 떨어졌고, 1930년 3월에는 다시 85센트로, 1930년 12월에는 75센트로 내려왔다. 비록 옥수수에 대해 25센트의 관세를 부과한 스무트-홀리 관세법으로 인해 아르헨티나의 대 미국 옥수수 수출이 차단되었다고는 해도 아르헨티나와 우루과이가 수출 경쟁을 벌였던 제3국 시장을 통한 미국 내에서의 옥수수 가격 하락 압력은 상당했다고 할 수 있다.

이론적으로 한 나라의 통화 가치가 평가절하되면 그 나라 통화로 표시되는 수출가격이 올라가거나 외화 표시 수출가격이 내려가는 효과가 있다. 혹은 두 가지 효과가 다 나타날 수도 있다. 어떤 효과가 나타날지는 탄력성이 어느 정도인가에 달려 있다. 가령 세계적인 시장가격에 영향을 미치지 못하는 작은 나라의 경우 자국에서 생산하는 상품의 수요가 현재 가격 수준에서 무한히 탄력적이므로 평가절하의 전체적인 영향은 그 나라 통화로 표시되는 수출가격의 상승으로 나타날 것이다. 반면 세계 시장에 큰 영향을 미치는 주력 수출국의 경우 해당 상품의 수요가 가격에 비탄력적이므로 외화 표시 수출가격이 하락할 것이다. 통상적으로는 세계경제가 호황 국면이어서 추가적인 수출 물량을 문제없이 소화할 수 있느냐, 아니면 불황 국면이라 한 나라의 가격 인하가 다른 나라의 가격 인하를 불러오느냐에 따라 평가절하의 파급은 크게 달라진다고 할 수 있다.

1930년대에 페소 화의 평가절하는 아르헨티나 통화로 표시된 수출가격은 올리지 못했지만 금 표시 가격, 즉 달러 화와 파운드 화로 표시된 수출가격은 떨어뜨렸다. 호주 파운드 화의 가치가 6% 떨어졌고, 또 아르헨티나 페소 화가 20%나 평가절하됐다고 해서 1929년 12월 이후 1년 사이 밀 가격이 50% 이상 하락한 원인이 전적으로 여기에 있다고는 할 수 없다. 호주 파운드 화는 특히나 아무 관련도 없을지 모른다. 왜냐하면 호주에서 영국 파운드 화에 붙은 웃돈은 1930년 4월부터 10월까지 줄곧 6%를 유지했음에도 불구하고 런던에서 호주 산 밀 가격은 1쿼터 당 40실링 수준에서 30실링 밑으로 하락했기 때문이다. 더구나 금으로 표시한 다른 상품들의 가격이 1930년에 호주와 아르헨티나에서 생산되는 상품, 즉 밀과 양모, 피혁에 비해 더 빠르거나 비슷한 속도로 떨어졌다. 한 걸음 더 나아가 페소 화의 평가절하와 3대 농산물 거래소(위니펙, 시카고, 리버풀)에서 나타난 밀 가격의 약세 현상 간의 강력한 상관관계를 보면 밀 가격의 하락으로부터 페소 화 가치의 하락으로 작용했지 그 반대가 아니었다는 논리 역시 가능하다. 그렇다고는 해도 호주와 아르헨티나의 평가절하는 현실적으로 어려운 문제를 만들어냈다. 아무튼 평가절하와 밀 가격의 하락 간의 상관관계에 대해 깊이 연구한 마커스 Marcus는 평가절하에 따른 파급이 세계적인 밀 가격 하락 요인으로 작용했지 반대 방향이 아니었다고 밝히고 있다.[23] 그런 점에서 1930년에는 아르헨티나 페소 화가 밀 가격의 하락을 이끌었다고 할 수 있다. 반면 밀 가격이 미국 달러 화 기준으로 57센트에서 41센트로 떨어진 1930년 12월부터 1931년 3월까지는 호주 파운드 화가 하락 국면을 주도했다고 할 수 있다.

코플랜드는 호주가 경쟁적인 평가절하 대열에는 끼어들지 않았다고 주장한다. 금 표시 수출가격이 1930년에 50%나 떨어졌는데, 이때는 평가절하가 극히 제한적이었기 때문이다. 코플랜드는 그러면서 금 표시 수출가격은 평가절하와는 무관하게 하락한 것이라고 주장한다. 호주의 금 표시 수출가격은 1931년과 1932년에 다시 35% 하락했는데, 코플랜드는 이 경우가 더 심각했다는 점은 인정하면서도 평가절하가 금 표시 수출가격의 하락을 야기했다는 주장은 받아들이려 하지 않고, 금 표시 수출가격의 하락은 국제적인 디플레이션의 결과였다고 다시 한번 강조한다.[24] 그러나 사태의 본질은 이렇다. 처음에 디플레이션이 시작된다. 그러자 한 나라가 평가절하를 단행한다. 가령 아르헨티나가 평가절하에 나서는 것이다. 이것이 디플레이션을 가속화한다. 이어서 다른 나라, 예컨대 호주가 평가절하를 단행하고, 국제적인 디플레이션이 더욱 심화된다. 수요가 비탄력적인 상품을 수출하고 있을 경우 평가절하 덕분에 국제수지 측면에서 약간의 이득을 얻을 수 있는데, 이에 따라 여러 나라가 계속해서 평가절하 대열에 뛰어들게 되고 디플레이션 압력은 더욱 가중되는 것이다.

화폐 착각과 시차의 문제

농산물 생산 국가들이 1929년 10월 이전에 이미 가격 하락과 재고 증가, 해외 차입 차단, 게다가 계속해서 채무 상환을 해나가야 한다는 점 때문에 어려움을 겪고 있었다는 점은 의심할 여지가 없다. 그러나 세계 전체적으로 볼 때 문제는, 예컨대 이 같은 가격 하락이 왜 공산품 생산 부문의 더 높은 실질 소득을 가져와 결과적으로 소비와 풍요로움의 증대로 이어지지 않았는가 하는 점이다. 이런 문제도 있을 수 있는데, 농산물 생산 부문에 대한 대부 중단이 왜 다른 부문의 차입 증가와 투자 확대로 이어지지 않았는가 하는 점이다. 다수 경제학자들은, 농산물 생산국의 손실은 세계 다른 지역의 이득으로 상쇄되기 때문에 한 부문의 디플레이션이 더 이상 확산되지는 않는다고 한다. 이들의 주장을 들어보자. "원칙적으로 농산물 생산 국가들이 입은 구매력 손실만큼 이득을 본 산업화된 국가들의 소비자는 자신들의 늘어난 구매력을, 종전까지 농산물 생산 국가로 수출되었던 공산품들을 사는 데 사용할 것이다."[25]

이 문제는 주식시장 붐이 과연 지출 규모를 삭감하는 연결고리가 될 수 있는지, 혹은 평가절하의 효과가 대칭적인지 아닌지, 다시 말해 통화가치가 평가절상된 나라의 디플레이션이 평가절하된 나라의 경기 확장과 맞물리는지의 여부와 같은 부류의 문제라고 할 수 있다. 이 책에서 취하고 있는 견해는, 대칭성이란 학자들의 연구에서는 있을 수 있지만 실제 세계에서는 발견하기 어렵다는 것이다. 그 이유는 부분적으로 화폐 착각money illusion에 있는데, 산업 국가의 소비자들은 더 낮아진 농산물 가격을 보고서도 화폐 착각으로 인해 구매력이 늘어났다는 사실을 알아차리지 못하기 때문이다. 또 다른 이유는 디플레이션의 동학에서 찾을 수 있는데, 자국 생산물의 가격이 떨어지고 있는 국가 입장에서는 즉각적으로 대응하겠지만 교역조건이 개선된 나라, 즉 수입가격이 떨어지고 있는 나라 입장에서는 느긋하게 대응하다가 확산하는 디플레이션에 따라 잡히고 마는 경우가 자주 있기 때문이다. 농산물 소비국들은 궁극적으로 자신들의 실질 소득이 늘어났음을 인식하고 지출을 확대할 수도 있다. 하지만 이런 과정에는 시간이 필요하다. 그런데 농산물 생산국 입장에서는 가만히 기다릴 수 없다. 이들은 즉각적으로 행동에 나서 관세와 쿼터제, 평가절하 같은 조치를 내놓게 되는 것이다.

농산물 소비국들 입장에서도 교역 조건의 개선을 마냥 환영할 수만은 없다. 수입품과 경쟁하는 부문—농민이 전형적일 텐데, 이들은 낭만적이며 이상적인 유형으로 분류되기도 하지만 정치적 영향력을 행사하는 경우도 자주 있다—을 보호하기 위해 농산물 소비국들은 쿼터제를 실시하고 관세를 부과하며 값싼 수입품의 유입에 장벽을 두른다. 이처럼 명목 소득은 일정하더라도 가격 하락에 따른 실질 소득의 증가에 기인한 경기 확장 효과는 있겠지만, 그에 비해 디플레이션 효과가 우위를 점하게 되는 것이다.

여기에다 평가절하는 어려움을 더욱 가중시킨다. 대부분의 경우 평가절하는 경기 확장을 위한 적극적인 조치가 아니라 비자발적인 조치로 행해진다. 이 같은 사실은 세계적으로 대칭적인 영향을 미치지 않는다. 일부 이론가들은 주장하기를, 자국 통화의 과대 평가를 바로잡기 위한 평가절하는 세계적으로 인플레이션 효과를 가져오지만 자국 통화의 과소 평가를 가져오기 위해 평가절하를 단행할 경우 디플레이션 효과를 가져온다고 한다.[26] 이런 구별은 인플레이션의 세계와 디플레이션의 경계에 있는 세계 간에 차이를 두는 것보다도 흥미롭지 않다. 1970년대와 1980년대에는 주로 상품의 공급 부족으로 인해 세계적으로 인플레이션이 발생했고, 이런 상황에서 한 나라의 평가절하는 세계적인 상품 가격에는 영향을 못 미치고 국내 물가만 올리는 결과를 가져왔다. 그러나 1930년대는 공급자가 아니라 수요자가 주도하는 시장이었다. 재고 물량은 엄청났다. 평가절하는 국내에서조차 상품가격을 끌어올리는 데 실패했고—어쩌면 그 단초로 작용했을지도 모른다—해외에서는 상품가격을 끌어내렸다. 이런 상황에서 계속적인 평가절하 행진은 디플레이션이라는 그림자를 전세계에 드리웠다. 게다가 농산물 가격에 가해진 압력은 저당 채무를 안고 있는 은행과 보험회사의 위상을 약화시킴으로써 결국 디플레이션이 확산된 것이다.

구조적 디플레이션

제2차 세계대전 이후 저개발국의 지속적인 인플레이션을 설명하기 위해 구조적인 인플레이션에 관한 모델이 개발됐다. 저개발국에서는 생산 능력을 초과하는 수요가 조금만 발생해도 다양한 부문에서 그 부족분의 부담을 다른 부문으로 전가하려 애쓰는 과정에서 계속적으로 인플레이션이 발생하게 된다. 노동자들은 임금을 올리고, 기업가들은 가격을 올리고, 농민들은 공급을 줄이게 된다. 가격 상승은 국제수지에 악영향을 미쳐 평가절하를 가져오고, 해외 수입 상품의 가격이 상승함에 따라 생활비가 올라가고, 노동자들은 이에 대응해 다시 또 임금을 인상하고자 한다. 통화주의자들은 주장하기를, 일단 통화당국이 통화 공급의 팽창을 더 이상 용인하지 않음으로써, 가령 기업가들이 더 높은 임금을 지불할 만큼 신용을 구할 수 없어지고, 또 소비자들은 더 비싸진 공산품 가격을 지불할 만큼 신용을 구할 수 없어지게 된다면 이 과정은 멈출 것이라고 한다. 이에 대해 구조주의자들은 이렇게 답한다. 현안이 발생하는 매 시점마다 소규모의 신용 확장 정책조차 취하지 않는다면 그야말로 대규모의, 경제적일 수도 있고 정치적일 수도 있는 붕괴를 불러올 수도 있다고 말이다. 그렇게 되면 통화당국은 자신의 존재 근거를 뒷받침할 만한 아무런 주장도 할 수 없을 것이라는 게 구조주의자들의 시각이다.

이 같은 논의에서 유추할 때 구조적 디플레이션이라고 이름 붙일 수 있는 과정이 1925년에서 1929년 사이 농산물 생산권 경제에서 일어났다. 과도한 수요 대신 과도한 공급이 있었다. 몇몇 나라에서는 초과 공급을 흡수하기 위해 재고를 비축하는 방식으로 상황에 대처했다. 그러나 생산 물량의 조정 없이는 더 큰 문제만 쌓여갈 뿐이었다. 다른 나라들도 나름대로의 방식으로 초과 공급이 야기하는 문제를 피해갈 수 있는 방법을 찾아나갔는데, 초과 공급 물량이 국내시장에 유입되는 것을 차단하거나, 가격 불문하고 초과 공급 물량을 팔아버리기도 했고, 또 평가절하를 통해 국내에 미치는 파급을 줄여보고자 함으로써 결과적으로 해외에서의 가격을 떨어뜨리게 됐다. 그러니까 초과 공급이 국제 경제 시스템에 일종의 구조적인 디플레이션을 가져온 것이다.

디플레이션은 한 상품에서 다른 상품으로 확산됐고, 농촌 전체로, 또 농촌에서 도시로 퍼져나갔다. 1934년에 발표된 보고서에서 인용한 T. W. 슐츠T. W. Schultz의 말을 들어보자.

> 면화와 밀, 라드 기름, 담배의 해외 시장이 사라지자 버터와 쇠고기, 양고기, 달걀의 가격이 하락하는 건 시간 문제가 되어버렸다. 미국의 농업은 여전히 수출 기업들이 지배하고 있다……하지만 도시도 그 영향권에서 벗어날 수 없다.[27]

디플레이션이 수출 농산물에서 국내 농산물로 확산되어간 메커니즘에 대해서는 구체적으로 언급하고 있지 않지만 아마도 슐츠는 공급이 한 작물에서 다른 작물로 옮겨간다는 점을 염두에 두었을 것이다. 농촌에서의 불황이 도시 지역의 실업에 미친 충격에 대해 슐츠는 널리 알려진 구매력 논리를 펼치고 있는데, 하지만 도시 지역이 왜 교역 조건의 개선에 따른 이익은 얻지 못했는가에 대해서는 특별히 설명하지 않고 있다.

통화주의자들은 이렇게 주장할 것이다. 이 같은 디플레이션은 성격상 화폐적이어서 세계 각국이 통화 공급의 부족 상태를 방지했더라면 디플레이션의 악순환은 멈출 수 있었을 것이라고 말이다. 알버트 한 Albert Hahn은 1931년에 이렇게 썼다. "인플레이션이 발생할 때 처음에는 개별 가격들이 상승하는 것과 똑같이 디플레이션의 경우에도 통화 가치가 상승하는 것이 아니라 구리와 고무, 농산물, 자동차의 가격이 개별적으로 하락한다고 말할 수 있다."[28] 주식시장 대폭락 이후 실제로 이런 일이 벌어졌다는 점은 인정해도 좋을 것이다. 그러나 1925년 이후 농산물 재고가 증가했고 가격도 하락했다는 점을 감안할 때 구조적인 요인이 작용했음은 명백하다. 세계적인 상품 과잉 생산이 어느 정도 존재했던 것처럼 세계경제의 구조적 균열은 분명히 있었다. 그러나 1929년의 주식시장 대폭락과 뒤이은 은행 도산 및 통화 공급의 붕괴 사태가 발생하지 않았더라면 상황은 돌이킬 수 없을 정도로 그렇게 절망적이지는 않았을 것이다. 재고 과잉과 유동성 위기, 평가절하, 여기에 은행 도산과 통화 공급의 붕괴까지 그야말로 파국을 향한 합주가 동시에 울려 퍼졌던 것이다.

5

1929년의 주식시장 붕괴
The 1929 Stock Market Crash

주식시장 과열

주식시장의 붕괴가 대공황을 알렸다고 한다면 가장 결정적인 장면은 뉴욕 주식시장의 폭락 사태다. 캐나다 주식시장은 이미 1926년부터 뉴욕 주식시장보다 더 높은 주가를 형성했고 그 여파로 정점에서의 하락폭도 더 컸지만, 이건 꼬리에 불과했다. 유럽 주식시장 역시 대부분 뉴욕보다 일찍 하락세로 돌아섰는데, 독일은 한참 이른 1927년에, 영국은 1928년 중반에, 프랑스는 1929년 2월에 방향을 틀었다. 앞서 1873년 위기 당시 제일 먼저 움직였던 오스트리아 빈 주식시장은 1931년이 되어서야 움직이기 시작했다. 여하튼 방아쇠는 뉴욕이 당겼다. 그 여파는 전세계에 미쳤지만 이로 인해 각국의 주가 흐름이 똑같이 움직인 것은 아니었다.

당시 뉴욕 주식시장의 상승세는 정말 대단해 보였다. 다우존스 산업 평균주가는 1928년 초 191에서 그 해 12월에는 300선까지 오르더니 1929년 9월에는 최고 정점인 381까지 올라 2년만에 두 배나 상승했다. 이 기간 중 1928년 12월과 1929년 3월에 큰 폭의 주가 하락이 있었는데, 이같은 두 차례의 조정으로 인해 투자자들은 1929년 10월 폭락 사태가 벌어졌을 때도 주식시장이 그저 또 한 번 조정을 겪는 것이라고 생각하게 됐다. 정점으로 치달으면서 주식시장의 하루 거래량도 크게 늘어 1928년 3월에는 400만 주, 1928년 11월에는 690만 주, 1929년 3월에는 820만 주를 기록했다. 1929년의 하루 평균 거래량은 427만7000주였는데, 당시 상장 주식수가 전부 해서 11억 주였다는 점을 감안하면 연간 상장 주식 회전율*은 119%에 달했던 셈이다. 참고로 1962년의 상장주식 회전율은 13%였다.[1] 기업 이익은 괄목할 정도였고, 주가수익비율PER**도 10~20의 보수적인 수준에서 20으로 높아졌으며, 인기 종목들은 이보다 더 높았지만 이는 기업의 순이익과 배당금이 계속해서 증가할 것이라는 기대 덕분이었다. "광란의 투기장"이라든가 "광기" 혹은 "거품" 같은 현실과 동떨어진 느낌을 강조하는 단어들이 당시 주식시장의 상황을 전하면서 쓰인 말들이었다. 새뮤얼 인설Samuel Insull 같은 전형적인 사기꾼 기업인도 있었고, 뉴욕의 양대 은행인 내셔널 시티 은행National City Bank과 체이스 내셔널 은행Chase National Bank의 은행장이었던 찰스 미첼Charles Mitchell과 알버트 위긴Albert Wiggins 같은 고위층 투기꾼

* 거래량을 상장 주식수로 나눈 것
** 주가를 주당 순이익으로 나눈 것

도 있었으며, 끝없는 주가 상승과 번영, 새로운 시대처럼 반어적인 의미로 쓰일 수도 있는 말들이 어리석게도 앞으로의 세상을 예견하는 단어로 사용됐다. 그러나 사실 1929년에 기록했던 다우존스 산업 평균주가의 최고치 381이 비정상적인 것은 아니었다. 화폐가치의 변동을 감안할 경우 이는 1983~1984년의 1000~1400과 다름없는 지수였고, 1970년의 750에 비해서도 그리 높지 않은 것이었다. 주식시장이 야기한 위험이란 과도한 주가 수준이나 거래량에서 기인한 것이라기 보다는 그것을 가능케 한 불안정한 신용 메커니즘과 그것이 미국과 전세계에 가한 신용 압박 때문이었다.

돌이켜 볼 때 당시 주식시장은 지금 기준에 비춰 현기증이 날 정도로 치솟았던 것은 아니었다. 하지만 그 시절 관계자들에게는 그렇게 보였다. 후버는 주식시장에서의 신용 확대를 1925년 이후 계속해서 경고했지만 캘빈 쿨리지는 그의 설득에도 불구하고 주식 투기에 대해 아무런 경고도 내놓지 않았다. 결국 쿨리지는 1929년 3월 백악관을 떠날 때까지도 미국의 번영은 완벽할 정도로 건실하며 현재의 주가 수준은 싼 편이라고 강조했다. 후버는 연방준비제도 이사회의 좀 특이한 멤버인 아돌프 밀러Adolf Miller가 주식시장에 내재해 있는 위험에 대한 그의 의견을 지지했으며, 연준 이사회는 자신이 대통령이 된 뒤에야 행동에 나섰다고 주장했다.[2] 이 말은 전적으로 사실에 어긋나는 것이다. 로이 영Roy Young 연준 이사회 의장은 1929년 2월에 이미 과도한 투기에 대해 경고하면서 투기를 부추기는 브로커즈 론을 은행 스스로 억제하지 못한다면 연준이 나설 것이라고 밝힌 바 있다. 그러나 그 해 3월 연준 이사회는 재할인율을 5%에서 6%로 인상해야 한다는 조지 해리슨George

Harrison 뉴욕 연방준비은행 총재(1928년 10월 벤저민 스트롱의 사망으로 해리슨이 총재가 됐다)의 권고를 받아들이지 않았는데, 재무부가 4.5%의 이자율로 자금을 조달한 지 얼마 되지 않았다는 점을 감안한 것이었다. 뉴욕 연방준비은행은 이미 시중금리가 재할인율 이상으로 올랐다는 점과 시중 은행들이 연준 기금에서 불과 10억 달러를 차입한 데 만족하고 있다는 점을 걱정하고 있었다. 한편으로 연준 이사회가 금리 인상을 주저했던 이유는 금리를 올릴 경우 유럽 중앙은행들의 금 보유고에 가해질 압박 때문이었다.

이 같은 딜레마에 따른 고민은 뉴욕에 있던 해리슨 총재와 당시 영 플랜 협상을 위해 파리에 가 있던 오웬 D. 영 뉴욕 연방준비은행 이사회 의장 간에 오고 간 대화에 잘 나타나 있다. 영 의장은 뉴욕 연방준비은행이 시장에 대해 즉각적이고도 효과적인 통제를 해야 할 필요가 있다고 주장했다. 이는 마땅히 중앙은행이 해야할 일일 뿐만 아니라 콜금리의 억제를 위해서도 필요한 것이었는데, 콜금리야말로 각국의 통화 정책을 좌우하는 데다 최근 금본위제로 복귀한 중앙은행들의 금 보유고에도 위협을 가하고 있다는 게 영의 주장이었다.[3] 다른 전문에서 영은 해리슨에게 워싱턴의 연준 이사회 의장을 건너뛰어 후버 대통령이나 앤드류 멜런 재무 장관에게 그 문제를 넘기라고 제안했다. 그러자 뉴욕 연방준비은행의 C. M. 울리C. M. Woolley 사무국장은 영에게 보낸 답신에서 연준 이사회가 이미 금리 인상을 거부한 사실과 뉴욕 연방준비은행은 가능한 한 후버 대통령 및 멜런 장관과 이 문제를 논의할 것이라는 점을 상기시킨 뒤 그러나 이것이 여의치 않을 경우 콜머니 시장으로 유입되고 있는 해외 자금을 억제하기 위해 재할인율 인하를 고려할 수도 있다고 전했다.[4] 이 무렵의 상황은 이처럼 아주 고통스러웠다. 주식시장의 과열을 식히기 위한 금리 인상이냐 아니면 콜머니 유입을 억제하기 위한 금리 인하냐, 아무튼 둘 중 하나가 구원의 손길이 되어줄 것이었다.

로이 영에 이어 폴 M. 워버그Paul M. Warburg가 주식시장의 과열에 대해 공식적으로 언급하고 나섰다. 연방준비제도 출범의 산파 가운데 한 명이며 쿤로브Kuhn & Loeb & Co.를 이끌고 있던 워버그의 눈에는 1907년 패닉을 상기시키는 신호들이 포착됐던 것이다. 엄청난 규모의 대출 자금과 광란의 투기 열기에 의해 끌어올려진 주가는 기업의 설비나 자산, 이익 창출 능력에 비해 너무 높았다. 주식시장은 잠시 멈췄다가는 다시 전열을 정비해 더 높이 올라갔다. 은행원들은 물론 이발사와 구두닦이, 교수들까지 주식시장의 상승세에 대해 이야기했다. 뉴욕 연방준비은행은 마침내 8월 9일 재할인율을 6%로 인상하는 안에 대해 승인 받았다. 시장은 아무런 반응도 보이지 않았다. 증권거래소는 오히려 9월 1일 거래소 회원 숫자를 늘렸는데, 자체적인 주식 분할을 통해 거래소 회원 각자에게 4분의 1석씩 회원권이 추가로 주어졌다. 덕분에 거래소 회원권 가격은 사상 최고치인 62만5000달러로 치솟아 1926년의 15만 달러 수준에 비해 4배 이상으로 뛰어올랐다. 연리 10%의 브로커즈 론이 급격히 늘어나면서 주식시장은 다시 한번 최고치 행진을 이어갔다. 그림5에서 보듯이 스탠더드 스테이티스틱스Standard Statistics*산업주 지수는 1929년 정점을 찍었을 때 월평균 지수(1926년을 100으로 했다)가 216까지 치솟았다.

....
* 당시 미국의 대표적인 신용평가회사로 1941년에 푸어스Poor's와 합병해 스탠더드 앤 푸어스Standard & Poor's가 됐다.

그림5. 1928-1938년 중 뉴욕 주식시장의 주가 흐름 (스탠더드 스테이티스틱스 지수)

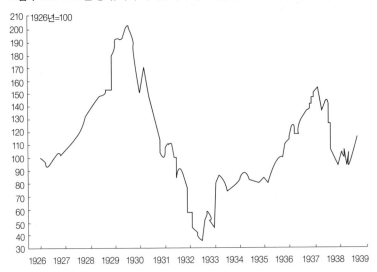

	1926	1927	1928	1929	1930	1931	1932	1933	1934	1935	1936	1937	1938
1월	102	106	137	193	149	103	54	46	84	81	114	148	100
2월	102	108	135	192	156	110	53	43	88	80	120	154	99
3월	96	109	141	196	167	112	54	42	85	75	124	154	96
4월	93	110	150	193	171	100	42	49	88	79	124	144	86
5월	93	113	155	193	160	81	38	65	80	86	118	138	86
6월	97	114	148	191	143	87	34	77	81	88	119	134	92
7월	100	117	148	203	140	90	36	84	80	92	128	142	106
8월	103	112	153	210	139	89	52	79	77	95	131	144	103
9월	104	129	162	216	139	76	56	81	76	98	133	124	104
10월	102	128	166	194	118	65	48	76	76	100	141	105	114
11월	103	131	179	145	109	68	45	77	80	110	146	96	114
12월	105	136	178	147	102	54	45	79	80	110	144	95	112

출처: League of Nations, *Statistical Yearbooks*, various years to 1934; 1935-1938, Standard Statistics index based on 1934-1936 as 100, converted to 1926 base.

신용 경색

주식시장이 상승할수록 국제 금융 시스템에 가해지는 압박이 커진 것은 사실이다. 비록 뉴욕 연방준비은행이 1928년 7월 이래 재할인율 인상을 승인 받지 못했고, 또 공개시장에서 보유 증권을 매각해 유동성을 흡수할 수 없었다고는 해도 그 해 말 이후에는 뉴욕의 시중 은행들로 하여금 대출을 줄이고 콜론 시장으로 나가는 은행 자금을 억제하도록 압력을 가할 수 있었다. 그런데 표9를 보면 잘 알 수 있듯이 이들의 자리를 다른 쪽에서 대신했다. 여기서 기타 부분이 제공한 브로커즈 론 가운데 꽤 많은 금액이 미국 기업에서 나왔다. 해외에서도 상당한 금액이 들어왔고 이 중에는 외국인들의 미국 주식 매입 자금도 있었다. 하지만 이 정도만으로는 자금 이동이 어느 정도였는지 정확히 추적하기 어렵다. 결정적인 전환점이 아닌 주로 연말을 기준으로 한 수치만 있는 데다 그나마도 범위가 충분치 않기 때문이다.[5] 그러나 뉴욕 주식시장의 과열과 1929년 4~5월에 있었던 영 플랜에 대한 과민반응, 그리고 프랑스의 금 태환이 국제 금융 시스템에 엄청난 압력을 가했다는 데는 별다른 이견이 없다. 하지만 이들 세 가지 요인이 각기 얼마나 큰 압력으

표9. 1927-1929년 중 자금원별 브로커즈 론 (백만 달러)

	뉴욕 내 시중은행	뉴욕 외 시중은행	그 외	합계
1927.12.31	1,550	1,050	1,830	4,430
1928.06.30	1,080	960	2,860	4,900
1928.12.31	1,640	915	3,885	6,440
1929.06.30	1,360	665	5,045	7,070
1929.10.04	1,095	790	6,640	8,525
1929.12.31	1,200	460	2,450	4,110

출처: Federal Reserve System, *Banking and Monetary Statistics*, 1943, p. 494.

로 작용했는지는 단언할 수 없다. 이탈리아가 가장 먼저 1929년 1월에 재할인율을 인상했고, 영국은 2월에 1%포인트를 인상했으며, 그러자 3월에 이탈리아가 재차 인상했고, 네덜란드도 올렸다. 4월과 5월에 파리에서 영 플랜을 둘러싼 긴장이 고조되자 중부 유럽국가들, 특히 독일과 오스트리아, 헝가리가 잇달아 금리 인상을 단행했다. 7월에는 벨기에 국립은행National Bank of Belgium이 금리를 올렸다. 뉴욕에서 비롯된 압박은 지속적으로 이어졌다. 1929년 상반기에만 미국으로 2억1000만 달러의 금이 유입됐고, 프랑스로는 1억8200만 달러의 금이 들어갔다.

런던에 가해진 압박이 특히 심했다. 뉴욕의 금리가 더 높았으므로 독일과 헝가리, 덴마크, 이탈리아 등의 차입자들은 달러 화가 필요한 상황에서도 파운드 화 대출을 받으려고 했다.[6] 노먼 총재는 각국의 금 쟁탈전에 대해 우려를 표명했다. 영란은행의 금 준비금은 영 플랜을 둘러싼 위기가 지나간 5월 말에 연중 최고치인 7억9100달러에 달했으나 그 이후 조금씩 감소하다가 7월에 급격히 줄어들었다. 노먼은 미국의 연방준비제도를 통해서든 아니면 시장을 통해서든 유럽 중앙은행들이 뉴욕에서 장기자금을 조달할 가능성이 있는지 여부를 해리슨과 함께 검토했다. 이 문제는 논의가 진행되면서 어느 정도 진전은 있었지만 결국 폐기되고 말았는데, 새로 들어선 영국의 노동당 정부가 불태환 신용 지폐를 확대하고 영란은행의 은행권에 대해서만 금 태환을 허용하는 방식으로 금 유출을 막아보기로 했기 때문이다.[7] 노먼은 그의 일기에 이렇게 적었다. "절반 가까운 시간이 은행 금리와 국제적인 이자율을 다루는 데 소요됐다." 노동당 정부의 스노든 재무 장관은 재할인율 인상이 경기를 악화시키고 국제수지에도 도움이 되지 않을 뿐만 아니라 다른 나라의 금리 인상을 부추길 것이라며 재할인율 인상을 반대했다. 노먼 총재는 실없이 은행 금리를 인상하지는 않을 것이며 반드시 필요할 경우에만 인상하겠다고 약속했다.[8] 그는 이 약속을 지켰다.

8월 9일 뉴욕 연방준비은행은 다시 움직였다. 붐을 타고 있는 주식시장을 보면 금리 인상이 필요했다. 하지만 경제 전반의 약세 조짐을 보면 정반대 방향으로 가야 했다. 해리슨 총재는 유럽의 주요 중앙은행 앞으로 보낸 전문에서 이번에 재할인율은 5%에서 6%로 인상하지만 주식시장의 상승세가 꺾이고 나면 금융시장의 완화를 위해 채권 매입을 계획하고 있다고 설명했다. "미국의 국내 사정상 이 같은 정책이 불가피하지만 유럽 경제에는 뉴욕의 금리 인하가 필요하다는 점 역시 우리는 당연히 염두에 두고 있습니다."[9]

뉴욕 주식시장은 이런 점에 전혀 주목하지 않았으나 런던에 대한 압박은 계속됐다. 노먼은 영란은행이 재할인율을 인상할 수 있는 명분을 찾고 있었다. 9월 20일, 그러니까 뉴욕 주식시장이 사상 최고치—이날 기록한 뉴욕타임스 지수는 훗날 드러났듯이 양차 세계대전 사이의 기간 중 최고치였다—를 갈아치운 다음날 그런 일이 벌어졌다. 런던에서 해트리 제국이 무너져 내렸던 것이다. 해트리 제국은 클래런스 해트리 1인이 지배하는 기업 집단으로 투자신탁 회사와 사진용품, 카메라, 슬롯머신과 관련된 사업부에다 소액대부 회사까지 거느리고 있었다. 해트리는 투기 열풍에 사로잡혀 차입금 800만 파운드로 유나이티드 스틸 United Steel을 매수한 뒤 이를 바탕으로 영국 철강업계를 재편하려고 하다 궁지에 빠진 것이었다. 해트리는 자기가 소유한 여러 회사들을 통해 사기 담보 대출을 받으려고 했으나 들통이 나면서 부도를 내고 말았다.

증권거래소는 해트리가 소유한 기업의 주식과 채권 거래를 정지시켰고, 금융업자와 그의 회사 관계자 여러 명이 구속됐다. 이런 어지러운 상황 속에서 영란은행은 9월 26일 재할인율을 5.5%에서 6.5%로 인상했다.

8월에 벌어졌던 독일의 프랑크푸르트 보험회사Frankfurt Insurance Company의 파산을 제외하면 이것이 유일한 경고였는데, 이 점은 다른 금융 시장 붕괴에서는 볼 수 없는 것이었다.[10]

압박은 스칸디나비아로까지 확산돼 스웨덴과 덴마크, 노르웨이가 금리를 인상했다. 9월 말에 이르자 영란은행의 금 보유고는 640억 달러로 감소했는데, 이는 4개월 동안 20%가까이 줄어든 것이었다. 8월 5일 노먼은 재무위원회에 출석해 변화가 없다면, 특히 프랑스와 미국에 변화가 없다면, 영국을 포함한 유럽의 일부 국가는 금본위제를 어쩔 수 없이 포기할 수밖에 없을 것이라고 말했다.[11] 이런 상황에서 뉴욕 주식 시장의 대폭락은 엄청난 구원으로 다가왔고, 노먼은 금본위제를 포기하지 않아도 되었다는 데 놀라움을 감추지 못했다.[12]

경기 하강

이 무렵 경기는 계속해서 내리막길을 걷고 있었다. 전미경제연구소National Bureau of Economic Research는 국가별 경기 순환 사이클의 정점을, 독일은 1929년 4월, 미국은 6월, 영국은 7월로 보고 있었다. 벨기에의 경우 산업 생산이 1929년 3월에 정점을 기록한 뒤 연말까지 7% 하락했다. 캐나다에서는 1929년 봄이 지나면서 불황의 조짐들이 여러 형태로 나타나더니 결국 기업 활동의 위축으로 이어졌다.[13] 남아프리카공화국은 1929년 2분기에 하강 국면으로 접어들었다.[14] 프랑스를 제외한 모든 나라에서 자금 사정이 빡빡해졌고 소비는 위축되었으며, 확실한 수요는 찾아볼 수 없는데도 신규 설비는 늘어나면서 재고는 쌓여만 갔다. 유일하게 프랑스에서만 산업 생산이 증가하고 있었다.

상황이 최악인 곳은 독일이었다. 라인—베스트팔렌 지역의 철강 회사들이 1928년 11월에서 12월 초 사이 공장 폐쇄에 들어가면서 산업 생산과 각종 지표들을 악화시켰다. 곧이어 12월부터 1929년 3월에 이르기까지 강추위가 엄습했는데, 베를린의 평균 기온은 19세기 초 기상관측을 시작한 이래 최저치를 기록했다. 자금 사정은 더 얼어붙었다. 1929년 4~5월의 예금 인출 사태로 나빠졌던 상황은 영 플랜 협상 타결 이후 자금 흐름이 개선되면서 나아졌지만 1929년 여름이 되자 불황의 징후는 더 뚜렷해졌다.[15] 주식시장의 붕괴에 앞서 재고가 증가했다. 실업자는 190만 명에 달해 미국의 160만 명보다 많았다. 당시 독일 인구가 6400만 명으로 미국 인구 1억2200만 명의 절반 정도였음을 감안하면 엄청난 숫자였다.[16] 8월에는 독일의 거대기업 프랑크푸르트 보험회사가 파산했다. 가을로 접어들자 파산 기업과 부도 어음의 숫자가 눈덩이처럼 불어났다.

미국에서의 경기 하강은 다양한 원인들에서 비롯됐는데, 이들은 어느 정도 공통점을 갖고 있기도 했지만 어디에 주목할 것인가에 따라 그 편차가 아주 크고 심지어 약간 모순되는 것들도 있었다. 주택 건설의 감소는 부분적으로 새로 구성된 가구 숫자가 줄어든 데 기인했는데, 이는 1920년대 초의 이민자 유입 중단과 제1차 세계대전의 영향으로 나타난 문화적 변화에 따른 것이었다.[17] 또 다른 요인으로는 주택 자금 대출이 말라버렸다는 점을 들 수 있었다. 반면 설비 투자는 과도할 정도로 확대됐다. 이는 주식시장이 붐을 탄 데다 기업 투자 자금을 쉽게 대출 받을 수 있었고, 임금에 비해 기업 이윤이 월등히 증가하면서 신규 공장 수요가 늘어났기 때문이었다. 적정 수준 미만의 과소 소비와 기업의 과잉 투자는 동전의 앞 뒷면과 같은데, 소득이 주식시장으로 흘러 들어가거나 기업 이윤의 증가에 비해 임금 상승이 한참 뒤처짐으로써 이런 일이 벌어지는 것이다. 그 결과는 투자 기회의 일시적인 고갈과 재고의 급증, 그리고 불확실성으로 나타났다.

기업 경기는 주식시장이 폭락하기 오래 전부터 이미 나빠진 상태였다. 연준의 한 관리는 3월에 신축 건물 계약건수가 급감하고 있다며 "이는 전반적인 경기 하강의 신호였다"고 지적했다.[18] 3월에는 또 자동차 생산대수가 최고치를 기록해 62만2000대에 달했는데, 주식시장이 천정을 친 9월에는 41만6000대로 줄었다. 주식시장이 이때 천정을 치고 주춤했던 것은 아마도 금리 상승과 브로커즈 론을 제외하고는 신용이 억제됐기 때문일 것이다. 6월 이후에는 산업생산 지수도 하락하기 시작해 8~10월 사이 3개월간 산업 생산과 물가, 개인소득이 각각 연율로 20%, 7.5%, 5% 감소했다.[19] 이들 지표가 악화된 것은 주식시장이 붕괴되기 전까지는 뚜렷하게 나타나지 않았다. 그런 점에서 주식시장의 상승세가 기업 경기 둔화에 일조한 것은 사실이지만, 주식시장의 대폭락은 대공황의 원인이라기 보다는 경제 전반에 잠시 휴지기를 주고 재편할 필요가 있음을 알려준 신호였다고 할 수 있다.[20]

주식시장 붕괴

주식시장은 월 평균으로 1929년 9월이 정점이었고, 사상 최고치를 기록한 날(뉴욕타임스 지수 상으로)도 9월 19일이었다. 주식시장은 잠시 횡보하다가 10월 3일에 미끄러지기 시작해 10월 14일부터 일주일간 계속해서 떨어졌고 10월 24일 '검은 목요일Black Thursday'에 마침내 패닉에 빠져들었다. 주요 은행가들은 시장 붕괴를 막기 위한 연합 세력을 만들기로 했다. 리처드 위트니Richard Whitney*가 증권거래소 입회장floor의 주문대post를 여기저기 돌아다니며 연합 세력이 조성한 자금으로 매수 주문을 냈다.[21] 그러나 다음주 월요일 주가는 추가로 하락했고, 화요일인 10월 29일에는 또 다시 패닉에 빠져들어 '검은 화요일Black Tuesday'이 됐는데, 이날 거래량은 근 40년만의 최대치인 1640만 주에 달했다. 주가는 월말에 약간 회복하기도 했지만 11월 13일에는 연중 최저치를 기록했다. 9월 3일 381을 기록했던 다우존스 산업 평균주가가 198까지 떨어진 것이다. 1929년은 결국 250으로 끝났다.

10월 24일의 대폭락에 앞선 2주 동안 '기타' 부문의 브로커즈 론이 1억2000만 달러 감소했는데, 이는 대부분 외국인들의 자금 회수로 인한 것이었다.[22] 만일 이것이 정말로 방아쇠를 당긴 것이었다면 스노든이 세롱의 주장을 "우스꽝스럽고 터무니없는"이라고 표현한 것부터 시작해 프랑스은행이 금 태환을 하고 영란은행이 재할인율을 인상하는 것으로 이어져왔던 연결 고리의 마지막 고리가 아니었을까? 혹은 8월에 뉴욕 연방준비은행이 금리를 인상한 것부터 해트리 파산으로 인해 런던 금융시장에 가해진 압박과, 그 결과 영국이 금리를 인상하고 뉴욕으로 갔던 자금이 돌아오게 되기까지의, 정치적이기 보다는 다분히

----

* 당시 뉴욕증권거래소 이사장 직을 대행하고 있었다.

상업적인 연결 고리의 마지막 고리는 아니었을까?[23] 그것이 무엇이었든 일단 패닉이 벌어지자 '기타' 부문은 브로커즈 론을 회수함으로써 패닉에 일조한 셈이 됐다. 일부 회사들은 1873년의 주식시장 대폭락 당시처럼 주가 급락으로 인해 증권거래소가 문을 닫을지도 모르며 그렇게 되면 유동성이 매우 높아 보였던 자기 회사 자산마저 동결될 수도 있다는 점을 우려했다.[24]

뉴욕의 금융기관들은 주가를 떠받치기 위해 직접 주식을 매수했을 뿐만 아니라 마진콜margin call*을 보류하고 투자자들이 다른 기관으로부터 상환을 요구 받은 대출금을 인수해주기도 했다. 뉴욕의 시중 은행들이 이렇게 인수한 대출금이 10월 한 달 동안만 10억 달러가 넘었다.[25] 패닉을 진정시키기 위한 시중 은행들의 노력에 뉴욕 연방준비은행은 지원군으로 나섰다. 뉴욕 연방준비은행은 공개시장 조작 한도를 일주일에 2500만 달러로 제한한 공개시장위원회Open Market Committee의 규정을 어겨가며 10월의 마지막 한 주 동안 1억6000만 달러에 달하는 증권을 매입하는 등 11월 말까지 모두 3억7000만 달러의 증권을 사들였다. 이 같은 조치는 나중에 연준 이사회의 재가를 받았지만, 해리슨의 월권 행위는 훗날 뉴욕 연방준비은행과 워싱턴의 연준 이사회 간의 상호 비난과 논란을 야기하는 단초가 되었다. 공개시장에서 증권 매입을 확대하는 한편으로 재할인율도 인하해 11월 1일에는 5%로, 11월 15일에는 4.5%로 떨어뜨렸다. 뉴욕에 있던 외국인들의 자산 매각과 대출금 회수는 계속 이어졌다. 1929년 10월 31일(대폭락 이후지만 가장 근접한 보고일이다)부터

---

* 신용으로 주식을 매수한 투자자의 보유 주식이 주가 하락으로 인해 담보가치가 부족해질 경우 증권회사가 추가 증거금을 요구하는 것.

1930년 1분기 말까지 4억5000만 달러가 인출돼 빠져나갔고, 이와는 별도로 외국 중앙은행들이 개인 투자자들로부터 1억 달러의 증권을 매수해주었다.[26] 이렇게 인출된 자금의 절반은 영국 것이었다.

그렇다면 주식시장 붕괴는 그 자체만으로 결정적인 영향을 미쳤던 것일까? 연준 이사회의 햄린Hamlin과 제임스James, 두 명의 이사는 10월 29일 주가 폭락이 실물 경기 불황을 초래할지도 모른다고 우려했지만 나머지 다수의 이사들은 그럴 거라고 생각하지 않았다.[27] 이들 다수 의견은 40년이 더 지난 현재 분석적인 측면에서 강력한 지지를 받고 있다.

> 1929년의 주식시장 붕괴는 아주 중대한 사건이었지만 그것이 대공황을 초래한 것은 아니며 대공황의 참상을 야기한 결정적인 요인도 아니었다. 급격하기는 했지만 그렇다고 해서 전례가 없을 정도는 아니었던 시장의 위축이 잘못된 통화 정책으로 인해 파국으로 발전해버렸던 것이다……
>
> 주식시장에서 무슨 일이 벌어지든 그것이 통화 정책의 실패를 가져오거나 수반하지 않는 한 대공황을 야기할 수는 없다.[28]

프리드먼은 1929년 가을에 해리슨이 뉴욕 자금시장의 긴장을 풀기 위해 노력했던 점은 생각하지 않고 있다. 그의 시각으로는 패닉이 엄습한 시기에 그런 식의 재할인율 인하는 중요하지 않은 것이었다. 중요한 것은 지속적으로 통화 공급량을 유지하는 것이다. 그러나 이 문제는 한참 뒤에나 논의돼야 할 사안이다. 미국의 통화 공급량은 1930년 10월 혹은 12월까지 줄어들지 않았는데, 이 시기에 이미 대공황은 아주 심각했을 수도 있고 아닐 수도 있지만, 아무튼 상황이 급속히 나빠지고 있었던 것은 사실이다.

국제 금융 전반에 미친 주식시장 대폭락의 첫 번째 영향은 압박을 풀어준 것이었다. 영란은행은 10월 29일부터 연말까지 세 차례에 걸쳐 재할인율을 인하했고, 네덜란드와 노르웨이는 두 차례, 오스트리아와 벨기에, 덴마크, 독일, 헝가리, 스웨덴은 한 차례씩 내렸다. 이 같은 금융완화 추세에서 유일한 예외는 미국 달러 화에 대해 엄청난 프리미엄이 붙어 있던 캐나다였다. 뉴욕 주식시장에 투자하고 있던 캐나다 투자자들에게 쏟아진 마진콜 금액은 미국 달러 화에 대한 높은 수요를 불러일으켰는데, 이는 브로커즈 론 시장에서의 자금 인출로 창출된 미국 달러 화 공급보다 더 컸다.[29]

한 나라에서 다른 나라로 금융위기가 전파되는 것은 다음과 같은 네 가지 경로를 통해 이루어질 수 있다. (1) 지역적으로는 분리돼 있지만 차익거래로 연결돼 있는 시장이다 보니 국제적으로 거래되는 각종 증권과 상품 가격의 하락으로 이어지는 경우 (2) 실제 거래는 없더라도 한 나라 시장 참여자들이 다른 나라 시장 참여자들의 심리에 영향을 받으면서 똑같은 가격 하락이 나타나는 경우 (3) 소득의 변동이 지출에 영향에 미쳐 무역 승수 효과에 따라 다른 나라로 파급되는 경우, 즉 소득 감소가 다른 나라로부터의 상품 수입 감소를 초래하는 경우 (4) 국제수지의 통화 측면에 미치는 영향을 통해, 예를 들면 어느 나라에서 디플레이션 충격이 발생해 다른 나라에서 금을 인출하는 바람에 그 나라에서 통화 긴축을 야기하게 되는 경우 등이다. 처음 두 가지 경로는 아주 빨리 작동할 수 있는 반면 뒤의 두 가지는 시차가 있을 수 있다. 표10과 그림6은 뉴욕 주식시장에서의 대폭락이 외국으로 얼마나 빨리 전파되

표10. 1929년 9-12월 중 주요 주식시장의 주가지수 추이

1929	벨기에	캐나다	프랑스	독일	네덜란드	스웨덴	스위스	영국	미국
9월	112	316	526	125	118	167	239	144	216
10월	98	255	496	116	113	162	221	135	194
11월	92	209	465	112	98	155	212	121	145
12월	79	210	469	107	100	154	215	121	147

출처: League of Nations, *Statistical Yearbook*, various issues.

그림6. 1929-1935년 중 주요 주식시장의 월별 주가지수 추이

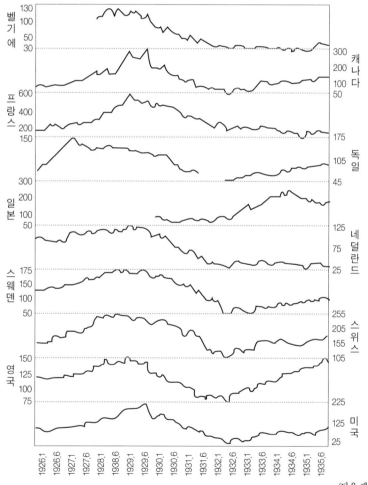

(다음 페이지 계속)

5. 1929년의 주식시장 붕괴

(그림6에서 계속)

기준	벨기에 1928.1 =100	캐나다 1924 =100	프랑스 1913 =100	독일 1924-26 =100	일본 1930.1 =100	네덜란드 1921-25 =100	스웨덴 1924.12.31 =100	스위스 액면가 =100	영국 1924 =100	미국 1926 =100
1926년										
1월		92	205	72		95	111	154	116	102
2월		99	210	79		97	113	158	114	102
3월		94	200	83		96	112	160	113	96
4월		93	200	92		93	114	158	111	93
5월		91	205	91		91	117	158	113	93
6월		93	223	97		91	121	169	115	97
7월		96	259	106		91	124	169	113	100
8월		101	246	117		91	124	176	114	103
9월		106	263	120		91	122	177	116	104
10월		104	253	132		92	123	173	116	102
11월		106	234	140		92	124	175	117	103
12월		107	222	19		91	125	175	116	105
1927년										
1월		109	244	159		94	127	185	120	106
2월		114	249	169		104	127	197	119	108
3월		117	270	163		105	127	198	119	109
4월		121	288	175		104	130	198	119	110
5월		125	279	168		103	134	200	122	113
6월		122	269	152		102	136	190	122	114
7월		121	279	158		102	139	193	122	117
8월		131	275	155		103	146	198	124	112
9월		146	281	148		107	149	211	126	129
10월		155	283	143		112	146	210	131	128
11월		158	271	128		110	146	213	131	131
12월		162	305	136		109	146	223	131	136
1928년										
1월	100	173	333	143		111	155	243	137	137
2월	110	168	320	138		115	150	242	136	135
3월	108	172	362	136		116	154	242	141	141
4월	121	177	408	143		118	158	247	143	150
5월	127	184	413	147		117	163	249	148	155
6월	129	170	414	148		111	163	244	143	148
7월	121	170	396	144		109	161	240	139	148
8월	108	167	444	143		113	170	250	140	153
9월	126	185	458	143		115	176	256	143	162
10월	120	201	459	141		112	170	255	146	166
11월	115	229	476	140		113	168	251	143	179
12월	111	237	498	142		115	170	253	139	178
1929년										
1월	112	286	579	139		120	172	254	139	193
2월	121	293	585	134		125	167	249	138	192
3월	118	266	564	133		125	165	239	143	196
4월	119	269	541	133		116	164	231	143	193
5월	111	269	546	128		121	165	236	144	193
6월	109	264	524	131		121	169	246	141	191
7월	104	271	500	129		121	173	243	138	203
8월	107	294	506	127		112	171	242	142	210
9월	112	316	526	125		118	167	239	144	216
10월	98	255	496	116		113	162	221	135	194
11월	92	209	465	112		95	155	212	121	145
12월	79	210	469	107		100	154	215	121	147
1930년										
1월	79	209	501	113	100	100	157	232	124	149
2월	80	206	487	113	99	101	157	233	119	156
3월	70	210	485	111	90	98	160	236	116	167
4월	77	221	495	114	79	100	155	234	120	171
5월	80	196	474	114	79	94	153	223	119	160
6월	75	165	448	109	68	85	148	209	112	143
7월	70	162	454	102	65	82	147	211	112	140
8월	66	153	436	95	66	76	137	212	106	134
9월	64	160	428	93	60	75	134	209	110	139
10월	62	129	395	87	57	73	129	202	103	118
11월	53	129	378	83	65	67	129	195	105	109
12월	57	120	349	78	69	60	132	178	99	102

기준	벨기에 1928,1 =100	캐나다 1924 =100	프랑스 1913 =100	독일 1924-26 =100	일본 1930,1 =100	네덜란드 1921-25 =100	스웨덴 1924,12,31 =100	스위스 액면가 =100	영국 1924 =100	미국 1926 =100
1931년										
1월	55	125	366	72	69	60	123	188	96	103
2월	61	129	369	77	74	67	130	204	94	110
3월	56	128	359	83	80	69	129	207	96	112
4월	53	107	343	84	79	64	120	200	94	110
5월	46	89	318	74	77	56	110	180	80	89
6월	54	91	326	67	82	50	120	181	82	87
7월	49	95	309		86	51	108	169	86	90
8월	45	94	300		81	45	99	157	82	89
9월	40	79	264		78	37	85	123	78	76
10월	39	74	245		65	37	82	129	87	65
11월	35	87	239		68	39	86	132	92	68
12월	36	74	217		78	35	79	117	81	54
1932년										
1월	38	74	253		97	37	83	124	82	54
2월	39	71	294		99	37	78	131	81	53
3월	37	72	272		97	36	56	129	86	54
4월	36	58	253	45	89	28	52	116	83	42
5월	31	51	225	46	90	27	51	103	77	38
6월	32	49	229	46	86	25	51	106	83	34
7월	34	57	235	46	92	28	58	121	88	36
8월	41	70	243	49	96	35	66	131	86	52
9월	41	74	245	56	106	39	66	138	90	56
10월	38	63	231	54	109	37	63	131	90	48
11월	34	63	234	55	126	37	61	127	92	45
12월	37	58	247	59	157	35	57	126	91	45
1933년										
1월	35	61	239	61	169	35	54	135	95	46
2월	33	58	229	61	152	33	50	129	96	43
3월	31	59	215	67	149	32	52	133	92	42
4월	34	70	218	71	157	31	59	140	93	49
5월	37	89	218	72	160	35	66	155	96	65
6월	38	107	251	70	166	39	65	166	101	77
7월	38	122	25	69	174	40	65	158	108	84
8월	38	117	251	65	174	39	63	160	106	79
9월	35	119	241	61	193	36	64	160	110	81
10월	33	104	233	60	206	34	65	158	115	76
11월	33	113	225	62	211	34	64	156	114	77
12월	32	111	224	65	210	37	65	156	113	79
1934년										
1월	37	119	212	68	215	39	72	160	118	84
2월	32	124	210	72	215	39	76	162	116	88
3월	30	129	194	75	237	39	71	162	122	85
4월	30	133	200	73	223	38	76	159	124	88
5월	32	128	201	72	229	36	74	157	127	80
6월	32	126	194	75	253	34	71	157	124	81
7월	30	117	185	77	236	34	73	155	124	80
8월	34	120	179	79	232	33	74	153	125	77
9월	33	119	170	82	220	33	76	152	127	76
10월	31	122	164	81	214	32	82	148	128	76
11월	30	125	158	78	197	29	80	148	132	80
12월	29	126	163	78	202	28	83	152	131	80
1935년										
1월	31	130	198	81	192	30	86	160	137	81
2월	29	129	188	83	186	34	84	160	133	80
3월	38	126	185	85	193	34	80	164	130	75
4월	44	131	190	87	178	34	83	167	138	79
5월	48	144	215	88	178	34	86	160	137	86
6월	46	145	207	91	163	33	90	170	141	88
7월	44	144	188	92	162	32	90	171	141	92
8월	42	146	191	93	172	32	87	174	148	95
9월	43	147	185	90	187	30	85	172	141	98

출처: League of Nations, *Statistical Yearbooks*, various issues.

었는지를 보여주는데, 캐나다와 벨기에는 미국과 거의 같은 정도로 충격을 받았고, 나머지 나라들은 조금 약하게 움직였다.

주식시장의 상승세가 오히려 신용을 압박함으로써 기업 경기를 해칠 수 있다는 점은 제3장에서 설명했다. 주식을 파는 기업 입장에서는 주가가 오르면 보다 쉽게 자본을 확충할 수 있겠지만 주가가 떨어지면 금융시장이 완화돼 기업에 도움이 될 수 있다. 물론 증권을 발행할 수 있도록 해주는 유인책이 줄어드는 데 따른 효과는 금리 인하에 따른 이득보다 훨씬 클지도 모른다. 그러나 경제는 늘 이렇게 대칭적으로 움직이지는 않는다. 만일 주식시장의 하락세가 상승세보다 더 짧게 끝난다면 아마도 차이가 있을 것이다. 디플레이션이 더 빠르고 강력하게 덮쳐온다면 금리 인하는 기업 경기에 아무런 도움도 되지 않을 수 있다.

유동성 패닉

외국 자본가들과 미국의 조합 은행out-of-town banks 및 기업들이 뉴욕 자금시장에서 콜머니를 인출하면서 결과적으로 개인 투자자들에게 큰 손실을 안기게 됐고, 개인 투자자들은 이 여파로 소비를 줄였다. 언제든 뉴욕 시장에서 주식과 채권을 발행해 자금을 조달할 수 있을 것이라고 여겼던 기업들마저 유동성 확보 경쟁에 뛰어들었고 지출도 삭감했다. 생산은 급감했고 재고는 넘쳐났다. 유동성 패닉은 모기지 시장으로 확대됐다. 당시 미국의 모기지는 대출금을 해마다 3분의 1씩 갚아나가는 방식이 일반적이었다. 하지만 주택 소유자들은 빚을 갚아나갈 현금을 갖고 있는 경우가 거의 없었다. 모기지 저당권을 보유한 쪽에서는 돈이 필요한데 주택 소유자는 신규 대출을 어디서도 구할 수 없는 상황이 자주 벌어졌고, 이런 경우 저당권 행사가 이뤄졌다. 주택과 신축 건물의 가격은 급락했는데, 그 강도는 주식가치의 감소나 인구 증가의 둔화 혹은 쿠즈네츠 사이클에 따른 부의 효과wealth effects보다 훨씬 강력했다.[30]

그 하락 속도는 가히 인상적이었다. 산업 생산은 10월의 110(계절 조정치를 반영한 수치)에서 11월에는 105로, 12월에는 100으로 떨어져 1920년 이래 가장 빠른 속도로 떨어졌다. 산업 생산 감소의 상당 부분은 자동차 생산의 감소에 따른 것이었는데, 8월에 44만 대였던 것이 10월에는 31만9000대, 11월에는 16만9500대, 12월에는 9만2500대로 줄었다. 1920년대에는 매년 연말에 모델 변경이 있었다는 점을 감안해도 자동차 생산대수가 최저치를 기록하는 것은 통상 11월이었지 12월은 아니었다.

산업 생산의 감소보다 더 인상적이었던 것은 상품가격의 하락과 수입액의 감소였다. 후버는 주장하기를, 연방농업국이 농산물 시장에서 가격 지지 활동을 펼쳐 1930년 1월까지는 농산물 가격 하락이 없었다고 했다.[31] 실제로 밀 가격은 11월 초반 보름 동안 14센트 떨어지기는 했지만 9월부터 12월까지 평균가격은 3~5센트 하락하는 데 그쳤고 면화는 5% 떨어졌을 뿐이다. 그러나 옥수수는 9월에 92센트였던 것이 10~12월 사이 14센트 떨어졌고, 커피나 코코아, 고무, 실크, 피혁, 주석 같이 외국에서 수입되는 상품들은 큰 폭으로 하락했다.

연방농업국이 농산물 가격 하락을 막고자 했던 활동은 브라질 정부가 커피 가격을 지지하려다 가격 고정 장치가 붕괴됐던 경우처럼 농산물 가격의 급락을 가져왔다. 하지만 급락세의 결정적 요인은 금융 부문 때문이었다. 당시 대부분의 상품 수입은 뉴욕과 다른 위탁 항구를 통해 이루어졌는데, 도착 즉시 상품시장에서 팔렸고 수입업자는 은행에서 구매자금을 조달했다. 그런데 조합은행과 '기타' 부문이 갑자기 브로커즈 론을 회수하고 나서자 자금 마련이 시급했던 뉴욕의 시중 은행들이 상품 수입업자들에 대한 대출을 삭감해버렸던 것이다. 그런데 주목할 만한 점은 미국 내에서 자금을 조달한 수출 상품의 가격은 수입 상품 가격보다 훨씬 적게 떨어졌다는 것이다. 또 수입 상품 가운데 유일하게 설탕 가격은 다른 수입 상품보다 하락폭이 작았는데, 설탕 구입 자금은 주로 제당회사들이 대출해갔으며, 이들 회사는 뉴욕뿐만 아니라 보스턴과 볼티모어에 집중돼 있었다는 점도 주목할 만하다. 표11은 이런 수치를 보여준다.

뉴욕의 상품가격 하락은 그 자체로 수출 상품의 가격 하락과 차익거래, 심리적 전염을 통해 다른 나라로 전파됐다. 해외에서의 상품가격 하락은 표12에서 보듯이 미국과 비슷하거나 훨씬 더 심했다. 또 상품가격 하락은 무역에도 영향을 미쳤다. 미국의 수입액은 놀라울 정도로 감소

표11. 1929년 9-12월 중 미국 내 주요 상품가격 변동률

수입상품	%	수출상품	%
코코아	-15.4	옥수수	-14.1
커피	-13.1	면화	-5.6
구리	-9.3	밀	-3.6
피혁	-18.4		
납	-8.8		
고무	-25.7		
실크	-10.0		
설탕	-6.9		
주석	-10.1		
아연	-16.7		

출처: 표14의 수치로 계산.

했다. 1929년 9월의 수입액은 3억9600만 달러로 앞선 3개월의 월 평균 수입액 3억6000만 달러를 조금 상회했는데, 12월 수입액은 3억700만 달러로 9월보다 무려 20%나 줄었다. 그림7에서는 미국의 수입액 감소와 독일의 수입액 감소를 함께 보여주는데, 독일에서는 1930년 1분기까지 수입액이 줄지 않았다. 이런 지체 현상은 수입 상품이 항구에 도착하면 구매하는 게 아니라 수입 상품을 해외에서 구매한 뒤 운송해오는 나라에서 나타나는 것이다. 아무튼 미국의 급격한 수입액 감소는 1929년 10월부터 매달 1억 달러 이상의 무역수지 흑자를 발생시켰는데, 이같은 무역수지 흑자는 수출액 감소가 수입액 감소를 따라잡은 1930년 1월까지 4개월간 이어졌다.

이제 디플레이션은 주식시장의 하락에서 산업 생산 감소와 재고 누적으로 이어졌고, 이와 동시에 주가의 하락이 상품가격의 하락으로, 또 수입액의 감소로 이어졌다. 주식시장과 상품시장의 연계는 부분적으로는 심리적인 것이지만 처음 단계에서는 두말할 필요도 없이 신용 메커니즘을 통해 부분적으로 연결되는데 은행과 기업들이 유동성 확보 경쟁에 나서는 경우다. 연말이 되자 신용시장이 빠르게 안정되면서 이런 측면에서의 압박은 사라졌다. 하지만 너무 늦었다. 저개발국들로부터의 수입액이 줄어들자 저개발국들도 선진국들로부터의 수입을 줄이는 피드백 효과가 이미 나타났고 점점 더 강력해져 갔다. 주식시장은 상승

표12. 1929년 8월부터 1930년 9월까지의 주요 국가별 도매물가 변동률 (%)

미국	프랑스	일본	캐나다	영국	독일	이탈리아
-12.2	-6.7	-22.3	-16.0	-14.9	-10.8	-14.3

출처: Anna J. Schwartz, "Understanding 1929-1933," 1981, table 5, p.24.

5. 1929년의 주식시장 붕괴

그림7. 1928-1930년 중 미국과 독일의 월별 상품 수입액 (백만 달러)

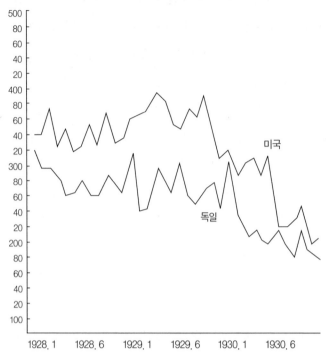

	미국			독일		
	1928	1929	1930	1928	1929	1930
1월	341	359	317	321	312	311
2월	342	364	283	298	243	236
3월	379	371	304	295	244	199
4월	327	396	306	281	299	212
5월	348	381	282	260	271	198
6월	317	350	320	266	258	195
7월	323	347	218	283	305	217
8월	353	373	217	260	257	190
9월	325	357	227	261	248	176
10월	368	396	245	290	364	236
11월	328	332	197	271	277	175
12월	334	307	201	264	240	163

출처: League of Nations, *Statistical Yearbooks*, various issues; League of Nations, *Monthly Bulletin of Statistics*.

국면에 있을 때는 저개발국으로의 자본 이동을 막아버리는 반면 하락 국면에서는 유동성 위기를 야기해 저개발국의 수출을 급격히 감소시켜 버린다. 이런 피드백 효과는 고스란히 미국으로 되돌아왔다. 해가 바뀌면서 미국의 수출도 빠르게 줄어들기 시작했다.

주식시장과 경기 상황 간의 또 다른 연계, 즉 기업 대출이 원활히 이루어지고, 또 증권 소유자들에게는 부의 효과와 소득의 효과가 나타나면서 작동하게 되는 이 연결 관계는 1930년에는 의심할 나위 없이 확실히 있었다.[32] 1929년에는 사실 기업가들의 기대를 제외하면 이것들 가운데 어떤 것도 현실화할 시간이 없었다. 경기를 확장시키는 이 연결 고리는 이미 진행되고 있던 디플레이션의 누적된 위력에 압도당해 버리고 말았던 것이다.

기업 경기와 상품가격, 수입액이 1929년 말 갑자기 무너져 내린 점에 비춰볼 때 주식시장이 디플레이션 메커니즘의 일부라기 보다 그저 하나의 피상적인 현상이나 신호 혹은 촉발 요인이라고 보는 견해는 받아들이기 어렵다. 이에 대해 독단적이어서도 안 되지만 그렇다고 해서 주식시장 붕괴가 어떤 과정의 시발점이었다고 규정하는 전통적인 교의敎義가 중요하다는 결론까지 무시할 수는 없다. 주식시장이 붕괴되자 콜시장의 대부자들과 주식 소유자들 중 일부는 유동성 확보에 나서야 했다. 그 과정에서 주문은 취소되고 대출금은 회수됐다. 연방준비제도가 공개시장에서 증권을 매수하고 뉴욕 연방준비은행이 재할인율을 인하하자 신용시장은 빠르게 안정을 되찾아갔다. 그러나 이때는 이미 취약한 상품시장과 내구소비재 산업으로 디플레이션이 전파된 다음이었다. 주식시장 붕괴가 흥미로운 이유는, 역사가들로 하여금 인간의 어처구니없는 탐욕스러움을 느끼게 해주는 그런 아이러니 때문이 아니라 그 자체의 역동성을 갖고 움직이는 하나의 과정이 시작된 것이라는 점 때문이다.

6

끝없는 추락
The Slide to the Abyss

1930년 초의 회복

1930년 들어 처음 몇 달 동안 뉴욕 주식시장은 보합세를 유지했는데, 앞서 보여준 그림5에 잘 나타나있다. 산업 생산과 수입액, 고용 등 다양한 분야의 다른 지표들도 마찬가지였다. 실제로 고용 지표는 1929년 12월 수준보다 더 나아지기도 했다. 1분기 중 수많은 상품—코코아, 커피, 고무, 피혁, 실크, 구리, 주석—의 가격이 하락세를 이어갔지만 1929년 마지막 3개월만큼 그렇게 급격하게 떨어지지는 않았다. 후버 대통령도 5월 1일 이같이 선언했다. 미국은 어려운 고비들을 완전히 넘어서지는 못했지만 최악의 국면은 극복해낸 것으로 확신한다고 말이다. 후버 대통령은 자신이 언급한 첫 번째 대목은 맞았을지 모르지만, 두 번째로 언급한 문제에서는 절대로 더 이상 틀려서는 안 됐다.

저개발국들과 유럽 여러 나라, 특히 독일에 대한 국제적인 차관도 재개되었다. 미국과 영국, 네덜란드, 스위스가 외국에 제공한 차관 총액은 1930년에 17억 달러에 달해 1928년의 21억 달러보다는 줄었지만 1929년의 13억 달러에 비해서는 늘어났다. 1930년의 차관 금액을 분기별로 나눠보면 2분기에 모두 7억2700만 달러가 공여돼 가장 많았는데, 이는 사상 최고치를 기록했던 1928년 2분기의 7억5000만 달러와 맞먹는 것이다.[1] 이가운데 3억 달러는 6월에 제공된 영 차관이었고, 1억 파운드는 브라질 상파울루 주정부가 1929년의 커피 풍작에 따른 잉여물량 매수 자금을 조달하기 위해 런던에서 차입한 것이었다. 3월에는 농업 부문과 실업 구제를 위한 지원으로 예산상의 문제에 봉착한 독일 정부가 스웨덴의 성냥 독점 기업인 크뢰거Kreuger로부터 1억2500만 달러를 차입했는데, 크뢰거는 이 채권을 미국에서 리히긴스Lee, Higginson & Co.에게 할인해 매각했다. 뉴욕에서 자금을 차입한 쪽은 이 밖에도 라틴아메리카와 호주, 일본이 있었고, 런던에서는 영국의 자치령 국가들이 빌려갔다. 한동안이었지만 국제 자본시장이 1년 6개월간의 궤도 이탈을 끝내고 다시 제 기능을 해나가는 것으로 보였다. 이것은 꼭 필요한 일이었다. 이런저런 문제가 있는 나라들은 주식시장이 붐을 타는 동안 여러 차례 증권 발행을 연기해야 했는데, 이들 중 일부는 자금 조달 시장의 위축에도 불구하고 여전히 발행을 원하고 있었다. 제임스 앵겔James W. Angell은 1929년 10월에 쓴 독일의 경제 회복에 관한 저술에서, 1929년 4~5월에 열린 영 플랜에 관한 파리 회의에서 결정한 대외 차관의 상당 부분이 1929년 가을과 겨울에는 미국에서 소화되기를 기대한다고 밝혔다. 그는 또한 비록 대외 차관이 때로는 차입자의 취약성을 반영하는 것이기도 하지만, 독일의 경우에는 대단한 수익률을 창출하고 있는 이 나라의 확고한 체력 보강을 대변해주는 것이라고 덧붙였다.[2]

영 차관은 1924년의 도스 차관과는 극명하게 대조적이었다. 도스 차관으로 발행된 공채는 10배가 넘는 수요자의 응모가 있었고, 또 대외 대부의 기폭제 역할을 했었다. 반면 영 차관으로 발행된 공채 가운데 미국에서 분할 발행된 1억 달러 규모의 공채는 발행 직후부터 할인됐을 정도였다. 게다가 미국이 금리를 인하해 나가던 기간 중에는 자본이 프랑스로 빠져나가기도 했다. 프랑스 자본시장은 영 차관으로 발행되는 공채는 물론 1930년 5월에 있은 국제결제은행BIS의 자본 조달용 채권 발행에도 관심을 보였다. 두 채권 모두 프랑스에서 분할 발행된 금액에 대해서는 발행액보다 수요자의 응모액이 더 많았다. 그러나 이런 동력은 계속 유지될 수 없었다. 영 차관으로 발행된 공채가 시장에 유통되며 시장에 압박을 가하자 해외 대부 자금이 궤도에서 이탈했고 단기 자금을 뉴욕과 런던에서 파리로 끌어들였다. 7월 말이 되자 뉴욕 연방준비은행의 해리슨이 모로에게 전문을 보냈는데, 미국적 관점에서가 아니라 모두가 당면한 문제를 폭넓게 바라볼 때 프랑스로의 금 유출을 우려하고 있다고 밝혔다. 해리슨은 특히 프랑스의 대외 차관이 더 늘어나기를 기대한다고 덧붙였다. 프랑스은행은 모로의 후임자로 그 해 9월에 취임할 예정이었던 모레Moret를 통해 답장을 보냈다. 모레는 여기서 프랑스는 금의 유입을 원치 않고 있으며, 금의 유입은 다분히 일시적인 것이라고 생각한다고 밝혔다. 대외 차관을 늘리는 방식에도 어려움이 있었는데, 특히 공황으로 인해 자금 수요가 위축돼 있었고, 전쟁 전의 채무를 갚지 못한 오스트리아의 경우처럼 먼저 풀어야 할 사안들

이 있었기 때문이다.[3]

공황에 관한 한 가지 시각을 따르자면 국제적인 장기 대부의 꾸준한 회복이야말로 아주 중요한 것이다. 그런데 공황의 발생 원인을 그에 선행하는 경기 붐이나 인플레이션으로 돌리는 논자들은 대부 여건을 보다 용이하게 해야 한다는 데는 대체로 동의하지 않는다. 이들은 국제 경제 시스템을 탈수기에 넣어서 과거의 실수들을 정리해내고 또 죽은 나뭇가지들을 쳐내는 게 필요하다고 생각한다. 이들 가운데 대표적인 인물을 꼽자면 로빈스Robbins와 하이예크Hayek 같은 경제학자들과 미국 행정부의 앤드류 멜런 재무 장관을 들 수 있다.[4] 이들을 반대하는 진영에는 다양한 학파들이 포진하고 있다. 통화주의자들과 시장안정론자들, 개입주의자들, 계획론자들에 이르기까지 반대 진영에서는 한결같이 시장을 정리하기 보다는 지지하는 게 더 필요하다고 생각한다. 쟁점은 근본적인 것이다. 안정된 세계에서는 세계경제의 한 부문에서 경기 후퇴가 발생해도 불황에 빠진 나라에 의해 대부가 확대됨으로써 균형을 되찾는다. 불황에 빠진 나라가 늘린 대부는 다른 나라들의 국제수지 적자를 메워주고 투자를 계속 유지할 수 있게 해준다. 영국이 1914년 이전 시기 동안 이런 메커니즘을 수행했다. 하지만 1929년 이후에는 그런 역할을 할 수 없게 됐다. 반면 미국은 다른 나라에서 생산한 상품들에 대한 지출을 삭감했다. 미국도 프랑스도 차관을 통해 이런 시스템을 유지할 능력이나 의지가 없음이 분명했다.[5]

왜 이런 일이 벌어졌는지 확실히 밝혀진 것은 없다. 1924년과 1927년에 미국에서 국지적인 불황이 발생했을 때는 미국과 영국의 대외 대부가 그 충격을 흡수해주었다. 그러면 1930년 처음 몇 달간에서 시작해보

자. 나이서Neisser와 모딜리아니Modigliani는 영국을 제외한 어떤 나라도 공황의 충격을 흡수해줄 만한 대부를 떠안을 입장이 되지 않았다고 주장한다. 프랑스에는 이런 설명이 들어맞을 것이다. 미국에서도 시장 메커니즘은 존재했다. 비록 1년 반 동안 기능 정지 상태에서 해외 대부가 줄어들었고, 또 어느 정도는 이전의 과도한 대출로 인해 신용을 잃기는 했지만 1930년에 들어와 이 장치가 다시 잘 돌아가기 시작했다. 그런데 왜 이 메커니즘이 멈추게 된 것일까?

한 가지 이유는 잠재적으로 자금을 써야 할 여러 대출 수요자들의 신용도가 떨어졌다는 점이다. 파산과 채무 불이행, 평가절하, 정치 불안, 여기에 상품가격과 자산 가격의 하락까지 겹치면서 수많은 기업과 해외 여러 나라가 차관을 공여하기에는 상당히 위험한 대상이 되어버렸던 것이다. 미국에서 상대적으로 안전한 상업어음의 이자율은 하락했고 또 정부가 발행한 채권의 이자율도 보합세를 유지했다. 1930년 8월 이후에는 투자등급 가운데 가장 아래 단계에 있는 차선호 기업의 회사채(Baa등급)에 대한 수익률이 올라가기 시작했다. 앞서 해외 채권에서도 똑같은 현상이 벌어졌었는데, 우량 채권의 수익률은 그대로 있었지만 위험도가 높은 채권은 가격이 떨어지면서 자연히 수익률도 올라갔다. 이것이 무엇을 의미하는지는 그림8과 그림9에 잘 나타나 있는데, 미국 채권에 대한 것은 프리드먼과 슈워츠의 자료[6]에서, 해외 채권은 제프리 삭스Jeffrey Sachs의 자료[7]에서 각각 차용한 것이다. 우량 채권과 비우량 채권 간의 수익률 차이는 아주 냉정한 기대 변화와 신뢰 상실을 반영한 것이다. 특히 A등급과 Baa등급의 해외 채권(Aaa등급이나 Aa등급은 아니다)에 주목할 필요가 있다. 이들 두 가지 등급의 채권은 1929년 내내 가

그림8. 1929년부터 1933년 3월까지의 주가 및 채권 수익률, 뉴욕 연방준비은행 할인율

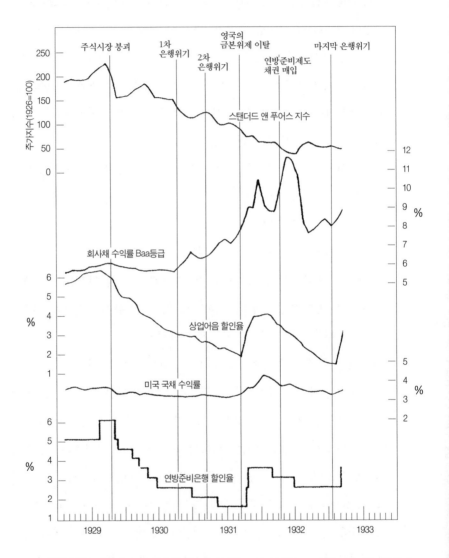

출처: Milton Friedman and Anna Jacobson Schwartz, *A Monetary History of the United States, 1867-1960*, 1963, p. 304.

그림9. 미국 우량 채권과 비교한 해외 채권의 신용등급별 수익률

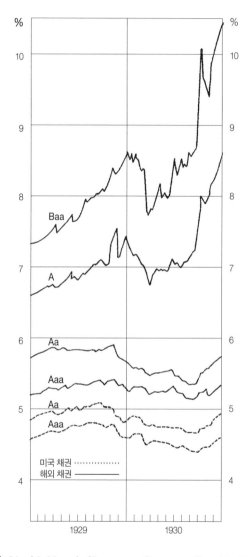

출처: *Moody's Manual of Investment: Government Securities*(New York: Moody's Investor Service, 1931), p. 12. Reprinted in Jeffrey Sachs, "LDC Debt in the 1980s," 1982, p. 227.

6. 끝없는 추락

격이 떨어졌는데, 곧바로 1930년 4월까지 급격한 회복세를 보였지만 다시 하락하기 시작해 그 해 11월과 12월에는 붕괴 수준에 다다랐다. 슘페터가 지적하고 있듯이 말이다. "많은 사람들이 자기 발 밑에서 땅이 꺼지는 것을 느꼈다."[8]

이와 똑같은 신뢰 상실이 직접 투자에서도 나타났다. 유가증권을 통한 미국의 '주변부 지역'에 대한 대부는 1929년에서 1930년 사이 늘어났지만(라틴아메리카는 7100만 달러에서 2억2500만 달러로, 아시아와 오세아니아, 아프리카는 1700만 달러에서 7700만 달러로) 직접 투자는 줄어들었다. 1929년에 미국 기업들이 라틴아메리카에서의 사업에 투자한 금액은 2억500만 달러였지만 1930년에는 4100만 달러로 쪼그라들었다. 아시아와 오세아니아, 아프리카에 투자한 금액 역시 6500만 달러에서 1400만 달러로 급감했다.[9] 런던 시장은 1930년에 외국 정부가 발행하는 채권 인수를 아예 중단해버렸다. 1930년 3월이 지나가면서 상품가격은 다시 흘러내리기 시작했다. 처음에는 상품마다 시기가 다소 차이가 났지만 6월이 되자 그 방향과 움직임의 강도가 확실해졌다. 대출로 돈을 벌 수 있는 기회는 빠르게 사라져갔다. 공황은 이미 무수익점을 통과해버린 셈이었는데, 통상적인 사업 목적의 대출 정도로는 회복이 불가능한 지경에 이르렀다는 의미였다.

스무트-홀리 관세법과 보복 조치

관세 휴전의 세부 사안들을 확정하기 위한 회의가 1930년 2월에 열렸다. 이 회의는 원래 1927년 세계경제회의에서 원칙적으로 합의한 관세 인하가 구체적으로 시행될 때까지 현상을 유지하기 위한 조치로 1929

년에 제안된 것인데 이제야 비로소 열린 것이다. 한데 시기가 그리 좋지 않았다. 미국에서는 스무트-홀리 관세법이 1929년 5월 하원을 통과한 데 이어 상원에서도 심도 높은 검토가 진행되고 있었다. 관세 인상을 계획 중이던 미국과 영국 자치령 모두 공동의 경제적 조치를 향한 예비회의Preliminary Conference with a View to Concerted Economic Action에 참여하지 않았다. 그나마 참석한 27개국 가운데 11개국만이 1931년 4월까지 관세를 인상하지 않겠다는 최종 협정에 서명했는데, 비준 시한인 1930년 11월 1일이 되자 서명한 나라의 숫자는 7개국으로 줄어들었다. 영국과 스칸디나비아 4개국, 벨기에, 스위스였다.

다른 나라들은 스무트-홀리 관세법이 정식으로 시행되기 이전에 서둘러 관세를 인상했다. 하원을 통과한 스무트-홀리 관세법이 상원에서 어떻게 처리될 것인가가 초미의 관심사였고, 대통령의 거부권 행사 가능성에 대해서도 조심스럽게 무게가 주어졌다. 공식적으로 30개국 이상의 외국 정부가 이 법에 반발했다. 존스의 설명에 따르자면 일부 나라에서 취한 보복 조치는 스무트-홀리 관세법이 최종 확정될 것을 미리 예상하고 내놓은 것이라고 하지만, 정확한 이유와 구실을 구별해내기란 사실 어렵다.[10] 프랑스와 이탈리아는 1929년 3월 자동차에 부과되는 관세를 인상했다. 인도는 1929년 2월 피륙 제품에 대한 관세를 올렸다. 호주는 1929년 11월과 12월에 일련의 특별 관세를 인상한 데 이어 1930년 4월에는 새로이 일반 관세까지 올렸다. 그러나 스무트-홀리 관세법은 1930년 3월 상원을 통과했고, 4월에는 최종 심의위원회까지 통과해 마침내 1930년 6월 17일 대통령의 서명까지 이루어졌다. 그러자 보복의 물결이 몰려왔다. 존스는 스페인의 반발에 대해 자세하게 이야기하고 있는데, 포도와 오렌지, 코르크, 양파에 대한 관세 부과에 우려했던 스페인은 1930년 7월 22일 와이스Wais 관세를 통과시켰다. 시계와 자수용품, 신발에 대한 관세 인상에 반대했던 스위스는 미국 수출품에 대한 보이콧에 나섰다. 음식료품과 원목, 목재에 대한 관세에 반발했던 캐나다는 1930년 8월 내각이 교체되자 1932년 8월 오타와 협정이 체결될 때까지 세 차례에 걸쳐 관세를 인상했다. 밀짚모자와 양모 펠트 모자, 올리브유에 대한 관세에 반대해왔던 이탈리아는 1930년 6월 30일 미국(및 프랑스)산 자동차에 대해 보복 조치를 취했다. 이 밖에도 쿠바와 멕시코, 프랑스, 호주, 뉴질랜드가 새로운 관세법을 만들었다.

1932년 대통령 선거에 출마한 루스벨트는 관세를 공황의 원인이라고 공격했는데, 그 해 9월 29일 아이오와 주 수시티에서 행한 연설에서 그는 '그런디 관세Grundy tariff'—법 제정에 주도적인 역할을 한 펜실베이니아 출신 그런디 상원의원의 이름을 붙여 스무트-홀리 관세법을 이렇게 부르기도 했다—가 다른 나라들로 하여금 재화를 수출해 부채를 갚아나가는 길을 차단함으로써 이들 나라가 어쩔 수 없이 금을 쓸 수밖에 없도록 만들었다고 비난했다. 이야말로 미국이 채권국답게 행동하지 못했다고 하는 비판의 전형이었다. 루스벨트의 비판은 계속 이어졌다. 금을 소진시킨 나라들은 결국 더 많은 재화를 수출할 것이고, 이는 관세 부과가 통상적으로 가져오는 상품가격 상승이 아니라 상품가격 하락을 부채질할 것이라고 말이다. 이에 대한 후버의 답변은 애매한 것이었다. 후버는 민주당이 관세를 인하하라고 압박함으로써 미국 농업의 입지를 약화시키려 하고 있다고 비난했다. 후버는 스무트-홀리 관세법에 서명하면서 어떠한 관세법도 완벽할 수 없다고 천명한 바 있다. 그는 훗날 회고록에서 스무트–홀리 관세법은 대공황과 아무런 관련도 없다고 밝혔는데, 그 근거로 이 법이 주식시장 대폭락이 발생하고 9개월 뒤에야 제정됐다는 점을 들었으나 실제로 법이 만들어지기까지 1년 6개월의 시일이 소요되었다는 점을 감안하면 그의 주장은 설득력이 떨어진다.[11] 아무튼 그는 관세법 자체를 중요한 문제로 받아들이지 않았다.

사안의 심각성에 있어서 스무트–홀리 관세법이 전채나 배상 문제에 비해 과대평가되고 있는 것은 분명하다. 후버 대통령에게 이 법안에 거부권을 행사할 것을 촉구한 미국의 경제학자는 1028명에 달했지만 요즘 대부분의 경제학자들은 관세 부과의 타당성을 논하면서 국제수지와 관련된 주장을 제시하지는 않는다. 관세는 거시경제적으로 소득과 대외 지출에 영향을 미칠 뿐이며, 만일 상호간의 보복 조치로 인해 관세가 계속 올라가면 이 같은 효과가 누적되겠지만, 일회성의 관세 인상이 가져오는 가장 큰 충격은 자원 배분과 소득 분배 측면에서 느껴진다. 더구나 관세 인상이 거시경제적으로 해외 무역에는 악영향을 미치겠지만, 이는 거시경제적으로 국내 소득에 미치는 긍정적인 영향에 의해 어느 정도는 상쇄된다. 관세가 오르면 예전과 똑같은 소득 수준에서 구입할 수 있는 해외 수입품이 줄어드는 효과가 있지만, 이는 해외 수입품을 국내 제품으로 대체하면서 국내 소비가 늘어나는 데서 오는 소득 증대 효과가 부분적으로 상쇄해주는 것이다. 그런 점에서 루이스Lewis는 스무트–홀리 관세법에 따른 1930년의 관세 인상은 실수가 아니었지만 1933년에는 마땅히 관세 인하에 나섰어야 했다고 주장한다.[12]

이것은 현재 통화주의자들이 바라보는 방식과는 다르다. 앨런 멜처에서 시작해 점점 더 많은 통화주의 경제학자들이 케인지언들은 무시하고 있는 스무트-홀리 관세법의 문제점을 강조하는 경향이 있는데, 이들은 이와 동시에 아서 루이스 경이 말하는 해외무역 승수를, 또 보복에 대해 확실하게 밝히는 데 대체로 실패한 점을 주목한다.[13] 와니스키 Wanniski의 경우에는 관세 문제에 대한 상원 소위원회에서의 작지만 결정적인 투표 결과가 1929년 10월 24일의 검은 목요일과 10월 29일의 검은 화요일을 불러왔다고 주장하는데, 이 같은 설명은 앞서 주목 받기도 했지만 다소 억지가 섞인 것이다. 통화주의자들은 이렇게까지는 나가지 않는다.[14] 삭스는 관세 인상이 해외 수출을 줄였고, 교역 조건을 악화시켰으며(보복 조치를 전제하지 않더라도) 해외 여러 나라가 지급 불능 상태에 빠지는 데 한 요인이 됐다고 지적한다.[15] 그림9에서 보듯이 Baa등급의 해외 채권이 두 번째로 하락한 시기가 후버 대통령이 스무트-홀리 관세법에 최종 서명한 것보다 3개월 빠르다고 해서 관세 인상이 채권 가격을 떨어뜨리고 수익률을 상승시킨 요인이 아니었다고 말할 수는 없다. 시간적인 간격은 있었지만 기대만으로도 혼란을 야기하기에 충분했을 것이기 때문이다.

결과적으로 보복 조치가 취해졌다는 사실을 감안하면 스무트-홀리 관세법이 디플레이션 요인으로 작용했다는 데는 충분히 동의할 수 있을 것이다. 그렇다면 진짜 실패는 어디에 있었을까? 바로 리더십에 있었다. 후버가 1928년 대통령 선거전에서 농업 관세를 염두에 두었던 것은 용서해줄 수 있을지 모른다. 관세는 슘페터가 지적했듯이, 공화당에게는 "가정 상비약"이었다. 그런데 이 상비약을 특효약으로 처방해 원하는 사람 모두에게 나눠준 것이 잘못이었다.[16] 관세법을 제대로 통제하지 못했다는 점에서 공화당은 물론 민주당과 백악관도 함께 비난 받아 마땅하다. 샤트슈나이더Schattschneider는 관세법 제정에 관한 그의 고전적인 연구를 이렇게 결론짓고 있다. "쏟아지는 압력을 관리하는 것이야말로 정치인이 해야 할 일이다. 압력이 제멋대로 날뛰도록 놔둔다면 그것은 직무유기다."[17] 후버와 미국은 자신의 직무를 포기했다. 스무트-홀리 관세법에 서명한 것은 "세계사의 전환점"[18]이었다. 그것은 기술적인 어떤 경제적 이유 때문이 아니라 세계경제라는 무대에 이제 아무도 책임질 사람이 없다는 점을 관세법이 확실히 드러냈기 때문이다.

만일 경제적 수단과 정치 정당에 대한 한 나라의 문화적 정서가 미국의 관세 인상을 견인하는 역할을 했다고 한다면 영국에서는 이 같은 정서가 오히려 관세 인상을 억제했다. 영국의 실업자수는 1929년 3월 120만4000명에서 1년만에 170만 명으로 늘어났다. 1929년 7월에 들어선 노동당 정부는 자유무역 지지를 분명히 밝혔었다. 1930년 1월 맥도널드가 임명한 경제자문위원회는 케인스의 주도 하에 현재의 경제 상황을 진단하고 필요한 처방을 권고하기 위한 태스크포스로 소위원회를 구성했다. 소위원회의 간사를 맡은 허버트 헨더슨Hubert Henderson은 공황에 관한 경과 보고서에서 공황의 원인은 높은 금리에 있으며, 따라서 통화 완화 정책으로 바로잡을 수 있을 것으로 생각한다고 밝혔다. 케인스와 G. D. H. 콜G. D. H. Cole은 국내 투자의 부양과 관세 및 수입 통제, 수출 보조금을 선호했는데, 소위원회의 지성이라고 할 만한 두 사람의 이 같은 입장은 동료 학자들이 경기 상황을 바라보는 시각, 즉 현재의 경제적 어려움은 높은 세금과 임금, 사회복지비용, 노동조합에 의한 제약, 그리고 노동당 정부 하에서 이런 요인들이 더 커질 전망에 따른 것이라는 견해와 대조적이었다.[19] 야당인 보수당은 케인스가 관세를 지지한 사실에 기뻐했다. 수 년 뒤 보수당 지도부는 영국이 모든 분야에서 관세를 부과해야 한다고 요구했는데, 그래야만 대영제국(훗날 영연방)으로 수출되는 대영제국의 제품들에 대해 관세를 면제해주거나 감면하는 우대 정책을 쓸 수 있기 때문이었다. 이들이 내세운 슬로건은 "사람과 돈, 시장"이었다. 그 각각이 의미하는 내용은 대영제국을 위해 자치령으로 더 많이 이주하고, 더 많은 돈을 대부해주고, 더 많은 무역이 이루어지도록 하자는 것이었다.[20]

맥도널드와 스노든은 그러나 경제학자들이 제안한 어떤 특별 처방도 받아들이려 하지 않았다. 1930년 10월 영국 하원이 개원했을 때 국왕의 시정연설에는 현 상황에 대한 정부의 심각한 우려가 담겨 있었지만 막상 아무런 계획도 제시하지 않았다. 이에 대해 노동당 소속 의원들은 사회주의 정책이 나오지 않은 데 대해, 자유당 당수 로이드 조지는 공공 토목사업을 제안하지 않은 데 대해, 보수당은 보호주의 정책이 전혀 없었다는 사실에 제각각 불만을 터뜨렸다.[21]

1930년 10월에 열린 대영제국 회의에서 캐나다의 베넷 총리는 한 달 전 캐나다가 125개 품목의 미국산 제품에 대해 긴급관세를 부과한 점을 상기시키며 캐나다 및 대영제국의 최우선 정책을 추진할 것을 강력히 촉구했다. 그러나 영국 정부는 여기에 협조하려 들지 않았다. 11월에 열린 제2차 공동의 경제적 조치를 향한 국제회의International Conference with a View to Concerted Economic Action에서 영국은 네덜란드와 함께, 두 나라가 자유무역을 계속해서 지지하고 있는 데 대한 보답 차원에서 회의 참가국들이 관세, 특히 섬유와 철강 제품들에 대한 관세를 25% 인하해줄 것을 제안했다. 하지만 다음해 봄 두 나라는 어떤 확실한 답변도 얻어내지 못했다. 이제 통상 정책 분야에서 영국의 리더십은 국내에서는 지적인 측면에서, 제국 내에서는 실제적인 측면에서 허물어져 내렸고, 이에 따라 유럽에서도 그 효력을 잃어버리게 됐다.

영국이 무역 규제 분야에서 더 이상 세계적인 리더십을 발휘하지 못하게 되자 그 순간 영국의 리더십은 급격히 무너져버렸다. 네덜란드와 벨기에, 룩셈부르크는 오치에서 향후 10년 동안 상호간에 연간 5%씩의 관세 특혜를 주기로 일단 합의했는데, 이는 당초 그들이 맺었던 최혜국 규약을 위반하는 것이었지만 외국 통화의 평가절하 압력에 맞서 금평가에 따른 환율을 방어하기 위한 조치였다. 세 나라가 이 같은 합의를 했을 때 그 동안 무역 차별에 강력히 반대해온 미국은 지도국으로서의 권리를 행사하지 않았다. 영국은 호혜주의를 요구하고 있었는데, 이 무렵 영국을 비롯한 대영제국의 교섭 당사국들은 오타와에 모여 대영제국 우대 계획을 만들고 있었다. 이렇게 해서 오치 협약은 무력화되었던 것이다.

미국의 통화 정책과 은행 파산

1929년 11월 후버 대통령은 세금을 감면하는 동시에 기업들에게 임금을 내리지 말 것과 투자를 계속 유지할 것을 요청키로 결정했다. 이에 대해 니보Niveau는 "케인스도 이보다 더 잘할 수 없었을 것"[22]이라고 평했다. 그러나 함축적인 의미를 담아낸 이들 정책 속의 어떤 요소도 더 이상 혹은 장기적으로 진전되지 않았다. 부진한 경기에 맞서는 가장 중요한 정책 수단은 돈을 쉽게 구할 수 있게 하는 것이었다. 다른 나라들, 특히 독일에서는 기업 신뢰도를 유지하기 위해 예산 균형을 받아들이기도 했다.

1929년 11월에 이미 두 차례나 인하됐던 뉴욕의 재할인율은 1930년 2월과 3월, 5월, 6월에 걸쳐 0.5%포인트씩 네 차례나 추가로 인하됐다. 이로써 1929년 8월에 6%였던 재할인율은 1930년 6월 20일에는 2.5%가 됐다. 그리고 1931년 5월에는 1.5%까지 떨어졌다. 연방준비제도에 대한 은행 채무는 1929년 6월 10억 달러에서 1년 뒤에는 2억 달러에 조금 못 미치는 수준으로 감소했는데, 이는 주식시장 대폭락 이후 공개시장 조작이 시행된 데다 유통 중인 통화의 환류와 극동지역 및 라틴아메리카, 특히 브라질에서의 금 유입에 따른 것이었다. 1930년에 뉴욕 연방준비 은행은 연준 이사회에 5월이 아니라 4월에 재할인율을 3.5%에서 3%로 인하할 것을 요청했었다. 그러나 이 요청은 만장일치로 기각됐다. 6월 에는 해리슨이 공개시장위원회에 정부 발행 채권의 매입을 더 가속화할 것을 요청하기도 했지만, 이 역시 4대1로 받아들여지지 않았다. 그 뒤 여름이 되자 이번에는 해리슨이 뉴욕 연방준비은행의 다른 책임자들로부터 공개시장 조작을 처음부터 다시 더욱 강력히 시행해줄 것을 요구 받았다. 해리슨은 그러나 회의적이었다. 뉴욕 연방준비은행과 워싱턴의 연준 이사회는 대체로 공개시장 조작에 의해 이루어질 수 있는 것이라면 재할인율 인하를 통해서도 달성할 수 있으리라고 기대하고 있었다.[23] 해리슨은 1930년 7월 통화 확장을 옹호하는 장문의 편지를 썼는데, 그는 여기서 신용 조건이라는 관점에서만 주장을 펼쳤을 뿐 통화량에 대한 언급은 전혀 없었다.[24]

프리드먼과 슈워츠는 1930년 1월에서 10월에 이르는 기간 동안 연방 준비제도가 과감한 공개시장 조작을 감행했어야 했다고 주장한다.[25] 이 같은 결론은 신용 조건이 통화량에 비해 중요하지 않다고 하는 분석에 기초한 것이다. 금리는 역사적인 관점에서 보자면 낮았지만 투자 기회라는 관점에서 보면 높았고, 따라서 대출을 자극할 수 없었다. 문제는 통화 공급이다. 그러나 이런 기준으로, 또 그들의 통계 해석에 따라 판단할 때 1930년 11월까지는 통화 정책을 다르게 가져갈 여지가 없었다.[26] 은행 파산 사태가 가져온 충격으로 인해 1930년 11월부터 통화량이 감소하기 시작했지만 1931년 3월까지 감소폭은 작았고, 그것도 단지 명목 수치에 의해서만 줄어들었을 뿐이다.[27] 명목 통화량을 물가 수준의 하락에 따라 그 가치가 늘어난 만큼 조정한 실질 통화량은 실제로 1929년 8월부터 1931년 상반기까지 꾸준히 증가했다. 대부분의 통화주의자들은 이 같은 사실을 무시하고 있다. 다만 달러 화의 실질 잔고에 대한 수요 증가로 이를 쉽게 설명할 수 있다는 로널드 보벨Ronald Vaubel의 주장이 있을 뿐이다.[28] 하지만 여기서도 이 같은 수요 증가가 어디서 비롯됐는지는 불명확하다.

은행들의 파산은 1925년 이후 계속 이어졌다. 특히 중서부 지역이 심했는데, 이 지역은 제1차 세계대전 기간 중에, 또 종전 뒤에 상품가격과 농지 가격의 엄청난 상승세를 경험했던 터라 1925년 들어 상품가격과 농지 가격이 하락하기 시작했던 곳이다. 화이트는 이 같은 파산 사태의 원인이 수천 개에 이르는 소규모 은행들을 주 단위 혹은 전국 단위로 계열화하는 것을 금지한 유닛 은행 시스템의 실패에 있다고 주장한다.[29] 이들 은행의 파산 비율은 1929년 10월 이후 급증했는데, 그 결과 상품가격에 가해지는 압박이 더 커졌다. 하지만 통화 공급은 대체로 큰 변동 없이 유지했다.

프리드먼과 슈워츠는 은행 패닉의 발단이 1930년 12월 뉴욕 시 소재 미 합중국 은행Bank of the United States의 파산에서 시작되었다고 주장하는데, 이 은행의 파산은 중서부 지역의 은행 파산에 겁을 집어먹은 예금자들 때문이었다고 두 사람은 설명한다. 그러나 이보다 한 달 앞서 또 다른 대형 파산이 있었다. 테네시 주 내쉬빌의 콜드웰 앤 컴퍼니Caldwell and Company가 파산하면서 테네시는 물론 아칸소, 캔터키, 사우스캐롤라이나, 일리노이 주의 조합 은행과 보험회사, 제조업체들의 연쇄 도산을 가져왔던 것이다. 콜드웰은 계열 산하의 은행과 보험회사들을 통해 피라미드 식으로 대출을 받아 이를 투자등급이 낮은 지방채권에 공격적으로 투자했었다. 그런데 주식시장이 붕괴되고 채권시장에서도 투자등급이 높은 채권과 낮은 채권 간의 가격 차이가 크게 벌어지자 콜드웰은 1929년 10월 이후 부도를 막기 위해 닥치는 대로 현금을 긁어 모아야 했다.[30] 위커Wicker는 그래도 콜드웰의 파산이 주식시장 대폭락 때문은 아니라고 주장하지만 그의 글이 기초하고 있는 맥퍼린McFerrin 논문은 그 반대의 결론도 사실상 불가피하다고 인정한다.[31] 이것은 공격적으로 운영되던 은행이 위험도가 높은 대출을 취급함으로써 빠르게 성장하고자 한 사례였고, 이와 똑같은 문제—이번에는 부동산 쪽에서—가 1930년 12월 미 합중국 은행의 파산에서도 나타났던 것이다. 콜드웰과 미 합중국 은행은 농지은행들과 마찬가지로 시장에서 현금으로 할인해 줄 만한 적격 어음이나 언제든 현금을 받고 매각할 수 있는 정부 채권을 충분히 갖고 있지 않았다. 상품가격과 위험도 높은 금융 자산의 가격 하락을 막기 위해서는 위기 상황에 출현해 우리 모두를 구해주는 슈퍼맨 같은 존재가 필요했다. 통화량을 늘리고 금리를 낮추는 것만으로는 충분하지 않았다. 기존의 전망을 뒤집어버림으로써 경제 전반의 신용도를 개선시켜야 했다.

독일의 디플레이션 정책과 나치당의 약진

독일은 1920년대 말 해외로부터의 장기 차입을 규제했지만 단기 차입까지는 제한하지 못했다. 그 이유는 명확하지 않다. 베이엔Beyen은 독일 내에서는 위험한 상황들을 직시하지 않았으며 샤흐트조차도 그렇게 생각했다며 이렇게 덧붙인다. "불쾌한 일을 의식하지 못하도록 스스로 '억제'하는 것이……처음도 아니고 마지막도 아니었을 것이다."[32] 이에 따라 1930년 말 독일의 단기 차입금은 145억~150억 라이히스마르크에 달했던 데 비해 장기 차입은 108억 라이히스마르크에 그쳤다.[33] 단기 차입의 비중이 커지자 독일의 정치적 국면 변화가 민감한 문제로 떠올랐다. 이는 1929년 4월의 영 플랜을 위한 파리 회담과 관련해 앞서 이야기했던 국제 상황이라는 측면에서뿐만 아니라 국내 사건들에 대해서도 그랬다. 다만 환 심리설을 주창한 아프탈리옹의 시각에서 보자면 한 가지 빠진 게 있었다. 그러니까 1924년에서 1926년 사이의 프랑스와 이 시점에서의 독일이 가장 달랐던 점은, 프랑스는 국내 자금이 빠져나간 반면 독일은 해외 자금이 유출됐다는 것이다.[34]

1930년 3월에 발생한 위기는 실업 문제 때문이었다. 실업보험에 관한 규정은 1927년에 만들어졌는데, 당시 고려했던 것은 한 번에 최대 80만 명의 실업자를 지원할 수 있도록 해야 한다는 점이었다. 그런데 1930년 초 실업자 수는 190만 명에 달했다. 실업보험기금은 적자로 돌아서 독일 정부가 메워야만 했는데, 이로 인해 예산 적자라는 문제를 안게 됐다. 사회당은 4%의 실업 보험료 부과로 기금 전입금을 올리자고 제안했다. 그 대상은 주로 정부 공무원이었는데, 이들은 고용 계약상 이미 실업으로부터 보호받고 있었다. 당시 사회당과 연합정부를 구성하고 있던 독일인민당은 정부 공무원을 대변하고 있다 보니 두 당간에 충돌이 벌어졌고, 브뤼닝이 중재에 나섰다. 결국 뮐러Müller 정부가 붕괴하고, 브뤼닝이 사회당을 배제한 채 새로이 구성한 연립정부가 출범했다. 브뤼닝은 디플레이션 정책을 추진했는데, 디플레이션이 요구된 것은 영 플랜에 따른 독일의 채무 부담과 1923년 이후 지속되고 있는 인플레이션에 대한 두려움, 그리고 물가가 떨어진 만큼 임금을 끌어내리면 기업 이익도 회복될 것이라는 생각 때문이었다. 디플레이션 정책을 추진하자면 예산은 균형을 유지해야 했다. 이에 따라 소득과 매출액, 맥주에 부과되는 기존 세금이 인상됐고, 미혼자와 창고, 광천수에 새로운 세금이 부과됐다. 이와 동시에 정부 지출은 삭감됐다.[35]

디플레이션 정책은 그 부적절함이 곧바로 드러나야 했음에도 불구하고 결정적인 시기였던 2년 동안 시행됐다. 1930년 3월의 취업자 수는 1년 전인 1929년 3월에 비해 53만7000명이나 감소했는데, 이는 1928년 12월과 1929년 12월 사이의 취업자 감소폭 17만6000명보다 크게 확대된 것이었다. 브뤼닝 집권 후 이 수치는 더욱 늘어나 1930년 4월에 143만2000명에 달했고, 브뤼닝이 첫 포고령을 발표한 뒤인 8월에는 200만 명에 이르렀다. 브뤼닝은 1930년 12월 더욱 강력한 디플레이션 정책을 시행했는데, 이 여파로 1931년 3월의 취업자 수는 2년 전인 1929년 3월에 비해 280만 명이나 줄어들었다.[36]

이런 상황에서도 독일에는 희생을 분담하지 않은 한 그룹이 있었다.

바로 농업 부문이었는데, 특히 동부 독일의 대규모 농업 부분이 그랬다. 이 계급은 보호 조치라는 혜택과 저금리 대출, '동부 지역을 지원하자'는 오스트힐페Osthilfe 정책에 의한 특별 배려까지 받고 있었다. 도스 플랜 하에서 독일 산업계에는 배상금 지불을 위한 특정 목적의 세금이 부과되고 있었다. 그러다 영 플랜이 도스 협정을 대체하게 되자 이 세금은 폐지되는 대신 오스트힐페 정책 용으로 전용돼 1만3000명에 이르는 대지주들의 이자와 세금을 감면해주는 데 쓰였다. 공황의 질곡이 더욱 깊어갈 무렵 이 금액은 1억7000만 라이히스마르크에 달했다. 사실 1932년에 독일 농산물 가격을 세계 가격 수준보다 20억 라이히스마르크나 높아지게 만든 수입 규제에 비하면 이건 별로 대수롭지 않을 수도 있다. 하지만 이로써 누가 희생해야 할 것인가는 보다 분명해진 것이다.

세수를 늘리고 지출을 삭감하는 과정은 정치적인 것이었다. 브뤼닝은 포고령에 의거해 통치하는 동안 바이마르 헌법 48조에 따라 의회에 재정 프로그램을 제출해야 했다. 1930년 6월 18일 의회는 투표를 통해 브뤼닝의 포고령에 대해 철회할 것을 결정했다. 이에 맞서 브뤼닝은 의회를 해산하고 당초 일정보다 2년 앞선 9월 14일 새로운 선거를 실시하기로 했다. 훗날 드러났지만 이건 재앙과도 같은 결정이었다.

9월 총선에서 국가사회주의당, 즉 나치당은 종전 12석에서 107석으로 의석을 크게 늘렸고, 그 반대편 정당인 공산당도 54석에서 77석으로 늘어났다. 브뤼닝의 중도당은 의석을 약간 늘렸지만 연립정부를 구성하고 있던 다른 정당들은 의석을 대거 잃었다. 사회당은 제1당을 유지했지만 145석을 얻는 데 그쳤다. 이로써 연립정부의 의석은 171석으로 줄어들었다. 선거 결과 두 가지 파장이 발생했는데, 둘 다 심각한 것이었다. 첫 번째는 해외 자금의 인출 사태였고, 두 번째는 총리 자리를 지키기로 한 브뤼닝이 내린 결정으로, 통치 수단으로서 민족주의적인 정책을 더욱 강화하는 것이었다.[37] 이것은 기본적으로 배상에 반대하는 의미를 지니고 있었으나 나중에는 해군의 재무장과 오스트리아–독일의 관세 동맹 구상으로 이어졌다. 배상에 대한 공격은 차관 협상 기간 중에는 잠시 누그러졌다. 공직을 물러나 있던 샤흐트가 이 공격을 주도했는데, 그는 미국 각지를 순회하면서 영 플랜에 반대하는 연설을 했다. 하지만 이 같은 공격은 프랑스 내에서 격렬한 반발을 불러일으켜 프랑스 신문들은 독일에 빌려준 프랑스 자금을 인출해야 한다고 위협을 가했다. 이에 비해 영국의 반응은 좀더 부드러운 편이었는데, 1930년 12월 10일자 외교문서에서 배상에 관한 독일의 해석에 의문을 제기하는 정도였다.[38] 해외 자금의 인출 사태로 독일은 리히긴스가 주도하는 신디케이트로부터 새로이 1억2500만 달러를 빌려와야 했다. 신규 대부 작업은 10월 11일에야 끝났다.

독일의 시중 은행에는 1930년 6월 현재 약 180억 라이히스마르크의 예금잔고가 있었는데, 1926년의 월평균 예금잔고가 이것의 절반에도 미치지 못했음을 감안하면 크게 늘어난 것이었다. 1929년 당시 예금잔고의 38%는 외국 자금이었다. 자기자본 대 예금잔고의 비율은 1대10으로 과거의 1대7수준이나 영국 시중 은행들의 관행인 1대3에 비해 높았다. 유동성 비율은 전쟁 전의 7.3% 수준에서 1929년에는 3.8%로 떨어졌다. 제2준비금 역시 49%에서 37%로 줄어들었다.[39] 장부상으로는 단기 자산으로 해놓았지만 실제로는 장기 자산인 경우도 있었고, 정확히는 알 수 없으나 상당한 금액의 은행 인수어음이 겉으로는 국제무역으로 거래되는 재화의 선하증권을 기반으로 해외에서 지불하는 것으로 돼 있었지만 실제로는 발행 은행의 신용 외에는 아무것도 없는 금융어음도 있었다.[40]

독일 시중 은행의 예금잔고는 1930년 8월에 3억3000만 라이히스마르크 감소했고, 9월에는 2억2500만 라이히스마르크, 10월에는 7억2000만 라이히스마르크가 줄어 3개월간 12억8000만 라이히스마르크가 감소했다. 라이히스방크도 10억 라이히스마르크의 금을 잃었다. 이 같은 자금 상황은 그 해 말 이루어진 차관에 의해 안정을 찾을 수 있었지만 그래도 여전히 취약한 상태였고, 은행들은 주식시장에서 계속 떨어지고 있는 자사 주가를 방어하기 위해 자사주를 사들이느라 상황을 개선시킬 수 없었다. 결국 은행들은 그 해 말 거액의 주식평가 손실을 떨어낼 수밖에 없었다. 아무튼 다나트방크Danatbank로도 불리던 다름스테터 국영은행Darmstädter u. Nationalbank은 자기자본 6000만 라이히스마르크 가운데 2800만 라이히스마르크에 달하는 발행주식을 1931년 여름까지 매입했다. 코메르츠방크Commerz u. Privatbank는 자기자본 7500만 라이히스마르크 가운데 3700만 라이히스마르크에 달하는 발행주식을, 도이체방크Deutshebank u. Diskontogesellshaft는 2억8500만 라이히스마르크 가운데 3500만 라이히스마르크를 각각 매입했다. 이 같은 자사주 매입으로 인해 이들 은행의 유동성은 떨어졌고 예금잔고 대비 자기자본 비율도 하락했다.[41] 1930년 상반기에는 미국에서의 신용 완화와 함께 금리도 하락세를 탔으나 하반기 들어 다시 상승세로 돌아섰다. 예를 들어 한 달짜리 자금의 금리가 1929년 12월 8.78%에서 1930년 8월에는 4.43%로 떨어졌으나 그 해 말에는 도로 7.24%로 올라갔던 것이다. 정치적으로나

6. 끝없는 추락

경제적으로나, 또 금융시장에서도 긴장이 고조되고 있었다.

유럽의 다른 은행들이 처한 상황

다른 유럽 국가의 은행들은 1930년에 이미 문제에 직면해 있었다. 영국의 윌리엄 디컨스 은행과 오스트리아의 보덴크레디트안슈탈트 은행이 1929년에 구제금융으로 살아났다는 사실은 앞서 소개한 바 있다. 윌리엄 디컨스는 현실적인 어려움을 겪고 있던 유일한 영국 은행이었다. 비록 1919~1920년에 제조업체들의 신용이 동결되면서 주식합작 형태로 설립된 은행들이 고통의 10년을 보내기는 했지만 전체적으로 볼 때 영국과 프랑스의 은행들은 유럽 대륙의 나머지 국가들, 특히 독일과 이탈리아의 은행들이 겪었던 문제들에서는 빠져 나온 상태였다.[42] 프랑스의 경우 개인이 운영하는 소규모 은행들 가운데 한두 곳에 문제가 있었고, 대형 시중 은행 하나는 파산하기도 했다. 그러나 전반적으로 프랑스 은행들은 해외로 빠져나갔던 자본이 1926년 이후 대거 환류하면서 유동성이 엄청나게 늘어난 데다 기본적으로 제조업체에 대한 대출을 부정적으로 보는 전통 덕분에 1930년대로 들어올 때까지도 양호한 유동성 상태를 유지할 수 있었다.[43]

어려움은 독일과 이탈리아, 오스트리아, 헝가리, 스페인의 소위 혼합 은행 혹은 산업 은행으로 불리는 은행들이 겪고 있었다. 이런 은행들은 제조업체들에게 장기로 대출해준 경우가 많았고 제조업체 주식들도 사들였는데, 이는 영국 은행들의 전통, 즉 때로는 과감히 깨뜨리기도 하지만 대출은 단기로 제한한다는 관행과는 상당히 다른 방식이었다. 스페인에서는 그나마 문제가 아주 심각한 수준은 아니었는데, 이는 1920년대의 경기 확장기에서나 1930년대의 위축기에서나 일관되게 똑같은 운영 방식을 고수한 덕분이었다.[44] 그러나 이탈리아는 매우 심각한 난관에 봉착해 있었는데, 이는 미국의 은행들이 어려움에 처하기 한참 전에 이미 유럽에 중대한 은행 위기가 있음을 알려주는 것이다.

이탈리아 은행들이 가장 최근에 겪은 어려움은 쿠오타 노반타quota novanta, 즉 1926년에 리라 화의 환율을 파운드 당 150리라에서 90리라로 급격히 평가절상했을 때였다. 평가절상으로 인해 심각한 디플레이션이 야기됐고, 이탈리아 주식시장이 폭락했으며, 이탈로−브리타니카 은행Banca Italo-Britannica이 위태로워졌다. 뿐만 아니라 통화 당국의 요청에 따라 네 곳의 대형 시중 은행들이 주가를 안정시키기 위한 작업에 나서야 했는데, 이들은 결국 2억 리라의 손실을 입었다.[45] 문제는 계속 커져 그렇지 않아도 취약한 이탈리아 자본시장으로까지 번져갔고, 이에 따라 제1차 세계대전의 전운이 감돌던 1914년과 1921년 위기 때와 비슷한 금융 당국의 직접 개입이 불가피해졌다. 1926년 이후 누적된 손실과 주가 폭락으로 인해 이탈리아 은행들은 1929년에 이미 체력이 바닥난 상태였다. 1930년 3월에는 벌써 부실 자산을 분리하기 위한 다양한 조치들이 취해졌다. 주요 은행의 은행장들은 무슨 일이 있어도 위기를 돌파할 능력이 있다고 주주총회에서 확신에 찬 목소리로 밝혔지만 이와 동시에 앞으로는 고객들의 요구를 받아들이지 않을 것이며 매정하게 거절할 수도 있음을 조심스럽고도 신중한 어조로 덧붙였다.[46] 1930년 여름이 되자 수많은 중소 규모 은행들이 파산하기 시작했다. 이들 은행은 이탈리아은행의 주도로 다른 은행에 인수되거나 1926년에 설립된 국립청산원Instituto di Liquidazione의 보증 아래 겨우 연명해나갔다.[47]

증상이 갈수록 위중해지고 있었지만 그 해 말까지 이 문제에 대한 공식적인 언급은 여전히 나오지 않았다. 1930년 12월 31일 베니스은행 Bank of Venice이 문을 닫았고, 로비고 지방농업은행Provincial Agricultural Bank of Rovigo이 이탈리아 식 표현으로 '구원받았다'. 이탈리아신용은행 Credito di Italiano과 그 해 봄 이탈리아신용은행이 자회사로 설립한 국립 신용은행Banca Nazionale di Credito은 3억3000만 리라의 가용 재원을 마련 해두어야 했다. 이 같은 금액은 앞서 8번의 구제금융 때 제공됐던 지원 액에 비해 두 배나 많은 것이었다.[48] 위기는 계속 이어져 1931년 봄에는 이탈리아 상업은행Banca Commerciale Italiana으로까지 번져갔다. 하지만 패닉을 야기해서는 안 된다는 이유에서 이는 외부에 알려지지 않았다. 그리고 이 은행에는 정부 신용을 추가로 더 연장해주었다. 이탈리아 정부는 직접 개입을 통해, 또 이탈리아은행을 통해 점점 더 많은 기업 자산을 인수했는데, 결국 이 자산으로 미국 부흥금융공사RFC의 이탈리아 판인 이탈리아 부흥원IRI, Instituto per la Riconstruzione Italiano을 1933년에 설립했다.

미국에서 은행 패닉이 발생한 1931년 11월과 12월에 앞서 혹은 비슷한 시기에 유럽에서도 심각한 은행 위기가 나타났다는 사실은 대공황의 기원이 미국에 있다고 하는 미국 내의 광범위한 믿음에 의문을 던지는 또 하나의 증거로 보아야 할 것이다.

왜 상품가격은 계속해서 하락했나?

루이스는 1930년 상반기의 회복이 계속 이어지지 못한 것은 상품가격의 지속적인 하락 때문이었다고 말한다.[49] 그런데 이 같은 말은 루이스가 상품가격과 관련해 앞서 언급한 내용, 즉 한 쪽의 손실은 다른 쪽의 이익이 되므로 별 문제가 아니라는 말과 상충된다.[50] 플레이지그Fleisig 는 이런 가설을 제시한다. 빈곤층으로부터 부유층으로 부가 이전되면 부유층은 빈곤층이 저축을 인출한 것보다 더 많은 금액을 저축하기 때문에 전체 소비는 위축될 것이라고 말이다.[51] 이건 별 것 아닌 것처럼 보이지만 학문적으로 중요한 지적이다. 상품가격의 하락이 "향후 경기 전망을 위축시키고, 은행 파산을 야기하며, 현금을 쌓아두도록 부추기고, 다양한 방식으로 투자를 저해하는"[52] 한 디플레이션을 가져온다는 전통적인 상식에서 본질적인 진리를 발견할 수 있다. 루이스가 처음에 언급한 내용은 요즘 특히 통화주의자들에 의해 광범위하게 받아들여지고 있는, 화폐 착각을 믿지 못하겠다는 말이나 마찬가지다. 이런 이야기다. 양쪽의 이익과 손실은 서로 상쇄되므로 상품가격의 변화는 무시돼야 한다고 하자. 이것을 믿지 못하겠다면 화폐 착각을 믿어야 하는데, 이는 받아들일 수 없다. 그런데 당대의 전통적인 상식에도 할말이 많다. 상품가격이 떨어질 때 이익을 보는 시점, 혹은 적어도 이익이 실현되는 시점은 손실을 보는 시점보다 늦다는 것이다. 또 손실을 본 쪽의 은행들은 파산하는데, 이익을 본 쪽에서는 새로운 은행을 설립하지 않는다. 상호대칭의 법칙이 성립하지 않는 것이다.

그러나 이를 받아들인다 해도 여전히 풀어야 할 수수께끼가 남아있다. 만일 상품가격의 하락이 1930년대 대공황을 야기한 중요한 요인이었다면 왜 1920~1921년의 상품가격 하락은 이와 비슷한 공황을 촉발하지 않았는가? 영국은 일단 논외로 하자. 왜냐하면 영국 시장은 1919~1920년의 경기 붐으로 인한 은행 신용의 폭발적인 팽창 이후 발

생한 상품가격의 하락으로 상당한 타격을 입었기 때문이다. 미국에서
는 1920~1921년의 주식시장 폭락 사태가 1929년과 똑같은 방식으로 상
품가격 하락으로 이어졌지만 1922년과 그 이후의 상품가격 하락폭은
내가 보기에 1930년 하반기만큼 크지 않았다. 표13에 나와있듯이 다
양한 가격지수로 비교한 두 기간의 상품가격을 보면 내 설명을 납득할
수 있을 것이다.

1920~1921년의 상품가격 움직임을 보면 1929~1930년에 비해 훨씬
더 위로 솟구쳤었다. 이와 관련한 설명으로는 세 가지가 있다. 첫 번째
설명은, 1920~1921년에는 가용 자원과 소득 수준이 상품가격을 상방
혹은 하방으로 조정할 만한 여지가 거의 없었다는 것이다. 두 번째는,
1920~1921년의 경우에는 앞선 경기 붐과 경기 추락의 중심에 재고 문
제가 있었다는 설명이다. 처음에는 아주 심각한 재고 부족이, 다음에
는 과잉 재고가, 그리고는 장기 투자를 위한 강력한 수요가 나타났다.
그런데 1930년에는 장기 투자를 위한 수요가 약했다는 말이다. 세 번째

표13. 1919-1921년과 1925-1932년의 미국 물가지수

	1919	1920	1921	1925	1929	1930	1932
종합물가지수(1913년=100)	175	193	163	170	179	168	132
도매물가지수(1910-14년=100)							
모든 상품	202	226	143	151	126	107	97
30개 기초상품	217	231	126	157	141	118	74
농산품	221	211	124	154	147	124	68
섬유제품	240	293	168	192	161	143	130
건축자재	209	272	177	184	173	163	130
연료 및 난방비	198	311	184	183	158	159	133

출처: U.S. Bureau of the Census, *Historical Statistics of the United States, 1789-1945*, 1949,
    table L-1-14, p. 231.

설명은 이렇다. 1920~1921년의 상품가격 하락은 판매자 시장에서 발생했다. 주택과 자본 투자, 내구소비재에 이르기까지 이 같은 판매자 시장에서의 상품가격 하락은 1920년대 초 내내 계속 유지됐다. 그런데 1925년 이후 상품가격이 장기 구매자 시장에서 서서히 하락하기 시작했는데, 이것이 결국 1929년 주식시장 대폭락을 선도했다. 1930년 12월 케인스는 두 시기의 차이점에 관해 설명하면서 이 점을 새로이 지적했다. 1921년의 상품가격 하락은 비정상적일 정도로 높은 이윤이 불러온 최고의 경기 붐에서 발생한 반면 1929년과 1930년에는 상품가격이 원가 아래로, 그것도 이전보다 아주 조금 떨어졌을 뿐인 원가 밑으로 떨어진 것이라고 말이다.[53] 그러나 이 같은 설명들은 하나같이 정교하게 이론화하기에는 상당한 위험이 따르고, 각각의 설명들이 갖고 있는 차이점을 찾아내는 작업조차 분석적으로 볼 때 여전히 미진하다.

표14는 1929년 6월부터 1930년 말까지 주요 상품들의 가격 하락 패턴

표14. 1929-1930년 중 주요 상품별 가격 추이

	코코아 파운드당 센트	커피 파운드당 센트	구리 롱톤당 파운드	옥수수 부셸당 센트	면화 파운드당 센트	피혁 파운드당 센트	납 파운드당 센트	고무 파운드당 센트	실크 파운드당 달러	설탕 파운드당 센트	주석 파운드당 센트	밀 부셸당 달러	양모 파운드당 센트	아연 파운드당 센트
1929년														
6월	10.51	23.5	74.3		18.04	16.8	6.80	20.56	4.96	3.52	44.26	1.50	–	6.64
9월	10.79	22.5	75.3	91.9	17.62	19.6	6.69	20.19	5.20	3.98	45.38	1.37	–	6.78
12월	9.13	15.5	68.3	78.0	16.64	16.0	6.10	16.06	4.68	3.71	39.79	1.32	–	5.65
1930년														
3월	8.67	14.0	69.2	74.5	14.74	14.2	5.56	15.25	4.68	3.43	36.81	1.15	98	4.94
6월	8.31	13.4	50.0	79.0	13.21	15.2	5.31	12.38	3.56	3.28	30.30	1.05	92	4.45
9월	6.26	12.0	46.3	91.7	10.15	14.6	5.35	8.19	2.93	3.14	29.64	.87	91	4.27
12월	6.16	10.5	46.8	64.9	9.16	10.7	4.95	8.94	2.69	3.29	25.27	.77	86	4.09

출처: *Commodity Yearbook, 1939*, 1939. 단, 구리의 경우는 *Yearbook of the American Bureau of Metal Statistics, 1930*, 1931을 보라.

을 매 분기 말의 월평균 가격 기준으로 보여준다. 움직임이 일정하지는 않지만 대부분의 경우 1929년 9월부터 12월까지는 가격 하락이 가팔랐고, 1930년 3월에서 6월까지, 또 1930년 6월에서 9월까지도 그랬다. 커피와 면화, 고무, 밀의 가격 하락률은 1929년 9월부터 1930년 12월 사이 50%가 넘었는데, 이로 인해 브라질과 콜롬비아, 네덜란드령 동인도, 아르헨티나, 호주의 수출과 소득, 중앙은행 준비금이 엄청난 타격을 입었다. 구리와 실크의 가격 하락은 그렇게 대단한 수준은 아니었지만 칠레와 일본이 입은 피해 역시 막심했다. 플레이지그는 칠레의 구리처럼 외국 투자자들이 수출용 생산물에 대규모로 투자한 경우 그 나라 경제는 가격 하락에 따른 충격으로부터 어느 정도 피해갈 수 있었는데, 외국 투자자들이 가져가는 이윤이 완충작용을 해주었기 때문이라고 지적한다.[54] 그런 점을 감안할 때 코코아와 커피, 실크 생산 농가가 가격 하락으로 입은 피해는 구리와 고무, 주석 생산 농가의 경우보다 더 심각했다. 구리와 고무, 주석은 투자 수익이 줄어들면서 가격 하락에 따른 피해를 유럽과 미국으로 전가시킬 수 있었기 때문이다. 하지만 칠레의 경우 이건 작은 위안거리에 불과했는데, 1928~1929년에 칠레 수출액의 45%이상을 차지했던 비료용 칠레초석의 수출 가격이 70%나 떨어진 것이다. 이 같은 가격 하락은 불황의 영향과 함께 독일에서 합성 질산염이 개발된 데 따른 결과였다.[55] 실크 원사의 가격 하락은 일본에 특히 고통을 안겨주었는데, 일본은 1930년 1월에 엔 화의 금평가로 막 복귀한 상태였기 때문이다. 실크는 1929년에 일본 수출액의 36%와 전체 농가 생산액의 19%를 차지했다. 다섯 가구 중 두 가구의 소득원이 실크일 정도였다. 일본의 실크 수출액은 1929년 7억8100만 엔에서 1930년에는 4억1700만 엔으로 줄어들었고, 이에 따라 일본은 1930년 11월까지 1억3500만 달러 상당의 금을 잃게 됐다.

왜 상품가격의 하락이 계속 이어졌는가에 대한 의문은 여전히 남는다. 금리는 1930년 상반기에 떨어졌지만 투자를 자극할 정도로 그렇게 빠른 속도로 떨어지지 않았다. 만약 그랬다면 1차산품 생산자들이 시장에 물건을 내놓는 것을 보류할 만큼 시간을 벌 수 있었을 것이다. 계속 쌓여온 재고의 무게가 너무 세게 짓눌렀고, 이는 1920~1921년과는 전혀 다른 양상으로 상황을 몰고 갔다. 1920~1921년에는 상품가격이 크게 올랐다가 기대가 어긋나는 바람에 다시 제자리를 찾아 떨어졌었기 때문에 몇 년씩이나 누적된 재고 부담 같은 게 없었다. 1930년 상반기의 경쟁적인 평가절하는 커피와 피혁, 밀, 양모의 세계 가격에 디플레이션 압력을 가중시켰고, 구리와 옥수수, 면화, 피혁, 납, 밀, 아연에 대한 관세 인상 및 쿼터제 같은 규제는 더욱 좁아진 세계시장에 예전과 동일한 수출 물량을 쏟아내도록 만들었다.

상품가격의 하락은 신규 대부의 중단을 야기했고, 신규 대부의 중단으로 인해 상품가격은 계속해서 하락했다. 저개발국은 대출 창구가 막히자 보유하고 있던 금과 외환 준비금을 써야 했고, 쌓여 있던 1차산품 재고를 시장이 값을 부르는 대로 팔 수밖에 없었다. 디플레이션은 소용돌이치듯 더 강해졌다.

그러나 이 과정 역시 여전히 의문이 남는다. 대외 대부의 감소는 수요 측면에서 비롯된 것인가, 아니면 공급 측면에서 비롯된 것인가? 금리가 빠른 속도록 떨어졌다는 점에서 보면 수요 측면에서 비롯된 것일 가능성이 높지만, 어쩌면 뉴욕 자본시장이 공급 측면에서 더 잘해나갈 수도 있었을 것이다. 왜냐하면 당시 런던 자본시장은 상품가격이 계속 떨어지고 있는 상황에서 향후 부채 상환이 불투명하다는 이유로 저금리 상황에서도 대부를 해주려 하지 않았기 때문이다. 만일 뉴욕이 보다 경험이 풍부한 자본시장이었다면, 그래서 경기 후퇴기에도 지속적으로 대외 대부를 회복시켰다면 어땠을까? 그런데 뉴욕은 대외 대부를 지나치게 한쪽 방향으로 몰고 갔다가 다시 또 다른 쪽으로 몰고가 버렸다. 상품가격의 하락, 그리고 1930년 봄에 장기 대부의 불안정한 회복이 갑자기 멈춘 것은, 이 두 가지 요인이 결국 1931년 금융위기를 촉발했다는 점에서 공황의 장기화와 그 심각성에 결정적인 영향을 미쳤다. 이 같은 해석이 여전히 명쾌한 것은 아니지만 적어도 통화 공급과는 아무런 관계도 없다는 점은 분명하다.

7

1931년
1931

1931년

상품가격의 하락은 1930년 말부터 1931년까지 계속 이어졌다. 아르헨티나 페소 화의 지속적인 평가절하와 호주 파운드 화 및 뉴질랜드 파운드 화 가치의 추가 폭락 사태가 하락 추세를 더 부추겼다. 그래도 확고한 낙관주의자는 가격 반등의 희망을 품어볼 수 있었다. 노르트볼레 Nordwolle로 알려진 독일의 모직회사 북독일모직Norddeutsche Wollkämmerei 은 양모 가격의 상승을 기대하고 1931년 초 다름슈태터 국립은행(다나트방크)으로부터 대출받은 자금으로 1년간 쓸 수 있는 양모를 구입했다.[1] 하지만 디플레이션 기조는 이미 널리 퍼져있었고 더욱 확산돼가고 있었다. 상품가격이 하락하자 기업 이익은 줄었고, 동시에 주가도 떨어졌다. 주가와 상품가격이 하락하면서 많은 은행 대출금이 회수 불능 상태가 됐다. 모든 은행 시스템에 압력이 고조됐지만, 초기에는 과도하게 대출해주거나 차입한, 혹은 리스크를 제대로 따지지 않고 대출해준 은행과 관련 기관들이 특히 압박을 받았다. 유럽에서 이런 은행들의 숫자는 헤아릴 수 없을 정도로 많았다.

파리에 있던 아당 은행Banque Adam이 1930년 11월 문을 닫았다. 또 우스트리크 은행Banque Oustric이 파산하면서 스캔들을 뿌렸는데, 세 명의 정부 관리가 연루된 이 스캔들로 새로운 내각이 구성됐다.[2] 하지만 이 내각은 단명으로 끝났고 1931년 1월 라발 정부가 들어서 디플레이션 대책에 총력을 기울였다. 대외 단기 채무의 부담은 유럽 전역을 무겁게 짓눌렀다. 파리에서 첫 번째 은행 파산이 발생했던 11월, 금융시장이 경색되면서 런던에 있던 프랑스 자금이 대량으로 들어왔는데, 금의 유입 속도가 너무 빨라 환율을 금수송점gold points*안에 묶어둘 수 없을 지경이었다.[3] 프랑스은행은 시장의 지원을 기대했지만, 당시 국제결제은행 BIS에 나가있던 케네는 영국이 프랑스에서 공채를 발행해 프랑스의 파운드 화 보유고 가운데 일정 부분을 조달해야 한다고 제안했다. 노먼은 1930년 12월 모레와 이 문제를 협의했으나 성과는 없었다.[4] 한 달 뒤 라이히스방크의 루터Luther 총재가 베를린 주재 미국 대사에게 서한을 보내 독일이 갚아야 할 미국의 단기 채권 약 3억5000만 달러에서 4억7500만 달러를 공채를 발행해 조달하는 방안을 제의했다. 하지만 이 제안에 대한 워싱턴의 답변은 없었다.[5] 여기에 소위 노먼 플랜Norman Plan이라고 하는 또 다른 제안도 있었다. 이 제안은 원래 로버트 킨더슬리 경이

....
* 금본위제 아래서 두 나라 사이의 외환시세 변동의 한계점.

내놓은 것인데, 국제결제은행이 자회사를 설립해 파리와 뉴욕에서 자금을 조달한 다음 이 자금으로 "구제와 재건을 합의된 정책 목표로 하는 여러 차입국"을 지원한다는 내용이었다. 스키델스키Skidelsky에 따르면 이 자회사는 2500만 파운드에서 5000만 파운드에 이르는 자본금과 1억 파운드 정도의 부채를 갖고서 독일과 동유럽, 호주, 남미 등 전통적으로 영국의 시장이었던 나라들을 지원하는 것으로 구상되었다.[6] 하지만 이런 계획은 프랑스와 미국 어느 쪽의 관심도 끌지 못했다. 프랑스는 영국에 프랑 화 자금으로 장기 차관을 제공할 것을 검토할 용의가 있었다. 물론 차관은 간접적인 방식으로 제공되어서는 안 됐다. 왜냐하면 프랑스 자금이 제공되는 것이라면 그 주체는 마땅히 프랑스가 돼야 했다. 영국은 파운드 화가 아닌 프랑 화로는 차입하고 싶어하지 않았지만 환율 변동의 리스크를 대부자가 져야 하는 이유를 명백히 밝히지는 않았다. 뉴욕 연방준비은행의 해외업무 책임자인 제이 크레인Jay Crane은 국제적인 통제는 이미 심각한 어려움을 야기했을 뿐만 아니라 외국 정부가 발행하는 공채를 매수하지 않으려 하는 뉴욕의 움직임을 돌려 놓지도 못할 것이라고 썼다. J. P. 모건 은행도 국제결제은행에 전문을 보내 자신들 역시 프랑스와 마찬가지로 정치적인 영향력이 개입될 수 있는 기관의 판단에 순순히 따를 의사는 없다고 했다.[7]

크레디트안슈탈트 은행

1873년 5월과 1914년 7월의 경우와 똑같이 독일과 프랑스, 영국 사이에 긴장이 고조되었을 때 그 균열이 나타난 곳은 오스트리아였다. 1931년 이른 봄 네덜란드의 한 은행이 오스트리아 빈에 있는 크레디트안슈탈트 은행에 정중한 어조의 서한을 한 통 보냈다. 인수신용장 수수료를 월 0.25%에서 0.375%로 인상할 수밖에 없다는 내용이었다. 베이엔에 따르면 이 서한은 상대편의 양해를 구하는 조심스러운 편지였을 뿐 향후 전망을 우려해서 보낸 것은 아니었다. 그러나 놀랍게도 크레디트안슈탈트 은행은 더 높은 요율로 대출을 갱신하는 대신 이를 상환하겠다는 답신을 보내왔다.[8] 대출을 갱신했더라면 3개월 뒤 크레디트안슈탈트 은행은 이 자금을 쓸 수 있었을 것이다.

오스트리아 경제는 1920년 생제르맹 조약 이후 혼란 상태에 빠져 있었다. 정부 재정은 국제연맹의 차관 지원을 받지 않으면 안됐고, 이에 따라 1922년부터 1926년까지 국제적인 감독을 받아야 했다. 한 오스트리아 경제사가가 지켜본 바에 따르면, 당시 국제연맹의 지원에 의지할 수 있었던 부분은 재정 분야에 불과했지만 그나마 차관은 조금씩 나눠서 건네졌는데, 이는 제2차 세계대전 후 마셜 플랜에 의한 원조와는 극적으로 대비되는 것이었다.[9] 오스트리아는 전통적으로 은행과 산업이 긴밀하게 결합돼 있었고, 은행은 산업체에 고정자본뿐만 아니라 유동자본도 제공해주었다. 그런데 오스트리아 은행들에게 가장 수익성이 높은 지역이었던 수데텐란트와 트리에스테를 상실하게 된 것이다. 산업자본은 제1차 세계대전 후 인플레이션으로 인해 다 소진돼 버렸고, 금융 자본은 1924년 프랑스 프랑 화의 하락에 베팅했던 투기가 실패하면서 역시 다 날아가 버렸다. 당시의 투기 실패로 인해 알게마이네 산업은행Allgemeine Industriebank과 오스트리아-폴란드 은행Austro-Polnische Bank, 오스트리아-오리엔트 은행Austro-Orientbank, 그리고 개인은행이었던 유니온방크Union Bank가 파산했다.[10] 매르츠März는 당시 상황에 대해 "7년

뒤 크레디트안슈탈트 은행의 붕괴로 그 정점을 찍게 될 은행 파산 사태의 신호탄이었다"고 말한다.[11]

　1924년 이후에도 실질적인 회복은 전혀 없었다. 실업률은 1925년과 1926년에도 여전히 높았고, 1927년과 1928년에 약간 낮아지기는 했지만 1929년에 다시 높아졌다. 이 시기 전체적으로 실업률은 평균 10~15%에 달했다. 오스트리아 정부는 아무런 경제 정책도 없었다.[12] 임금은 1925년에서 1929년 사이 24%나 상승해 실업률을 높이는 한 요인이 됐다. 연간 사회복지비용도 2억5800만 실링에서 3억8300만 실링으로 늘어났다. 이것은 결국 높은 세금 부담으로 이어졌다. 오스트리아-헝가리 제국의 해체와 인플레이션으로 타격을 받은 은행 시스템은 적절한 처방조차 받지 못했고, 전적으로 해외 단기 신용에 의지하는 처지였다. 특히 크레디트안슈탈트 은행은 도덕적 해이에 빠졌다는 이야기가 나올 정도였는데, 고객들에게 제공하는 자금을 영국과 미국의 대부자들로부터 쉽게 신용을 얻을 수 있었기 때문이다.[13] 국내 자본시장은 오스트리아와 헝가리 양국 모두에서 제대로 기능하지 못했다. 그러다 보니 은행이 산업체에 단기 자금으로 신용을 제공했음에도 실제로는 장기 자금으로 쓰이는 경우가 종종 있었다. 미상환 대출금이 최종적으로 지불 불능이 되면 은행들은 대개 해당 부채를 그 기업의 주식으로 전환했다. 크레디트안슈탈트 은행은 보덴크레디트안슈탈트 은행과 합병한 뒤 오스트리아 산업체의 약 60%를 소유하게 됐으며 "오스트리아 산업체의 제왕"이라는 소리까지 들었다.[14]

　은행 시스템의 취약점은 세계적으로 상품가격이 하락하기 이전부터 여실히 드러나 있었다. 1924년 이후 취약한 소형 은행들이 하나씩 하나씩 더 크고 강한 은행들에 인수됐다. 1927년 초에는 보덴크레디트안슈탈트 은행이 유니온방크와 페어케어방크Verkehrbank를 인수했는데, 1929년에는 보덴크레디트안슈탈트 은행이 하룻밤 사이 크레디트안슈탈트 은행에 인수돼 버렸다. 이로써 보덴크레디트안슈탈트 은행은 크레디트안슈탈트 은행에 거액의 산업체 대출을 떠넘길 수 있었는데, 이는 시장 가치를 무시하는 방식에 의해서만 은행 자산으로 유지할 수 있는 대출이었다. 독일의 은행들과 마찬가지로 보덴크레디트안슈탈트 은행도 주식시장에서 자사주를 매입해 주가와 예금자들의 신뢰를 지켜내야 했다. 그러다 보니 크레디트안슈탈트 은행이 보덴크레디트안슈탈트 은행을 인수했을 때 자본금은 8000만 실링이었지만 누적 손실이 1억4000만 실링에 달했다. 이같은 누적손실은 한 영국인 공인회계사가 진실을 폭로함으로써 나중에야 알려지게 됐다. 이에 따라 1931년 5월 현재로 누적 손실은 여전히 1억4000만 실링이었고, 자본금은 기존의 1억2500만 실링과 새로이 밝혀진 4000만 실링의 준비금을 합쳐 1억6500만 실링이었다. 그런데 오스트리아 법률에 의하면 만일 어떤 은행의 손실이 자본금의 절반에 달하면 그 은행은 "대차대조표를 제출해야" 하고 그렇지 않으면 문을 닫아야 했다.[15] 결국 크레디트안슈탈트 은행의 구제를 위해 오스트리아 정부와 국립은행이 각각 1억 실링과 3000만 실링을, 그리고 로스차일드 그룹House of Rothschild이 암스테르담 지점의 도움을 받아 2250만 실링을 지원했다. 하지만 1931년 5월 11일 크레디트안슈탈트 은행에 대한 구제 계획이 발표되자 자금 인출 사태가 시작됐는데, 외국인들과 마찬가지로 오스트리아 인들도 예금을 빼갔다.[16]

오스트리아의 크레디트안슈탈트 은행이 문을 닫은 것과 관련해, 오스트리아-독일 관세 동맹이 제안되자 이에 반발한 프랑스가 대출금을 회수했기 때문이라는 주장이 널리 받아들여지고 있다. 관세 동맹 제안이 나온 것은 1927년 세계경제회의에 대비해 작성된 독일의 실무 문서로 거슬러 올라간다. 이 문서는 그 뒤 1929년 8월 영 플랜을 위한 제1차 헤이그 회의에서 독일 외무장관 쿠르티우스Curtius와 오스트리아 총리 쇼버Schober 간에 논의되었고, 다음 달 쇼버의 베를린 방문 때 재차 논의됐다.[17] 당초 관세 동맹 제안은 독일과 오스트리아 간의 관계 개선을 위한 조치로 보였는데, 1930년 9월 총선에서 나치당이 약진하자 브뤼닝 독일 총리가 국민의 시선을 다른 데로 돌리도록 하기 위해 적극적인 외교 정책의 하나로 내세웠던 것이다. 프랑스가 이 관세 동맹이 베르사유 조약에 위배되는 것이라며 반대하자 독일의 공식적인 반응은 상당히 곤혹스럽다는 것이었는데, 베르사유 조약에서 금지한 것은 이보다 훨씬 더 멀리 나간 '독일의 오스트리아 합병'이었기 때문이다. 물론 독일의 곤혹스럽다는 반응이 진짜였는지는 의구심이 드는 것도 사실이다.[18] 하지만 독일이 정말로 순진해서 그랬든 아니면 겉으로만 그런 체한 것이었든, 프랑스 외무성은 정식으로 반대했다. 그러나 막상 프랑스의 은행들은 정부 지시에도 불구하고 대출금을 회수하지 않았다.[19] 아마도 처음부터 대출금 회수는 거의 없었던 것 같다. 오스트리아의 외국인 예금 총액은 1930년 말 4억6600만 실링(6700만 달러)에서 1931년 4월 말에는 4억4200만 실링(6300만 달러)으로 감소하는 데 그쳤기 때문이다.[20]

예금 인출 사태는 크레디트안슈탈트 은행이 어려움에 처했다는 소식이 알려지면서 시작됐다. 오스트리아는 예금 인출 사태에 대처하기 위해 외환이 필요했고 1억5000만 실링(2100만 달러)의 차관을 구하러 나섰다. 결국 국제연맹 금융위원회를 찾아갔는데, 위원회는 이 문제를 국제결제은행에 넘겼다. 국제결제은행은 게이츠 맥개라Gates W. McGarrah 총재의 지휘 아래 10개 대형 중앙은행들이 1억 실링(1400만 달러)의 차관을 제공해주도록 주선했다. 이 과정은 대략 5월 14일부터 31일까지 진행됐다. 맥개라 총재는 5월 14일에 뉴욕 연방준비은행과 접촉했는데, 이 때는 이미 라이히스방크와 영란은행, 벨기에 국립은행을 끌어 모은 상태였다. 그런데 여기서부터 계속 지체된 이유는 대부분이 받아들이는 것처럼 프랑스가 독일-오스트리아 관세 동맹의 폐기를 요구했기 때문일 수도 있고, 아니면 클라크Clarke가 지적하듯이[21] 크레디트안슈탈트 은행의 채권자들 사이에 지불정지와 관련된 조율을 하는 데, 또 크레디트안슈탈트 은행의 채무에 대한 오스트리아 정부의 보증을 얻어내는 데 시간이 필요했기 때문일 수도 있지만, 어느 쪽도 확실하지는 않다. 아무튼 차관의 규모도 작았던 데다 결정이 지연됨으로써 참담한 결과를 낳게 됐다.

6월 5일에 벌써 신용이 고갈됐고, 오스트리아 국립은행은 다시 신용을 요청했다. 또한 계속되는 예금 인출 압박에 맞서 재할인율을 인상했는데, 6월 8일에는 6%로, 6월 16일에는 7.5%로 올렸다. 신규 신용 역시 국제결제은행이 주선했다. 이번에는 6월 14일에 결정이 내려졌지만 오스트리아 정부가 1억5000만 실링 규모의 2~3년짜리 차관을 해외에서 조달해야 한다는 조건이 붙었다. 여기에다 프랑스가 오스트리아 정부에 독일과의 관세 동맹을 포기할 것을 조건으로 내걸었다. 오스트리아 정부는 이를 거절했다. 내각이 총사퇴하고 새 정부가 들어섰다. 그런데 이 와중에 6월 16일 영란은행의 노먼 총재가 오스트리아 국립은행에 1

주일 기한으로 5000만 실링(700만 달러)의 신용을 단독으로 제공해주었다.[22] 이 같은 행동은 정치와 금융을 따로 구분하지 않는 프랑스에 대한 비난이었다. 프랑스은행은 이 일로 노먼에 대한 반감이 더욱 깊어져 보유하고 있던 파운드 화를 금으로 교환하게 됐다는 견해가 널리 받아들여지고 있다. 그로 인해 어떤 일이 벌어졌든 관계없이 여기서 반드시 짚고 넘어가야 할 대목은 이것이 최후의 대부자a lender of last resort로서의 영국에게 그 종말을 고했다는 점이다. 고작 1주일 기한의 700만 달러 신용이라니! 월터 배젓Walter Bagehot의 충고를 떠올리게 한다. "위기가 닥치면 도매금으로 넘어간다." 이 차관은 6월과 7월 내내, 그리고 8월까지도 계속 갱신됐는데, 파운드 화에 압박이 가해지고, 또 국제연맹이 7개국 정부로부터 2억5000만 실링의 차관을 주선해주자 영란은행은 오스트리아에 상환을 요구했다.

후버 모라토리움

1930년 10월 미국을 순회하며 배상 문제를 비난하는 연설을 하고 있던 샤흐트가 멜런 재무 장관을 방문했다. 이 자리에서 멜런은 2년 혹은 3년의 모라토리움 기간이 주어지면 독일이 더 원활하게 배상금을 지불할 수 있는지 물었다. 당시 배상금의 일시적인 연기 방안은 광범위하게 논의되고 있었다.[23] 그러니까 9개월 뒤 나온 후버의 제안이 맨 처음은 아니라는 말이다.

1931년 5월 말 오스트리아의 금융 혼란이 여기저기로 확산돼 가면서 헝가리와 체코슬로바키아, 루마니아, 폴란드, 독일의 은행들에서도 인출 사태가 벌어졌다. 일각에서는 미국 채권자들이 오스트리아와 독일

간의 차이점이나 알고 있는지 의아해했다.[24] 그러나 후버 대통령은 알고 있었고, 그의 설명을 액면 그대로 받아들인다면 그는 선견지명이 있었다. 5월 7일 새켓Sackett 대사가 브뤼닝에게서 받아온 새로운 소식을 갖고 베를린에서 돌아왔다. 신용이 고갈되고 있으며, 통화 관리는 난국에 봉착했고, 채무 상환의 압박이 거세지고 있는 데다 새로운 차입선은 등을 돌리고 있다는, 그야말로 금융 전반이 갈수록 참담한 상황으로 빠져들고 있다는 것이었다. 이것은 크레디트안슈탈트 은행 사태가 벌어지기 전의 일이었다. 5월 11일 아직 크레디트안슈탈트 은행 사태에 대해 알지 못한 상태였던 후버가 스팀슨과 멜런에게 어떤 방안이 있는지 물었다. 두 사람은 아무런 방안도 내놓지 못했다. 후버는 연방준비제도 이사회에 연락을 취했다. 이사회에서는 그가 유령을 보고 있다고 생각했다. 6월 5일 후버는 멜런에게 모라토리움 방안을 제시했다. 멜런은 모라토리움이 유럽에게 잠깐 숨이나 돌릴 수 있게 해주는 미봉책에 불과하다며 반대했다. 유럽 언론에서는, 미국의 정책이 금을 게걸스럽게 빨아들여 유럽의 금융 시스템을 무너뜨렸다는 주장을 굽히지 않았다. 후버는 "이 같은 주장이 진실일 수 없다는 점, 그리고 이는 유럽 자신의 실패를 미국의 책임으로 돌려 비난하는 또 하나의 사례일 뿐이라는 점을 알고 있었다."[25] 하지만 후버는, 그가 회고록에서 두 번이나 사용한 표현을 빌자면, 금과 단기 신용은 마치 "폭풍우가 몰아치는 시대를 항해하는 이 세계의 갑판 위에서 이리저리 흔들리는 대포처럼" 움직인다는 점은 인정할 용의가 있었다.[26]

독일에 대한 압박은 5월부터 시작됐다. 은행 예금이 5월에만 154억 4800만 라이히스마르크에서 150억7000만 라이히스마르크로 줄어들었다. 다행히 라이히스방크에서 빠져나간 금은 없었는데, 새로이 설립된 베를린 전력전등회사Berlin Power and Light Company가 해외 신디케이트로부터 1억2000만 마르크의 차관을 조달한 게 부분적으로 도움을 주었지만, 이는 독일에게 마지막 차관이었다. 진짜 어려움은 상대적으로 규모가 큰 은행들이 겪었는데, 5월 중에 인출된 금액만 다나트방크가 9700만 라이히스마르크, 드레스드너방크가 7000만 라이히스마르크, 도이체방크가 5900만 라이히스마르크에 달했다. 크레디트안슈탈트 은행 사태가 터지자 은행 신용을 무기로 빠르게 확장해나갔던 백화점 체인기업 카르슈테트Karstedt가 어려움에 처했다는 보도가 나왔고, 5월 말에는 보험회사 노르트슈테른Nordstern이 붕괴되기 시작했다.[27]

6월은 고난의 달이었다. 처음 6일동안 라이히스방크에서는 1억6400만 라이히스마르크의 금이 빠져나갔고, 그 뒤로 사태는 더 악화됐다. 문제 중 일부는 스스로 야기한 것이었다. 6월 5일 브뤼닝 정부가 공무원 급여를 삭감하고 실업 지원금을 줄이며 위기 관리세를 새로 부과한다는 긴급포고령을 발표했다. 고통스런 이 조치를 달게 받아들이도록 하기 위해 정부는 독일이 배상금 문제에서 능력의 한계에 도달했다고 밝혔다. 하지만 이런 설명은 어디까지나 국내용일 뿐이었다. 어떻게든 도움의 손길을 구하기 위해 라이히스방크의 루터 총재와 외무 장관 쿠르티우스를 대동하고 런던을 방문 중이던 브뤼닝은 외국 채권자들이 대출금을 회수해가지만 않는다면 독일 정부는 아무리 일러도 1931년 11월 이전에는 배상금 문제와 관련해 어떤 조치도 취하지 않을 것이라고 말했다. 그는 독일이 외국으로부터 새로운 차관을 필요로 한다는 점도 언급했다. 노먼은 이에 대해 진짜 문제는 오스트리아가 직면해 있으며 독일은 어떻게든 벗어날 것이라고 말했다.

노먼은 그러나 독일의 국내 정치 상황을 고려하지 않고 있었다. 6월 10~11일 사회당과 공산당, 중도당은 긴급 포고령에 의해 유지되고 있는 브뤼닝의 통치권을 박탈하기 위해 의회 소집을 요구했다. '의회 소집'은 거액의 자금 유출을 몰고 왔다. 4일만에 라이히스방크에서 4억 라이히스마르크의 금이 빠져나갔다. 라이히스방크는 6월 13일에 재할인율을 5%에서 7%로 올렸고, 이 조치로 자금 유출 속도는 늦춰졌다. 6월 17일에는 자금 유출이 완전히 멈췄지만 이미 14억 라이히스마르크의 금이 독일에서 빠져나간 다음이었다. 그러니까 5월 말에 보유하고 있던 금의 절반 이상을 잃은 것이었고, 라이히스방크의 준비금 비율도 60%에서 48%로 쪼그라들었다. 곧이어 노르트볼레의 파산 소식이 전해졌다. 앞서 연초에 양모 가격의 상승에 도박을 걸었던 바로 그 모직회사였다. 이 회사는 다나트방크로부터 거액의 자금을 빌렸는데, 갖고 있던 재고를 네덜란드 내 자회사인 울트라마린Ultramarin에 원가로 넘기는 방식으로 손실을 은폐하려 했고, 또 아르헨티나와 브레멘에 있는 지점들 간에 복잡한 채권 관계를 만드는 방식으로 장부상 자산을 부풀렸던 것으로 드러났다. 최종 손실 규모도 밝혀지지 않은 6월 17일에 이 회사는 단지 2400만 라이히스마르크의 손실을 2250만 라이히스마르크의 준비금으로 메우기로 했다고 발표했다.[28] 자금 인출 사태가 다시 벌어졌고, 라이히스방크에서는 6월 19일에만 9000만 라이히스마르크가 빠져나갔다.

6월 20일에 상황은 다시 역전됐다. 그러나 잠시뿐이었다. 앞서 6월 5일에 후버 대통령은 자신에게 주어진 리더십에 입각해 정부간의 모든 부채에 대해 모라토리움을 시행하는 "과감하면서도 단호한 제안"을 멜런과 밀스, 스팀슨 앞에 내놓았었다. 재무부는 냉담한 반응을 보였다. 밀스는 예산 균형을 위해서는 채무 지불이 이뤄져야 한다고 말했다. 하지만 후버는 한 발 더 나갔다. 후버는 연방준비제도 이사회 의장 유진 메이어와 뉴욕 연방준비은행 총재 해리슨, 여기에 J. P. 모건 은행의 파트너를 지낸 멕시코 대사 드와이트 모로Dwight Morrow를 새로이 끌어들여 6월 6일부터 16일까지 자문을 구했다. 이들은 2년간의 모라토리움을 원했지만 강력한 반反유럽주의자이자 고립주의자인 보라Borah 상원의원의 예상되는 입장을 감안해 1년간의 모라토리움으로 결정했다. 스팀슨은 후버가 두려움에 휩싸여 함께 일하기가 매우 힘들었다고 말했다. 그가 두려워했던 것 중 하나는 모라토리움이 전채와 배상금을 한데 엮어버릴지도 모른다는 것이었다. 드와이트 모로는 프랑스와는 사전에 협의해야 한다고 강력히 주장했지만 충격 효과를 최대화하기 위해 그렇게 하지 않기로 결정했다. 힌덴부르크Hindenburg 대통령이 후버에게 모라토리움을 요청하는 서한을 작성하기로 각본이 꾸며졌다. 클로델Claudel 대사에게는 6월 19일에 통지가 갔다. 마침내 6월 20일 모라토리움 선언이 나왔다.[29]

후버 모라토리움은 프랑스에 메가톤급 충격을 주었다. 라발이 극단주의자들을 다룰 만한 노련함과 완력을 갖고 있지 못했다면 프랑스의 반응은 훨씬 더 격렬했을 것이라는 게 스팀슨의 생각이다. 아무튼 프랑스는 모라토리움을 곧바로 받아들이기를 거부했다. 프랑스는 영 플랜에 따른 배상 계획에 나와 있는 조건부 지불분과 무조건 지불분을 다르게 처리할 것과 이를 위해 "하루나 이틀간" 논의할 시간을 갖자고 요구했다. 유럽에 있던 멜런 장관이 파리로 가서 세부적인 사항들을 협의했다. 회담이 길어지자 국제 금융시장에서의 호의적인 반응은 가라앉아 버렸다. 6월 25일에 1억 달러의 신용 공여가 결정됐고, 국제결제은행과 영란은행, 프랑스은행, 뉴욕 연방준비은행이 각각 2500만 달러씩을 7월 16일까지 제공하기로 했다. 이 같은 신용 공여 결정은 지원 시기를 놓친 것이었는데, 라이히스방크의 재무상태는 이미 6월 23일에 영란은행이 500만 달러의 하루짜리 예금을 맡기지 않았더라면 준비금 비율이 40% 밑으로 떨어졌을 상황이었다.[30] 그러다 보니 6월 30일에 벌써 새로 제공한 차관의 70%가 소진됐고, 7월 5일에는 전액이 다 사용됐다. 후버는 모라토리움에 관해 각각의 나라들과 개별적으로 협상을 벌여 프랑스를 고립시키겠다고 위협을 가했다. 7월 6일 마침내 프랑스가 동의했고, 모라토리움이 발효됐다.

프랑스가 동의한 데는 실제적인 이유가 있었다. 미국 정부는 프랑스의 협력을 촉구하면서 모라토리움으로 인해 프랑스는 기껏 1억 달러의 배상금을 잃을 뿐이지만 미국은 2억5000만 달러를 날리게 된다고 설명했다.[31] 이에 대해 프랑스는 배상의 한 가지 원칙은 무조건적인 연불금年拂金을 상업적인 채무와 동등하게 취급하는 것인데 반해 모라토리움은 이 같은 무조건적인 연불금을 상업적인 채무보다 우선순위가 낮은 것으로 만들었다고 지적했다. 프랑스는, 결국 다 잃게 된 배상금 지불액의 경우 전체의 52%를 갖고 있었지만, 모라토리움 이후에도 존속한 상업 채무에 대해서는 아주 미미한 비중만 갖고 있었을 뿐이다.[32]

독일의 자금 인출 사태

새로운 신용 공여도, 모라토리움에 대한 프랑스의 동의도 독일에서의 자금 인출 사태를 막을 수 없었다. 6월 30일자 재무제표를 보면 외국인들이 독일 은행에서 얼마나 많은 자금을 인출해갔는지 잘 나타나 있다. 7월 1일에 노르트볼레 모직회사의 손실 규모가 알려졌다. 7월 5일에는 국제결제은행의 본부가 있는 바젤에서 발행되는 한 신문이 독일의 한 은행이 위험에 처했다고 보도했다. 며칠 뒤 다나트방크의 이름이 나왔다. 독일의 은행 위기가 마침내 폭발한 것이었다. 7월 9일 루터는 지원의 손길을 찾아 런던과 파리, 바젤로 날아갔다.[33]

영란은행은 도울 능력이 되지 않았다. 프랑스는 도와줄 준비는 돼있었지만 이것은 어디까지나 독일이 신뢰를 더욱 확고히 할 만한 모종의 의사 표시가 있다는 것을 전제로 했다. 여기에는 특히 오스트리아−독일 관세동맹의 포기와 현재 건조 중인 장갑 순양함의 폐기, 나치당의 무력 시위를 포함한 일체의 무력 시위 금지가 포함됐다. 브뤼닝은 이틀 만에 베를린으로 돌아왔다. 7월 13일 은행들이 일시 폐쇄됐다. 은행들이 7월 16일 다시 문을 연 것과 동시에 해외 채권의 인출은 봉쇄됐고, 재할인율은 7%에서 10%로 인상됐다. 7월 18일에 다나트방크를 제외한 모든 은행이 금할인은행의 주도로 보증회사를 결성했다. 사실 다나트방크는 그동안 너무 공격적인 영업 방식으로 인해 다른 은행들로부터 철저히 따돌림 당하고 있었는데 마침내 파산의 운명을 맞게 된 것이었다. 새로이 인수보증은행이 출범해 라이히스방크에서 어음을 할인 받을 수 있도록 제3자 명의의 서명을 해주고, 또 자금 인출로 빠져나간 외국 채권의 자리를 메워주는 역할을 했다. 인수보증은행은 8월 1일에 문을 열어 15%의 재할인율로 영업을 시작했는데, 곧바로 시중 은행과 저축은행들을 상대로 120만5000라이히스마르크를 할인해주었다.[34]

프랑스와 독일은 신규 차관을 수혈해 독일의 은행 위기를 해결해야 한다는 데 의견의 일치를 보았다. 그러나 차관의 조건에서는 큰 차이가 있었다. 프랑스는 프랑스와 영국, 미국 정부의 보증에 독일의 정치적 보증까지 붙은 민간 차관이라야 한다는 점을 고집했다. 독일은 독일 경제가 안고 있는 기존의 단기 신용을 보증을 받아 장기 채무로 만기를 연장하고, 여기에 더해 신규 차관이 필요하다는 점은 이해했지만 정치적인 단서는 달지 않기를 원했다. 차관 규모에서도 차이가 있었는데, 프랑스는 내심 5억 달러를 마음에 두고 있었지만 독일은 10억 달러는 돼야 한다고 생각했다.[35]

스팀슨 미국 국무 장관은 6월 27일 유럽에서 휴가를 보내기 위해 워싱턴을 떠났는데, 마침 유럽 각국의 수도를 방문하고 있을 때 이 문제에 맞닥뜨리게 됐다. 스팀슨은 독일에 새로운 차관을 제공하는 방안에는 찬성했지만 정치적 단서를 다는 데는 반대했다. 하지만 그는 후버의 지지를 얻어낼 수 없었다. 후버는 16억 달러에 이르는 예산 적자가 예상된다는 점에 주목하고, 이런 상황에서 독일에 추가로 돈을 빌려주는 것을 의회가 순순히 승인할 리는 없다고 생각했다. 더구나 민간 차관은 더더욱 불가능하다고 생각했다. 후버는 그래서 기존 신용을 장기 채무로 전환하는 방안을 대안으로 제시했다. 영국에서는 노동당 정부의 외무 장관 아서 헨더슨Arthur Henderson이 신규 차관 제공 방안에 마음이 끌렸으나 노먼 총재는 영란은행이 "이미 오스트리아와 헝가리, 독일이 금융 시스템의 붕괴를 피할 수 있을 만큼 아주 충분히 대출해주었다"는 입장을 고수했다.[36] 노먼 총재는 특히 독일이 만약 정부가 보증하는 차관을 받게 된다면 호주와 인도를 비롯한 다른 여러 나라들도 이 같은 차관을 얻으려 할 것이라는 점을 우려했다.[37] 7월 20일 런던에서 각료 회담이 소집됐다. 회담이 진행되는 동안 신규 차관 제공 방안은 영국과 미국이 모두 동의하려 하지 않으면서 점차 힘을 잃어갔다. 결국 회담에서는 앞서 6월 25일 중앙은행들이 제공하기로 했던 1억 달러의 차관을 3개월간 연장하고 외국 채권자들의 자금 인출을 일시 중단한다는 합의를 도출해냈다. 외국 채권의 정확한 금액을 확인하기 위해 알버트 위긴스Albert Wiggins를 위원장으로 하는 특별위원회가 구성돼 국제결제은행과 함께 조사에 착수했다. 월터 레이튼Walter Layton이 위긴스 위원회에 제출한 내용에 따르면 독일에는 1931년 7월 말 현재 230억 라이히스마르크의 외국 자금이 있으며, 이 가운데 80억 라이히스마르크가 단기 자금인 것으로 나타났다. 반면 독일이 외국에 갖고 있던 해외 채권은 85억 라이히스마르크였고, 이 가운데 단기 채권은 5분의 1에 불과했다. 독일에 빌려준 외국 채권자들의 자금 인출을 일시 중단한다는 합의는 맨 처음 6개월간 시행키로 했으나 그 뒤 거의 자동 연장 방식으로 계속해서 갱신됐다.

스팀슨은 "모라토리움이 몰고 온 감동적인 상황"[38]을 좋아했고, 그래서 자금 인출을 일시 정지하기로 한 합의야말로 "그의 인생에서 최고로 멋졌고 또 최고로 성공적인 협상이었다"[39]고 생각했다. 그의 견해에 따르면 모라토리움은 "미스터 후버가 평생에 걸쳐 이룬 최고의 업적 중 하나"[40]였다. 하지만 이런 최상급의 수식어는 만일 스팀슨이 다른 협상이나 다른 업적에 대해 뭔가 말하지 않는다면 그대로 받아들이기 어려운 것이다.

영국의 금본위제 이탈

7월 중순 들어 파운드 화가 약세를 보였다. 이에 대한 일반적인 설명은 7월 13일에 발표된 맥밀란 보고서Macmillan Report에서 외국인이 보유한 파운드 화 잔고의 규모를 전세계적으로 공표해버림으로써 파운드 화 보유자들을 불안에 빠뜨렸다는 것이다.[41] 이 같은 해석은 언론에서 정확한 수치를 밝히지 않았다는 사실을 감안하면 다소 무리다.[42] 프랑스가 독일에 대한 신규 차관 지원 과정에서 오스트리아와 독일로부터 정치적 단서를 얻어내려 했지만 영국이 이를 지원해주지 않은 데 대해 프랑스가 보복을 가한 것이라고 지적한 관계자들도 여럿 있다.[43] 하지만 이건 맞지 않는 것 같다. 파운드 화에 대한 압박은 벨기에와 네덜란드, 스웨덴, 스위스 같은 유럽의 상대적으로 작은 국가에 있는 시중 은행들로부터 나왔기 때문이다. 이들 은행은 독일에 대한 대출금의 회수가 봉쇄되자 유동성이 떨어졌고 결국 금 보유고를 늘리기 위해 파운드 화를 매각했다.[44] 굳이 말하자면 맥밀란 보고서는 영국의 파운드 화 부채를 과소평가한 경향이 있었고, 정책과 관련된 부분에서는 의견이 일관되지 않았다. 케인스와 맥케나는 경기 확장 정책을 지지한다는 입장을 밝혔는데, 현재의 환율은 계속 유지하되 관세 부과와 수입 규제는 별개로 했다. 대다수가 환율을 유지해야 한다는 입장을 지지했지만, 어니스트 베빈Ernest Bevin은 평가절하를 강력히 주장했다. 아무튼 보고서의 핵심 권고 사항은 영국과 프랑스, 미국, 이들 세 나라 모두 동시에 지출을 늘려야 한다는 것이었지만 관세와 평가절하를 강조한 소수 의견에서는 좀더 국수주의적인 시각이 배어있었다.

　외환시장에서 파운드 화에 더욱 심각한 충격파을 던진 것은 메이 보고서May Report였는데, 노동당 정부의 예산안에 권고할 문안을 작성하기 위해 조지 메이 경Sir George May을 의장으로 한 위원회가 1931년 3월에 내놓은 것이었다. 초안은 7월 24일 스노든에게 전달됐고 1주일 뒤 공표됐다. 위원회를 구성하고 있던 다수파와 소수파 모두 예산 적자가 1억 2000만 파운드에 이를 것이라는 데는 이견이 없었지만, 감채기금sinking funds*용 적립금이 포함될 경우 예산 적자가 더 늘어날 것이라는 사실은 어느 쪽도 생각하지 못했다. 다수파는 이 같은 적자가 정부의 예산 낭비 때문이라고 비난하면서 실업 보험금의 삭감(전체 예산 절감액의 3분의 2에 달하는 금액)을 제안했다. 반면 노동당 내 소수파는 예산 적자가 디플레이션에서 비롯된 문제라고 주장하며 부유층에 대한 과세를 제시했다. 그런데 메이 보고서는 외국에서 차관을 들여올 것을 주문한 것이다. 벌써 한참 전부터 이런 식의 노력이 이루어져왔는데, 이미 7월 24일에 연방준비제도로부터 5000만 파운드의 차관을 받기로 했고, 7월 26일에는 로버트 킨더슬리 경이 파리로 날아가 프랑스은행으로부터 비슷한 액수의 차관을 받기로 협의를 끝낸 상황이었다. 이들 두 건의 차관에 대한 공식 발표는 8월 1일에 나왔다. 영란은행은 7월 23일 재할인율을 2.5%에서 3.5%로 인상한 데 이어 7월 30일에는 다시 4.5%로 올렸다. 그렇게 했지만 영란은행에서는 7월 후반기 동안 2억 달러의 준비금이 빠져나갔다. 데이비드 윌리엄스David Williams는 영란은행이 대규모 실업 때문에 위기 대응 수단으로 더 이상 재할인율 정책을 사용할 수 없었다고 지적한다.[45] 하지만 해외에서 유동성이 말라붙어가고 있었고 파

....
* 채권 상환을 대비해 미리 적립해두는 자금.

운드 화에 대한 신뢰는 흔들리는 상황이었다는 점을 감안하면 영란은행이 재할인율을 10%로 올린다고 해서, 그러니까 전통적으로 그 정도 재할인율이면 달나라에서 금을 가져올 수도 있다고 하는 수준으로 인상한다 해도 위기를 잠재울 수 있었을지는 의문이다.

위기가 정점을 향해 치닫는 동안 노먼 총재는 부재중이었다. 노먼은 7월 29일에 병이 났고, 회복되자 요양을 떠났다. 그는 7월 27일자 일기에 마지막으로 이 구절을 썼다. "위험, 금 지불이 중단될 수도."[46]

은행 휴일이 끝난 8월 4일 외환시장이 다시 열렸지만 1억 파운드의 차관 자금은 사용되지 않았다. 프랑스의 차관 자금은 프랑스은행과 시중 은행들에게 나눠서 배정했는데, 프랑스 정부는 양쪽에서 동시에 똑같은 금액을 인출하기를 바랐다. 그래야 프랑스 자금시장에서 영란은행이 파운드 화 환율을 지지하고 있음을 알게 될 것이고, 그러면 문제가 완전히 해결될 때까지 영란은행이 신규 차관의 사용을 연기할 수 있을 것이었다. 이 과정에 며칠이 소요됐다. 이와는 별개로 영란은행은 계속 의견이 대립하는 정부 쪽에 압력을 가하는 수단으로 파운드 화 지지를 늦추었다. 이렇게 시간이 흐르는 사이 차관 도입이 가져다 준 심리적 효과는 사라져버렸고 파운드 화에 대한 압박은 계속 이어졌다.[47]

메이 보고서는 영국과 해외의 디플레이션 논자들에게 힘을 실어주었고, 해묵은 정치적 격론이 벌어질 무대를 제공했다. 맥도널드와 스노든은 영국이 추가로 차관을 더 받지 않는다면 금본위제를 유지할 수 없다고 확신하기에 이르렀다. 영란은행 그리고 뉴욕과 파리에 있는 시중 은행의 은행장들은 영국이 신뢰를 얻기 위해서는 메이 보고서에서 다수파가 제시한 방법으로, 즉 실업 수당을 삭감해 예산 적자를 바로잡아야 한다는 데 공감했다. 헨더슨은 이 정책에 강력히 반발하면서 대안으로 세수 확보를 위한 10%의 관세 부과를 제시했다. 영란은행은 해외에서 차관을 얻으려면 그 전에 실업 수당의 대폭 삭감이 필요하다고 보고했다. 노동조합은 당시 어니스트 베빈이 이끌고 있었는데, 베빈은 평가절하 옹호론자면서 세계경제보다는 대영제국 중심으로 정책 방향을 돌려야 한다는 입장이었다. 노동조합은 결국 노동당 정부에 대한 지지를 철회했고 노동당 내각은 8월 24일 물러났다. 새로이 구성된 거국 내각에서도 여전히 총리는 맥도널드가, 재무 장관은 스노든이 맡았는데, 거국 내각이 구성된 뒤인 8월 28일 파리와 뉴욕에서 각각 2억 달러에 이르는 차관이 들어왔다.[48] 노동당 내부의 분열은 뿌리깊어 좌파에서는 우파를 향해 "은행가들의 사기"에 굴복했다고 비난했다. 은행가들은 이에 맞서 특별한 정책 하나하나에 대해 그것이 파운드 화의 신뢰를 확실하게 회복시킬 수 있는지를 해외에서 알아본 것일 뿐이라고 주장했다.[49] 전형적인 논쟁이었다. 대부자 입장에서는 차입자가 기대한 만큼 경제적 성과를 달성하고 또 대출금을 안전하게 확보하기 위해 이런저런 조건들을 붙였다고 생각한다. 그러나 차입자 입장에서는 이런 조건들이 교조적이고 이데올로기 편향적이며 정치적인 간섭이라고 여긴다.[50]

9월 10일 거국 내각 정부가 한 해 8000만 파운드의 세금을 더 걷고 7000만 파운드의 지출을 줄이는 내용의 새로운 예산안을 제출했다. 하지만 며칠 지나지 않아 독일에서 다시 부도 사태가 벌어졌고, 이로 인한 위기감이 암스테르담으로 번지자 네덜란드는 결국 런던에서 자금을 인출해야 했다. 9월 16일에는 스코틀랜드 지역 인버고든에 주둔하고 있던 해군 병사들 사이에 급여 삭감을 우려한 소요 사태가 벌어지기도 했다. 언론에서는 이를 부풀려 대영제국 해군이 반란을 일으켰다고 보도했다.[51] 만일 대영제국 해군이 정말로 반란을 일으켰다면 19세기 자유주의의 또 다른 지주인, 그동안 시티 오브 런던City of London이 운영했던 금본위제는 과연 얼마나 오래 가겠는가? 자금 인출 속도는 갈수록 빨라졌다. 9월 21일 영국은 마침내 금본위제를 이탈했다.[52] 맨 처음 의도했던 것과 비교하면 금본위제는 6개월 정도 더 앞당겨진 셈이었다.

프랑스은행은 7월의 경우에도 그랬던 것처럼 9월의 자금 인출에도 전혀 관련되지 않았다. 레이스–로스는 프랑스은행이 8월 28일 제공된 차관 협의 때 얼마나 협조적이었는지에 관해 말하고 있다. 프랑스은행은 영국이 금본위제를 이탈한 9월 21일에 6500만 파운드를 보유하고 있었으며, 클레망 모로 프랑스은행 총재는 10월에 대영제국 기사작위를 받았다.[53]

군소 국가의 중앙은행들이 한 역할에 대해서는 그동안 본Born과 베네Bennet, 허스트Hurst, 아인지그Einzig, 그 밖에도 여럿이 비판해왔다. 아인지그는 네덜란드은행Netherlands Bank의 비세링Vissering이 겪은 이야기를 소개한다. 비세링은 영란은행에 금 보증을 요구했다가 네덜란드은행이 보유하고 있는 1100만 파운드 전부를 금으로 가져가라는 경멸에 찬 대답을 듣고는 그렇게 하지 않기로 했다고 한다. 훗날 네덜란드은행은 영란은행을 상대로 소송하는 것까지 잠시 고려했었는데, 그 근거는 어니스트 하비 경이 비세링에게 보낸 다음의 전보에 담긴 암묵적인 보증이었다.

친전—지난 수요일(8월 26일)에 있었던 우리 대화와 관련해 귀하는 영국 정부가 뉴욕과 파리로부터 큰 금액의 신용을 얻기로 했다는 공식 발표를 오늘 들을 것입니다. 본인은 이 발표가 런던에 있는 외국 자금의 안전성에 관한 모든 의구심을 제거해줄 것이라고 확신합니다.[54]

스위스 국립은행Swiss National Bank은 9월 20일까지 보유하고 있던 파운드 화 가운데 30만 파운드만 남기고 나머지는 전부 매각했다.[55] 풍문에 의하면, 벨기에 국립은행이 영국의 금본위제 이탈 발표가 나오기 1주일 전에 파운드 화의 평가절하 여부를 물어봤는데 "노"라는 대답을 들었다고 한다. 나중에 벨기에 국립은행에서 화를 내자 "불합리한 물음은 불합리한 대답밖에 들을 수 없다"는 말이 돌아왔다. 이 이야기는 틀림없이 꾸며진 것이겠지만 당시의 기록을 보면 뭔가 짚이는 게 있다. 벨기에 국립은행은 1930년 말 런던에 2500만 파운드의 예금을 갖고 있었는데, 이는 벨기에 국립은행이 보유하고 있던 외화의 62%를 차지하는 것이었다. 벨기에 국립은행은 파운드 화가 걱정이 됐다. 그래서 1930년 9월부터 1931년 9월까지 적은 금액이나마 파운드 화로 금을 매입하고—20억 벨기에 프랑, 대략 2000만 달러—파운드 화 일부를 달러 화와 프랑스 프랑 화로 바꿔 런던의 예금 잔고를 1930년 말에 비해 거의 절반 수준으로 낮췄다.[56] 보두앵Baudhuin은 이렇게 적고 있다. 벨기에 국립은행은 "영란은행이 불만을 표시하기 직전 단계까지 파운드 화 예금 잔고를 낮추는 데 몰두했다." 파운드 화의 금본위제 이탈이 발표된 9월 21일 벨기에 금융당국은 회의를 열고 남아있는 파운드 화를 마저 바꾸는 것은 비우호적인 처사이기 때문에 그럴 수 없다는 결정을 내렸다. "이로써 벨기에는 국제적인 연대에 따르는 의무라는 관점에서 무책임하게 보일 수 있는 행동에서 스스로 물러났던 것이다."[57] 게다가 벨기에 재무 장관은 영국이 빠른 시일 안에 종전의 금평가와 크게 다르지 않은 수준에서 금본위제를 다시 도입할 것이라고 생각했다. 그래서 그는 벨기에 국립은행이 입을 수 있는 파운드 화와 관련된 모든 손실을 정부가 인수하는 것에도 동의했다.[58] 잘 조사해보면 고소로 비화될 수도 있었던 영란은행과의 연대는 달러 화로까지는 이어지지 않았는데, 이는 곧 드러나게 된다.

파운드 화의 평가절하

파운드 화 가치는 1파운드 당 4.86달러에서 아주 빠른 속도로 떨어졌다. 채 며칠도 되지 않아 25%나 떨어져 3.75달러까지 갔다가 조금 회복해 3.90달러가 됐다. 금융당국은 시장에 개입하기는커녕 질서 있는 상태를 유지시키려는 움직임조차 없었다. 많은 사람들이 전후 프랑스 프랑 화나 이탈리아 리라 화가 떨어졌던 것처럼 파운드 화도 계속 더 떨어질 것이라고 예상하고 서둘러 보유 중인 파운드 화의 처분에 나섰다. 프랑스은행도 파운드 화 처분 대열에 동참했다. 아인지그에 따르면, 프랑스는 환 보증exchange guarantee을 해주면 파운드 화의 매각을 그만두겠다고 제안했지만 영국 정부는 환율 문제에 책임을 지려고 하지 않았다.[59] 12월에 파운드 화는 저점을 갱신하며 종전의 금평가보다 30%나 낮은 3.25달러를 기록했는데, 월간 평균으로는 3.47달러였다. 이는 파운드 화의 금본위제 이탈을 곧바로 따라 가지 않은 다른 통화들 입장에서 보자면 40%나 평가절상된 셈이었다. 그리그는 훗날 이렇게 논평했다. "영국은 금본위제를 이탈하면서 품위 있는 방식을 취하지 못하고 30% 혹은 그 이상의 가히 파국적인 가치 하락을 몰고왔다. 이로 인해 당시 세계가 기반하고 있던 긴밀한 협력 체제와 안정성을 송두리째 무너뜨렸다."[60]

1931년 12월 재무 장관은 파운드 화와 관련해 영란은행의 노먼 총재가 제안한 정책을 채택했는데, 그 내용은 금융당국이 지켜야 할 내용들이었다. 불필요한 외환 거래를 자제할 것, 이익과 손실의 문제를 무시할 것, 준비금이 위험 수준까지 떨어지더라도 자발적인 평가절하는 피할 것, 파운드 화가 스스로 궁극적인 가치를 찾아갈 수 있도록 놔둘 것, 성급하게 환율을 고정시키려는 시도를 하지 말 것 등이었다.[61] 클레이의 말에 따르면 이 같은 정책은 1939년 제2차 세계대전이 발발할 때까지 유지됐다고 하지만, 파운드 화의 평가절하가 다른 나라에 미치는 충격에 대한 고려는 정책 목록에 없었다.

모두 25개국이 영국을 뒤따라 금본위제를 이탈했다. 대부분이 대영제국에 속한 나라들이었고, 스칸디나비아 및 동유럽 국가들뿐만 아니라 아르헨티나와 이집트, 포르투갈 같은 전통적인 무역 상대국들도 가세했다. 캐나다는 미국 달러 화와 영국 파운드 화 사이에서 절충점을 택했는데, 미국 달러 화에 대해서는 약간의 평가절하를, 파운드 화에 대해서는 평가절상을 하게 된 셈이었다. 그러나 캐나다에게 특히 고통스러웠던 점은 (신문용지 수출 경쟁국인) 스웨덴의 크로나 화와 (밀 수출 경쟁국인) 아르헨티나 및 호주 통화에 대해서도 평가절상을 하는 결과가 됐다는 점이었다. 남아프리카공화국은 미국 달러 화와 금 블록 국가, 그리고 독일 마르크 화와 함께 평가절하에 맞섰다.

독일은 어떤 정책을 취해야 할 것인지(그리고 어떤 정책을 취했어야 했는지)에 대해, 또 어떤 고려사항이 필요한지에 대해 그때는 물론 아주 오래 전부터 고민하고 있었다. 영 플랜에서는 독일에 대해 금을 기준으로 한 고정 환율을 유지하도록 했는데, 프랑스는 이것이 법적인 의무라고 보았지만 영국은 그렇지 않았다. 미국은 라이히스마르크의 평가절하에 반대했지만 영란은행과 케인스, 그리고 영란은행의 미국인 자문역인 올리버 스프라그Oliver M. W. Sprague는 1932년 1월 함부르크에서 가진 담화에서 라이히스마르크의 평가절하를 촉구했다.[62] 국제결제은행 독일 대표부의 에드가 잘린Edgar Salin은 평가절하 주창자로, 이를 촉구하기 위해 베를린을 방문하기도 했다. 잘린은 아마도 국제결제은행에서 이미 확인된 바 있는 영국 측 견해에 영향을 받았을 것이다. 독일인 대다수 역시 파운드 화의 평가절하로 인해 야기된 라이히스마르크의 평가절상이 디플레이션 압력으로 작용할 것이므로 이를 완화시켜야 한다고 주장했다. 여기에는 칼 크래머Karl Krämer와 발터 그래벨Walter Grävell, 루돌프 달베르크Rudolf Dahlberg, 베르너 좀바르트Werner Sombart, 빌헬름 그로트코프WilhelmGrotkopp, 하인리히 드래거Heinrich Dräger, 빌헬름 뢰프케 Wilhelm Röpke, 알브레히트 프로스트만Albrecht Rorstmann이 포함됐지만, 이들은 모두 비주류였다.[63] 독일 정부는 평가절하에 반대했다. 여러 이유가 있었다. 영 플랜에 위배되는 데다 외채 상환에 필요한 국내 통화 부담을 늘릴 것이고, 미국과 프랑스가 반대하고 있으며, 프랑스가 독일에 대한 대출금을 회수할지도 모르기 때문이었다.[64] 그러나 제일 큰 이유는, 독일이 평가절하에 나설 경우 배상금 지불이 불가능해진다는 점—국제수지상 이를 상쇄하는 효과가 있다 하더라도—과 인플레이션에 대한 우려를 브뤼닝이 강력히 내세웠기 때문이다. 정치적인 성향이 어떻든 모두가 1920년대 초의 경험 때문에 평가절하가 인플레이션과 아주 연관성이 높다고 생각했다. 그러다 보니 누구든 평가절하를 권고하면 "그야말로 목숨이 위태로워질 지경이었다." 당시의 지배적인 슬로건은 "환율에서 손을 떼라"는 것이었다.[65] 9월 21일 휴가에서 돌아온 루터는 내각이 이미 마르크 화를 파운드 화처럼 평가절하하지 않기로 합의했다는 사실을 알게 됐다. 내각의 이런 결정은 인플레이션으로 고생한 지 8년밖에 지나지 않아 대중들이 평가절하에 강력히 반발할 것이라는 점을 고려한 것이었다.[66] 브뤼닝은 11월에 있은 한 연설에서 많은 사람들이 "파운드 화의 가치가 떨어진 지금 우리도 그에 대응해 평가절하에 나서야 한다는 의견을 갖고 있지만, 나는 인플레이션을 불러올 수 있는 어떠한 정책 수단도 끝까지 막아낼 것"이라고 말했다.[67] 손꼽히는 마르크스주의 이론가이자 사회민주당 소속으로 재무 장관을 지내기도 했던 루돌프 힐퍼딩크Rudolf Hilferding가 보이틴스키Woytinsky와의 논쟁에서 주장한 내용은 이런 것이었다고 한다.

> 런던이 세계의 경제 중심지로서의 역할을 포기한 것은 어리석은 일이었으며……독일이 해야 할 일은 통화 가치를 계속 유지하는 것이다. 그는 파운드 화의 평가절하에 따라 영국에서는 실업이 증가할 것으로 예상했다.

보이틴스키는 이 같은 주장에 맞서 영국의 신용은 평가절하에 따라 오히려 더 늘어날 것이며, 다른 나라들도 평가절하에 나서 수출을 늘리고 실업을 줄이려 할 것이라는 반론을 폈는데, 힐퍼딩크는 이에 대해 "넌센스"라고 소리쳤다.[68] 독일은 값비싼 실책의 대가를 치러야 했다. 1961년에 마르크 화가 평가절상된 뒤 알베르트 한은 이런 말을 했다. 5%의 통화가치 상승이 지금 산업계에 이처럼 큰 반발을 불러일으키고 있는데, 당시 40%의 평가절상이 몰고 온 디플레이션 압력은 얼마나 충격적으로 와 닿았겠는가?[69]

독일 정부는 디플레이션 정책을 밀고 나갔고, 영국도 마찬가지였다. 금 블록 국가와 미국은 심각한 국제수지상의 문제에 부딪쳤다. 영국과 독일은 이 문제와 전혀 상관없었는데, 영국은 파운드 화의 평가절하 덕분에, 독일은 채무 지불 정지 협정 덕분에 그랬다. 두 나라는 존재하지도 않는 인플레이션과 싸웠다. 영국의 물가 수준과 세계적인 물가 수준 간에 불가피하게 괴리가 발생한 것은 금으로 표시된 가격 수준 혹은 세계적인 물가 수준의 하락에서 비롯된 가격의 하락 때문이지 파운드 화의 평가절하 혹은 파운드 화와 함께 평가절하했던 나라들의 통화로 표시된 가격이 상승했기 때문이 아니었다.

이와 대조적이었던 곳은 금 블록 국가와 일본이었다. 금 블록 국가들 가운데 이탈리아는 앞서 소개했듯이 쿠오타 노반타를 통해 리라 화를 파운드 당 150리라에서 90리라로 평가절상했었는데, 이제는 쿠오타 세산타, 즉 파운드 당 70리라가 돼버렸다. 에르네스토 키안씨Ernesto Cianci 는 1926년의 쿠오타 노반타에 대해서는 지금도 열띤 논쟁이 벌어지고 있는 반면 파운드 화가 평가절하됐을 때 왜 리라 화는 평가절하에 동참하지 않았는지에 대해서는 별로 이야기하지 않는다는 점이 놀랍다고 말한다. 그는 이탈리아가 1931년에 평가절하에 나서지 않았던 것은 독일 학계나 정치권의 논쟁에서 거론되는 그런 이유들 때문이 아니라 무엇보다 위신 문제 때문이었으며, 그것도 꾸며진 위신을 내세우기 위해서였다고 덧붙인다.[70] 결국 이탈리아는 1934년에 독일에 이어 외환 통제를 실시했다.

파운드 화가 하락하자 투기 세력은 엔 화를 내다팔기 시작했다. 3개월만에 일본은행에서는 6억7500만 엔의 금이 빠져나갔다. 일본은행은 1931년 12월 14일 금 수출을 금지했고, 12월 17일에는 금본위제를 일시 정시시켰다. 패트릭Patrick에 따르면 뒤이어 일본이 취한 후속 조치들은 그 이전까지 일본이 보여준 정책적 혹은 경제적 판단으로는 예상할 수 없었던 것이었는데, 일찍이 세계적으로 보지 못했던 재정, 통화, 외환 정책이 가장 훌륭하게 또 매우 성공적으로 결합된 사례 가운데 하나였다.[71]

1920년대 내내 소수파 반대세력이 엔 화의 평가 복귀를 반대하며 더 낮은 환율을 유지해야 한다는 운동을 벌였다. 이시바시 단잔石橋湛山과 저명한 저널리스트인 다카하시 케메키치高橋亀吉가 주도한 이 운동은 처음에는 구스타프 카셀Gustav Cassel의 견해를 따르다가 나중에는 케인스를 추종했다. 케인스의 저작 가운데 《화폐개혁론Tract on Monetary Reform》은 1924년에, 《화폐론Treatise on Money》은 1932년에 각각 일본어로 번역됐는데, 이들 두 권의 책에는 아직 공공지출 이론이 나와있지 않았지만 이시바시와 다카하시는 통화 관리를 주창하는 내용에 깊은 인상을 받았다.

엔 화의 평가 복귀가 실패하자 이들 소수파의 견해가 주목 받게 됐다. 저널리스트 다카하시는 원래 정치인 다카하시 고레키요高橋是清의 이론에 비판적이었는데, 총리대신(1921~1922년) 겸 대장성 장관(1918~1922년)을 지냈고, 또 엔 화의 평가절하 이후 집권한 새 내각에서 다시 대장성 장관을 역임한 정치인 다카하시는 변동환율제 하에서는 적자 재정이 가능하다는 것을 직관적으로 이해하고 있었다. 당시 그의 저작을 보면,

칸R. F. Kahn이 1931년도 〈이코노믹 저널Economic Journal〉에 발표한 논문을 접하지 않고도 케인스의 승수 메커니즘을 충분히 이해하고 있었음을 알 수 있다. 일본은 변동환율제뿐만 아니라 1932년 7월과 1933년 3월의 외국환관리법에 의해서도 국제수지를 방어할 수 있었다. 일본은행은 재할인율을 1932년 3월 6.57%에서 1936년 4월에는 2.29%로 낮췄다. 일본은행의 신탁채권 발행고는 1억2000만 엔에서 10억 엔으로 늘어났다.[72] 그러나 통화 재팽창의 중심 메커니즘은 정부 지출이었다. 다카하시 대장성 체제 하에서 중앙정부의 지출은 1932년과 1933년, 1934년에 매년 20%씩 늘어나 국내순생산에서 차지하는 비중이 31%에서 38%로 높아졌다. 이 같은 지출 확대 정책은 생산 회복에는 충분했지만 무제한적인 군사비 지출을 원했던 군국주의자들을 만족시키기에는 부족했다. 결국 군국주의자들은 1936년 여든두 살의 정치인 다카하시를 암살했다.[73] 아무튼 엔 화의 평가절하에 따라 네덜란드령 동인도 같은 지역에서는 수입액 가운데 일본산 제품이 차지하는 비중이 1930년 12%에서 1933년에는 31%로 높아졌는데, 그러자 동인도 정부가 보호주의 조치를 취하기에 이르렀다.[74]

달러 화 자산 정리와 금 인출

1931년 9월 21일, 그러니까 파운드 화의 가치가 떨어지기 시작한 그날 프랑스은행의 모레 총재는 뉴욕 연방준비은행에 달러 화를 금으로 교환해가도 괜찮은지 물었다. 해리슨은 괜찮다고 확인해주었다. 9월 22일 프랑스은행은 5000만 달러를 금으로 바꿔갔고, 벨기에 국립은행은 1억660만 달러를 교환해갔다. 프랑스은행 측은 뉴욕 연방준비은행의 대외업무 책임자인 크레인에게 설명하기를, 프랑스은행은 앞서 벨기에와 스위스에 일정량의 금을 선물로 매도했는데, 이것을 인도하기 전에 달러 화를 금으로 교환함으로써 재무제표상 금의 손실이 나타나지 않도록 하려 한다고 했다.[75] 결국 연방준비제도의 재무제표에는 금의 손실이 불가피해졌고, 이 같은 재무제표가 공표되자 외환시장은 혼란에 빠졌다. 10월 1일 프랑스은행은 다시 2500만 달러를 교환 요청했고, 10월 8일에는 또 2500만 달러를, 10월 13일에는 2000만 달러를 교환하겠다고 통보했다. 모레는 10월 7일 해리슨에게 이렇게 설명했다. "프랑스은행이 연대감과 교양의식을 갖고 런던에 보유하고 있던 잔고에서 상당한 손실을 입게 됨으로써 본인은 본능적으로 이 문제(달러 화 잔고를 금으로 교환하는 문제)를 특별하게 고려하지 않을 수 없었습니다."[76] 연방준비제도 이사회의 햄린Hamlin 이사가 유진 메이어에게 보낸 비망록을 보면 파리에서 날아온 보고서를 인용하고 있다. 프랑스은행과 가진 토론 및 신문기사를 기초로 한 이 보고서는 "(연방준비제도가) 현재의 달러화 가치를 지지하고 유지하려는 보수적인 정책을 따르고 인플레이션 정책을 쓰지 않는다면" 프랑스은행은 달러 화 보유고를 유지하겠다는 뜻이었다.[77] 이 보고서에 대한 반응은 해리슨이 12월 18일 메이어에게 보낸 서한에 나타나 있는데, 뉴욕 연방준비은행은 어떠한 약속도 해줄 수 없다는 뜻이 담겨 있다. 프랑스은행은 마음대로 달러 화를 금으로 바꿔갔고, 연방준비은행 역시 필요한 신용 정책을 마음대로 채택할 수 있었다. 프랑스은행이 뉴욕 연방준비은행에 보유하고 있던 예치금과 인수필 어음은 1억9000만 달러에서 8600만 달러로 줄어들었다. 해리슨은 프랑스은행의 이사들이 수익 감소를 우려하면서 달러 화를 더 이상 금으로 교환해

가지 않기로 결정했다는 말을 들었다.[78] 1931년 9월 중순부터 10월 말까지 연방준비제도에서 빠져나간 금은 7억5500만 달러에 달했다. 1931년 12월 17일 연준 이사회의 간부 가드너W. R. Gardner가 메이어 이사에게 보낸 비망록을 보면, 벨기에 국립은행이 1억3100만 달러의 금을 교환해갔고, 네덜란드은행이 7700만 달러의 금을, 스위스 국립은행이 1억8800만 달러의 금을 각각 바꿔갔다는 내용과 함께 중앙은행들 사이에 패닉이 있었다는 사실이 언급돼 있다.[79] 이들이 바꿔간 것을 제외한 나머지 엄청난 양의 금은 프랑스가 가져갔다. 그런 점에서 프랑스은행이 1932년도 연차보고서에서 밝힌 이 같은 언급이 무슨 의미인지는 알기가 어렵다. "프랑스은행은 미국이 중대한 자금 인출 사태에 직면했던 1931년 가을 달러 화 자산의 처분을 자제했습니다."

미국 통화당국은 할인율 인상이라는 고전적인 방법으로 금의 인출에 대응했다. 그러나 10월 9일 1%포인트를 올린 데 이어 1주일 후 다시 1%포인트를 인상했음에도 뉴욕 연방준비은행의 할인율은 고작 3.5%수준이었다.[80] 해리슨은 이 정도 할인율에도 신경이 쓰여 공개시장 조작을 통해 그 효과를 상쇄시키도록 했다. 하지만 연방준비제도는 섣불리 결정을 내리지 못했다. 이 같은 조치가 유럽 쪽으로부터의 신뢰에 혼란을 초래해 추가적인 금 인출과 통화 퇴장 사태를 불러일으킬지도 모르기 때문이었다.[81] 공개시장위원회는 11월 말 회의에서 2억 달러의 정부 채권을 매입하기로 했으나 12월 회의에서는 매입 금액을 불과 7500만 달러로 낮췄다. 주요 금융 중심지 외곽의 은행들은 대거 재할인에 나설 수밖에 없었다. 은행 파산이 확산돼 갔다.

프리드먼과 슈워츠는 영국의 금본위제 이탈에 이은 미국의 금 공급에 대한 압박이 1931년 3월부터 1932년 중반까지 지속적으로 하락한 미국의 경제 생활 수준에 결정적이지 않았다는 입장이다.[82] 그러나 이 같은 주장을 받아들이기는 어렵다. 통화 공급뿐만 아니라 상품가격과 증권 가격, 수입액, 그리고 이것들보다는 덜했지만 산업 생산액도 파운드 화의 평가절하 이전보다 그 이후에 더 빠르게 떨어졌다.[83] 미국의 금 보유고에 가해진 유럽 쪽, 특히 프랑스의 압박은 1932년 초 몇 달 동안 재개됐지만 이때의 압박은 상쇄될 수 있었다. 달러 화의 평가절상과 자본 유출이라는 이중의 충격이 디플레이션 압력을 유지시켰고 또 가속화했기 때문이다.

더구나 전체 통화량이 보여주지 못하는 그 이면을 들여다 볼 필요가 있다. 마치 정부 채권과 신용등급이 높은 회사채의 이자율이 낮은 수준으로 떨어졌는데도 국내외의 신용등급이 낮은 비우량 채권의 이자율은 올랐듯이 모든 생산자와 소비자들에 대한 통화 공급 역시 똑같이 움직이지 않는다. 한 연구에 의하면 미국의 대기업들은 대공황 당시 유동성이 줄어들기는커녕 오히려 늘었다고 하고,[84] 또 다른 연구에 의하면 은행 신용의 축소야말로 시중 통화량의 감소만으로는 설명할 수 없는 엄청난 생산 위축을 불러일으켰다고 한다.[85] 게다가 최근에도 되풀이되는 오래된 가설이 있다. 은행의 지점 영업을 금지한 시스템이 결국 수많은 비효율적이고 영세한 은행들로 하여금 부실 대출을 하게 했다는 것이다.[86] 하지만 물론 일반화라는 것이 대개 그렇듯이 전체적으로 보면 맞는 것 같지만 하나씩 쪼개놓고 보면 설득력을 잃는다.

8

디플레이션의 지속
More Deflation

1930년대 초에는 당시 전통적인 상식을 가진 사람이라면 당연히 상품 가격과 자산 가격의 하락이 중요하다고 생각했다. 케인스의 《일반이론》 은 대체로 상품가격이나 자산 가격 문제를 무시하고 있지만, 그가 이 책을 집필할 무렵에 쓴 다음 글을 보면 이 같은 시각이 잘 드러나 있다.

> 우리 통화를 우스개거리로 만들어놓고, 또 세계 금융 시스템을 작동 정지 상태로 빠
> 뜨린 이 모든 신경과민과 히스테리, 패닉은……지난 2년간 통화 가치가 계속적으로
> 붕괴된 결과 은행들의 실질 자산이 서서히 그러면서도 꾸준히 무너져 내린 데서 그
> 뿌리를 찾을 수 있다……
> 디플레이션이 어느 수준에 이르면 어떤 은행도 견뎌낼 수 없다. 게다가 거의 전세계
> 에 걸쳐, 특히 미국에서 현재 은행들이 처한 상황은 비록 대중들의 시야에서 조금

벗어나 있기는 하지만 사실상 전체적인 국면 가운데 제일 취약한 요소다. 무언가 파국이 벌어지지 않고는 현재의 전개 상황이 크게 달라지지 않을 것은 분명하다. 만일 아무런 조치도 취해지지 않는다면 전세계 은행들 가운데 어딘가에서 진짜 심각한 붕괴가 발생할 것이다.

내가 보기에 현대 자본주의는 선택에 직면해 있다. 하나는 화폐 가치를 이전 수준으로 끌어올리는 방법을 찾아내는 것이고, 또 하나는 봇물 같은 파산 사태와 금융 시스템 전반의 붕괴를 그냥 바라보는 것이다.[1]

케인스는 주식시장 대폭락 이후 미국에서 벌어졌던, 은행들이 유동성을 유지하려는 바람에 상품가격과 여타 자산 가격이 급락했던 사태의 전말을 충분히 이해하지 못했다. 게다가 이 글을 쓴 1931년 여름은 아직 파운드 화가 금본위제를 이탈하기 전이라 미국과 독일, 금 블록 국가들에서 있었던, 금 가격으로 평가한 통화 가치의 평가절상에 따른 충격을 고려하기에도 너무 이른 시점이었다. 프랑스가 시행한 수입 쿼터제와 모든 나라가 부과한 수입 관세가 디플레이션을 더 심화시켰는데, 프랑스의 수입 쿼터제는 공급이 비탄력적인 1차 생산품의 판로를 줄이는 결과를 가져왔다. 영국은 1931년에 파운드 화를 평가절하했을 뿐만 아니라 1932년에 관세까지 인상했다. 영국의 이 같은 조치는 두 가지 대안을 놓고 오랫동안 논쟁을 벌이다 결국 둘 다 채택하는 좀 특이한 사례를 보여준 것이었다.[2] 덴마크는 1931년 10월, 스웨덴은 1932년 3월에 똑같은 길을 밟았다. 1931년 10월부터 1932년 3월까지 몇 개월 동안 네덜란드와 프랑스, 벨기에, 룩셈부르크, 스위스가 수입 관세를 부과하고 수입 쿼터제를 시행했다. 스위스의 경우에는 여기에 덧붙

그림10. 1929년 1월에서 1933년 3월 사이 거미줄처럼 위축된 전세계 교역 규모

(75개국의 수입액 월별 합계, 백만 달러))

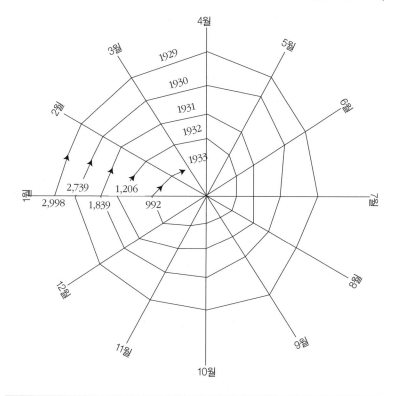

	1929	1930	1931	1932	1933
1월	2,997.7	2,738.9	1,838.9	1,206.0	992.4
2월	2,630.3	2,454.6	1,700.5	1,186.7	944.0
3월	2,814.8	2,563.9	1,889.1	1,230.4	1,056.9
4월	3,039.1	2,449.9	1,796.4	1,212.8	
5월	2,967.6	2,447.0	1,764.3	1,150.5	
6월	2,791.0	2,325.7	1,732.3	1,144.7	
7월	2,813.9	2,189.5	1,679.6	993.7	
8월	2,818.5	2,137.7	1,585.9	1,004.6	
9월	2,773.9	2,164.8	1,572.1	1,029.6	
10월	2,966.8	2,300.8	1,556.3	1,090.4	
11월	2,888.8	2,051.3	1,470.0	1,093.3	
12월	2,793.9	2,095.9	1,426.9	1,121.2	
평균	2,858.0	2,326.7	1,667.7	1,122.0	

출처: League of Nations, *Monthly Bulletin of Statistics*, February 1934, p. 51.

8. 디플레이션의 지속

여 미해결 상태에 있던 독일-스위스 무역 협정을 파기해버렸다. 이에 따라 1931년 9월과 10월에는 매달 4억 라이히스마르크 수준에 달했던 독일의 수출 초과액이 1932년 1월에는 1억 라이히스마르크로, 1932년 2월에는 9700만 라이히스마르크로 쪼그라들어 지출을 늘릴 수 있는 재원 자체를 없애버렸다.

디플레이션은 해외에서 전파됐을 뿐만 아니라 국내에 그대로 안착했다. 인수은행Acceptance Bank과 라이히스방크가 어려움에 처한 은행들에게 자금을 공급했는데, 라이히스방크는 인수은행의 제3자 서명만으로 16억 라이히스마르크를 지원해주었고, 금리도 1931년 7월과 8월의 10~15% 수준에서 내리기로 했다. 그러나 금리 인하 폭은 크지 않아서 그 해 10월에는 8%로, 12월에는 7%로 떨어졌다. 디플레이션은 여전히 당시 최대의 화두였다.

루터는 매우 솔직한 디플레이션론자였다. 그의 자서전 제7장의 제목은 "브뤼닝의 정책: 달리 대안이 없다"[3]였는데, 이 말은 브뤼닝 내각의 각료였던 트레비라누스Treviranus가 런던토박이들의 속된 표현인 "세상에, 달리 도리가 없군"[4]을 갖고 조롱하던 데서 가져온 것이었다.

그러나 대안은 있었다. 당시 경제성 관리였던 빌헬름 라우덴바흐Wilhelm Lautenbach는 공공사업 목적의 은행 신용을 수십억 라이히스마르크 확대하려는 계획을 갖고 있었다.[5] 이 같은 신용 창출 방안은 훗날 바게만Wagemann에 의해 채택됐다.[6] 노동조합 쪽의 보이틴스키는 말하기를, 처음에는 자기 혼자였지만 나중에는 바데Baade 및 타르노프Tarnow와 함께 국제적인 차원에서든 국내 차원에서든 공공사업을 벌이는 계획에 사로잡혀 있었다고 한다.[7] 루터는 정통파 경제학 지식을 동원해[8] 이런 주장을 가차없이 비판했는데, 사실 그의 논점은 브뤼닝이 디플레이션을 배상의 배제 수단으로 채택했다는 점이었다. 브뤼닝을 비난하는 사람들은 그가 독일 군부의 꼭두각시에 불과했다고 이야기한다. 그러니까 1930년 3월 영 플랜이 비준되고 2주 후 쿠르트 폰 슈라이허Kurt von Schleicher에 의해 자리에 앉혀졌으며, 배상을 종식시킨 로잔 회의를 6주 앞둔 1932년 5월 농업 정책을 구실 삼아 역시 폰 슈라이허에 의해 자리에서 쫓겨났다는 것이다. 브뤼닝 본인의 말처럼 골인 지점을 100미터 앞두고서 말이다.[9]

공산주의자들이 주장하듯 그것이 바이마르 공화국을 전복하려는 음모의 일환이었든 아니든, 브뤼닝이 1930년 9월 총선 이후 취했던 정책은 무엇보다 배상을 제거해버리는 데 집중돼 있었고, 디플레이션을 그런 목적을 위한 수단으로 활용했다.[10] 루터가 지적하는 것처럼 외교 정책의 성공은 급진파에게 선수를 치기 위해 필요했다. 브뤼닝 정부에게는 세 가지 목표가 있었는데, 우선순위대로 적자면 이렇다. (1) 외교 정책, 배상의 종결 (2) 경제 정책, 실업의 해소 (3) 국내 정책, 극단주의자들에 맞설 중도파의 강화. 브뤼닝에게는 두 번째와 세 번째 목표로 넘어가기 전에 배상 문제를 해결하는 것이 중요했던 것으로 보인다.[11] 영 플랜에서 배상 지불 중단은 곧 새로운 협상으로 이어지고, 그것은 국내 상황을 상상할 수 없는 국면으로 몰고 갈 것이었다. 따라서 독일 입장에서는 채권자들에게 배상 지불이 불가능하다는 점을 확실히 보여줄 필요가 있었다. 트레비라누스의 주장에 따르면 정부의 고용 계획이 이미 브뤼닝의 책상 위에 준비돼 있었으며, 독일이 배상 문제에서 자유로워지면 사용될 예정이었다고 한다.[12] 보이틴스키는 브뤼닝이 정치적으로 권모술수에 별로 능하지 않았다며 이렇게 말한다. "스스로 파멸을 초래한 그의 정책은 다름아닌 그의 기본 철학에서 나왔다. 그는 악성 인플레이션이라는 망령에 벌벌 떨었고, 일자리를 창출해 실업자들을 달래준다는 발상 자체를 좋아하지 않았으며, 공공사업 계획은 독일이 감당할 수 없는 사치품이라는 생각을 갖고 있었다."[13]

브뤼닝은 디플레이션이 배상을 취소시킬 것이라는 자신의 시나리오를 새킷에게 전달했다. 후버는 세계경제의 현안을 논의할 5대 열강 회의를 워싱턴에서 열 것을 이미 주문했는데, 이 회의에서 배상 취소가 불가피하다는 점이 분명해질 것이라는 게 그의 시나리오였다. 브뤼닝의 회고록에 따르면 후버는 국무부 차관 조셉 코튼Joseph Cotton을 유럽에 보내 현지 조사를 하도록 하는 방안을 진지하게 고려했었다고 한다. 이 같은 노력은 코튼이 1931년 1월 27일 사망하면서 끝나버렸다.[14] 그러나 디플레이션이 어떻게 해서 배상 취소를 이끌어낼 수 있는지 그 정확한 메커니즘은 한 번도 밝히지 않았다. 메네Menne는 파산 사태야말로 브뤼닝이 지휘했던 보기 드문 긴축 전선의 목표였으며, 그래서 브뤼닝에게 "배고픈 총리Hunger Chancellor"라는 조롱 섞인 호칭이 붙었다고 생각한다.[15] 하지만 브뤼닝이 배상 종결과 관련해 밝혔던 연설을 들어보면 이것도 분명한 것은 아니다. "독일의 재정 수지와 경제 상황은 전세계적으로 누가 봐도 명백합니다. 이것이야말로 우리 정부가 가질 수 있는 가장 강력한 무기입니다."[16] 평가절하라든가 신용 확대 혹은 공공사업에 대한 제안은 곧바로 기각됐는데, 이런 이유에서였다. "브뤼닝은 오로지 디플레이션 정책을 일관되게 시행함으로써만 연합국의 호의를 유지시킬 수 있다고 생각했고, 그에게는 이런 믿음이야말로 배상의 최종적인 종식을 가져올 필요 조건 같은 것이었다."[17] 라우텐바흐와 바게만이 제안한 계획에 대한 연합국 측의 반대와 관련해서는 자주 언급되고 있다. 그러나 디플레이션이 어떤 식으로 배상 지불이 불가능하다는 점을 확실히 보여줄 것이며, 그렇게 하면 정말로 배상을 종식시킬 수 있다는 것인지에 대해서는 자세한 설명이 거의 없다.

브뤼닝의 생각이 무엇이었든 그는 1931년 12월 8일 네 번째 긴급 포고령을 발동해 임금 삭감과 금리 인하, 카르텔 산업 제품의 가격 인하를 단행했다. 임금은 1927년 1월 10일 당시의 수준으로 일률적으로 낮추도록 했다. 하지만 임금 삭감은 실업 해소에는 도움이 되지 않았다. 이는 전년 동기 대비 실업자 수의 증가를 보면 드러나는데, 1931년 8월의 경우 전년 동기보다 실업자 수가 130만 명 늘어났고 1931년 9월에는 140만 명 늘어났으나 1932년 1월과 2월에는 각각 110만 명이 늘어나 실업자 수 증가가 소폭이나마 줄어드는가 했지만 5월과 6월에 실업자 수는 다시 전년 동기 대비 150만 명이나 늘어났다. 독일의 사회적 통합은 산산조각 났다. 나치당은 계속해서 그 세력을 불려나갔다.

나치가 집권하게 된 배경으로 배상 문제나 루르 지방 점령, 1922~1923년의 인플레이션, 1931년의 평가절하 실패, 브뤼닝의 디플레이션 정책 가운데 어느 것을 꼽아 비난하든 브뤼닝이 실패했다는 점만큼은 이견의 여지가 없다. 배상은 1932년 6월과 7월에 열린 로잔 회의에서 사실상 취소됐지만 브뤼닝은 이미 5월에 폰 힌덴부르크에 의해 총리직에서 해임됐다. 후임 총리 폰 파펜von Papen은 개혁파가 지지하는 신용 창출 및 지출 확대 정책을 채택했는데, 여기에는 1934~1938년 기간 중에 기업들이 독일제국에 세금을 납부하는 데 쓸 수 있는 증권을 발행해 이를 공공사업의 재원으로 충당하자는 라우텐바흐의 방안이 포함됐다. 증권 발행액에 대해서는 1934~1938년 중 정부 예산을 흑자로 만들어 상환한다는 계획이었다. 아무튼 이 증권은 매매할 수도 있고 라이히스방크에서 할인 받을 수도 있었다. 모두 15억 라이히스마르크가 발행된 이 세금 납부용 증권 외에도 정부 기관 앞으로 발행한 어음(이 역시 라이히스방크에서 할인 받을 수 있었다)을 재원으로 공공사업을 시행했는데, 어음 발행액은 폰 파펜 재임 시에 3억 라이히스마르크, 그의 후임으로 제국고용청장 출신인 게레케Gereke 재임 시에 6억 라이히스마르크, 그 다음 총리인 라인하르트Reinhardt 재임 시에 10억 라이히스마르크였다. 이 것은 히틀러가 집권한 1933년 1월 30일까지의 수치고, 그 뒤로도 발행액은 계속 늘어나 1933년 말에는 55억 라이히스마르크, 1939년 말에는 400억 마르크에 달했다.[18] 개혁파들은 무엇보다 정치적으로 히틀러에 반대했고, 그가 추진한 프로그램, 그러니까 우선 아우토반(뿐만 아니라 1934년에 암살당한 그레고르 슈트라세Gregor Strasser가 추진했던 농민 지원책)에 집중하고 그 다음으로 재무장에 나선다는 계획에도 의심의 눈초리를 보냈다. 아무튼 개혁파는 브뤼닝이 채택하기를 거부했던 방안들을 히틀러에게 제공했다.[19]

배상 문제의 종결

모라토리움이 단행된 뒤 어느 정도 시간이 지난 1931년 10월 라발은 전채와 배상 문제를 논의하기 위해 워싱턴을 방문했다. 후버는 유럽 여러 나라들이 독일의 배상 지불 능력을 재조사하는 것을 협의하는 게 어떻겠느냐고 제의하면서 유럽 대륙이 솔선수범을 보여줘야 모든 국제적인 채무 문제를 공황기의 지불 능력에 기초해 재검토할 수 있을 것이라고 덧붙였다.

> 정부간 채무에 관한 한 우리는 후버 모라토리움에 따른 지불 유예 기간이 만료되기 전에 어떤 협정이 필요하며, 이 협정은 양국 정부가 유보한 모든 조건들과 마찬가지로 공황기의 상황을 반영해야 한다는 데 인식을 같이 한다.[20]

이 문장은 1년 뒤, 만일 배상이 추가로 더 연기되거나 취소될 경우 전채에 대해서도 이와 유사한 처리 방식이 적용돼야 한다는 견해를 불러왔다.

유럽은 솔선수범의 예를 보여주었다. 영 플랜에 관한 특별 자문위원회를 구성해 국제결제은행 주관 아래 1931년 12월 회의를 열었다. 위원회에서는 공황으로 인해 영 플랜이 합의됐을 당시의 상황과 많이 달라졌다고 결론짓고 정부간 협상을 권고했다. 미국은 회의 결론에 덧붙인 비망록에서, 또 그 뒤 몇 달 동안 정기적으로, 전채는 배상 문제와 아무런 관계도 없다고 계속해서 주장했다. 이 문제를 해결하기 위한 회의는 1932년 4월의 프랑스 총선으로 인해, 다시 5월의 프러시아 총선으로 인해 연기된 끝에 결국 6월과 7월에 로잔에서 열렸다. 회의는 난항을 겪었으나 배상을 거의 면제해주는 합의를 도출해냈다. 독일이 갚아야 할 부채 30억 마르크는 액면가 발행 형식으로 국제결제은행 앞으로 발행됐는데, 국제결제은행은 3년 뒤 이 채권을 공개시장에서 상업적으로 팔 수 있었지만 액면가의 90% 밑으로는 매각하지 못하도록 했다. 그렇게 해서 15년 후까지도 팔리지 않은 채권은 취소되도록 했다. 협정의 비준은 전채 협상의 타결을 위해 늦춰졌는데, 전채는 대부분 미국에 대한 것이었지만 이탈리아와 영국 간의 전채와 프랑스와 영국 간의 전채도 있었다. 전채와 관련된 문제는 1932년 11월에 제기됐는데, 워싱턴 주재 프랑스와 영국 대사가 미국에게 전채에 대한 재검토와 12월 15일로 예정된 전채 지불분의 연기를 요청하면서 비롯됐다. 대통령 재선에 도전했다가 고배를 든 후버로부터 승자인 루스벨트로의 정권 이양은 그렇지 않아도 아주 어려운 것이었는데, 이 문제까지 겹치며 더욱 복잡해졌다.

영국이 불황에서 벗어나다

1932년 들어와 처음 몇 달 동안 파운드 화가 반등하기 시작했다. 부분적으로 파운드 화는 과매도 상태였고, 수입업자들은 수입 관세 부과를 앞두고 파운드 화 매수에 열을 올렸다. 더 중요한 요인은 1932년 1월의 신뢰 회복이었는데, 프랑스가 보유하고 있는 파운드 화가 더 이상 시장에 부담을 주지 않을 것이며, 영란은행이 금 보유고를 축내지 않고도 1931년 여름에 쓴 신용을 제때 상환할 수 있을 것이라는 인식이 널리 퍼진 덕분이었다. 또 다른 요인으로는 원래 3월 말까지 내도록 돼있는 소득세를 1월 1일 첫 통지 직후 자발적으로 납부하기로 한 점도 들 수 있을 것이다.[21] 그러자 달러 화가 압박을 받기 시작했다. 3월 초 시장에서는 1파운드 당 3.50달러를 밑돌던 수준에서 파운드 화가 올라가기 시작했다. 3월 말 파운드 화는 1파운드 당 3.80달러까지 상승했다.

아인지그는 파운드 화에 대한 기본 인식이 긍정적으로 전환된 것이 오히려 파운드 화 가치를 금 가격에 맞춰, 가령 1파운드 당 3.50달러 수준으로 고정시킬 수 있는 기회를 놓쳐버리게 만들었고, 런던이 세계 금융의 중심지로 다시 자리매김할 수 있는 기회마저 잃게 했다고 주장했다.[22] 이번에는 환율이 중요했다. 파운드 화가 1파운드 당 3.50달러에서 3.80달러로 오르자 제조업자와 수출업자들이 죽겠다고 아우성이었다. 하지만 1931년의 시련을 겪은 뒤라 영국은 세계적인 지위를 다시 주장할 마음이 추호도 없었다. 영국은 대영제국 이외의 지역에서 수입되는 대부분의 제품에 대해 10%의 관세를 부과하는 1932년 2월의 수입관세법을 채택하는 대신 자유 무역에서의 주도권을 내려놓았다. 수입자문위원회가 추가적인 관세 제안을 위해 새로 구성됐고, 이 위원회는 4월에 기존 관세율보다 2배나 높은 관세를 부과할 것을 주문했다. 외환평형계정EEA이 1억5000만 파운드의 재무성 증권을 발행할 수 있는 권한을 부여 받아 설립됐는데, 파운드 화의 환율 안정이라고 하는 목적은 사실 파운드 화의 환율 상승을 억제하겠다는 것의 완곡한 표현이었다.[23] EEA는 환율은 물론 핫머니의 흐름으로부터 런던 자금시장을 차단해주는 매우 유용한 장치임을 입증했는데, EEA는 파운드 화를 원하는 사람에게는 금과 교환해 파운드 화를 발행해주고, 거꾸로 파운드 화 대신 금을 원하는 파운드 화 보유 외국인에게 언제든 바꿔줄 금을 보유했다. 이처럼 EEA를 갖추게 된 통화당국은 파운드 화 환율을 안정시킬 국가 정책의 필요성을 느끼지 못했다. 더 현실적으로 말하자면 통화당국은 국제 경제 시스템에 대해 어떤 책임도 지고자 하지 않았다.

국지적인 이해관계와 세계적인 차원에서의 이해관계 간의 충돌은 1930년대에 다양한 목표를 지향하며 출범한 경제자문위원회의 기록에도 분명하게 반영돼 있다. 케인스와 아서 솔터 경, 스탬프 경, G. D. H. 콜 같은 경제학자들이 참여한 경제자문위원회는 국내적인 문제에서 눈을 돌려 세계 다른 지역에도 관심을 가진 경우가 자주 있었다. 1931년 9월 당시 경제경보위원회 명의로 발표된 보고서에서는 영국의 경제 회복을 위해서는 세계적인 원자재 가격의 회복이 필수적이라고 지적했다. 또 1932년 3월에는 파운드 화의 평가절하가 금 가격의 추가적인 하락을 부추길 수 있다고 보았다. 또 1932년 7월에는 케인스-핸더슨 플랜을 통해 국제결제은행에서 국제적인 증서(이로부터 25년가까이 지난 1966년에 나온 IMF의 특별인출권SDR과 매우 흡사한 것이다)를 발행할 것을 제안하기도 했다.[24] 그러나 대개의 경우 경제정책에 관한 논의는 영국이 마치 부분 균형 상태—다른 조건이 동일할 경우—에 있는 폐쇄 경제인 것처럼 상정하고 진행돼 무역승수나 경제보복, 피드백 같은 것들은 거의 고려하지 않았다.

1932년 2월 영국은 금본위제 포기 이후 강력하게 밀어붙였던 디플레이션 정책도 뒤집었다. 영란은행은 2월 18일부터 6월 말까지 6차례에 걸쳐 재할인율을 인하해 1931년 9월 21일에 6%였던 재할인율을 6월 30일에는 2%로 끌어내렸다. 그러나 진짜 역점을 두었던 것은 1929년부터 1947년까지 갚게 돼있는 5% 금리의 전채를 1952년 이후 정부가 선택적으로 상환할 수 있는 3.5% 금리의 전채로 전환하는 일이었다. 이 전채가 단기 금리 구조를 지지하고 있다는 점에서 이 작업은 그야말로 중대한 것이었다. 모두 20억8500만 파운드에 달하는 전채 발행액은 영국 국가 부채의 27%와 런던 증권거래소에 상장된 영국 유가증권의 38%에 이르는 엄청난 규모였다.[25] 전환 작업은 성공적이었다. 전채의 92%가 교환됐다. 재무성 채권 금리는 1932년 1월 4.94%에서 9월에는 0.55%로 떨어졌고, 은행 예금 금리는 1월 4%에서 6월에는 0.5%로 낮아졌다. 현대

통화이론에 비춰볼 때 정책 목표를 통화 공급이 아니라 낮은 금리에 두었다는 점에 주목할 필요가 있다. 통화 공급량의 경우 런던의 10개 어음교환 은행들의 예금잔고를 기준으로 환산해보면 1931년 5월 19억 파운드에서 9월에는 17억 파운드로, 1932년 2월에는 16억5000만 파운드로 감소했다. 그 이후 가파르게 증가해 6월에는 17억5000만 파운드로, 12월에는 다시 20억 파운드로 늘어났다. 하지만 정부가 의도한 정책의 초점은 어디까지나 저금리에 있었다.

낮은 금리는 주택 건설을 진작하는 효과를 발휘해 1930년대 영국 경제의 부흥에 결정적인 역할을 했다. 물론 이것이 아무것도 없는 백지 상태에서 이뤄진 것은 아니었다. 고금리로 인해 건설 사업 자체가 억제돼 있던 1920년대에 제대로 소화하지 못하고 쌓여 있던 수요가 많았다. 1930년의 주택건설법은 슬럼가를 정리하는 데 재정 지원을 해주었다. 생활필수품의 수입 가격이 내려가면서 영국의 교역 조건이 좋아졌고, 이는 소비자들의 소비 지출을 한결 여유롭게 해주었다. 여기에 저금리까지 가세했던 것이다. 건설 계획은 전채 전환이 이루어진 다음인 1932년 가을에 채택됐다. 1931년부터 1933년 사이 민간 건축물은 70%나 늘어났다. 최근의 연구에 따르면 수입 관세는 별 도움이 되지 않는 것으로 나타났다. 수입품에 부과하는 관세의 "실효 보호율"을 도출하기 위해 명목 관세율을 조정할 경우[26] 경기 회복의 관건이 되는 2대 산업, 즉 철강과 건설이 도움을 받기 보다는 오히려 불이익을 받았으며, 경기 진작의 추진력은 교역 조건의 우연한 개선에서 비롯되었다는 점이 명백하다는 것이다.[27]

교역 조건의 개선은 통화 가치의 평가절하가 교역 조건을 악화시킨다는 고전학파의 예상과 어긋나는 것이다. 고전학파의 모델에서는 일단 수출에 국한해서 보면, 더 많은 제품을 팔기 위해서는 가격을 낮춰야 하는 반면 평가절하한 나라가 수입품에 대해 지불하는 외화표시 가격은 동일하다. 그런데 영국의 사례는 이와 달랐던 것이다. 영국의 수입품 시장은 무수한 해외 수출업체들에게 너무나도 중요했기 때문에 영국은 수요 독점적인 이점을 누렸다. 영국은 수입품을 더 적게 구입하려 할수록 수입품을 더 싸게 구입할 수 있었다. 수출품의 외화표시 가격은 떨어졌지만 수입품 가격 역시 1928년부터 1931년까지 더 큰 폭으로 하락했다. 파운드 화의 평가절하는 금이나 달러 화, 평가절하되지 않은 다른 통화로 표시한 세계적인 원자재 가격에 엄청난 하락 압력으로 작용했을 뿐만 아니라 영국의 수출가격과 수입가격도 똑같이 떨어지도록 했다. 이에 따른 직접적인 충격이 건축비에 가해졌고, 그래서 건축비가 하락한 것이다. 게다가 영국의 임금 및 월급 생활자들이 1932년에 음식료품과 담배, 의류용품을 구입하고 남은 돈이 1924~1927년에 비해 2억5000만 파운드나 더 많았는데, 이 돈의 대부분이 집을 늘리는 데 쓰였다.[28]

스웨덴의 불황 탈출 정책

스웨덴의 불황과 회복은 상당히 다양한 논쟁거리를 남겼다. 비록 1932년 3월에 있었던 이바르 크뢰거Ivar Kreuger의 자살이 세계시장을 뒤흔들 정도로 충격적이었고 스웨덴 경제도 위축시키는 작은 요인으로 작용했으나 스웨덴의 불황은 해외로부터 파급되었다는 게 일반적인 인식이다.[29] 이보다 더 중요한 문제는 스웨덴의 회복이 어디까지 자국의 노력에 의한 것이었는가라는 점인데, 특히 저금리를 동반한 공공사업 정책의 시행이 얼마나 도움이 되었는가다. 그리고 또 하나의 중요한 문제는 파운드 화의 경우보다 더 컸던 스웨덴의 평가절하와 여기에 더해 영국의 건설 붐 및 그 이후의 재무장에 따른 경기 붐이 스웨덴의 회복에 얼마나 큰 영향을 미쳤는가 하는 점이다.

스웨덴에서는 제1차 세계대전 이래 경제를 둘러싼 논쟁이 치열했었다. 구스타프 카셀Gustav Cassel에 따르면 정책의 첫 번째 목표—크로나 화의 금 가치 회복—에는 다른 금본위제 국가들과 같은 수준으로 물가를 낮추는 방안 혹은 구매력을 회복하는 방안이 포함됐다. 크누트 빅셀Knut Wicksell은 물가를 1914년 수준으로 낮춰 스웨덴의 예전 경제구조를 재확립하기를 바랐다. 그러나 1924년부터 6년간 물가가 11%나 떨어진 뒤 1920년대 말에 이르자 금본위제는 물가 안정과 소득, 고용을 유지하는 데 적합하지 않다는 게 명백해졌다. 스웨덴이 1931년 9월 파운드 화와 함께 금본위제를 이탈했을 때 통화당국은 성명을 발표해 물가, 특히 새로이 설정한 주간 물가지수를 안정시키는 데 정책의 초점을 맞출 것이라고 밝혔다. 먼저 국제 교역이 이뤄지는 제품들의 가격이 평가절하에 따라 상승하자 긴축적인 통화 정책이 채택돼 물가지수의 전체적인 변동을 억제했다. 곧 이어 이 정책은 국내 물가를 안정시키는 데 충분했던 것으로 판단됐다.[30] 구스타프 카셀은 물가 안정은 반드시 통화 정책을 통해 이뤄져야 한다고 생각했다.[31] 반면 다른 관계자들은 환율 통제가 물가 안정의 열쇠라고 생각했다.[32]

1932년 9월 총선을 통해 사회민주당 정부가 들어서면서 기존의 보수적인 색채에서 벗어난 예산 정책의 채택이 가능해졌다. 1933년 1월 1일 재무 장관 에른스트 윅포르스Ernst Wigfors가 발표한 예산은 군나르 뮈르달Gunnar Myrdal의 경제 철학에 기초한 것으로, 정부 예산을 경상 지출과 자본 지출로 나누는 덴마크 방식을 채택했고, 1억6000만 크로나의 공공사업 예산을 계상해 이를 상속세 증가분으로 4년에 걸쳐 상환하기로 했다.[33] 그러나 재무장 이전까지는 재정 적자가 적었다. 1932년 말까지 5년 동안 공공부채는 22억200만 크로나에서 23억4200만 크로나로 소폭 늘어나는 데 그쳤다. 스웨덴 경제학자들은 교역 조건의 개선과 영국의 경기 붐 덕분에 우호적인 "국제적 여유 공간international margin"이 생겨 공공사업을 통한 회복이 가능해졌다고 생각했다. 그러나 당시의 사례를 분석한 주류 경제학자는 스웨덴의 개방적인 경제를 감안할 때 과연 독자적인 경제 정책이 가능했을지 회의적이라며, 가능한 경제 정책을 전부 동원한다고 해도 결국 제한된 범위 안에서만 사용할 수 있었을 것이라고 주장한다.[34] 그러나 한 젊은 통화주의 경제학자는 스웨덴의 이 같은 사례를, 통화주의자 대 케인지언의 논쟁에서 테민과 상대했던 프리드먼 및 슈워츠를 지지하는 논거로 사용하기도 했다.[35]

해외로부터, 그리고 스칸디나비아 반도에 있는 스웨덴의 라이벌로부터, 스웨덴의 회복은 그런 식의 정책과는 관계가 거의 없다는 냉소적인 의견이 제기됐다. 덴마크의 경제학자 카를 이베르센Carl Iversen의 주장에 의하면 스웨덴의 회복은 "국제적 여유 공간"[36], 에릭 룬드버그Erik Lundberg의 표현으로 하자면 "국제적 활동 공간international space"[37]에 기인한 것이었다. 즉, 영국의 건설 붐이 만들어준 국제수지 흑자 덕분이라는 것이다. 크뢰거가 자살했을 때 스웨덴의 중앙은행인 릭스방크Riksbank는 제한된 준비금밖에 없었고, 결국 크로나 화의 가치를 1파운드 당 18

크로나에서 19.50크로나로 떨어뜨렸다. 토마스는 분명하게 지적한다. 작은 나라의 이점이란 평가절하와 (과도하지 않은) 관세 부과 같은 근린 궁핍화 정책을 보복을 야기하지 않고도 단행할 수 있다는 것이라고 말이다.[38] 덴마크의 수출은 평가절하에도 불구하고 경기 회복에 제한적이었다. 덴마크는 수출 경쟁국인 뉴질랜드에 못지 않은 평가절하를 단행했음에도 불구하고 영국이 베이컨과 햄, 버터에 수입 쿼터제를 실시하는 바람에 1932년 9100만 크로나였던 월평균 수출액이 1935년에 1억 700만 크로나로 늘어나는 데 그쳤다. 일본을 제외하면 수출액이 산업 생산액보다 더 많이 늘어난 유일한 나라가 바로 스웨덴이었다.[39] 스웨덴의 월평균 수출액은 1932년 7000만 크로나였던 것이 1935년에는 1억 800만 크로나로 늘어나 덴마크의 17%와는 비교도 되지 않는 54%의 엄청난 증가율을 나타냈다. 공공 지출 이론을 제대로 시험조차 하지 않은 핀란드의 경우에도 스웨덴만큼이나 뚜렷한 회복세를 보여주었다.[40]

미국의 금에 대한 프랑스의 압박

미국 정부는 1931년 12월 유동성이 필요한 은행과 기업에 금융 지원을 해주기 위해 부흥금융공사Reconstruction Finance Corporation를 출범시켰다. 정부의 세수가 빠르게 감소하면서 심각한 예산 적자로 이어졌다. 컬럼비아 대학에서 은행론을 가르치던 H. 파커 윌리스H. Parker Willis 교수는 파리에서 발행되는 〈경제통신L'Agence Economique〉에 보낸 그 유명한 급전 기사에서 이런 요인들이 인플레이션으로 이어질 가능성이 높다고 밝혔다. 이 기사로 인해 프랑스 관리들은 물론 민간 여론까지 혼란에 빠졌다. 프랑스은행의 모레 총재는 이 기사를 인용하면서 뉴욕 연방준비은행에 금을 따로 지정해 선적하는 작업을 재개해줄 것을 요청했다. 이 작업은 정해진 일정대로 진행돼야 했다. 너무 급하게 서두르지도 않았고 반대 여론이 일도록 하지도 않았지만 아무튼 일주일에 두 차례 선적이 이루어지도록 했다.

해리슨은 모레에게 금을 가져가는 것을 중단하도록 요청할 의사가 없었다. 오히려 그 반대였다. 그는 매 단계마다 프랑스은행이 보유하고 있는 달러 화, 그러니까 1월 중순 현재 약 6억 달러에 달하는 금액을 얼마든지 금으로 교환해갈 수 있도록 돕겠다고 제안했다. 그러나 미국이 심각한 인플레이션 위험을 감수하고 있다고 한 윌리스의 기사에 대해서는 강력히 대응했다. 1932년 1월 15일 해리슨은 미국이 역사상 가장 극적인 은행 신용 디플레이션을 경험하고 있으며, 연방준비제도의 정책은 인플레이션을 자극하는 것이 아니라 디플레이션을 멈추도록 하는 것이라고 설명했다. 다음날 그는 윌리스 만큼이나 보수적이면서도 권위 있는 케머러, 홀랜더, 토시그, 카버, 셀리그먼, 듀란드, 월콕스 같은 저명한 경제학자들이 신용 위축과 물가 하락 현상은 충분히 멀어졌으며, 필요한 일은 신용 확대를 더욱 가속화시켜 줄 자유주의적 정책이라고 믿고 있다고 덧붙였다. 모레는 답하기를, 프랑스의 여론은 미국에서 취한 결정들에 대해 어떤 판단을 내리기에는 여전히 조심스러워하는 것이라며, 하지만 최근의 달러 화 매도는 기본적으로 런던에서 비롯된 것이라고 했다.[41]

1931년 가을의 금 인출 이후 연방준비제도 산하 은행들의 연방준비제도에 대한 할인 채무는 크게 늘어나 2월에는 평균 8억3600만 달러에 달했는데, 이는 1929년 11월 이후 최고 수준이었다. 연방준비제도의 자유금free gold* 보유고는 4억 달러 규모로 줄어들었다. 연방준비제도는 40억 달러에 가까운 금을 보유하고 있어서 채무에 대한 35%의 금 보증을 맞추기에 충분했으나 35%와 100% 간의 차이를 메워줄 적격어음eligible paper이 부족했고, 결국 금을 사용할 수밖에 없었다. 그러다 보니 1931년 7월 초 연방준비제도 차원에서 영란은행에 차관을 제공할 때 세인트루이스 연방준비은행은 자유금의 부족으로 인해 참여하지 못하기도 했다. 1931년 12월에 이르자 자유금의 부족이 문제가 되기 시작했다.[42] 앞서 후버는 10월에 있은 대통령 선거 유세에서 미국이 2주 안에 금본위제를 이탈할 시점에 와있다고 주장했었다. 이는 2월 27일의 글래스−스티컬 법 통과 이전에 이미 자유금이 3억5000만 달러 규모로 줄어들었으며 일주일에 1억5000만 달러씩 금이 유출되고 있다는 사실을 언급한 것이었다. 그러나 글래스−스티걸 법에서는 연방준비제도가 적격어음과 함께 정부 채권도 연방준비제도의 채무에 대한 준비금으로 계상할 수 있도록 했다. 이 같은 내용의 법안이 통과되자 공개시장 조작을 통한 강력한 공세가 가능해져 2월에 7억9200만 달러에 달했던 순차입금(총차입금에서 초과 준비금을 뺀 금액)을 7월에는 거의 1억 달러의 순초과 준비금 상태로 돌려놓았다. 법안이 통과되면서 프랑스 자금의 유출도 재개되었다. 아무튼 공개시장 조작을 통한 공세는 의회의 압력에 의해 더 힘을 받았고, 격렬한 반대에도 불구하고 공개시장위원회 투표에서 3대2로 통과됐다.

글래스−스티걸 법이 통과되고 사흘이 지난 3월 1일 프랑스 주재 미국

....
* 중앙은행간 거래가 아닌 일반 시장에서 자유롭게 거래할 수 있는 금.

대사는 프랑스의 금 인출이 당시 프랑스은행에서 프랑스 재무부로 이관된 상태였던 파운드 화에서 발생한 엄청난 손실에 예민해진 국회의원들의 요구에서 비롯된 정치적 조치였다고 언급했다. 일주일 뒤 모레는 해리슨에게 서한을 보내, 프랑스가 금본위제에 대해 갖고 있는 애착을 이렇게 설명했다. 1928년 6월에 시행된 화폐법에서는 프랑스은행으로 하여금 해외 자산을 유동화하도록 규정했는데, 이는 프랑스의 국제수지가 흑자일 때는 어려운 일이라는 것이다. 또한 프랑스은행은 1931년 위기 당시 만족스럽지 못한 것으로 드러난 바 있는 임시변통식 협정에 반대했던 것처럼 진정한 금본위제의 작동을 대외적으로 확실하게 보여줄 필요가 있었다고 했다. 이런 이유로 프랑스는 보유하고 있는 외환의 유동화가 필요했다는 말이다.

프랑스는 4월까지 일주일에 1250만 달러 규모로 달러 화를 금으로 교환해갔다. 프랑스의 예를 따라 네덜란드은행이 4000만 달러를 금으로 교환해갔다. 5월 말 모레는 금 교환 규모를 늘릴 것임을 강력히 시사했다. 해리슨은 처음에는 모레에게 그가 하고 싶은 대로 하라고 했다가 모레가 일주일에 2500만 달러로 금 교환 규모를 늘리자 아예 남아있는 9300만 달러를 다 교환해가는 게 좋겠다고 이야기했다. 그렇게 됐다. 1000만 달러만 외환 준비금으로 남겨뒀다. 금본위제는 결국 대공황이 바닥까지 와있던 1932년 6월 중순 종말을 고했다.

하지만 아무런 차이도 없었다. 글래스-스티걸 법 아래서의 공개시장 조작은 은행들에게 가해지고 있는 압박을 덜어주기에는 때늦은 것이었다. 하지만 시스템 전체에 걸쳐 똑같이 늦은 것은 아니었다.

공개시장 조작은 효과가 있었나?

경기 상황이 통화 공급을 따라간다고 간주하는 단순한 통화 이론은 지방 은행에 대해 적절한 설명을 해주지 못한다. 표15는 순초과 준비금 혹은 연방준비제도로부터의 순차입금(마이너스로 표시)을 상세하게 보여주고 있는데, 중앙준비시 은행central reserve city banks과 준비시 은행reserve city banks, 지방 은행country banks별로 나눠서 표시했다. 이 수치들은 1929년부터 1933년까지 매 분기의 마지막 달 평균치다.(다만 1933년 3월은 은행

표15. 연방준비제도 가맹은행의 순초과 준비금 및 순차입금 (분기말 기준, 월평균 금액, 백만 달러)

	합계	뉴욕	시카고	준비시 은행	지방 은행
1929년 3월	-915	-147	-118	-414	-236
6월	-932	-167	-62	-397	-305
9월	-927	-159	-20	-486	-260
12월	-753	-90	-33	-339	-293
1930년 3월	-216	-7	1	-60	-150
6월	-196	-20	2	-26	-153
9월	-129	1	1	-12	-119
12월	-264	-15	3	-88	-165
1931년 3월	-110	6	2	-10	-108
6월	-58	67	1	-18	-105
9월	-160	41	16	-90	-137
12월	-703	-27	-3	-344	-323
1932년 3월	-647	11	3	-312	-357
6월	-260	89	57	-110	-292
9월	-41	192	82	-74	-242
12월	245	283	163	-19	-182
1933년 2월*	111	65	169	25	-174
6월	179	69	78	62	-30
9월	572	152	197	160	63
12월	671	95	211	246	118

출처: Federal Reserve System, *Banking and Monetary Statistics*, 1943, pp.396-399.
　* 은행휴업으로 3월 수치가 불완전해 2월로 대체.

휴업으로 인해 2월의 수치를 나타냈다.) 1929년에 뉴욕과 시카고, 준비시 및 지방 은행들은 콜론 시장에 자금을 공급하기 위해 전부 연방준비제도로부터 순차입 상태에 있었다. 주식시장 대폭락 이후 공개시장 조작이 이뤄지면서 중앙준비시 은행들은 사실상 부채를 다 털어냈고, 1930년 9월에는 준비시 은행들도 부채를 낮은 수준까지 줄였다. 그런데 지방 은행들은 여전히 연방준비제도에 막대한 부채를 지고 있었다. 이는 농민들과 소규모 기업들에 대출해주어야 했던 데다 매각할 수 있는 정부 채권도 부족했던 것이 주된 이유라고 생각해볼 수 있다. 파운드 화의 금본위제 이탈 이후 준비시 은행과 지방 은행들의 차입금이 늘어났다. 해외자금의 인출은 주로 뉴욕에서 이뤄졌지만 금융 중심지에서의 자금 압박은 주변부 지역의 자금을 빨아들였다. 더구나 1932년 3월 이후 공개시장 조작이 행해지면서 중앙준비시 은행들은 과도한 준비금을 갖게 됐고, 준비시 은행들도 순차입금이 급감했다. 그러나 지방 은행들에 대한 지원은 이보다 훨씬 늦어져 1933년 은행 휴업 이후까지도 상당한 순차입 상태가 이어졌다. 10억 달러의 공개시장 조작이 행해진 다음인 1932년 12월의 수치를 보면 무척 흥미롭다. 중앙준비시 은행들인 뉴욕과 시카고는 거액의 순초과 준비금을 쌓아두었고, 준비시 은행들은 적은 금액의 순차입금을 갖고 있었던 데 반해 지방 은행들은 2억 달러에 가까운 순차입금을 기록하고 있었던 것이다.

　이 같은 수치는 공개시장 조작이 과연 금융시장 바깥에서 가해지는 경제적 압박을 완화시켜주는 데는 효과가 없는 게 아닌가 하는 의구심을 불러일으킨다. 상품가격은 표16에서 보여주듯이 하락세를 이어갔다. 설탕과 커피 같은 일부 상품은 달러 화의 평가절상(파운드 화의 평가절하)

에 영향을 받지 않았지만 대부분의 상품은 1931년 9월 이후 가격 하락이 두드러졌는데, 특히 파운드 화가 3.30달러까지 떨어졌던 1931년 4분기, 그리고 6월의 3.64달러에서 12월에는 3.27달러까지 떨어졌던 1932년 하반기가 심했다. 밀과 옥수수의 경우 1932년 4분기의 가격 하락이 매우 심각했다.

통화 가치의 평가절상으로 야기된 상품가격의 폭락은 워낙 빠르게 진행돼 미국과 독일에서는 표17이 보여주듯이 단 한 분기를 제외하고는 매 분기 수출액이 수입액을 초과했다. 두 나라 모두 해외무역 제품의 구성이 도움을 준 것인데, 수입품 가격은 급락한 반면 제조업 제품인 수출품은 양호한 가격을 유지한 덕분이었다. 독일의 외환 통제도 한몫했다. 수출이 줄어드는 만큼 수입도 빠르게 줄어들었고, 덕분에 1932년

표16. 1931-1933년 중 주요 상품가격 (월간 평균)

	코코아	커피	구리	옥수수	면화	피혁	납	고무	실크	설탕	주석	밀	양모	아연
	파운드당 센트	파운드당 센트	파운드당 센트	부셸당 센트	파운드당 센트	파운드당 센트	파운드당 센트	파운드당 센트	파운드당 달러	파운드당 센트	파운드당 센트	부셸당 센트	파운드당 센트	파운드당 센트
1931년														
3월	5.41	8.50	9.9	57.5	10.15	9.0	4.28	7.13	2.77	3.28	27.07	76	80	4.01
6월	5.17	9.50	8.0	53.8	8.42	10.0	3.76	6.38	2.40	3.32	23.41	76	75	3.40
9월	4.47	8.00	7.0	43.2	5.83	9.0	4.22	5.00	2.57	3.41	24.68	71	77	3.74
12월	3.97	8.38	6.6	34.5	5.78	7.8	3.59	4.63	2.18	3.14	21.35	74	72	3.15
1932년														
3월	4.44	9.00	5.8	32.2	6.44	6.4	2.99	3.31	1.71	2.76	21.84	72	69	2.79
6월	3.99	10.10	5.1	29.4	4.99	4.3	2.89	2.69	1.27	2.72	19.24	64	54	2.79
9월	4.63	15.00	6.0	28.0	7.40	8.1	3.32	3.88	1.89	3.16	24.76	59	63	3.30
12월	3.71	10.50	4.8	18.8	5.72	5.5	2.88	3.25	1.60	2.83	22.69	49	55	3.12
1933년														
3월	3.40	9.25	5.0	20.6	6.19	5.2	3.03	1.25	1.25	2.96	24.34	54	55	3.00
6월	4.60	9.00	7.8	40.2	9.28	12.2	4.02	6.09	2.17	3.44	44.21	81	90	4.35

출처: *Commodity Yearbook, 1939*, 1939.

표17. 1931-1932년 중 독일과 미국의 월평균 수출 초과액 및 수입 초과액 (분기별)

		독일(백만 라이히스마르크)	미국(백만 달러)
1931년	I	167	68.5
	II	154	5.0
	III	334	68.3
	IV	302	78.4
1932년	I	212	43.7
	II	80	16.1
	III	81	-0.7
	IV	75	32.4

출처: *Federal Reserve Bulletin.*

에는 수출 초과액이 1931년에 비해 줄어들기는 했지만 여전히 남아있을 수 있었다. 독일의 수출 초과로 인해 통화 가치의 평가절하가 필요한가 아닌가 하는 논의는 제기되지 않았는데, 평가절하가 대외적으로 외환 통제의 대체물로 여겨졌기 때문이다. 그러나 미국에서는 수출 초과가 논쟁의 대상이 되었다. 이는 대외 무역이 경기 확장의 동력이라는 것, 그리고 평가절하를 통해 더 많은 수출 초과를 얻으려 하는 것은 근린궁핍화 정책이라는 것이 논쟁거리였다. 경제학에서 자주 범하는 오류는 부분 균형과 일반 균형을 혼동하는 것이다. 부분 균형 모델에서 수출 초과는 다른 조건이 모두 같다면 무역수지 균형 상태나 수입 초과에 비해 인플레이션을 유발하게 된다. 그런데 일반 균형 모델에서는 통화 가치의 평가절상이 디플레이션 유발 효과를 갖고 있기 때문에 은행 도산에 따른 소득 전반의 감소가 기대했던 수입 초과를 없애버릴 수 있다. 이런 경우 수출 초과는 경기 확장 요인으로 작용할 수 없게 된다.

수출 경제의 타격

대부 정지에 따른 초기의 압박이 지나가자 산업화된 나라들의 경기 하강이 전세계 저개발 국가들로 확산돼 나갔는데, 기본적으로는 수출 감소가 파급 요인이었다. 이들 저개발 국가에서는 어느 정도로 수출하느냐가 일반적으로 국민소득을 결정짓는 결정적인 독립변수였다. 수출은 수출품의 매출에 따라 좌우되는 투자보다도 더 중요하며, 또한 국내적으로 자금시장이 결여돼 있다는 점에서 역시 독립적일 수 없는 정부 지출보다는 훨씬 더 중요한 것이다. 앞서 지적했듯이 한 나라의 인구 구성이 수출 감소에 따른 해외 이익 감소에 부분적이나마 완충 작용을 할 수 있다. 가령 자바의 외국인 농장 소유주들은 소득의 대부분을 현물로 얻는 내국인들보다 소득 손실이 훨씬 컸고, 외국인 소유 농장과 제휴한 내국인들도 수출 부문과의 연계가 느슨했던 이들보다 더 심각한 소득 손실을 입었다. 그러나 수출과 소득 손실을 비율 측면에서 보면 더 심각한 타격이었다. 트리안티스Triantis는 여러 기간에 걸친 수출액의 감소를 보여주는 표를 작성했다. 1928~1929년부터 1932~1933년까지의 기간을 기준으로 한 표18에서 가장 위에는 칠레가 있다. 각각의 나라가 수출 손실을 얼마나 입었는가는 그 나라가 판매하는 생산품의 특성이 크게 좌우한다. 트리안티스는 1차 생산품을 네 가지로 분류했다. (1) 기본 식량: 수요 탄력성이 낮다. (2) 유제품과 육류, 과일 같은 반半사치성 식료품: 높은 가격 탄력성으로 인해 (1) 제품에 비해 수출 감소액이 적다. (3) 연료를 제외한 기초 원자재, 특히 금속광물 및 목재, 피혁: 소득 탄력성이 매우 높다. (4) 소득 탄력성이 낮은 원자재로 특히 유류와 제지. 이렇게 네 가지 제품 가운데 일반적으로 (3) 제품에 특화한 나라들, 가령 칠레와 볼리비아, 말레이시아, 페루가 최악의 타격을 받은 반면,

베네수엘라 같은 유류 수출국은 수요의 소득 비탄력성 덕분에 피해가 적었다. 밀과 커피를 수출하는 나라들은 버터와 육류를 해외에 판매하는 나라들보다 좋지 않았다. 다만 예외는 어디에나 있게 마련이다. 덴마크와 뉴질랜드는 영국 버터 시장을 놓고 싸움을 벌이다 1932년과 1933년 경쟁적인 평가절하를 단행하면서 이중삼중으로 피해를 입었다. 영국은 양국으로부터 버터를 더욱 싸게 구입할 수 있었다.[43]

표18이 보여주듯이 순전히 운에 따라 결정됐을 수도 있는 수출 상품이 각 나라마다 전혀 다른 결과를 낳았다. 개별 국가만 보면 문제될 게 없는 경우라 하더라도 아르헨티나와 브라질이 겪은 사례처럼 극명한 차이가 드러나는 경우도 있다. 두 나라는 삼각무역의 전형이었다. 아르헨티나는 밀과 육류를 영국에 수출하고 북미 지역에서 많은 제품을 수입했다. 브라질은 주로 북미 지역에 커피를 수출하고 유럽과 미국에서 많은 제품을 수입했다. 그런데 두 나라의 무역 상대방이 전혀 다르게 움

표18. 1928-1929년과 1932-1933년 사이의 1차 생산품 수출국 49개국의 수출액 감소

	국가
80% 이상	칠레
75-80%	중국
70-75%	볼리비아, 쿠바, 말라야, 페루, 살바도르
65-70%	아르헨티나, 캐나다, 실론, 네델란드령 인도, 에스토니아, 과테말라, 인도, 아일랜드, 라트비아, 멕시코, 태국, 스페인
60-65%	브라질, 도미니카, 이집트, 그리스, 아이티, 헝가리, 네덜란드, 니카라과, 나이지리아, 폴란드, 유고슬라비아
55-60%	덴마크, 에쿠아도르, 온두라스, 뉴질랜드
50-55%	호주, 불가리아, 콜롬비아, 코스타리카, 핀란드, 파나마, 파라과이
45-50%	노르웨이, 페르시아, 포르투갈, 루마니아
30-45%	리투아니아, 필리핀, 터키, 베네수엘라

출처: Stephen G. Triantis, *Cyclical Changes in Trade Balances of Countries Exporting Primary Products, 1927-1933*, 1967, p. 19.

직였다. 영국은 수요 독점력을 동원해 아르헨티나로 하여금 영국 투자자들에 대한 부채 상환을 계속 유지할 것과 영국산 제품을 더 많이 수입할 것을 강제한 반면 미국은 관리를 소홀히 했든 아니면 굳이 자신의 힘을 사용하고 싶지 않았든 간에, 브라질이 주로 미국이 보유하고 있던 자국의 외채 상환을 중단하는 것을 막지 못했고, 브라질이 독일과 상호무역을 하는 것에 대해서도 반대하지 못했다.[44]

캐나다 같은 나라에서는 불황에 뒤이은 회복이 거의 전적으로 수출에 달려있었다. 캐나다는 지점 은행 시스템을 갖고 있었기 때문에 은행도산으로 인한 피해를 전혀 입지 않았다. 1929년에서 1933년 사이 통화 공급량은 13% 감소했을 뿐인데, 이는 33%나 줄어든 미국과 대조적이다. 그러나 같은 기간 화폐의 유통속도는 미국이 29%, 캐나다는 41% 줄어들었고, 국내순생산의 하락폭 역시 각각 53%와 49%로 규모 면에서 보면 큰 차이가 없었다.[45] 캐나다는 오타와 협정 이전에는 영국으로부터 극히 제한적인 혜택을 받는 데 그쳤었다. 파운드 화에 대한 캐나다 달러 화의 평가절상에다 특히 신문용지 시장에서 경쟁국이었던 스칸디나비아 통화에 비해 캐나다 달러 화가 평가절상된 것은 대영제국으로서 누리는 혜택보다 훨씬 큰 손실을 가져다 주었다. 미국에 대한 평가절하에도 불구하고 수출과 산업 생산은 1931년 9월 이후 급락했다가 —수출은 다소 시차가 있었다—1932년 4월 이후에야 회복했는데, 그 해 하반기와 1933년 들어 몇 달간 다시 하락세로 돌아섰다.[46]

투자의 감소

주식시장 투기와 국제 대부의 중단, 유동성 확보 전쟁, 통화 가치의 평가절하, 은행 파산 사태를 강조하게 되면 실물 요인을 배제한 채 금융 요인만을 고려하는 경기순환론을 너무 부각시키게 된다. 그런데 몇몇 상품에서는 일부 과도한 확장이 있었던 게 사실이다. 설탕과 밀, 커피, 고무가 그랬다. 또 1925년부터 1929년까지 주택 건설이 감소했다는 점은 이이 설명했다. 하지만 1930년대 후반과 제2차 세계대전 이후 한동안 각광받았던 견해는 거의 주목 받지 못하고 있는데, 공황이 투자 기회의 소멸에 기인한 것이라는 주장이다. 그 중 하나를 보면 공황은 상업용 건물과 자동차 및 라디오 같은 내구소비재, 신문용지 및 구리 같은 원자재 부문에서 일반적인 수요 증가세를 크게 웃도는 수요 폭발에서 야기된다는 것이다. 이 같은 수요 폭발은 투자를 소비의 증가와 연결 짓는 가속도 원리에 따른 것인데, 소비가 줄어들면 투자도 감소할 수밖에 없고, 이와 동시에 소득과 수요도 줄어든다는 것이다. 이 주장에 의하면 투기적 과열 상태와 무분별한 은행 대출, 국제적으로 복잡한 문제들이 공황을 더욱 심화시키고, 또 공황을 세계 여타 지역으로 확산시키는 한 요인으로 작용한다. 하지만 어디까지나 공황이 시작된 경기 사이클의 근원은 미국의 과도한 투자 확장에 있다고 설명한다.[47] 이보다 한 걸음 더 나아간 견해는 투자 승수와 가속도 요인 간의 기계적인 상관관계를 뛰어넘어 투자 감소를 초래한 근본적인 요인들을 추적한다. 그러니까 인구 증가율의 변화와 기술 혁신의 흐름, 개척자 정신의 소진에서 그 원인을 찾는 것이다. 자발적으로 움직이는 이런 동력들이 때로는 100년만의 최고 호황기를 낳는 투자의 광풍을 몰고 오기도 하지만, 어떤 때는 1920년대 말과 1930년대 초와 같이 투자의 샘을 말라버리게 하고 100년만의 경기 침체를 가져오는 데 한꺼번에 작용하기

도 한다는 설명이다.[48]

1930년대 이래의 경험을 돌아보면 투자는 재정 정책에 의해—그리고 일부 견해에서는 통화 공급량을 안정적으로 유지함으로써—촉진할 수 있으며, 또 경기 침체 이론에서 상정하고 있는 정도로 그렇게 제어하기 힘든 것도 아니다. 1929년의 공황이 어떤 특별한 상황, 특히 1920년대의 과도한 투자 확대로 인해 더 심각해졌던 게 아니냐는 문제는, 당시의 경기 붐이 이 이론이 상정하고 있는 정도로 그렇게 광범위하지 않았다는 점에서 역시 회의적이다. 밀과 구리, 고무, 설탕에서의 과도한 확장은 일부 국가에서 공황의 한 요인이 됐으나 전반적으로 투자의 과도한 확대는 전혀 없었다.

만일 금융 요인까지 결합한 가속도 원리를 빼놓고는 투자의 감소를 설명하기가 어렵다고 한다면 총투자의 한계치는 제로라는 사실이야말로 공황은 끝날 수밖에 없다는 점을 설명하는 데 유용할 것이다. 미국의 국내 총투자는 1929년에 160억 달러에 달했다. 그랬던 총투자가 1932년에는 10억 달러로 줄어들었고, 순투자는 마이너스 66억 달러를 기록했다. 재고는 감소했고, 내구재는 다 소모됐으며, 감가상각으로 고정자산의 가치도 떨어졌다. 그런데 어느 시점이 되면 총투자는 다시 상승세로 반전되고, 가속도 원리도 원래 방향으로 되돌아온다.[49] 오로지 금융만 고려하는 경기순환이론에서는 이런 상승 반전이 필요 없다. 유동성이 경색되고 은행이 도산하고 상품가격이 하락하는 데는 어떤 한계도 없어서 통화 시스템이 완전히 붕괴되고 결국 물물교환 시스템으로 바뀔 때까지 지속된다. 1932년에 총투자가 제로에 근접함에 따라 경제 시스템은 상승 반전의 채비를 갖췄다. 그러나 이보다 먼저 은행 도산 사태가 종말론적인 클라이맥스에 다다라야 했다.

정권 공백기와 은행 폐쇄

파운드 화가 1931년 12월의 저점에서 회복한 뒤 공황도 1932년 봄에 바닥을 친 것 같았다. 미국의 도매물가는 하락을 멈췄다. 7월들어 산업 생산이 상승세로 반전했다. 이것이 10억 달러 규모의 공개시장 조작에 기인한 것이었는지, 아니면 달러 화의 평가절상이 끝난 데 따른 것인지, 혹은 총투자가 바닥을 치면서 승수-가속도 요인이 전환점을 맞았기 때문인지, 어떤 식으로든 이야기할 수 있겠지만 아무튼 상승 반전의 시점이 도래한 것은 틀림없었다. 후버가 1931년 라발에게 언급했던, 공동의 경제회복 플랜을 짜기 위한 세계경제회의에 대한 이야기가 5월에 재개됐고 7월에는 로잔 회의에서 보다 진전된 논의가 이뤄졌다. 그러나 미국에서는 여전히 선거전이 전개되고 있었다.

선거 유세에서 루스벨트는 공황의 모든 책임을 후버에게 돌렸다. 그는 말하기를 공황의 근본 원인은 전적으로 미국 내에 있다고 했다. 상무 장관으로서, 또 대통령으로서 후버는 주식시장에서 벌어진 투기 광풍과 과도한 산업 투자, 그리고 채무 불이행으로 인해 공황의 한 원인이 된 해외 대부의 홍수에 책임이 있다는 말이었다. 스무트-홀리 관세법은 다른 나라들로 하여금 채무 상환을 불가능하게 만들었고, 전세계적인 무역 보복을 불러왔다는 말도 덧붙였다. 또한 그야말로 낭비적인 정부 예산으로 인해 막대한 연방정부 적자가 발생함으로써 나라가 숨막힐 지경에 이르렀다고 주장했다.

후버는 이에 맞서 공황은 그 원인이 해외에 있었으며 1929년 10월의 주식시장 대폭락 한참 이전에 이미 시작되었다고 주장했다. 또한 제1차 세계대전이 남긴 문제들이 유럽에서 금융 붕괴 사태를 야기했고, 이로 인해 미국은 전채 상환을 받지 못할 처지에 놓이게 돼 어쩔 수 없이 2주 안에 금본위제를 이탈하지 않으면 안 될 처지라고 덧붙였다. 관세의 경우 미국 농민들을 보호하기 위해 필요했다고 후버는 강조했다. 그리고 농업 부문은 회복되고 있으며 고용도 늘어나고 있다고 밝혔다. 미국 달러 화 역시 상황을 있는 그대로 반영하고 있다고 했다. 1932년 7월 이후 해외로부터 금이 유입되고 있으며, 장롱 속에 퇴장돼 있던 통화와 금이 다시 유통되고 있다고도 했다.

루스벨트는 후버의 대외 경제 정책 가운데 관세 문제만 공격했고, 후버가 은행 부문을 처리한 데 대해서도 전혀 비난하지 않았다. 후버 측에서는 전채 문제를 선거전에서 아예 빼버렸다. 양쪽 모두 재정 적자를 반대했고 균형 예산을 원칙적으로 지지했다는 점에서는 같았으나, 루스벨트는 이를 실행하려는 후버의 노력이 현실적으로 맞지 않는다고 단정지었다. 10월 4일 더모인에서 있었던 연설에서 후버는 미국의 금본위제 이탈이 임박했다는 점을 상세히 밝혔다. 이로 인해 달러 화의 가치 하락을 노린 투기가 야기됐고, 결국 카터 글래스Carter Glass 상원의원이 아무런 위험도 없다는 답변을 내놓아야 했다. 선거 유세 중에는 국내 경제 분야나 대외 경제 분야에서 무슨 새로운 실험적 정책을 펼치겠다든가, 혹은 정책의 초점을 국제 문제에서 국내 문제로 돌리겠다는 식의 얘기는 털끝만치도 나오지 않았다. 두 후보 모두 공화당과 민주당에서 국내 문제를 우선하는 입장이었고 중서부 지역 세력을 대변하고 있었다. 물론 뉴욕 출신인 루스벨트는 국제주의자들과 긴밀한 관계를 맺고 있었지만, 그의 주요 자문역인 몰리Moley와 터그웰Tugwell은 중서부 지역 세력의 견해를 대변하고 있었다.[50]

11월에 치러진 대통령 선거에서 루스벨트가 압도적인 승리를 거두면서 두 가지 현안이 정권 공백기에 급히 다뤄져야 할 초미의 관심사로 떠올랐다. 하나는 대외적인 것으로 전채 문제였고, 또 하나는 국내적인 것으로 은행 문제였다. 두 문제 다 선거 쟁점은 아니었으나 레임덕 상태가 된 후버 입장에서는 정책의 일관성을 위해서라도 이들 문제를 처리하는 데 루스벨트의 협력이 절실했다. 루스벨트는 그러나 정식 취임 전까지는 책임지는 데 조심스러워하는 입장이었다.

12월 15일로 예정된 전채 상환금의 지불 연기와 전채 문제에 대한 재검토를 요청하는 영국과 프랑스의 외교문서가 대통령 선거 이틀 후인 11월 10일 도착했다. 후버는 루스벨트에게 미국이 어떤 식으로 답변할 것인지에 대해 협조해줄 것을 요청했다. 11월 17일과 22일, 그리고 1월 20일에 가진 회의에서 양측은 미국의 정책에 대해 다음과 같이 큰 틀의 원칙에 합의했다. 전채는 배상 문제 혹은 앞으로 열릴 세계경제회의와 아무 관계 없는 비즈니스 차원의 문제며, 각각의 채무국은 채무 상환 능력을 고려해 개별적으로 다뤄져야 한다. 그리고 연합국들은 지불을 먼저 하고 협상은 나중에 한다. 그런데 이것이 전부였다. 루스벨트는 영국이 외교문서를 통해 지적한, 미국이 후버-라발 공동성명에서 제시한 조건에 따라 전채 문제를 적극적으로 재검토해야 한다는 점에 대해 후버만큼 조급해하지 않았다. 루스벨트는 후버의 제안, 즉 행정부와 의회 대표자들로 재검토 위원회를 만드는 방안을 받아들일 생각이 없었다. 또한 미국의 농산물 수출 시장을 넓히는 것 같은 일종의 특정한 이익과 전채를 맞바꾸자는 후버의 제안에도 따를 의사가 없었다. 루스벨트는 독자적인 성명을 발표해 영국과 프랑스의 외교문서에 답변하는 문제를 후버에게 떠넘겼다.[51]

후버는 전채 문제에 강경한 입장이었다. 루스벨트는 그렇지 않았다. 터그웰의 지적에 따르면 루스벨트는 전채 문제를 한편으로는 흥정의 대상으로, 또 한편으로는 복잡한 정치적 문제로 보았다. 후자의 시각으로 보자면 국내 여론과 해외 여론 모두 확실하게 하나로 결정돼 있었다. 한 쪽에서는 취소해서는 안 된다는 것이었고, 다른 한 쪽에서는 지불해서는 안 된다는 것이었다. 따라서 타협이 필요했다. 장기적으로는 현실적인 해결책을 찾아나가야 하겠지만 정치적인 고려도 해야 한다는 점을 감안하지 않으면 안 됐다.[52] 영국 대사 로널드 린지 경이 웜스프링스에서 대통령 당선자를 만난 1933년 1월 28일 이후 영국은 이 문제를 갖고 더 이상 채근하지 않았다. 하지만 프랑스의 에리오 정부는 12월 15일로 예정된 전채 지불분을 어떻게 할 것인가 하는 문제와 맞닥뜨렸다. 영국은 이번 지불이 정기적인 전채 지불의 재개를 의미하는 것이 아니라는 데 미국 측이 동의해준다면 지불하겠다고 제안했다. 이에 대해 미국무부는 답변을 통해, 지불이 이루어진다면 당연히 전채 문제가 재검토되겠지만 만일 재검토에 대한 동의가 지불의 전제조건이라면 미국은 그 제안을 거절할 수밖에 없다고 밝혔다. 결국 지불은 어떤 전제조건도 없이 이루어졌다. 어떤 합의도 없었고, 미국은 어떤 식으로 해결책을 마련할 것인가에 대한 암시조차 주지 않았다.

1933년 초의 은행 붕괴 사태는 그 근저에 정치적으로 복잡한 원인들이 있었다. 그 중 하나는 부통령 후보이자 하원 의장이었던 존 가

너John N. Garner가 부흥금융공사RFC의 은행에 대한 융자를 공표하도록 주장한 것이었다. 1932년 7월에 이미 시카고의 센트럴 리퍼블릭 내셔널 뱅크Central Republic National Bank and Trust Company가 부흥금융공사로부터 9000만 달러의 융자를 받았다는 사실이 알려졌다. 이 은행이 도스 계열Dawes-controlled이다 보니 제2차 '도스 차관'이 정실을 반영한 정치적인 특혜가 아니었나 하는 의혹이 있었다. 그러나 부흥금융공사로부터 융자를 받은 은행이 공개되면 예금 인출 사태가 가속화할 우려가 있었다. 그래서 1933년 1월 공개 규정이 법으로 정해지자 어려움에 처해있던 은행들이 부흥금융공사에 도움을 청하는 것 자체를 중단해버렸다. 1월 17일 후버는 루스벨트에게 부흥금융공사로부터 융자를 받은 은행들의 명단 공개를 중단하도록 의회 지도자들을 설득해달라고 요청했다. 루스벨트는 거절했다.

이 1월 17일자 서한에는 후버가 루스벨트에게 보낸 다른 당부 사항들도 있었다. 통화에는 손대지 말 것이며 인플레이션은 절대 안 된다는 것, 증세를 통해서라도 예산 균형은 달성할 것, 정부 신용은 정부의 채무를 제한하는 방법을 통해 계속 유지할 것 등이었다. 앞서 12월에 후버 대통령은 의회 지도자들을 초청해 루스벨트의 선거 공약이 제대로 이행될 수 있도록 증세와 정부 지출 삭감을 제안했다. 공화당의 링컨 데이 연설에서 후버는 대통령 당선자에게 통화 가치의 안정과 사이비 화폐funny money의 근절에 전력을 기울여달라고 요청했다. 이 같은 조치는 부분적으로 텍사스 주 출신의 코낼리Connally 의원과 오클라호마 주 출신의 토머스Thomas 의원, 몬태나 주 출신의 휠러Wheeler 의원을 위시한 남서부 및 서부 지역 상원의원들이 주장하는 친 인플레이션 정책에 대한 봇물 같은 요구와 통화 정책 수단을 동원해서라도 물가를 올려야 한다고 주장하는 '국가를 위한 위원회Committee for Nation'의 설립에 대응하는 것이기도 했다. 1월 31일에는 루스벨트 행정부의 농림부 장관 내정자인 헨리 왈라스Henry Wallace가 이렇게 말했다. "금본위제 이탈은 영국이 취했던 것보다 조금 더 멀리 가는 게 현명한 처사일 것이다." 시장이 친 인플레이션 제안들에 반응을 한 것이었는지, 아니면 그런 제안들에 국가적으로 주의를 기울여야 한다는 후버의 호소가 먹혀 들어간 것인지는 자명하지 않지만 은행 도산 사태는 12월에 중서부 지역으로 파급되었고 1월에는 더 넓은 지역으로 확산됐다. 통화의 퇴장이 광범위하게 퍼져갔고, 1933년 2월에는 금마저 유출됐다. 후버는 리드Reed 상원의원에게 보낸 2월 10일자 서한에서 패닉과 금 유출은 새로 들어설 행정부에 대한 신뢰 상실의 결과라고 밝혔다.

연방준비제도는 서서히 그 기세가 무뎌졌다. 1월에는 정부 채권을 매각해 통화 긴축에 나서기도 했다. 2월의 혼란기에는 공개시장위원회가 열리지도 않았다. 후버 대통령이 의견을 내달라며 긴급히 요청해서 열린 2월 25일의 연방준비제도 이사회에서는 아무런 제안도 내놓지 않았다. 3월 2일에도 이사회가 열렸지만 은행 예금에 대한 연방준비제도의 보증을 권고할 의사도 없었을 뿐만 아니라 권고하기에 적당하다고 느낄만한 어떤 추가적인 조치도 없었다.[53]

은행 휴업은 1932년 10월 네바다 주에서 시작됐는데, 당시 네바다 주의 은행들은 12일간 문을 닫았다. 1933년 2월 중순에는 디트로이트 은행가의 양대 라이벌 그룹인 헨리 포드와 제임스 쿠젠스James Couzens 상원의원 간의 다툼으로 인해 미시간 주지사가 2월 14일에 은행 폐쇄를

할 수밖에 없었는데, 이는 포드가 상대방 은행에서 거액의 예금을 인출하는 사태를 막기 위해서였다. 일주일 뒤에는 뉴저지 주 은행들도 문을 닫았다. 루스벨트 대통령의 취임식 전날에는 레만Lehman 뉴욕 주지사가 은행들을 폐쇄했다. 마침내 3월 4일 루스벨트는 대통령으로서 1917년에 제정된 전시통상법Trading with the Enemy Act을 발동해 전국의 은행들을 폐쇄했다.

후버는 1933년 2~3월의 패닉은 루스벨트에게 책임이 있다고 아주 단호하게 비난하면서 "역사상 가장 무의미한 패닉이자 간단히 막을 수 있었던 패닉"[54]이라고 말했다. 후버의 견해에 따르면 루스벨트는 은행을 폐쇄한 다음 그 모든 혼돈의 책임을 자신에게 돌리려고 했다는 것이다. 그러나 루스벨트는 선거전 이후 휴식을 취하느라, 또 정권 인수 팀을 구성하느라 달리 손쓸 겨를이 없었던 데다 후버의 어떤 공개적인 제안에도 자진해서 나설 의향이 없었다.

공황은 미국의 리더십에 큰 상처를 입혔다. 가는 곳마다 긴장과 혼돈이었다. 후버와 루스벨트 사이에는 기본적으로 반감이 흐르고 있었다. 후버는 루스벨트를 천박하고 위험한 인물로 생각했고, 루스벨트는 후버를 이론만 내세우는 공상가로 여겼다. 따를만한 어떤 기준도 없었다.

9

세계경제회의
The World Economic Conference

루스벨트의 취임 연설

대통령 선거기간 중에, 또 선거가 끝난 뒤 취임식 전날까지 루스벨트가 대외 경제 현안들에 대해 취했던 자세에는 상당한 문제가 있었다. 루스벨트는 원래 국제주의자의 전통을 잇고 있었다. 부통령 후보로 나섰던 1920년에는 국제연맹을 강력히 지지했었다. 그러나 여론의 압력에는 민감하게 반응했다. 1932년에 허스트 계열의 신문이 국제연맹을 격렬하게 공격하자 루스벨트는 국제연맹이 변했다고 하면서 국제연맹에 대한 지지를 철회했는데, 그러면서도 이것이 향후 국제 협력을 배제하는 것은 아니라고 말함으로써 빠져나갈 여지를 남겨두었다. 루스벨트의 참모 가운데 몰리와 함께 국내주의자 그룹에 속했던 터그웰은 민주당 내의 국제주의자들, 그러니까 베이커Baker와 대니얼스Daniels, 하우스House, 헐

Hull마저도 루스벨트의 모호한 화법에 당혹스러워했다고 적었다.[1]

루스벨트의 측근 가운데 국제주의자 그룹의 리더는 은행가로서 유럽에서 폭넓은 경험을 쌓은 노먼 데이비스Norman Davis였다. 루스벨트는 정권 교체기에 후버 행정부의 국무 장관 스팀슨과 함께 대외 경제 문제를 협의했었는데, 몰리는 데이비스와 스팀슨이 루스벨트를 다시 국제주의자 쪽으로 돌려놓지나 않을지 걱정했다. 금본위제의 회복과 관세 인하, 그 밖의 국제 협력 방안을 찾아야 한다는 세계경제회의의 기본 의제는 몰리가 보기에 국내 경제 회복을 위한 프로그램을 질식시켜버릴 수도 있는 것이었다.[2]

결국 터그웰과 몰리가 이겼다. 1933년 3월 4일에 있은 대통령 취임 연설에서는 몰리가 일관되게 추구해왔던 국내 경제 회복을 최우선으로 하겠다는 점을 분명히 밝혔는데, 몰리는 "최종적이며 되돌릴 수 없는" 것으로 받아들였다.[3]

> 우리의 국제 관계는 대단히 중요하지만 시의성과 필요성이라는 관점에서 보자면 건
> 실한 국내 경제의 확립보다 우선할 수 없습니다. 저는 실제적인 정책으로서 제일 중
> 요한 것을 제일 먼저 하는 것이 바람직하다고 생각합니다.

루스벨트는 자신의 계획이 편협한 국수주의적 프로그램이 아니라고 주장했지만 그의 관심은 어디까지나 국내에 있었다. 대통령 취임식 다음날 독일에서는 아돌프 히틀러가 긴급조치를 발동해 전권을 부여 받았다.

선거 공약은 있었지만 이를 이행할 프로그램은 없었다. 국내 현안들

에 대한 논의는 적어도 다섯 그룹이 나눠서 맡았다. (1) 정통파, 경제 긴축을 선호하는 그룹으로 여기에는 대통령 자문 버나드 바루크Bernard Baruch, 예산국장 루이스 더글러스Lewis Douglas, 부흥금융공사의 제시 존스Jesse Jones, 신임 재무 장관 윌리엄 우딘William Woodin이 들어있다. (2) 화폐시장 조작파, 상원의원 키 피트먼Key Pittman과 엘머 토마스Elmer Thomas, 버튼 휠러Burton Wheeler, 예일대 교수 제임스 하비 로저스James Harvey Rogers가 포함돼 있다. (3) 트러스트 반대파, 여기에는 판사 루이스 브랜다이스Louis Brandeis와 하버드 대학 로스쿨 교수 펠릭스 프랑크푸르터Felix Frankfurter가 있다. (4) 국가 재산권을 신봉하는 그룹, 상원의원 조지 노리스George Norris, 내무 장관 지명자 해롤드 이키즈Harold Ickes가 특기할 만하다. (5) 계획론자, 대통령 자문을 맡은 아돌프 벌리Adolph A. Berle, 휴 존슨Hugh Johnson, 레이몬드 몰리Raymond Moley, 렉스포드 터그웰Rexford Tugwell, 신임 농무 장관 헨리 왈라스Henry Wallace가 여기에 해당된다.[4] 몰리는 국무부의 경제 문제 담당 차관보에 임명됐는데, 특히 외채 문제와 세계경제회의, "그리고 대통령이 국내 및 외국 정부와 관련해 지시하는 추가적인 임무"를 맡았다. 몰리는 국무부보다는 백악관 쪽에서 일을 했고, 자신의 업무 가운데 하나는 대외적인 고려사항들로 인해 국내 계획이 차질을 빚는 경우를 방지하는 것이라고 생각했다. 명목상 그의 상관인 국무 장관 코델 헐Cordell Hull은 오로지 단 하나의 신조만 갖고 있었는데, 관세 인상을 중단하고 관세 인하에 착수한다는 것이었다. 하지만 그것이 기술적으로 경제 회복을 이끌어낼 수 있다고 보기는 어려웠다.

먼저 은행 문을 여는 것이 필요했다. 이건 대통령 취임 8일만에 이뤄졌다. 루스벨트 1기 행정부가 내건 '처음 백일hundred days' 가운데 나머지 92일은 여러 국내 현안들에 관한 프로그램을 개발하는 데 쓰였는데, 이런 내용들이었다. 농업 부문에서는 생산물의 가격 인상 수단으로서 생산 통제가 특히 강조되었다. 1933년 5월에 통과된 농산물조정법AAA, Agricultural Adjustment Act은 생산량을 제한하고, 시장에서 잉여생산물을 제거하며, 생산량을 줄인 농민들에게 보상금을 직접 지불하도록 했다. 또 보상금 지불에 필요한 기금 조성을 위해 식품 가공업자들에게 소비세를 부과하고, 정부 감독 하에 판매 규약을 새로 만든다는 내용도 담고 있었다. 1933년 6월에는 국가재건법NRA, National Recovery Act이 제정돼 산업 생산과 제품 가격에 대한 산업계의 합의 내지는 규약을 제공했지만 여기에는 노동시간의 최대 한도와 최저 임금의 명시, 그리고 노동조합 가입권 보장을 통한 노동자 보호 규정도 포함됐다. 테네시 계곡개발공사TVA, Tennessee Valley Authority도 1933년 5월에 새로운 정부 기관으로 설립됐는데, TVA는 전력 생산과 홍수 통제, 하천 수송을 종합적으로 운영할 뿐만 아니라 제1차 세계대전 중 테네시 강 유역 머슬숄즈 지역에 건설된 수력발전용 댐과 질산염 공장을 운용하도록 했다. 구제사업은 1933년의 비상구제법Emergency Relief Act에 의해 이뤄졌는데, 후버 행정부 시절인 1932년에 제정된 비슷한 법안을 이어받은 것이지만 새로운 정부 기관을 설립했다. 이렇게 해서 근로 구제사업을 위한 민간근로사업국Civil Works Agency이 (1933년 11월에) 출범했고, 훗날 공공 근로사업 및 실업자를 위한 근로사업을 담당하는 근로사업진흥청Works Progress Administration으로 그 규모를 확대하게 된다. 보다 원대한 내용을 담은 법안 가운데 하나는 은행예금보험법이었는데, 후버와 루스벨트 모두 이

법으로 인해 부실한 은행이 건전한 은행마저 위험에 빠뜨릴 수 있다며 반대하는 바람에 민주당 행정부가 아닌 의회가 발의했다.

'처음 백일' 프로그램을 대표하는 양대 축이었던 NRA와 AAA는 얼마 뒤 (각각 1935년과 1936년에) 위헌 판결을 받았다. AAA는 농산물의 생산량 감축과 가격 상승이라는 동일한 목적을 달성할 수 있는 별도의 입법으로 대체됐다. 하지만 치열한 산업 경쟁에 의해 그 존재 기반마저 상실해버린 NRA는 조용히 잊혀져 버렸다. 어느 것도 경제학자는 물론 일반 대중들의 지지도 받지 못했다. AAA의 경우 사람들이 제대로 입지도 못하고 굶주리고 있는데 면화를 갈아엎고 돼지를 죽여 없앴으니 그럴 수밖에 없었고, NRA의 경우에도 정부 승인 하에 보호받는 산업 카르텔로 비쳐졌기 때문이다.[5] 그러나 '처음 백일' 동안 이 같은 조치들은 농민들과 산업계에 구원의 손길로 받아들여졌다.

루스벨트는 또한 정통파 그룹의 입장에서 균형 예산 달성이라는 선거 공약을 지키기 위해 제대군인 연금에서 4억 달러를, 연방정부 공무원 급여에서 1억 달러를 삭감했다.

금본위제와의 결별

계획론자들과 국가 재산권을 신봉하는 그룹이 생산량 제한과 정부 공공사업의 속도 조절에 애쓰고 있는 동안 의회 내의 화폐시장 조작파도 일을 꾸미고 있었다. 은銀 지지파 의원들이 금화와의 교환비율을 16대 1로 한 은화를 주조할 것을 대통령에게 요구하는 수정조항을 농업법에 추가한 것이다. 이런 내용의 휠러 수정조항에 대해 대통령이 거부권을 행사하겠다고 하자 농민-화폐 블록은 토머스 수정조항을 다시 내놓았는데, 주요 내용은 대통령에게 (1) 그린백 지폐(어떤 금속에 의한 보증도 없이 연방준비제도가 아닌 정부가 발행하는 지폐)를 30억 달러 한도 안에서 발행할 수 있도록 하고 (2) 은화와 금화의 교환비율을 정해 은화의 가치를 고정시키며 (3) 대통령 포고령으로 금의 정량을 고정시키도록 한다는 것이었다. 4월 18일 저녁 루스벨트 대통령은 토머스 수정조항을 받아들이기로 했다고 공식 발표했다. 루이스 더글러스는 그날 저녁 "이것으로 서구 문명은 종언을 고했다"고 논평했다.

은행 휴업 관련 입법에서는 허가를 받은 경우를 제외하고 금 수출을 금지했다. 토머스 수정조항이 나오기 전까지는 허가를 받을 수 있었다. 그러나 4월이 지나면서 의회 내의 친 인플레이션 블록이 힘을 얻자 과연 이것이 맞는 것인가 하는 의문이 점점 더 커져갔다.[6] 대통령이 토머스 수정조항을 받아들이기로 하면서 금 수출 허가도 중단 결정이 내려졌다. 자본 유출이 늘어났다. 파운드 화 가치는 4월 전반기의 1파운드당 3.24달러에서 4월 24일에는 3.86달러로 올랐다.

1월에 20명의 경제학자들이 권고한 사항이 있다. 미국은 전채 문제를 해결해야 하고, 관세를 인하해야 하며, 절대로 금본위제를 이탈해서는 안 된다는 것이었다.[7] 은행 휴업 당시 프랑스는 미국이 금본위제를 이탈하려고 시도한다면 그건 완전히 미친 짓이라고 보았다. 미국의 금본위제 이탈은 아무것도 해결하지 못할 것이며 단지 미국의 국내 문제를 세계적인 차원으로 확대시킬 뿐이라는 것이었다.[8] 영국의 〈더타임스〉는 3월 7일자에서 미국의 금본위제 포기는 거의 고려할 필요조차 없는, 일어날 수 없는 일이라고 단언했다. 영국으로 하여금 금본위제를 이탈하도록 만든 요인들 가운데 어느 하나도 미국에서는 발견되지 않았기 때문이다. 외국 채권자들에 의한 미국 내 자금 인출이나 유가증권 매각 사태는 전혀 없었다. 평가절하로 인해 발생한 문제를 해결할 필요도 없었다.[9] 이런 와중에서도 1월 말에 폴-봉쿠르Paul-Boncour의 뒤를 이어 프랑스 총리가 된 냉소적인 프랑스인 에두아르 달라디에Edouard Daladier는 금본위제 이탈이야말로 달러 화로서는 변동하는 파운드 화에 대응하기 위한 불가피한 선택이라고 생각했다.[10]

파운드 화는 그야말로 아무 문제도 없었다. 미들랜드뱅크Midland Bank의 회장이 된 레지널드 맥케나는 연두 회견을 통해 영국의 금본위제 복귀에 반대하면서, 영국이 금본위제를 이탈한 지 16개월이 지났으나 파국은 전혀 일어나지 않았다고 강조했다.[11] 네빌 체임벌린 재무 장관은 1월 28일 영국은 경제 시스템이 충분히 잘 기능한다는 확신이 설 때만 금본위제로 돌아갈 것이라고 말했다.[12] 그러나 램지 맥도널드가 루스벨트와 세계경제회의의 준비 사항들을 협의하기 위해 워싱턴으로 향하고 있던 중에 미국은 금 수출을 정지시켰다. 이로써 협상 당사자들의 입장이 완전히 바뀌어버렸다.

세계경제회의 준비

경제 회복 계획을 공식화하기 위해 세계경제회의를 열자는 구상은 아마도 1930년 12월에 있었던 미국 대사 새킷과 독일 총리 브뤼닝 간의 논의에서 비롯됐을 것이다. 이 자리에서 브뤼닝은 군축과 배상, 채무 상환 문제는 물론 국제적인 차관의 요건들까지 서로 관계돼 있는 매우 중요한 문제들을 하나의 패키지로 처리할 수 있을 것이며, 각각의 문제를 경제 전문가들이 개별적으로 다루는 대신 정치적인 기준에 따라 해

결할 수 있을 것이라고 제안했다.[13]

이보다 더 가까운 세계경제회의의 기원을 찾자면, 앞서 언급했듯이 1931년 10월의 후버-라발간 논의와 1932년 5월에 있었던 후버-맥도널드간 협상이었다. 후버-맥도널드간 협상 당시 영국 정부는 금 표시 상품가격이 추가로 더 떨어진 데 대해 우려를 표시했다. 스팀슨은 후버 대통령을 대신해 맥도널드에게 보낸 답신에서 세계경제회의는 다음 두 가지 목적을 가져야 한다는 점을 분명히 했다. (1) 신용 완화를 통해, 그리고 가능하다면 세계 각국의 동시다발적인 공공 지출 프로그램을 통해 상품가격을 올릴 것 (2) 전세계적으로 민간 기업 그룹의 의욕을 고취시킬 것.[14]

세계경제회의는 공식적으로 1932년 7월 9일 열린 로잔 회의의 결의에 따라 소집되었는데, 이는 앞서 5월 21일에 국제연맹이 국제노동사무국ILO, International Labor Office의 제안을 채택한 데 따른 것이다. 세계경제회의의 공식 명칭은 '통화 및 경제 문제에 관한 국제회의International Conference on Monetary and Economic Questions'였다. 회의 명칭이 이렇게 된 데는 미국이 '금융 및 경제 문제에 관한'으로 하는 것을 반대했기 때문인데, '금융financial'이란 말이 들어가면 미국으로서는 의제에서 빼버려야 하는 전채 문제가 논의될 수도 있다는 이유에서였다. 로잔 결의에서는 조직위원회와 함께 의제를 미리 설정하도록 전문가들로 구성한 준비위원회를 만들도록 했다. 세계경제회의에서 다루어질 주제들은 개략적으로 이런 내용이었다. (1) 통화(및 금융) 부문의 문제들로는 통화 및 신용 정책, 환율 안정 및 상품가격의 적정 수준 유지, 자본 이동을 다루고 (2) 경제 부문의 문제들로는 생산 및 무역 여건의 개선을 다루되 특히 관세 정책과 물량 제한, 생산자들간의 합의에 관심을 기울일 것이었다.

조직위원회는 실질적인 기구와는 거리가 멀었고, 전문가들로 구성된 준비위원회도 그리 썩 잘하지 못했다. E. E. 데이E. E. Day와 함께 미국 측 전문가 중 한 명으로 활동한 존 윌리엄스John H. Williams가 제네바에서 11월에 가진 첫 번째 전문가 미팅이 끝난 뒤 뉴욕 연방준비은행의 랜돌프 버게스W. Randolph Burgess에게 보고한 내용을 보자. 이날 토론은 영국 측에서 먼저 물으면서 시작됐다. "상품가격을 올리려면 어떻게 해야 하겠습니까?" 그러자 다른 쪽에서 이렇게 응수했다. "파운드 화는 언제 안정시킬 겁니까?" 영국 측은 이 두 번째 물음에 대해서는 더 이상 논의하고 싶지 않은 눈치였다. 하지만 상품가격이 더 오르거나 적어도 전채 문제가 해결될 때까지는 파운드 화의 안정은 없을 것임을 시사했다.[15]

루스벨트의 맨 처음 반응은 세계경제회의를 연기하는 것이었다. 적어도 그가 취임할 때까지, 그리고 그가 구상한 국내 프로그램이 자리를 잡을 때까지 늦추고자 했다. 후버와 마찬가지로 루스벨트도 논의 대상에 전채 문제를 포함시키는 것에 반대했다.

준비위원회의 두 번째 미팅은 은행 휴업이 실시되기 전인 1월과 미국이 금본위제를 이탈하기 전인 2월에 걸쳐 열렸다. 레이스-로스Leith-Ross는 영국을 지지하는 입장에서 이렇게 이야기했다. 앞선 첫 번째 미팅 이후 세계경제는 더 나빠졌으며, 금본위제로의 섣부른 복귀는 매우 위험하다. 그런 점에서 금본위제 복귀 이전에 상품가격과 생산원가 간의 차이를 좁힐 필요가 있으며, 전채와 배상금 문제는 당연히 깨끗이 정리해야 하고, 금을 보다 경제적으로 활용할 수 있도록 통화 개혁을 실시하고 금융 재건과 관세 인하, 쿼터제의 완화 역시 필요하다.[16] 레이스-로스

의 이 같은 견해와는 달리 벨기에 국립은행의 에밀 프랑키Emile Francqui
는 각국이 통화 가치를 안정시키는 과정에서, 그리고 국내 경기 회복 정
책을 시행하는 과정에서, 일시적인 국제수지 적자에 빠져들 경우 단기
자금을 쓸 수 있도록 해주는 국제신용기관을 설립하자는 계획을 내놓
았다. 공동의 신용 풀credit pool에 의해 조달한 자금으로 국제적인 공공사
업을 벌이자는 ILO의 계획은 앞서 제8장에서 설명한 보이틴스키의 제
안에서 나온 것이었다. 1930년의 킨더슬리 계획이나 노먼 계획을 다시
이야기하기도 했다. 그러나 전문가들은 결국 이들 계획을 채택하지 않
았다. 그 첫 번째 이유로는, 어디까지나 이 계획들이 균형 예산과 건전
한 통화 정책이 함께 이뤄질 때에 한해서만 상품가격의 상승을 선호하
는 것이기 때문이었다. 두 번째 이유로는 광범위한 전선에서 일어나고
있는 각국 나름대로의 정책들-가령 영국은 타이밍과 환율에 따라 미
묘한 문제가 있을 수 있다는 점은 인정하지만 아무튼 파운드 화 가치를
안정시켜야 할 것이고, 독일은 외환 통제를 완화해야 할 것이며, 프랑스
는 수입 쿼터 제한을 줄여야 할 것이고, 미국은 전채 문제를 해결하고
관세를 낮춰야 하는데, 국내 경제를 방어하려는 이런 시스템을 이들 계
획이 무너뜨리고자 한다는 점 때문이었다.[17] 허버트 파이스는 1월 29일
자 비망록에 이렇게 적었다. 이 같은 프로그램은 미국의 노동자와 정치
가들이 보다 대담한 통화 및 금융 정책을 원하고 있기 때문에 사실상
불가능하고, 또한 프랑 화와 파운드 화의 가치를 현재 환율에서 안정시
키는 것도 섣부른 행동이라고 말이다. 그의 비망록은 분노한 지식인들
사이에 격렬한 논쟁을 불러일으켰다.[18]

　세계경제회의는 런던에서 개최하기로 합의가 이뤄졌다. 램지 맥도널

드는 세계경제회의를 마지막으로 영광스럽게 물러나고 싶어했다.[19] 워버그는 회고록에서 개최지를 런던으로 정한 것은 실수였으며, 세계경제회의는 워싱턴에서 열렸어야 했다고 밝혔다.[20] 회의 개최를 앞두고 여러 나라의 대표단 수뇌들이 루스벨트 대통령과 협의하기 위해 워싱턴을 방문했다. "잠시 동안이었지만 미국이 모두가 성공하기를 희망하는 이 사업에서 리더십을 발휘하는 것처럼 보였다."[21]

그러나 루스벨트와 헐, 몰리는 대표단들과의 협의에서 미미한 역할만 했다. 워버그가 금융 문제를, 파이스가 관세와 무역을, 불리트Bullit가 정치를 맡아서 처리했다.

맥도널드와 에리오가 대서양을 건너오던 중에 단행된 달러 화의 금본위제 이탈로 인해 협의의 초점이 전채 문제에서 통화 가치의 안정으로 옮겨갔다. 워버그가 주도권을 쥐고 루스벨트 대통령으로부터 동의를 얻어내 통화 안정 계획을 제안했는데, 미국이 달러 화를 15%에서 25% 평가절하하고, 뒤를 이어 3개국의 통화 가치를 3개국 통화안정기금을 통해 안정시키고 관리하도록 한다는 방안이었다. 영국 대표 레이스-로스는 달러 화를 15%나 평가절하한다는 계획 자체가 충격적이었다. 그는 미국이 얼마든지 예전의 금평가를 쉽게 유지할 수 있을 것이라고 생각했고, 그래서 만일 달러 화 가치의 안정이 낮은 환율에서 이루어진다면 파운드 화 가치도 같은 폭으로 떨어뜨릴 것이라는 최종 입장을 밝혔다.[22] 프랑스 대표 샤를 리스트Charles Rist는 의회가 이 계획을 비준해주지 않을 것이라고 생각했다. 왜냐하면 프랑 화로 달러 화를 사들여야 할 텐데, 그러면 프랑 화는 평가절하될 것이고 프랑스 정부의 손실이 불가피할 것이었기 때문이다. 이를 둘러싼 논의가 4월 26일부터 30

일까지 이루어졌다. 이 사이 달러 화 가치는 변동이 없었던 데 반해 파운드 화는 4월 25일의 1파운드 당 3.85달러에서 이틀 후에는 3.73달러로 떨어졌다가 4월 29일에는 다시 3.85달러를 회복했다. 루스벨트 대통령은 워버그의 통화 안정 계획 제안이 무산되자 오히려 안도의 뜻을 표했다.[23] 그러나 대통령과 이탈리아은행의 귀도 중Guido Jung이 공동으로 발표한 성명에서는 통화 가치의 안정을 지지한다는 내용이 들어있었다.

5월들어 국제 외환시장에서 달러 화 가치가 하락하자—4월 29일 1파운드 당 3.85달러에서 5월 31일에는 4.00달러로 떨어졌다—루스벨트는 통화 안정 자체에 점점 더 관심을 갖지 않게 됐다. 몰리는 자신이 "위험할 정도의 도취감"에 한껏 젖었다고 적었다. 그는 세계경제회의를 6월 중순에 개최하는 데 동의할 참이었다. 그밖에는 아무것도 결정되지 않았다.

헐과 파이스는 관세 휴전 작업을 진행했다. 관세 휴전의 내용을 담아내는 일은 불가능에 가까울 만큼 어려웠다. 모든 나라가 예외를 요구했다. 미국은 AAA(농산물조정법)에 따라 가공세의 부과 대상이 되는 농산물에 대해서는 관세를 인상하려 했다. 영국은 1932년의 오타와 협정에 따라 계란과 베이컨에 대한 관세를 인상키로 했었는데, 아직 완료하지 못한 부분이 있었다. 프랑스는 미국의 물가 수준이 달러 화가 평가절하된 폭만큼 충분히 상승했는지 여부를 확인할 때까지 입장을 유보했다. 만일 미국의 물가 수준이 그만큼 상승하지 않는다면 수입과징금을 적용하지 않으면 안 될 것이었다. 하지만 브라질이 자신들은 아직 관세 인상을 끝마치지 않았다며 관세 휴전에 이의를 제기하자 파이스는 엄중한 목소리로 모든 나라는 전체의 이익을 위해 희생해야 한다

고 경고했다.[24]

워싱턴 협의를 통해 각국의 경제적 이익과 관련된 수많은 문제점들이 드러났다. 샤흐트는 식민지 획득을 요구했고, 또한 독일은 대외 채무 상환액을 일방적으로 삭감할 수 있음을 시사했다. 실제로 5월 20일에 약 50억 달러에 달하는 채무 상환이 연기됐다.[25] 호주 쪽에서는 자국 수출품의 금 표시가격이 1928년에 비해 30% 수준으로 떨어졌고 파운드 화 표시가격은 42% 수준으로 하락했다며, 이로 인해 파운드 화와 금화로의 채무 상환이 과도한 부담이 되고 있다고 호소했다. 수출물량이 크게 늘어났지만 이자를 내는 데만 수출액의 3분의1이 들어간다는 말이었다.[26] 중국의 재무 장관 쑹T. V. Soong은 은 가격의 상승으로 인해 혼란스러워하고 있었는데, 중국이 은본위제로 통화 가치를 고정시키고 있는 상황에서 은 가격이 상승하는 바람에 자금이 국외로 유출되고 있었기 때문이다.[27] 멕시코도 이와 똑같은 어려움을 겪고 있었다. 일본 대표는 세계적인 통화 가치 안정 합의가 어떤 식으로 이루어진다 해도 엔화 환율을 1엔 당 49센트로 되돌릴 수는 없음을 분명히 했다. 그리고는 1엔 당 20센트면 좋겠지만 만일 더 떨어뜨릴 수 없다면 25센트에 타협할 수도 있다고 덧붙였다.[28]

스웨덴에서 온 각료는 국제수지가 흑자 상황인데 어떻게 금 수출금지 조치로 달러 화를 보호하겠다는 것인지 도저히 납득할 수가 없었다. 결국 워버그와 함께 작업했던 로렌스 스타인하르트Lawrence Steinhardt 대사가 나서 미국은 달러 화가 평가절하될 수도 있다는 점에 근거한 자본 유출을 겪은 터라 그런 이유로 평가절하할 수밖에 없다고 설명해주었다.[29]

국제적인 공공사업과 관련해 일본과 폴란드가 받은 답변은 이보다 훨씬 더 중요했다. 일본 대표인 쓰시마Tsushima는 제네바의 국제노동사무국이 국제적인 공공사업에 관한 모종의 국제적인 프로그램을 제안할 것으로 이해하고 있다고 밝혔다. 그러자 워버그는 각국이 스스로 자금을 조달해야 한다는 게 미국의 생각이라며 이렇게 답했다. "우리가 다른 누군가의 프로그램에 자금을 지원하도록 하는 제안에 대해서는 재고할 필요도 없이 무조건 반대할 것입니다."[30] 폴란드 대사는 미국 정부가 내놓은 제안들이 너무나 애매모호해서 양국 정부간에 상호 이해의 토대조차 마련할 수 없음을 알게 됐다. 파이스 박사는 답하기를, 미국은 일련의 제안으로 스스로를 구속하는 그런 프로그램을 갖고서 세계경제회의에 참석하고 싶어하지는 않는다고 했다. 세계경제회의는 미국의 회의가 아니며, 미국은 다른 나라들보다 얻을 것도 적고 잃을 것도 적다는 말이었다. 폴란드 대사는 고용 확대와 무역 증진을 위해 각국이 공공사업을 동시에 시행하는 문제에 대해 언급한 뒤 그 자금은 어떻게 조달할 것인지 물었다.

그는 국제적인 기금을 설립하자는 제안이 이미 나왔다는 것을 알고 있었다……미국은 그 같은 기금에 참여할 수 없었다. 그 이유는 우선 국제적인 합의를 도출한다는 것 자체가 불가능할 것이기 때문이다……현재 제안된 내용만 갖고 보자면 그런 국제적인 기금은 국가들간에 더 큰 분쟁만 야기할 것이다. 미국이 그 같은 기금에 참여할 수 없는 두 번째 이유는 의회가 그런 용도의 예산 지출을 승인하지 않을 것이기 때문이다. 국제적인 차관을 제공하면서 겪은 미국의 경험은 또다시 그런 모험에 뛰어들고 싶어할 만큼 그리 좋은 것이 아니었다.[31]

파이스 박사는 폴란드 대사와 가진 대화에서 영국 특사가 내놓은 제안을 소개했다. 이 내용은 파이스 박사가 남긴 간단한 대화록에 언급돼 있다. 워싱턴 주재 영국 대사관의 재무관인 케네스 뷰리Kenneth S. Bewley가 4월 15일 한 통의 외교문서를 갖고 파이스를 방문했다. 다만 그 문서를 파이스 박사에게 주지는 않고 도로 가져갔다. 아무튼 영국 정부는 여러 나라 정부가 참여하는 10억 달러에서 20억 달러 규모의 국제 기금 설립을 제안했는데, 그렇게 해서 외환 통제를 그만 끝내고 무역 장벽도 낮춰보자는 것이었다. 뷰리와 파이스는 이 제안과 관련해 먼저 확실히 해두어야 할 세 가지 물음이 있다는 데 의견을 같이 했다. (1) 이 제안은 현실성이 있는가? (2) 무역 장벽을 낮추고 물가를 올린다고 하는 소기의 목적을 달성할 수 있는가? (3) 미국 내에서 지지를 얻어내는 것이 정치적으로 가능한가? 파이스는 이들 세 가지 문제가 모두 확실치 않으며, 특히 세 번째 물음은 미국 정부가 외국 정부들에게 더 많은 자금을 제공해야 하는 의무를 지게 된다는 점에서, 그것도 과거에 제공했던 차관들이 전부 채무 불이행의 위협을 받고 있다는 점을 감안하면 미국 내에서 반대에 직면할 것이라고 지적했다. 뷰리는 충분히 공감하고서 떠났는데, 자신이 가져왔던 영국 정부의 문서 사본 한 통은 다시 가져갔다.[32]

뷰리의 제안은 허버트 헨더슨이 만든 문서를 재무성에서 표현을 좀 부드럽게 한 것이었다. 원래 헨더슨의 문서는 경제자문회의EAC, Economic Advisory Council가 제4차 보고서에서 채택했던 것으로, 찰스 애디스 경Sir Charles Addis과 애스터 경Sir Astor, 배실 블랙켓 경Sir Basil Blackett, 에센든 경Lord Essendon, 케인스, 레이턴layton, 솔터, 스탬프, 헨더슨이 위원으로 참여한 경제자문회의 국제경제정책위원회EAC Committee on International

Economic Policy에 총리가 세계경제회의에 대한 조언을 구하면서 다시 수면 위로 부상하게 됐다. 이 문서는 1932년 5월 12일자로 된 헨더슨의 '로잔 회의에서의 통화 부문 제안Monetary Proposal for Lausanne'의 내용, 즉 국제결제은행이 한 나라의 (가령 한 예로서)[33] 1928년도 금 표시 수출액의 50%까지 특별통화 국제증서를 발행토록 하자는 것과 아주 유사할 뿐만 아니라 케인스가 1933년 3월과 4월에 〈더타임스〉에 기고 형식으로 발표했다가 나중에 그의 저서 《번영에 이르는 수단The Means to Prosperity》에 재수록한 제안과도 매우 비슷하다.[34] 케인스의 제안은 세계 각국이 1928년 말 현재의 금 보유고에 기초해 50억 달러의 지금paper gold를 발행하도록 하되 영국과 미국, 프랑스, 독일, 스페인, 아르헨티나, 일본에 대해서는 4억5000만 달러의 상한선을 두자는 것이었다.

경제자문회의가 채택했던 헨더슨 문서는 1932년 7월 1일자로, 국제결제은행으로 하여금 금과 똑같은 가치를 갖는 새로운 지폐를 10억 파운드 규모로 발행할 것을 주문하고 있다.[35] 이 지폐를 어떤 식으로 배분할 것인지에 대해서는 설명하지 않았다. 그러나 특히 흥미로운 대목은 이런 제안에까지 이르게 된 분석이다. 헨더슨은 월터 배젓이 《롬바드 스트리트Lombard Street》에서 중심 테마로 썼던, 런던에서 벌어진 예금 인출 사태의 위험성과 (은행권 발행을 제한한) 1844년 은행법의 일시 정지를 통해서라도 이를 막아야 한다는 내용을 상기시켰다. 헨더슨은 영국이 금융 위기의 중심지들로는 금을 보내주고 금융 위기의 영향을 받지 않은 중심지들로부터는 금을 받음으로써 어려운 시기에도 어느 곳이든 유동성을 유지할 수 있도록 지원해왔다며 이렇게 적었다.

현재 세계가 직면한 어려움의 본질은 런던이 그와 같은 핵심적인 역할을 수행하지 못했다는 데, 그리고 다른 어떤 중심지도 그런 역할을 하고자 하는 의지나 능력이 없다는 데 있다.[36]

헨더슨은 영국의 금본위제 이탈이 국가적으로는 이익이 되었지만 전 세계적인 차원에서 보면 국제적인 금융 관계의 불안정성을 심각할 정도로 증폭시켰다고 지적했다.

전반적인 신뢰의 부족은 달러 같은 통화, 즉 순수하게 자금의 외부 유출만으로는 결코 동요하지 않을 통화마저 불안정하게 만든다. 이로 인해 미국이 혹은 다른 나라라도 위기 상황에 뛰어들어 어려움에 처한 나라들에게 자금을 지원해줌으로써 세계의 은행가로서의 역할을 수행하는 것 자체가 불가능해졌다.[37]

헨더슨은 채권국이든 채무국이든 모든 정부를 상대로 동일한 기준으로 새로운 화폐를 발행한다는 것이, 국내에서 패닉이 발생했을 때 지폐를 찍어 필요한 신청자들에게 제공한다고 하는 배젓의 원칙과는 거리가 있다는 점은 알고 있었지만, 아무튼 효과는 있을 것이라고 생각했다. 놀라운 점은 헨더슨의 아이디어가 1968년에 합의된 국제통화기금IMF, International Monetary Fund의 특별인출권SDR, Special Drawing Rights과 흡사하다는 것이다. 그러나 미국이 이 같은 구상에 참여할 수 있을 것인지의 여부를 따지자면 아마도 참여하지 못할 것이라는 쪽이었다. 뷰리와 파이스의 대화는 헨더슨의 이 같은 문서 내용을 압축한 것을 논의의 토대로 삼았지만 결국 헨더슨의 아이디어를 사실상 끝장내 버리고 말았다.

이보다 앞서 체임벌린은 3월 17일 런던에서 가진 영국과 프랑스 양국 금융 수뇌부 회담에서 공공사업 항목을 포함한 케인스의 플랜에 대해 보네Bonnet의 의사를 타진했다. 체임벌린은 일단 케인스도 오류가 전혀 없을 수는 없다는 말로 이 주제를 끄집어낸 뒤 미국과 프랑스, 영국이 공공사업을 시행하는 한편으로 구매력도 창출한다고 하는 케인스의 제안에 대해 간략히 설명했다. 그리고는 영국이 전후에 공공사업을 시행했으나 케인스가 예상했던 성과는 얻어내지 못했다며 보네의 견해를 물었다. 보네는 답하기를, 달라디에Daladier가 1932년 10월 제네바에서 국제적인 공공사업 프로그램을 지지하고 나섰을 때 그를 위한 영국의 지원사격은 거의 없었다고 했다. 보네는 자금 조달 문제에 대해 우려했지만 각국 중앙은행들이 재량에 따라 신규로 신용을 확대하자는 논의 정도로는 안심할 수 없었다. 보네는 프랑스가 지난 수 년간 공공사업 프로그램을 시행해왔으며 눈에 띄는 물가 상승은 없었다는 점을 분명히 했다. 예산 적자야말로 프랑스 재무 장관에게 골칫거리였다. 정말로 필요한 것은 신뢰 회복이었다.[38] 희미해져 버린 영국의 주도권에 프랑스 측으로부터의 지원은 전혀 없었다.

미국 대표단을 이끌기로 돼 있던 헐은 오로지 관세 휴전 문제와 장기적으로 관세를 낮추는 것만 생각했는데, 이런 헐을 제외하고는 날짜가 점점 다가오고 있는 세계경제회의에 대한 열기를 거의 찾아볼 수 없었다. 맥도널드가 워싱턴에 머물고 있는 동안 노먼 데이비스가 런던에서 계속해서 전문을 보내왔다. 영국 입장에서는 세계적인 해결책을 찾는 것보다 대영제국 내에서 해결 방안을 모색하는 게 더 낫지 않겠느냐고 하는 회의적인 시각이 있다는 내용이었다. 영국은 협력하고 싶어했지만 영국의 유일한 관심사는 전채 문제였고, 달러 화가 혼돈에 빠져들면서 지금 이 문제는 더 중요해졌다.[39] 몰리는 루스벨트의 재가를 받아 5월 20일에 라디오로 방송된 연설을 통해 세계경제회의에서 얻어낼 성과는 국내에서 얻어낼 수 있는 것에 비해 그리 많지 않을 것이라며 이렇게 지적했다.

> 공황이 전세계적이라는 점에서 그 원인은 전적으로 국제적인 상황 때문이라고, 혹은 세계적인 공황을 해결하려면 오로지 국제적인 처방책을 통해서만 가능하다고, 너무나도 많은 사람들이 그런 식으로 생각하는 것 같습니다……사실 각국이 겪고 있는 경제적 어려움의 원인들 가운데 상당 부분은 국내적인 것입니다……어디까지나 내부에 그 원인이 있는 것이지 외부에 있는 것이 아닙니다. 따라서 그 해결책의 큰 부분도 각국이 스스로 찾아내야만 하는 것입니다.[40]

전채 문제는 세계경제회의의 의제에서 제외됐다. 통화 가치의 안정 문제 역시 제외하기로 했으나 뉴욕 연방준비은행의 해리슨 총재와 영란은행의 자문역을 지낸 스프라그O. M. W. Sprague, 워버그가 세계경제회의와는 별도로 중앙은행들간에 통화 가치 안정에 관한 합의를 도출해내기로 했다. 미국 정부는 대표단에 내린 공식 훈령을 통해 다음과 같은 6가지 (중복되는) 지침에 따라 행동할 것을 요구하고 결의안 초안을 제시했다.

(1) 관세 휴전
(2) 균형 잡힌 통화 정책과 재정 정책: 통화 정책은 공개시장 조작을 통

해 이루어지며(프랑스는 이에 대해 반대하고 있다) 균형 잡힌 재정 정책은
연구 과제로만 할 뿐 어떤 내용도 없다.

(3) 외환 규제 조치들의 제거

(4) 적절하면서도 지속적인 통화 기준을 마련하기 위한 기반 조성

(5) 무역 장벽의 점진적인 제거에 관한 기본 합의

(6) 세계적인 상품의 생산 통제 및 배분 통제에 관한 기본 합의[41]

폴란드 대사가 논평한 것처럼 정확히 무엇을 의미하는지가 명확하지
않은 내용들이었다.

세계경제회의와 루스벨트의 폭탄 선언

6월 12일 런던에서 열린 세계경제회의에는 각국에서 온 총리와 각료,
중앙은행 총재들이 다수 참석했다. 총리로는 프랑스의 달라디에와 체
코슬로바키아의 베네스Beneš, 캐나다의 베넷Bennett, 오스트리아의 돌푸
스Dollfuss, 남아프리카공화국의 스무츠Smuts, 호주의 부르스Bruce가 있
었고, 외무 장관으로는 미국의 헐과 네덜란드의 콜린Colijn, 소련의 리트
비노프Litvinov가, 재무 장관으로는 영국의 네빌 채임벌린을 비롯해 프랑
스의 보네, 중국의 쑹이 있었으며, 중앙은행 총재로는 독일의 할마르 샤
흐트와 네덜란드의 트립Trip, 오스트리아의 키엔보크Kienbock, 이탈리아
의 중이 있었다. 헐이 이끄는 미국 대표단은 유명인사와 전문가들이 특
이하게 섞여 있었는데, 이들 가운데는 최종적으로 세계경제회의의 결렬
을 기뻐했던 세 명의 고립주의자들—네바다 주 상원의원인 키 피트먼과
미시간 주 상원의원인 제임스 쿠젠스, 모리슨Morrison이라는 이름의 기

업가—도 있었다. 참가국들이 돌아가면서 개회 연설을 하는 일정이 있었다. 그런데 헐의 개회 연설은 연기될 수밖에 없었다. 헐이 연설문 초안에 담아두었던 공황에 대한 국제적인 해결책에 대한 비중을 줄이고 국내적인 해결책을 강조하는 식으로 워싱턴에서 연설문을 다시 써서 보내왔기 때문이었다. 게다가 맥도널드는 전채 문제를 언급함으로써 미국 대표단을 아연실색하게 만들었다.

회의를 조직하는 과정에서 미국의 제임스 콕스와 프랑스의 조르주 보네가 금융위원회의 감독관presiding officer 자리를 놓고 경쟁했다. 프랑스는 금본위제를 이탈한 나라의 대표를 감독관으로 하는 것은 적절치 않다고 주장한 반면 미국은 채무 상환을 거부한 나라의 대표를 감독관으로 선출하는 것은 온당치 않다고 지적했다. 영국은 6월 15일 기한이었던 전채 상환분을 원래 채무 금액의 반값으로 시장에서 은을 구입해 지불할 수 있었다. 그러나 프랑스는 채무 불이행 상태였다. 파이스에 따르면 루스벨트는 이와 관련해 프랑스에 어떤 나쁜 감정도 드러내지 않은 채 일단 세계경제회의 기간 중 이 문제를 보류해두었다. 파이스의 말을 더 들어보자. "어떤 식으로든 미국을 국제적인 금본위제로 복귀시키려 했던 프랑스에 대해 루스벨트는 최대한 참아주었지만 채무 불이행으로 인해 그의 인내심도 한계에 부딪쳤던 것 같다."[42]

세계경제회의의 첫 번째 관심사는 회의장 바깥에서 이루어지게 됐다. 파운드 화와 달러 화를 금을 기준으로 해 안정시키도록 하자는 합의에 대해 세계경제회의가 열리는 기간 중에 어떤 식으로든 결론이 내려질 것이었기 때문이다. 이건 사실 5월 31일에 합의돼 있던 것으로, 당시 파운드 화 환율은 4.00달러였다. 세계경제회의가 개막한 6월 12일에 파운드 화 환율은 4.15달러가 됐다. 그런데 이보다 더 중요한 사실은 앞서 달러 화 가치가 1파운드 당 3.42달러에서 4.00달러로 떨어지는 동안에도 무디스의 주요 상품가격 지수는 86에서 120으로 상승했고, 다우존스 산업 평균주가도 56에서 90으로 올랐다는 점이다. 6월 12일에는 두 지수가 각각 124와 97을 기록했다.

금융 부문 대표자들간에 결정된 내용은 달러 화 가치를 파운드 화에 대해서는 4.00달러로, 프랑 화에 대해서는 0.04662달러로 안정시키되 각각 3%의 변동폭을 두도록 해서 파운드 화에 대해서는 3.88~4.12달러, 프랑 화에 대해서는 0.04893~0.045331달러로 하자는 것이었다. 그리고 세 나라 중앙은행들은 8000만~1억 달러에 상당하는 금 400만~500만 온스를 한도로 금을 매각하여 자국 통화 가치를 지지하기로 했다. 만일 매각 한도가 전부 소진되면 합의를 다시 검토하기로 했다.

이 같은 통화 안정 조치에 관한 뉴스가 언론에 새나갔다. 그러자 외환시장은 파운드 당 4.12달러에서 4.02달러로 더 안정화됐고, 상품시장과 주식시장은 하락했다. '국가를 위한 위원회'는 루스벨트 대통령에게 달러 화 가치를 43% 떨어뜨리라고 요구하는 전문을 보냈는데, 그렇게 해서 파운드 당 5.70달러가 되면 미국의 물가 수준이 회복될 것이라는 계산이었다. 루스벨트는 6월 17일 워싱턴에서, 그리고 6월 19일과 20일에는 (그를 태우고 항해 중이던) 미국 구축함 엘리스 호에서 대표단에게 전문을 보내 파운드 당 4.00달러는 받아들일 수 없다고 밝혔다. 통화 가치의 안정이 궁극적인 목적이지만 그것을 달성하기 위해서는 세 나라 혹은 네 나라가 나설 게 아니라 전세계가 나서야 한다는 것이었다. 또한 달러 화의 변동을 통제하기 위한 분명한 프로그램에 어설프게 시험 삼아 참여하는 것도 피하는 게 좋았다. 파운드 화 가치가 4.25달러에 이르자 미국은 단독으로라도 그 수준을 유지하기 위한 조치를 취할 것을 숙고했다. 한참 뒤에야 루스벨트는 중간 정도의 환율인 파운드 당 4.15 달러를 고려할 수 있을 것이라고 덧붙였다. 그런데 각료들은 은행가의 영향력 아래 놓여 있었고, 그러다 보니 통화 가치의 안정을 너무나도 중시했다. 루스벨트는 말하기를, 미국의 경우 "그것은 우리나라 전체 무역액의 아주 작은 비율(약 3%)을 의미할 뿐"이라고 했다.[43] 그래서 그는 배를 타고 휴가를 떠남으로써 워싱턴에서도, 또 런던에서도 연락을 취하기 어렵게 만들었던 것이다.

6월 17일에 통화 안정 합의가 부결되자 달러 화 가치가 다시 하락세로 돌아섰고, 상품가격과 주가는 상승세를 재개했다. 런던에 가있던 해리슨이 귀국했다. 런던에서는 워버그가 새로운 통화 안정 합의의 초안을 작성하기 시작했다. 몰리는 여전히 함상에 머물고 있는 루스벨트와 협의하기 위해 워싱턴에서 마사스빈야드로 날아갔다가 다시 뉴욕으로 돌아와 6월 21일 배편으로 런던을 향해 떠났다. 뉴욕 연방준비은행에서는 윌리엄스가 이렇게 지적했다. 만일 프랑스가, 그리고 어느 정도는 영국도 계속해서 통화 가치의 안정을 주장한다면, 또한 이에 맞서 미국이 통화 가치의 안정은 물가 수준의 상승이라는 국내 프로그램과 절대로 상충되어서는 안 된다는 입장을 고수한다면 "우리는 영국에게 지난해 가을 제네바에서 영국이 우리에게 말했던 대로 말해줄 것이다. 우리는 신용 확대와 공공사업, 그 밖의 적절한 수단들을 통해 물가 수준을 올릴 수 있는, 적어도 주요국 세 나라가 참여하는 종합적인 프로그램의 일부가 아니라면 통화 가치의 안정에 나설 수 없으며, 어떠한 통화 안정 합의도 반드시 유연해야 할 뿐만 아니라 국내 및 국제적인 요인들, 특히 물가 수준의 상대적인 변동과 보조를 맞춰 변동해야 한다고 말이다."[44] 금 블록 나라들은 영국에게 말하기를, 만일 달러 화를 안정시킬 수 있는 모종의 조치가 취해지지 않는다면 금본위제를 이탈할 수밖에 없다고 했다.

몰리는 6월 28일 런던에 도착해 워버그와 함께 타협점을 이끌어내기 위한 작업에 착수했다. 그는 콕스와 워버그, 스프라그가 작성하고 프랑스와 네덜란드, 이탈리아가 동의한 공식 선언문—주된 내용은 워버그가 워싱턴으로부터 지시 받은 훈령, 즉 환율에 대해서는 일체 언급하지 말고 통화 가치 안정도 궁극적인 목표로만 언급하라고 한 것을 표현만 바꿔 그대로 되풀이한 것이다—에 대해 얘기하면서 그것은 금 블록 국가들 입장에서 보면 무조건적인 항복이라고 지적했다.[45] 보네가 프랑스 정부에 보낸 보고서에 의하면 그는 맥도널드의 요청에 따라 공식 선언문을 작성했으며, 영국과 미국 대표단이 서명하기 전에 사본을 전달했고, 이들은 결국 6월 30일에 서명했다고 한다.[46] 통화 안정 합의는 투기를 제한하는 데 필요한 적절한 조치들을 마련하고, 중앙은행으로 하여금 임시적으로 통화 가치의 안정에 협조하도록 했다. 그런 점에서 이같은 합의가 금 블록의 무조건적인 항복이라고 한 몰리의 성격 규정은 이해하기 어렵다.

합의문 초안은 워싱턴으로 타전됐고, 캐나다 뉴브런즈윅의 캠포벨로 섬에 있는 여름별장에서 머물고 있던 루스벨트에게도 보내졌다. 워싱턴에 있던 바루크와 우딘, 애치슨Acheson은 이 같은 계획에 대한 지지의사를 표했다. 그런데 루스벨트의 곁에는 자문해줄 사람이 아무도 없었다.

단지 친구로 와있던 농업신용위원회의 헨리 모겐소Henry Morgenthau와 비서 루이스 하우Louis Howe가 있었을 뿐인데, 루스벨트는 결국 이 타협안에 대해 두 번째로 퇴짜를 놓았다. 이즈음 달러 화 가치는 파운드 당 4.33달러로 떨어졌고, 상품가격은 130으로 상승했으며, 다우존스 산업 평균주가는 100까지 올라있었다. 7월 1일 루스벨트는 입장을 분명히 밝혔다. 통화 안정은 비정부 은행(바꿔 말하자면 중앙은행)의 문제지 정부의 문제가 아니며, 대통령으로서 현재는 물론 향후에도 미국이 금 수출을 하도록 승인하지는 않을 것이라고 말이다. 7월 3일에 발표된 두 번째 대통령 교서는 대외 공표용으로 어조가 더욱 강렬했다.

만일 이 거대한 국제 회의가……단지 몇몇 나라의 통화 가치에 영향을 미치는, 전적으로 인위적이며 일시적인 실험을 시행하자는 제안에 스스로 장단을 맞추고자 한다면 나는 그것을 세계적인 비극에 견줄만한 재난이라고 단언할 것입니다……그런 조치를 고집하는 것이야말로 현재 전세계가 직면한 공황의 기저에 깔려 있는 기본적인 경제 실책을 계속 저지르고 있는 데 대한 구실밖에 되지 않는다는 생각에 나는 마음이 편치 않습니다.

몇몇 큰 나라의 환율만 일시적으로, 그리고 아마도 인위적으로 안정시키고자 하는, 허울만 좋은 그런 오류로는 세계가 잠시 평온을 되찾는다 해도 결코 오래가지 못할 것입니다.

한 나라의 건전한 국내 경제 환경이야말로 그 나라 통화의 명목가치보다 그 나라 복지에 훨씬 더 큰 영향을 미치는 요인입니다……

소위 국제적인 은행가라는 과거의 물신物神은 이제 자국 통화에 영속적인 구매력을 부여하려는 각국의 통화 계획에 의해 사라져가고 있습니다……미국이 추구하는 달러는 이런 것입니다. 우리가 가까운 장래에 갖고자 하는 달러 화 가치를 기준으로, 앞으로 한 세대 동안 동일한 구매력과 채무 지불 능력을 가질 수 있는 달러입니다……우리의 궁극적인 목적은 모든 나라의 통화 가치가 항구적으로 안정을 찾는 것입니다……대다수 국가가 균형 예산을 실현하고, 가진 것 범위 안에서 생활을 꾸려나가고자 하는 종합적인 정책을 펴나갈 수 있도록 전세계가 노력할 때, 그때 비로소 우리는 세계적인 금과 은의 더 나은 배분 방법에 대해 건설적으로 논의해나갈 수 있을 것입니다.[47]

대통령 교서는 가히 폭발적인 파급을 불러일으켰다. 과장된 언사에 대한 비판이 제기됐고, 루스벨트도 훗날 과했다는 점을 인정했지만, 교서의 내용은 오늘날까지도 논란거리가 되고 있다. 이 교서로 인해 세계 경제회의가 깨져버렸는데, 회의는 미국의 주장으로 인해 폐회를 앞두고 일주일에서 이주일 동안 제대로 이뤄지지 않았고, 피트먼 상원의원이 추진했던 은에 관한 단 한 건의 합의를 내놓았을 뿐이었다. 대영제국권 나라들은 별도의 공식 회의를 열어 파운드 화 권역을 결성했다. 금 블록 국가들은 더욱 강력한 방어조직을 자체적으로 구성했다. 많은 이코노미스트들은—특히 루스벨트를 향해 "놀라울 정도로 옳다"고 했던 해로드Harrod와 케인스, 미드Meade가—루스벨트의 교서에 수긍했다. 그러나 이들도 일부 비정상적인 경제적 사고와 심지어 불합리한 추론까지 섞여있는 루스벨트의 분석에는 수긍할 수 없었다. 이런 점들이 그랬다. (1) 금이 유출될 것을 두려워했지만 실은 미국이 전세계 금 보유량의 3분의1을 갖고 있었다. (2) 주요 2~3개국 통화만 안정화시킬 뿐이라고 우려했지만 실은 기축 통화들이 안정화돼야 나머지 나라 통화들도 안정화될 수 있는 상황이었다. (3) 정부와 중앙은행을 따로 구분해 정부가 피해야만 할 합의를 중앙은행은 오히려 시행하는 게 적절하다고 했다. (4) 미국에게 무역은 중요하지 않다고 하면서도 달러 화 가치의 하락은 매우 중요하다고 했다. (5) 통화 가치의 안정이 예산 불균형을 야기한다고 지적했는데, 이는 그 자체로 모순되는 주장이었다. 게다가 6월 중순 다우존스 산업 평균주가가 나흘 동안 96.8에서 89.2로 급락한 가운데 루스벨트 본인이 통화 안정 합의를 철회키로 한 게 확실한 상황에서 이번 세대에서 다음 세대까지 구매력을 유지하는 통화 안정을 말한다는 것 자체가 이코노미스트들 입장에서는 도저히 납득할 수 없었다. 몰리는 런던에서 리프먼Lippmann과 케인스에게 금뿐만 아니라 많은 다른 상품들에 대해서도 안정된 가치를 가질 수 있는 새로운 국제통화단위—디나르dinard—를 만들자는 제안에 대해 이야기했다. 그러나 "이들 중 누구도 어떻게 해야 이것이 가능할지 알지 못했다."[48]

아마도 루스벨트는 미국이 평가절하를 통해 물가 수준을 올리려는 시도를 좀더 해볼 때까지는 국제적인 통화 안정 합의를 받아들이는 것은 시기상조라고 말한 것일지도 모른다. 실험은 오래 가지 않았다. 7월 17일 달러 화 가치가 파운드 당 4.86달러에 달하자 루스벨트는 보복 조치를 막기 위해 뉴욕 연방준비은행에 최대 약 3000만 달러까지 매입해 달러 화 가치를 지지하라고 지시했다.[49] 뉴욕 연방준비은행이 불과 130만 달러를 매입한 상황에서 외환시장과 상품시장, 주식시장이 모두 방향을 틀었다. 달러 화 가치는 급반등했고, 상품시장과 주식시장은 하락세로 돌아섰다. 그러나 그림11이 보여주듯이 주식시장이 상승할 때는 달러 화 가치의 하락폭을 따라잡지 못했고, 주식시장이 하락할 때는 달러 화 가치의 반동폭보다 더 컸다. 1933년 가을 달러 화 가치는 파운드 당 5.15달러에 이르렀는데, 주식시장은 1934년이 되어서야 비로소 1933년 7월에 기록했던 고점에 도달했다.

루스벨트의 폭탄 선언에 대한 공식적인 반응은 맥도널드의 말에 잘 표현돼 있다. 맥도널드는 루스벨트에게 보낸 전문에서, 유럽은 미국의 국내 정책에 간섭할 의사가 전혀 없지만 미국이 자국에 필요한 성공의 대가로 유럽에 대혼란을 초래하지는 않을, 모종의 적절한 방안을 찾아내기를 기대한다고 밝혔다. 이탈리아 중앙은행의 중 총재는 여기에 덧붙여, 유럽은 검증되지 않은 한 개인의 생각 때문에 수 세기 동안 쌓아온 경험을 내팽개칠 수는 없으며, 그런 실험은 그렇게 해볼 수 있는 충분한 자원을 가진 나라에 맡겨야만 할 것이라고 말했다.50

금 가격 인상을 통한 실험

세계경제회의의 결렬과 달러 화 가치의 상승으로 다시 물가 수준이 떨어지자 루스벨트는 새로운 방책을 모색했다. 굳이 멀리까지 가지 않아도 됐다. 캠포벨로 섬에서 루스벨트와 함께 있던 헨리 모겐소는 인디애나폴리스에 들렀다가 워싱턴으로 돌아왔는데, 코넬 대학교의 농업경제학자인 조지 워런George Warren 교수가 준비한 농산물 및 금의 주간 가격 차트를 루스벨트에게 가져왔다. 워런 교수의 견해는 미국의 그린백 시기인 남북전쟁 때부터 1879년까지의 물가 동향을 연구한 프랭크 피어슨Frank Pearson과 함께 책을 저술하면서 체계가 잡힌 것이었다.51 그러나 금 가격과 전반적인 물가 수준 간의 연관성은 워런 교수가 생각하는 만큼 그렇게 직접적이지는 않았고, 환율은 아예 무시해버렸다. 당시 세계 제

그림11. 1933년 4-7월 중 뉴욕 시장에서의 일간 상품가격 및 주가, 환율 추이

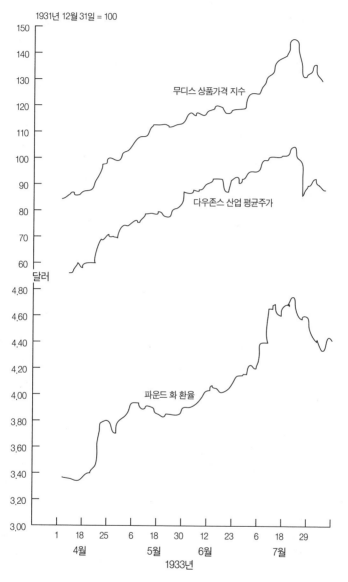

1931년 12월 31일 = 100

무디스 상품가격 지수

다우존스 산업 평균주가

달러

파운드 화 환율

1 18 25 6 18 30 12 23 6 18 29

4월 5월 6월 7월

1933년

(다음 페이지 계속)

(그림11 계속)

1933년	무디스 상품가격 지수 (기준: 1931, 12, 31 = 100)	파운드 화 환율	다우존스 산업 평균 주가		무디스 상품가격 지수 (기준: 1931, 12, 31 = 100)	파운드 화 환율	다우존스 산업 평균 주가
4월 1일	86.4	3.42	55.7	4일	109.0	3.91	79.2
2일	x	x	x	5일	110.0	3.98	79.8
3일	86.7	3.42	55.7	6일	109.6	3.99	77.6
4일	86.8	3.42	56.1	7일	x	x	x
5일	87.5	3.42	57.5	8일	111.0	3.97	76.6
6일	88.8	3.42	58.8	9일	110.9	3.94	77.2
7일	88.5	3.42	58.8	10일	111.6	3.93	80.8
8일	87.9	3.42	59.3	11일	114.1	3.96	82.5
9일	x	x	x	12일	115.6	3.98	82.1
10일	88.6	3.41	62.1	13일	115.8	3.97	80.9
11일	90.2	3.41	61.2	14일	x	x	x
12일	89.7	3.41	60.3	15일	115.0	3.96	79.7
13일	90.9	3.41	62.7	16일	115.3	3.94	81.3
14일	휴일	3.44	x	17일	116.4	3.91	82.6
15일	휴일	3.45	62.9	18일	116.0	3.90	82.6
16일	x	x	x	19일	114.9	3.88	81.8
17일	91.3	3.49	61.6	20일	113.7	3.87	80.2
18일	92.5	3.45	62.7	21일	x	x	x
19일	95.1	3.49	68.3	22일	113.6	3.89	79.9
20일	99.9	3.61	72.3	23일	114.7	3.91	83.1
21일	99.7	3.84	69.8	24일	115.7	3.92	84.3
22일	100.5	3.81	72.2	25일	115.4	3.92	83.7
23일	x	x	x	26일	116.9	3.91	86.6
24일	102.9	3.86	73.7	27일	118.5	3.97	89.6
25일	102.2	3.85	72.4	28일	x	x	x
26일	102.4	3.79	72.6	29일	119.5	3.97	90.0
27일	102.4	3.73	71.7	30일	휴일	x	x
28일	101.5	3.77	73.1	31일	120.7	4.00	88.1
29일	103.8	3.85	77.7	6월 1일	120.3	4.00	89.1
30일	x	x	x	2일	120.9	3.99	92.2
5월 1일	105.9	3.88	77.8	3일	120.5	4.01	9.0.
2일	106.6	3.88	77.3	4일	x	x	x
3일	108.1	3.91	77.4	5일	120.2	4.01	91.9

1933년	무디스 상품가격 지수	파운드 화 환율	다우존스 산업 평균 주가		무디스 상품가격 지수	파운드 화 환율	다우존스 산업 평균 주가
	(기준: 1931. 12. 31 = 100)				(기준: 1931. 12. 31 = 100)		
6월 6일	120.9	4.02	91.9	8일	135.5	4.70	105.2
7일	121.4	4.06	93.0	9일	x	x	x
8일	120.6	4.12	93.5	10일	136.9	4.80	104.1
9일	121.6	4.10	94.3	11일	139.0	4.74	103.1
10일	122.7	4.14	94.4	12일	142.6	4.68	104.6
11일	x	x	x	13일	143.0	4.77	105.5
12일	123.7	4.15	96.8	14일	143.7	4.78	105.0
13일	123.8	4.14	94.8	15일	145.3	4.78	106.1
14일	121.8	4.09	94.1	16일	x	x	x
15일	120.1	4.06	88.9	17일	148.5	4.78	108.3
16일	120.1	4.07	89.2	18일	148.9	4.84	108.7
17일	119.5	4.07	90.2	19일	145.2	4.83	103.6
18일	x	x	x	20일	137.8	4.75	96.3
19일	121.7	4.14	96.0	21일	134.1	4.65	88.7
20일	121.7	4.18	95.2	22일	133.5	4.64	88.4
21일	121.9	4.16	95.9	23일	x	x	x
22일	122.4	4.23	92.9	24일	135.4	4.64	94.3
23일	122.7	4.22	95.5	25일	135.2	4.68	92.8
24일	123.4	4.22	95.7	26일	137.4	4.61	95.1
25일	x	x	x	27일	140.4	4.56	96.0
26일	127.4	4.21	98.5	28일	137.4	4.48	94.5
27일	130.3	4.24	98.7	29일	135.3	4.53	x
28일	128.9	4.34	97.7	30일	x	x	x
29일	128.8	4.30	97.0	31일	132.1	4.53	90.8
30일	128.6	4.26	98.1	8월 1일		4.41	
7월 1일	129.9	4.33	100.9	2일		4.45	
2일	x	x	x	3일		4.53	
3일	132.4	4.41	103.8	4일		4.50	
4일		x	x				
5일	132.9	4.52	102.7				
6일	134.6	4.47	105.0				
7일	135.4	7.73	105.4				

출처: *Commercial and Financial Chronicle*, 1933, various issues.

일의 금융 중심지였던 런던에서 금 가격은 고정돼 있고 다른 상품가격은 일정한 수준을 유지한 것으로 가정했던 것이다.

7월 3일에 교서를 발표했던 루스벨트는 일주일 뒤 워런에게 차나 한 잔 하자고 했다. 이 자리에서 루스벨트는 깊은 인상을 받았다. 8월 16일에 루스벨트는 모겐소에게 상품가격을 올리기 위해 현재 시가보다 더 높은 가격으로 공개시장에서 금을 매수하고자 한다고 말했다. 실은 이 일이 있기 하루 전 루스벨트가 워버그에게 통화연구 그룹을 구성하도록 했는데, 애치슨과 유진 블랙Eugene Black, 더글러스, 해리슨, 제임스 하비 로저스James Harvey Rogers, 스프라그, 월터 스튜어트Walter Stewart가 참여한 이 연구 그룹은 워런 플랜에 강력히 반대했다. 하지만 이들에게는 달리 제시할 대안이 없었다. 결국 9월 8일 루스벨트는 남북전쟁 기간과 전쟁이 끝난 뒤까지 20년간을 제외하고는 1세기 넘게 유지돼왔던 국내 금 가격을 온스 당 20.67달러에서 29.82달러로 올렸다.

맨 처음 나타난 결과는 만족스러운 것이었다. 달러 화 가치가 하락하면서 파운드 당 5.00달러를 넘어섰고, 주식시장과 상품시장도 상승세를 탔다. 9월 21일자 워버그의 일기를 보면 대통령과 나눈 대화에 대해 기록해 두었는데, 그는 대통령이 언제나 달러 화 가치가 현수준보다 더 낮아지기를 원했다고 꼬집었다. 4월에 달러 화 가치가 파운드 당 3.75달러였을 때는 3.85달러를 원했다. 5월에 파운드 당 3.85달러가 되자 루스벨트는 4.00달러가 되면 만족할 것이라고 말했다. 6월 17일에 4.00달러의 환율 제안이 들어오자 다시 4.25달러를 원한다고 했다. 8월에 달러 화 가치가 파운드 당 4.50달러가 되자 이번에는 5.00달러를 원했다. 이런 과정이 무한정 이어질 수도 있었다. 루스벨트의 응수는 이랬다. "그래, 당신은 어떻게 하겠다는 거지?" 그러면 워버그는 자신이나 연구 그룹이나 만병통치약은 갖고 있지 않다고 인정할 수밖에 없었다.[52]

그러나 물가 수준이 다시 떨어지자 루스벨트는 몇 주 동안 필요한 기관을 물색한 뒤 10월 들어 새로이 채굴된 금을 부흥금융공사RFC의 자회사를 통해 공개시장에서 매입하기 시작했다. 이 정책은 10월 22일 노변정담 라디오 방송을 통해 발표됐는데, 이런 내용이었다. 물가 수준이 원상 회복되기 전까지는 달러 화 가치를 항구적으로 고정시키지 않을 것이며, 미국은 국제 무역에서의 우발적인 사태에 너무나도 큰 영향을 받는 달러 화의 금 표시 가치를 스스로 확실하게 관리해야 하고, 새로운 금 매입은 하나의 정책이지 임시 방편이 아니다. 모겐소는 루스벨트의 의도를 이렇게 전했다. 대통령은 회의적인 언론 보도나 금 블록 국가의 분노에 찬 외침에도 전혀 놀라거나 당황하지 않았으며, 해리슨으로부터 노먼 총재-해리슨은 노먼을 가리켜 "핑크색 수염의 영감태기"라고 불렀다-가 이제 전세계가 파산하게 될 것이라며 불평을 터뜨렸다는 얘기를 듣고는 그저 웃어넘겼다.[53]

모겐소는 10월 25일부터 루스벨트의 수족이 되어 금 가격을 매일같이 올렸는데, 그 금액은 인위적으로, 그것도 두 사람이 농담까지 나누면서 정한 것이었다.[54] 당초에는 새로이 채굴된 국내산 금만 매입했지만 그렇게 해서는 런던시장의 금 가격을 미국시장에서 오른 만큼 끌어올릴 수 없다는 것을 알게 됐다. 그래서 10월 29일에 RFC는 해외에서 금을 매입하기 시작했다. 해리슨과 블랙은 이런 움직임이 프랑스로 하여금 금본위제를 이탈하도록 부추길 것이라고 우려했다.[55] 그러나 루스벨트는 달러 화를 안정화시킬 시점은 아직 도래하지 않았다는 입장에서

한 치도 물러서지 않았다.

그 시점은 금세 도래했다. 11월과 12월에 농산물 가격이 다시 하락했고, 뉴욕과 런던의 금 가격 차이도 벌어졌다. 건강이 극도로 나빠진 우딘을 대신해 11월에 재무 장관 서리로 임명된 모겐소는 해리슨에게 전화를 걸어 영국 정부가 미국 정부와 힘을 합쳐 파운드 화와 달러 화를 법적으로 안정화시킬 용의가 있는지 노먼 총재에게 물어봐 달라고 부탁했다. 이틀 후 노먼 총재는 레이스-로스와 협의한 결과 영국 정부는 파운드 화와 달러 화를 법적으로 안정화시킬 의향이 없으며, 향후 파운드 화의 최저 환율에 대한 어떤 언질도 해줄 생각이 없다고 알려왔다. 하지만 노먼과 레이스-로스는 영국과 미국이 사전에 합의한 양만큼의 금을 사용해 사실상 일시적인 기간 동안만 파운드 화와 달러 화를 안정화시키는 방안은 기꺼이 고려하겠다고 했다. 12월 들어 달러 화가 강세를 보이자 해리슨은 노먼에게 그 같은 방안을 추진할 수는 없다고 알려왔다. 그것은 이제 더 이상 문제가 아니었다. 루스벨트와 모겐소는 금 가격을 변동시키는 것에도 싫증이 났고, 그래서 금 가격을 항구적으로 고정시키기를 원했다. 1934년 1월 15일 대통령은 의회에 통화 정책에 관한 특별 교서를 보냈다. 그리고 1월 30일에 금 준비법Gold Reserve Act이 통과됐다. 곧이어 2월 1일 대통령은 금 가격을 온스 당 35달러로 고정시켰다.

왜 그렇게 했는지는 명확하지 않다. 모겐소의 말을 들어보면 과거의 경험에 비춰볼 때 그리 설득력이 높지 않은 이유들을 나열하고 있을 뿐이다. 환율의 변동은 무역에 악영향을 줄 정도가 되어서는 안 된다. 또한 만일 정부가 금 가격을 고정시킴으로써 이익을 실현해 그 이익을 통화안정기금을 만드는 데 사용한다면 금 가격의 고정은 필요했다고 할 수 있다. 달러 화는 다시 평가절상되고 있었고, 제이콥 바이너Jacob Viner 는 해외에서 진행되고 있는 미국의 금 매입이 달러 화 가치를 떨어뜨리 거나 미국의 물가 수준을 올려놓기에는 규모가 크지 않다고 전해왔다.[56] 아무튼 '국가를 위한 위원회'와 인기 있는 라디오 성직자인 코글린 신부 Father Coughlin, 그 밖의 인플레이션 주창론자들로 인해 야기되는 끊임없 는 고통에 비해 금 가격의 유연성을 포기하는 것은 덜 중요했을 것이다. 이 정책은 제대로 기능하지 못했다. 뭔가 변화가 필요했다.

물가 끌어올리기

대다수 이코노미스트들은 미국이 무역수지가 흑자인데도 금본위제를 포기하고 달러 화 가치를 떨어뜨린 것을 비판한다. 가령 뢰프케Röpke는 이렇게 말한다.

> 루스벨트 행정부가 금본위제를 포기한 것은 사실 근자에 있어서 어느 나라 그리고
> 어느 정부가 취할 수 있는 정책 중에서도 가장 최악의 재앙에 가까운 정책이었으며,
> 그 나라는 물론 전세계 다른 모든 나라에도 재앙이라고밖에 볼 수 없었다.[57]

그러나 앞서 제8장에서 지적했듯이 달러 화의 평가절상은 미국에게 수출 감소를 초래해 무역수지 흑자가 줄어듦으로써 디플레이션 압력으 로 작용해왔다. 그런 점에서 루스벨트와 그의 측근 자문역들—특히 모 겐소와 하우—은 자신들이 무슨 일을 벌이고 있는지 분명한 생각을 하 지 못하는 경우가 종종 있었으리라는 점을 감안해야 할지도 모른다. 종 국에 가서는 그 정책이 좋은 것이었다고 할지도 모르는 것이니 말이다.

일단 세계적인 물가 수준을 끌어올리는 것이 중요하고도 꼭 필요한 일이라는 합의가 이루어지자[58] 두 가지 방안이 가능해졌다. 첫째는 세계 각국이 동시에 정부 지출을 확대하는 프로그램에 착수하는 것이었다. 이는 각국의 수출액이 수입액이 늘어나는 만큼 똑같이 늘어날 수 있도록 지출 규모와 시기를 신중하게 조율하거나, 혹은 보다 현실성 있게는 수입액이 수출액을 넘어서는 나라—자원을 획득하기 위해서 수입을 초과한 게 아니라 공동의 프로그램을 수행하기 위해 수입을 초과한 나라—에 대해 일시적으로 자금 지원을 보장해줄 공동 출자 기금을 통해 실행할 수 있었다. 그런 프로그램은 1933년에는 불가능했는데, 그런 생각 자체가 없었기 때문은 아니었다. 사실 지출 프로그램의 실행에 필요한 내용들은 킨더슬리와 프랑키, ILO, 케인스의 계획에 다 들어있었다. 다만 프로그램이 불가능했던 것은 모든 정부가 (그리고 대부분의 정치인과 이코노미스트들이) 적자 재정을 반대했던 데다 미국이 통화정상화기금Monetary Normalization Fund 내지는 국제신용기관International Credit Institute 의 설립에 필요한 신규 자금을 마련하는 데 리더십을 발휘할 생각이 없었고, 새로운 국제 통화를 독자적으로라도 출범시키는 식의 과감한 조치를 취할 의사도 없었기 때문이다.

두 번째로 가능한 방안은 모든 나라가 동시에, 그리고 똑같은 비율로 금 표시 가치를 떨어뜨림으로써 환율은 그대로 유지하면서 금 평가이익을 창출해 정부 지출을 확대하는 데 사용하는 것이었다.[59] 정부 지출이 확대되면 물가 수준은 상승할 것이다. 물가 수준은 정부 지출이 확대될 것이라는 기대감만으로도 방향을 틀어 상승하기 시작할 수도 있다. 이런 아이디어는 이미 나왔던 적이 있었다. 파이스가 3월 3일에 작성한 문서를 보면 이 같은 효과가 나와있다.[60] 또 새로운 통화에 관한 리프먼-케인스간 논의에도 전체적인 평가절하를 위한 프로그램의 윤곽이 담겨있다. 하지만 그런 프로그램에 대해 이해를 구하고 동의를 얻어내기는 거의 불가능했는데, 인플레이션 유발 위험이 높다며 강하게 반대하는 목소리가 특히 컸기 때문이다.

어떤 상황에서도 세계경제의 회복이 각국 통화의 평가절하와 관세 분야에서의 휴전을 통해 달성될 것 같지는 않았다.

만일 세계 주요 통화들이 금 표시 가격을 기준으로 동시에 평가절하를 단행하고 여기서 얻은 이익을 정부 지출로 사용해 물가를 올릴 수 있다면, 한 가지 통화에 이어 다른 통화가 평가절하를 단행해 최종적으로는 모든 통화들이 똑같이 평가절하를 단행한 것과 같은 결과를 얻는 것은 어떤가?[61] 그러나 이건 절대로 똑같은 게 아니다. 앞서 지적했듯이 한 나라의 평가절하가 (1) 세계적인 물가 수준에는 아무런 영향도 미치지 못하고 국내 물가만 끌어올릴 수도 있고 (2) 국내 물가에는 아무런 영향도 못 미치면서 세계적인 물가 수준(금 가격)을 끌어내릴 수도 있고 (3) 국내 물가 수준을 부분적으로 끌어올리면서 세계적인 물가 수준을 약간 낮출 수도 있다. 따라서 최종적으로 맨 처음의 환율 수준을 회복하게 되는 연쇄적인 평가절하는 결국 인플레이션을 유발할 수도 있고 디플레이션을 야기할 수도 있는 두 가지 가능성을 다 갖고 있다. 1930년대 영국과 파운드 화 사용권 국가, 일본, 캐나다, 그리고 기타 여러 나라들이 마치 톱니바퀴 돌아가듯 연쇄적으로 평가절하를 단행하면서 결국 세계적인 물가 수준을 끌어내렸는데, 이는 1970년대의 변동환율제처럼 처음에는 한 쪽 방향으로 오버슈팅 했다가 다음에는 다른 방향

313

으로 오버슈팅 하며 인플레이션의 소용돌이를 불러왔던 것과 흡사하다. 차이점이 있다면 평가절하를 단행한 나라들의 국내 거시경제 정책에서 찾을 수 있다. 1930년대 영국과 스웨덴, 그리고 다른 여러 나라들은 이미 브레이크가 걸린 상태에서 금본위제를 포기했다. 그런데 1970년대 평가절하를 단행한 대부분의 나라는 경기 과열로 인해 어려움을 겪고 있었다. 물론 세계적인 경제 여건도 감안해야 한다. 전세계가 이제 막 디플레이션으로 접어드는 국면에서 평가절하는 그로 인해 상대적으로 통화 가치가 상승한 나라에 디플레이션 요인이 된다. 이와 반대로 세계시장이 가격 상승 국면에 있을 경우 평가절하는 그것을 감수한 나라에 인플레이션 요인이 된다. 그런 점에서 변동환율제가 국내외적으로 거의 혹은 전혀 거시경제적인 충격을 주지 않는, 국제수지상의 어려움을 치유하는 수단이라고 확신하는 많은 이코노미스트들의 생각은 상당히 잘못된 것 같다.

오늘날까지도 여전히 풀리지 않는 수수께끼가 있다. 1933년에 달러화가 평가절하됐을 때는 미국 내에서 물가 수준을 끌어올리면서도 해외 물가 수준의 하방 압력으로 작용하지는 않았는데, 왜 1931년에 파운드 화와 엔 화가 평가절하됐을 때는 금 가격에 대해서는 물론이고 특히 금 블록 국가들과 미국, 독일에 강력한 디플레이션 요인이 되었느냐는 것이다. 혹자는 미국의 금본위제 이탈도 금 블록 국가들에게 디플레이션 압력을 가했다고 말하기도 한다.[62] 하지만 이 같은 판단을 뒷받침할 증거는 없다. 표19가 보여주듯이 프랑스의 물가 수준은 파운드 화의 평가절하 충격으로 인해 1931년과 1932년 모두 떨어졌지만 달러 화가 평가절하된 1933년에는 꾸준하게 유지됐다.

표19. 1931년 7월에서 1933년 12월 사이 프랑스의 환율 및 상품가격

	프랑 화 환율	도매물가(126개 품목, 1913년=100)
1931년	파운드 당	
7월	123.89	500
8월	123.93	488
9월	115.42	473
10월	99.67	457
11월	94.73	447
12월	85.83	442
1932년	파운드 당	
1월	87.36	439
2월	87.30	446
3월	92.12	444
4월	95.18	439
5월	93.16	438
6월	92.68	425
7월	90.62	430
8월	88.78	415
9월	88.59	412
10월	88.63	412
11월	83.60	413
12월	84.00	413
1933년	달러 당	
1월	25.62	411
2월	25.49	403
3월	25.40	390
4월	24.36	387
5월	21.70	383
6월	20.77	403
7월	18.25	401
8월	18.62	397
9월	17.23	396
10월	17.13	397
11월	15.97	402
12월	16.31	406

출처: Alfred Sauvy, *Histoire économique de la France entre les deux guerres*, vol. 2: *1931-1939*, 1967, table IV, ii, p. 489; V 4, p. 496.

평가절하가 세계적인 물가 수준을 더 낮추지 않았다는 것은 미국 국내의 기대감이 엄청나게 변한 결과라고 할 수 있다. 물론 총투자가 이미 제로에 근접해 더 이상 떨어질 수 없었다는 사실은 말할 필요도 없다. 마침내 금 블록 국가들이 1935년과 1936년에 통화 가치를 떨어뜨리자 전세계 각국의 연쇄적인 평가절하가 일어났다. 느렸지만 고통스러운 과정이었다. 미국의 평가절하는 부적절했을 뿐만 아니라 모양새도 안 좋은 것이었지만, 보다 효과적인 수단으로 경제 전반의 확장을 유도할 지적 뒷받침이나 정치적 준비가 없는 상황에서는 유효한 것이었다고 봐줄 수도 있다.

그러나 이건 우연한 횡재나 다름없는 것이었다. 확실히 루스벨트의 정책은 서툴렀다. 처음에 세계경제회의가 어떻게 진행되든 수수방관한 것도 그렇고, 그러다가 마치 보복이라도 하듯 세계경제회의를 결렬시킨 것도 그랬으며, 며칠간 시장 가격이 떨어지자 여기에 대응하는 한편으로 세대간에 걸친 달러 화의 구매력을 이야기한 것도 그랬다. 모겐소의 변명 역시 어른답지 못하다.

만일 루스벨트가 금 가격을 40달러로 정해놓고 30억 달러의 지폐를 발행한 다음 은화를 사용하기로 했다고 해보자. 여기에 비하면 금 매입 프로그램은 온건한 것이었다. 유럽 각국은 이 정책에 분노했지만 어떤 나라도 지난 수 년간 다른 나라의 경제적 편의를 위해 그리 신경을 쓰지 않았으며, 1933년에는 대통령에 대한 압력이 너무 커서 무엇이든 하지 않으면 안 되는 상황이었다.[63]

민주당 행정부는 국내 경기의 회복이라는 성과를 낼 때까지는 실험을 계속할 태세였다. 세계경제에 대해서는 관심도, 지식도 거의 없었으며, 세계경제와 맞설만한 확신도 갖고 있지 않았다. 당시의 회고록들을 보면 영국과의 협상 자리에서 주저주저하는 장면들로 넘쳐난다. "우리는 늘 영국 측에게 우리 비밀을 다 털어놓는데 그들은 매번 우리를 속이기만 한다."[64] 몰리는 세계경제회의에 나온 미국 대표단을 이렇게 평했다. "미숙하고 요령부득이면서……자신들이 원하는 것은 확실히 알고 있는 외국인들에게 대들었다."[65] 피에르폰트 모팻Pierrepont Moffat은 대통령이 자신의 7월 3일자 교서가 너무 강했던 게 아닌지 궁금해 했다고 전했다. 하지만 루스벨트는 그것을 후회하지 않았다. "그 교서는 매번 회의가 열릴 때마다 우리는 늘 지는 쪽이 된다고 하는, 나라 전반에 널리 퍼져있는 정서를 깨뜨려버린 것이다."[66]

　민주당 행정부가 국제 경제 시스템의 작동에 책임을 느끼기 시작한 것은 이로부터 3년이나 지나서였다.

10

회복의 시작
The Beginnings of Recovery

혼돈 속의 세계경제

대공황의 바닥으로부터 벗어나기 시작한 것은 1933년부터였지만 회복은 광범위하지도 않았고 빠르지도 않았다. 특히 세계경제는 응집력을 잃은 상태였다.[1] 금 블록 국가들은 더 깊은 공황으로 빠져들어가고 있었다. 주축국인 독일과 이탈리아는 독자적인 경제 노선을 추구했고 세계경제의 관리 시스템으로부터 떨어져나갔다. 지구 반대편에서는 일본이 혼자의 힘으로 빠르고 힘차게 회복해나가고 있었다. 영연방 국가들도 파운드 화와 연계된 다른 많은 나라들과 함께 회복을 시작했는데, 영연방 내부를 중시하는 독자적인 회복 노선을 따랐다. 미국과 캐나다에서도 회복은 진행 중이었지만 전체적으로 느렸고 균형 잡힌 모습도 아니었다. 세계 자본시장은 빈사 상태에 있었다. 저개발 국가들의 채무 상환 부담은 엄청났다. 채무불이행이 만연했다.

하지만 방향 전환이 이루어진 것은 확실했다. 금 블록 국가들을 제외
하면 1934년과 1935년에 물가 수준과 수출, 산업 생산, 국민소득이 모
두 증가세를 보였다. 이 같은 회복세의 상당 부분은 1934년에 나타났
는데, 전년도에 매우 불확실하기는 했지만 다소 회복 기미를 보여준 다
음에 나타난 것이었다. 1935년에는 회복세가 확연히 느려져 거의 체감
하기 어려울 정도였다.

물론 금 블록 국가들 외에도 예외적인 경우가 있었다. 가장 눈에 띄
었던 것이 소련의 대외 무역인데, 외환 통제를 하는 유럽 국가들로의
수출이 갈수록 어려워지면서 어쩔 수 없이 수입을 줄일 수밖에 없었고,
그 결과 1934년과 1935년의 수입액이 1932년에 기록했던 저점 수준보
다도 3분의1이나 감소했다.

미국의 회복

미국이 세계경제에서 차지하는 비중은 매우 중요했지만, 미국이 보여준
경기 회복 패턴은 일정하지 않았다. 산업 생산은 (1923~1925년을 100으로 할
때) 1933년 3월에 59였던 것이 7월에는 100까지 빠르게 증가했으나 지속
되지는 못했다. 많은 생산 분야에서 과잉 시설을 보유하고 있다 보니 산
업 생산 증가는 장기 투자보다는 재고 누적으로 이어져 1934년 7월에는
전년도에 기록했던 정점 수준을 훨씬 하회하는 71까지 떨어졌는데, 그
나마 공황의 바닥 수준에서는 탈출한 것이었다. 산업 생산은 이 수준에
서 다시 회복세를 타 1935년 7월에 90으로 상승했고, 그 해 말에는 100
을 기록했다. 물가 수준의 회복세도 대체로 유사했지만 상당히 둔화된

모습이었다. (1929년을 100으로 할 때) 1933년 3월에 63이었던 것이 7월에는 74로 상승했다가 다시 71로 떨어진 뒤 1934년에는 또 75로, 1935년에는 76.5로 오름세를 보였다. 실업률은 한 조사에 따르면 전체 노동조합원의 25%이상에서 17%이하로 떨어진 것으로 나타났지만, 미국노동총연맹AFL, American Federation of Labor의 실업자 추계에 의하면 1933년 1370만 명이었던 것이 1934년에는 1240만 명으로, 1935년에는 1200만 명으로 소폭 감소했을 뿐이었다. 농산물조정법AAA과 국가재건법NRA이 대법원에서 위헌 판결을 받음에 따라 근로사업촉진국WPA이 시행하는 구제사업 지출이 증가했다. 그러나 고용 확대를 위한 재정 정책 수단은 제한적일 수밖에 없었는데, 루스벨트 대통령이 이끄는 민주당 행정부가 균형 예산에 전력을 기울이고 있었기 때문이다.

하지만 국가재건법은 노동조합원들에게 미친 파급만으로도 미국에 뚜렷한 흔적을 남겼다. NRA가 기업가들을 상대로 한 반反트러스트 행동을 중단시킴으로써 이제 산업 평화를 증진시키기 위한 수단으로서 노동자들의 단결권을 인정하는 것 역시 필요하다는 인식이 자리잡았다. 그리하여 1933년 300만 명을 밑돌던 노동조합원 숫자는 1934년 360만 명으로 늘어났고 1935년에는 390만 명을 기록했다. 산별 노조인 산업별 노동조합회의CIO, Committee for Industrial Organization가 전통적인 직업별 노조인 미국 노동총연맹AFL에서 떨어져 나왔다. 산별 노조의 지도자들 가운데는 미국 광산노조의 존 루이스John L. Lewis와 자동차노조의 월터 로이서Walter Reuther, 봉제노조의 시드니 힐먼Sidney Hillman이 있었다. 1934년과 1935년에 온갖 종류의 파업이 일어난 뒤 노조와 반노조 쪽의 폭력 사태가 이어졌는데, 전국노동위원회NLB, National Labor Board

와 1934년에 NLB의 후신으로 만들어진 전국노동관계위원회NLRB, National Labor Relations Board가 수습하려 했지만 효과가 없었다. 디트로이트의 자동차 공장에서 벌어졌던 연좌 스트라이크는 산업 분규와 그와 유사한 여러 쟁의 때 노동자의 힘을 과시하는 새로운 전술로 등장했다. 국가재건법이 위헌 판결을 받은 뒤인 1935년에 주간州間 사업거래에 적용할 NRA의 노동 관련 규정을 다시 명문화한 국가노동관계법National Labor Relations Act이 제정됐다. 관할권이 서로 다른 여러 주에서의 유사한 주법州法의 적용 범위가 주내州內 활동으로까지 확대됐다.

루스벨트 대통령이 1936년 말 대법원을 비판한 뒤 1937년 초 대법원에 의해 합헌 판결을 받은 전국노동관계법은 노조 입장에서 보면 조합원을 확대하고 보다 공격적인 교섭 전술로 나가라는 신호였다. 이는 훗날 미국에서 "노동자 존중주의" 경제의 도래를 알린 신호탄이었고, 동시에 더 높은 임금에 따른 인플레이션 우려를 증폭시켰다. 이 같은 인플레이션 우려로 인해 1936년과 1937년 초 물가 수준이 너무 오르기 전에 재고를 늘리려는 주문이 각 산업 부문에 밀려들었는데, 이때 벌어졌던 일은 제12장에서 다시 살펴볼 것이다.

미국이 세계경제와의 관계에서 1934년 2월에 시도했던 달러 화의 안정 문제는 이미 설명했다. 이는 적극적인 대외 경제 정책 구상의 일환으로 추진됐다기 보다는 금 가격의 변경을 통해 물가 수준을 끌어올리려 했던 (실패한 것으로 판단되는) 실험을 덮어버리려는 시도였던 것 같다. 루스벨트 대통령은 국내 정책 문제로 방향을 전환함으로써 여기서 확실하게 빠져나올 수 있었지만 그래도 자신의 실패를 인정하고 싶지는 않았던 듯하다.[2]

은을 대상으로 한 통화 실험은 좀더 이어졌다. 미국 내에서의 은 매입은 토머스 수정조항에 따라 이미 오래 전부터 시작됐고, 세계경제회의의 유일한 결실로 1933년 12월에 이루어진 합의에 따라 은 매입은 전 세계로 확대됐다. 은 가격은 66.64센트로 정해졌는데, 이 금액은 1933년 3월의 금 가격 20.67달러의 16분의1인 1.29달러의 절반이었다. 이는 시장 가격보다 19센트 높은 것이었다. 하지만 은 블록 국가의 입장에서는 그리 높지 않은 것이었다. 금 가격은 이미 크게 끌어올려진 상태로 1934년 2월에 온스 당 35달러로 정해져 있었다. 은 블록 국가들의 압력이 가해졌다. 1934년 6월에 루스벨트 대통령은 의회에 법안을 제출했는데, 은 가격이 1.29달러에 달할 때까지, 혹은 은의 가치를 1.29달러로 환산해 정부 통화 준비금의 4분의1에 이를 때까지 국내외에서 은을 매입하겠다는 내용이었다. 이 법안은 곧바로 통과됐다.

해외에서의 은 매입은 미국 입장에서 세계경제에 얼마나 무책임했는지를 보여주는 명백한 사례였다. 《모겐소 일기Morgenthau Diaries》의 제5장에서는 루스벨트와 모겐소가 멕시코와 중국을 통화 혼란에 빠뜨리면서까지 은 블록 국가들을 달래려는 정책을 어떤 식으로 추진했는지 기록해두고 있는데, 멕시코와 중국은 은본위제를 채택한 나라들로 은 가격이 상승하면서 통화 공급이 말라붙어가고 있었다. 모겐소가 맨 처음에 취했던 대응은 멕시코와 중국이 어려움을 자초했으며, 자국의 통화 시스템을 방어하는 데 실패했다고 비난하는 것이었다. 어떤 의미에서는 사적이고 한편으로는 공적이기도 한 윤리 기준에 문제가 있다는 공격이었다.[3] 당연한 수순처럼 그는 미 재무부가 설정한 높은 가격으로 은을 매도한 '투기꾼들'의 행동에 분개했고, 1935년 말에 은 가격을 다시 내리는, 그야말로 윤리적인 결의를 하게 됐다. "결국 은 매입 프로그램은 엄청난 실패로 끝났다."[4] 그러나 실은 그 이상이었다. 은 매입 프로그램은 이웃 나라에는 깊은 상처를 안겨주었으면서도 국내 경제에는 전혀 이익을 주지 못했으며, 정치적으로도 거의 아무런 효과를 내지 못한 대표적인 근린궁핍화 정책이었다.[5]

1934년의 호혜통상협정법Reciprocal Trade Agreement Act은 이와 정반대였다. 루스벨트 행정부 입장에서는 사실 조금도 믿음을 갖지 않았지만 종래의 관례를 깨고 국무 장관 코델 헐을 달래기 위해 취한 아주 경건한 조치였다. 루스벨트는 스무트-홀리 관세법에 비판적이었지만 선거 유세 기간 중에는 이 문제에 거의 주의를 기울이지 않았다. 후버가 그를 향해 농산물에 대한 관세를 인하해 농민들을 더욱 깊은 불황의 늪으로 빠뜨릴 계획을 갖고 있지 않느냐며 비난하자 루스벨트는 확고한 목소리로 그렇게 하지 않을 것이라고 말했다. 그러나 헐은 관세를 인하하는 데 "거의 광신적"이었다. 어니스트 린들리Ernest Lindley는 헐이 단 하나의 신조만 갖고 있었다고 말했다.[6] 세계경제회의에서 돌아온 뒤 헐은 국무회의에 관세 인하 방안을 네 차례나 가져갔는데, 딱 한 번 자신의 견해를 두루뭉술하게 발표하다가 다들 그것을 무시해버리자 더 이상 아무 말도 하지 않은 적이 있었다.[7] 그렇게 해서라도 정해진 절차를 밟을 수 있었던 덕분에 헐의 관세 인하 방안이 호혜를 기반으로 한 행정 협정 법안으로 의회에 보내졌고, 법률로 빛을 보게 된 것이다. 터그웰이 묘사한 것처럼 헐의 "보호주의라고 하는 악마에 관한 혀짤배기의 두서 없는 연설"이 마침내 50년간에 걸친, 그것도 마지막 3년간은 가히 전례를 찾아볼 수 없는 높은 세율로 몰아붙였던 보호주의의 거센 물결을 역전시켜버린 법률을 만들어냈던 것이다. 1933년 11월에 대통령 스스로 통상 협정 프로그램을 지지한다는 결정을 내렸으면서도 농업 보호를 위한 규제론자인 조지 픽George Peek을 헐의 제안을 법안으로 만드는 작업을 담당할 통상정책 실행위원회Executive Committee on Commercial Policy의 의장으로 임명한 것은 루스벨트 행정부의 난맥상을 단적으로 보여주는 것이었다. 법안은 국무부가 주도해 1934년 2월 완성됐고 그 달 말 대통령의 재가를 받았다. 3월 20일에는 하원을 통과했는데, 원래 상원이 비준하게 돼있는 통상 조약이 아니라 행정 협정으로 교섭하도록 규정한 법률이어서 상원 비준이 필요 없었지만 6월 4일에는 상원도 통과했다. 헐의 법안은 6월 12일 대통령의 서명으로 마침내 정식 법률이 되었다.[8]

이와 비교할 수 있으며 대조적이기도 한 것이 1846년에 있었던 영국의 곡물법Corn Laws 폐지다. 두 경우 모두 통상 정책을 바꾼 근본 원인은 경제구조가 변했다는 점 외에도 관세 인하에 따라 이익을 얻는 집단이 정치적으로 주도권을 갖게 됐다는 점을 들 수 있다. 영국에서는 제조업자들이, 미국에서는 대량생산업자들이—다시 말해 영국에서는 맨체스터가, 미국에서는 디트로이트가—이런 집단이었다. 그러나 미국에서는 주도권을 가진 집단의 이익을 확실하게 대변해줄 코브덴Cobden이나 브라이트Bright 같은 인물이 없었다. 오히려 이와 반대로 북부 제조업자들 중심의 공화당이 1921년과 1930년 두 차례에 걸쳐 관세 인상에 나서기도 했는데, 이때는 공화당 지지자들 상당수가 제1차 세계대전 기간 중에 수입경쟁 산업에서 수출 산업으로 전환한 다음이었다. 관세 인하의 대변자는 농업지역인 남부에 기반을 둔 민주당이었다. 사실 남부는 산업화의 단계로 접어들고 있었고, 따라서 보호주의의 잠재적인 수

혜자였다. 게다가 미국에서는 1845년의 감자 기근 같은 근인近因도 없었다. 1934년의 호혜통상협정법은 고용 증대를 내세워 만들어졌는데, 오히려 이론적 근거를 따져보면 자본집약적인 수출이 늘고 노동집약적인 수입이 똑같이 줄면 실업이 증가할 수 있었다. 아무튼 이 법은 시험적인 것이었고, 외국 정부와 개별적인 협상을 벌일 때는 반드시 안전 장치를 마련토록 했다. 이렇게 해서 이 법은 지금까지 역사가 관대하게 다루지 않았던, 단일한 신념만 추구했던 외골수 정치인에게 바치는 하나의 기념물로 남아있다.

호혜통상협정법이 지지를 얻어낼 수 있었던 데는 특혜 조치에 대한 미국의 전통적인 반감과 함께 오타와 협정으로 인해 자칫 미국이 고립돼 영연방 국가 농민들에게 영국 시장을 빼앗기고, 또 특혜 시스템의 이익을 보기 위해 캐나다에 공장을 설립한 미국 기업들에게 일자리를 빼앗길지도 모른다는 우려가 특히 작용했다. 이 법에 따라 1937년 말까지 16개의 협상이 이루어졌는데, 그 적용범위는 미국 대외 무역의 3분의1에 달했다. 이 법은 1937년과 1940년에 개정되었고, 제2차 세계대전 이후에도 여러 차례 개정됐다. 희미하게나마 경기 회복이 시작됐던 1934년에 만들어진 이 법은 세계경제의 흐름을 역전시킨 전혀 예상할 수 없었던 특기할만한 이정표였다.

이 법에 따라 단행된 관세 인하의 상당 부분은 불필요했거나 효과가 없었던 관세를 낮춘 것이었다. 초기에 체결된 협정 가운데 절반은 중남미 국가들과 맺은 것인데, 이들 나라의 대미 수출품 대부분은 관세가 없는 열대 상품과 원자재였다. 초기에 체결된 다른 협정은 미국 제조업체들과 직접적인 경쟁 관계가 없는 고도로 특화된 제조업 제품을 수출하는 나라들—핀란드와 스웨덴, 그리고 이보다는 정도가 조금 덜한 스위스—과 맺은 것이었다. 그러나 굵직한 성과를 거둔 협정도 있었다. 1935년에 처음 체결했다가 1938년에 다시 체결한 캐나다와의 협정, 그리고 1938년의 두 번째 협정과 관련된, 1938년에 체결된 영국과의 광범위한 협정이 그것들인데, 영연방의 내부 지향적인 정책 방향을 되돌리는 데 어느 정도 역할을 했다.[9]

스페인, 그리고 이탈리아와 벌인 협상은 성과 없이 시도만으로 끝나버렸다. 일본과 독일은 아예 시도조차 하지 못했다. 1935년에 맺은 소련과의 통상 협정은 미국산 제품을 일정량 구매한다는 약속의 대가로 최혜국 대우를 해준다는 것이었는데, 1933년에 소련을 외교적으로 승인하면서 시작된 루스벨트의 경제 교류 정책이 진일보한 셈이었다. 하지만 알맹이 없는 시늉일 뿐이었다.

적극적이기도 했고 소극적이기도 했던 이 같은 행보에 덧붙여 세계적인 현안 문제에 개입하지 않으려는 움직임도 있었으니, 형식적으로나마 소 잃고 외양간 고치는 행동을 한 것이었다. 캘리포니아 주 출신의 고립주의자인 하이램 존슨Hiram Johnson 상원의원의 이름을 따 1934년에 제정된 존슨법Johnson Act은 전채 상환을 하지 않은 나라들에 대해 미국 시장에서 돈을 빌려갈 수 없도록 했다. 무솔리니가 에티오피아 침공을 준비하고 있던 1935년 8월에는 의회에서 침략국으로든 피침략국으로든 일체의 무기 수출을 금지하는 중립법Neutrality Act을 통과시켰다. 이 법은 스페인 내전이 발발한 1년 뒤 더욱 강화됐다. "용감하지 못한 신세계"[10]는 구세계와의 접촉으로 인해 더럽혀질 것을 우려했던 것이다.

주축국의 경기 확장

1933년 3월 히틀러가 전권을 장악함으로써 독일 경제 시스템에 심대한 변화가 예고되었다. 국가사회주의당National Socialist Party은 1920년 뮌헨에서 25개 강령을 채택했는데, 주된 내용은 자본주의와 '부채 노예의 현실' 등을 반대하고, 식민지와 토지 개혁, 노령 연금, 소상인들에 대한 지원을 통한 중산층 육성을 지지하는 경제적, 사회적인 것이었다. 1933년 봄에 발표된 4개년 계획은 농민 구제와 함께 과감한 실업자 대책에 의한 노동자 구제를 약속했다. 농업 부문은 우선 가격을 통제하고 그 다음에는 생산량도 관리할 식량 관할지Food Estate를 설립해 개혁하기로 했다. 실업 문제는 1935년 3월에 시행된 징병제와 나치 돌격대SA 같은 준국가기관 육성, 특히 공공사업과 군비 확대로 해결해나갈 계획이었다. 하지만 맨 처음에 밝혔던 반反 자본주의 입장은 오래가지 못했다. 1934년 6월 30일에 단행된 숙청 작업은 그 출발이 경제적인 것이 아니었음에도 불구하고 소득 분배라는 관점에서 보면 당의 이념을 보다 보수적인 방향으로 옮겨가도록 했는데, 산업 통제라는 점에서는 그렇지 않았다. 1934년 2월 27일에 제정된 '독일 경제의 유기적 구성을 준비하기 위한 법Law for the Preparation of the Organic Constitution of the German Economy'에 의해 본격적인 통제가 시작됐다. 교차로 조직된 산업별, 지역별 통제국Control Offices이 법 시행을 위해 설치됐다. 처음에는 이들 통제국이 물량을 기준으로 해서 상품 수입을 규제했으나 결국 이 업무는 라이히스방크로 이관돼 외환 통제를 통해 이루어졌다.

1933년 5월 2일 친위대SS는 독일의 모든 노동조합 사무실들을 장악했다. 조합 간부들은 체포됐고 조합 재산은 몰수됐다. 몰수된 재산은 나치가 통제하는 독일노동전선German Labor Front에 흡수됐는데, 독일노동전선은 노동자뿐만 아니라 기업가와 전문 직업인들까지 관할했다. 임금과 근로조건은 각 지역별로 임명된 노동관리인Labor Trustees이 감독했다. 독일노동전선 산하에는 고용주의 권한 남용이나 노동자의 선동 행위를 다룰 사회명예법원Social Honor Courts이 설치됐고, 노동자의 급여에 물린 세금을 활용해 휴일에 노동자와 청년을 동원하는 기쁨의 힘Strength through Joy이라는 조직도 두었다. 특히 노동자는 반드시 노동수첩labor book을 소지하도록 했고, 이를 통해 노동자의 일자리와 거주이전을 통제했다.[11]

나치 정권의 초기 과업이 실업 해소였기 때문에 국민근로봉사대National Labor Service가 만들어져 농사일부터 개간 작업, 도로 건설, 최종적으로는 군사시설 확대에 이르기까지 다양한 프로젝트를 진행했다. 국민근로봉사대는 1935년 6월에 의무제가 됐다. 농사일을 해본 적이 있는 공장 노동자들은 일단 해고돼 농장으로 보내졌다. 1934년에 이미 모든 노동자가 국민근로봉사대가 지정한 일자리에 묶이게 됐다. 수입이 있는 일자리를 갖고 있는 여성들을 직장에서 내보내 가정으로 돌려보내자는 운동이 전개되기도 했다. 이처럼 여성들을 일자리에서 쫓아내 버린 것은, 독일이 1938년 이후 그리고 제2차 세계대전 기간 중 총동원 체제로 돌입하는 데 장애가 되었지만, 그것은 먼 훗날에야 다시금 생각할 수 있었다.[12]

할마르 샤흐트는 자리에서 물러난 1938년까지 재정 적자에 따른 차입이 위험 수준을 넘어서지 않도록 악전고투를 벌여야 했다. 하지만 아우토반 건설을 비롯한 공공사업 지출은 특별 어음으로 조달했는데, 은행들이 이 어음을 할인해주었다. 아무튼 실업자 감축 효과는 빠르게 나타나 1933년 10월 600만 명이던 실업자 수가 1년 후에는 410만 명으로 감소했고, 1935년 2월에는 280만 명, 1836년 2월에는 250만 명, 1937년 2월에는 120만 명으로 줄었다. 히틀러가 1936년 9월 누렘베르크 연설에서 2차 4개년 계획을 발표하고, 헤르만 괴링Hermann Göring이 그 해 10월 이를 공식화했을 때는 이미 공황 탈출 정책은 과거의 일이 된 상태였다. 결혼 자금을 대출받은 여성들은 일자리를 갖는 게 허용됐다. 주 40시간 근로제는 무시됐고, 1938년 8월에야 주 48시간 근로제가 시행됐다. 1938년 6월에는 의무노동령에 따라 독일에 사는 주민이면 누구나 남자든 여자든 국민노동전선이 지정한 일자리 혹은 직업 훈련을 받아들여야 했다.

2차 4개년 계획은 또 정책 방향을 실업 해소에서 전쟁 준비로 확실히 바꿔버렸다. 공공건물과 아우토반 건설 같은 계획들이 아직 남아있기는 했지만 정책의 초점은 전시의 물자 봉쇄에 맞서 독일을 보호할 수 있도록 고무와 석유, 유지 같은 제품을 생산하는 합성 산업을 구축하는 것이었다.

독일의 대외 무역은 이 기간 중 천천히 회복되어갔다. 부족한 외화를 지켜내기 위해 시작됐던 청산지불협정이 실물 자원을 획득하는 수단으로 서서히 발전해갔다. 독일이 유럽 남동부 지역에서 하모니카와 아스피린을 주고 석유와 식량, 돼지고기를 받았다는 주장은 과장된 것이다. 마찬가지로 독일이 청산지불협정을 이용해 교역 조건을 자국에 매우 유리하도록 조작했다는 견해 역시 과장된 것이다.[13] 하지만 독일은 유럽 남동부 지역에서 생산하는 상품들의 중요한 시장이었던 반면 프랑스와 영국은 이들 상품의 수입을 막아버려 독일은 수요 독점적인 지위에 있었다. 그러다 보니 유럽 남동부 지역 국가들은 청산 거래를 통해 독일에 자국산 식료품과 원자재를 팔아 도움을 받았고, 또 독일산 제조업 제품과 교환할 수 있다면 종종 높은 가격을 지불하더라도 기꺼이 기다릴 준비까지 돼 있었다. 독일이 중남미 국가들과 맺은 청산협정은 교역 규모를 거의 1920년대 수준까지 회복시켰을 정도로 성공을 거두었다. 서유럽 국가들, 영연방 국가들, 그리고 북미 지역 국가들과의 교역은 여전히 낮은 수준에 머물렀는데, 이들과 맺은 너무 복잡한 청산협정이 오히려 장애로 작용했다.

이탈리아에서는 1934년 2월에 시행된 법에 의해 조합주의 국가가 이미 상당히 자리잡은 상태였다. 조합주의 국가의 가장 가까운 기원을 찾자면 1926년 4월 당시 법무 장관의 이름을 딴 로코 협동조합법Rocco Law on Corporation이다. 이 법에서는 고용자 단체들과 노동자 단체들 간의 관계를 다룰 기관을 설립하고, 국가는 중립적인 입장을 취하도록 했다. 파업과 공장 폐쇄는 금지됐고, 교섭을 통해 합의한 계약 내용들은 국가 경제부Ministry of National Economy에 제출토록 했다.

대공황 기간 중 이탈리아는 리라 화 가치를 높게 유지했으나 관세 부과와 수입 쿼터제, 수입금지 조치, 보조금 지불 같은 방식을 활용해 평가절상에 따른 직접적인 물가 인하 효과와 수출 감소로 인해 해외로부터 파급되는 디플레이션 압력을 차단하고자 했다. 이탈리아 정부는 그동안 기업들이 자체적인 자금 조달 수단으로 활용해왔던 겸업 은행을 없애버리는 대신 이탈리아 동산공사IMI, Istituto Mobiliare Italiano를 1931년 12월 설립해 1932년부터 운영하기 시작했다. 이미 동결된 기업체에 대한 은행 대출금의 청산 작업은 1914년과 1921년, 1926년, 1929~1930년의 위기 때 적용했던 방식을 토대로 처리하도록 했다. 최종적으로는 이런 식으로 해서 은행들로부터 거둬들인 다양한 유가증권들을 한데 모아 1933년 1월에 설립된 산업부흥공사IRI, Istituto per la Ricostruzione Italiana가 인수했다. IRI는 이처럼 일시적인 목적으로 첫걸음을 뗐지만 산업체들에 대한 금융 지원 및 조직화 분야에서 새로운 유형의 정부기관으로 점차 발전해나갔다. IRI는 출범 첫 해 103억 리라의 자본금으로 설립됐는데, 이 같은 자본금 규모는 이탈리아 기업 전체가 보유한 명목 자본금의 21.5%에 이르는 것이었다. IRI는 이와 함께 이탈리아 국내 자본의 거의 절반을 움직일 수 있는 기업 지분도 보유했다.[14] IRI는 1934년 3월에 산업체들을 거대 기업집단으로 조직했는데, 이는 자금 조달과 계획 수립에 용이하도록 한 조치였다. 이 같은 거대 기업집단은 해운, 철강, 조선, 기계, 군수 산업에서 이루어졌다.[15] 이탈리아 산업체 대다수가 영세기업들인 데다 남부 지역에서는 특히 심해서 거대 기업집단으로 산업을 집중화하려는 정책은 이탈리아의 이중 경제를 더욱 고착화시켰다. 미국에서 상업은행과 투자은행을 분리시킨 1936년의 글래스-스티걸 법처럼 이와 유사한 파급 효과를 가진 조치들을 이탈리아 정부도 1936년에 시행했는데, 겸업 은행을 금지하고, 소위 일반 은행들ordinary banks은 기업체들의 주식 거래를 하지 못하도록 했다.[16]

1935년 10월 무솔리니가 에티오피아 공격을 개시했다. 국제연맹에게는 치명적인 타격이었는데, 국제연맹은 이탈리아에 대한 신용 연장을 제한하고, 원자재와 군수품 수입에 대해 제재를 가하는 방안을 모색했다. 그러나 이 같은 제재는 메이저 석유회사들이 동참하지 않는 바람에 실패로 돌아갔다는 주장이 있다.[17] 파이스는 대형 국제 석유회사들에게는 죄가 없었다고 말하면서도, 메이저 석유회사들이 이탈리아와의 거래를 거부하면서 석유 가격이 높아지자 이탈리아의 수백 개 소기업들이 유조선을 빌려 이탈리아뿐만 아니라 홍해의 항구로 석유를 실어 날랐다고 밝히고 있다.[18] 미국은 국제연맹 회원국이 아니다 보니 미국 기업에 대해서는 제재를 준수하라고는 못하고 대신 협조해줄 것을 요청했다. 미국과 영국, 어느 쪽도 강력한 지도력을 발휘하지 않으면서 제재는 실패로 돌아갔다. 1936년 5월 에티오피아 군이 전쟁에서 패배하자 국제연맹은 제재 조치를 거둬들였다. 국제연맹의 제재가 이처럼 실패로 돌아감으로써 일본은 더욱 적극적으로 1937년의 만주 침공을 준비할 수 있었다.

독일처럼 일본도 1934~1936년 사이 꾸준한 경기 확장을 누렸는데, 이 시기에 임금은 안정되었고 물가 수준은 세계적인 물가 수준과 같은 폭으로 상승했다. 그러나 일본은 독일과 달리 경기 확장의 동력 대부분이 엔 화의 과소 평가에 따른 국제적인 이익 덕분이었다. 교역 조건은 독일의 경우와 마찬가지로 유리하기 보다는 매우 불리했다. 일본의 국내 지출은 군사비 사용이 좌우했다. 완전고용이 달성되고 인플레이션을 막기 위해 1936년 말 군사비 사용을 억제하려는 시도가 있자 군부의 한 광신자가 대장성 장관을 암살하는 사건이 벌어지기도 했다.

영국의 경제적 성과

메이저 국가들 가운데 산업 생산에서 1929년 수준을 넘어선 첫 번째 나라는 영국이었다. 영국의 1934년 4분기 산업 생산은 116(1924년을 100을 한 지수)을 기록해 1929년 4분기의 114를 웃돌았다. 이 같은 수치는 영국이 평가절하와 저금리 덕분에 경기 회복이라는 효과를 가져왔다는 점을 부분적으로 반영하는 것이지만 한편으로는 1920년대의 경기 확대가 별 것 아니었다는 점을 말해주는 것이기도 하다. 실업률은 완만하게 떨어져 1932년의 17.6%에서 1935년에는 12~13%가 됐다. 실업자는 석탄과 조선, 면직물 산업에서 두드러져 불황을 겪고 있던 지역에 집중돼 있었다. 이들 지역 가운데는 실업률이 50%까지 치솟은 곳도 있었다. 경기 회복세는 자동차와 전기 산업, 화학, 주택건설 부문에서 특히 두드러졌고, 잉글랜드 남부와 남서부 지역의 회복세가 강했던 반면 웨일즈와 스코틀랜드 남서부, 북아일랜드, 그리고 클라이드 강과 타인 강, 머지 강 지역은 회복세가 약했다.

남부와 동부 지역으로의 완만한 인구 이동은 불황 지역이 안정을 찾는 데 도움을 주었다. 1934년에 제정돼 1937년에 개정된 특별지역(개발 및 개량)법Special Areas (Development and Improvement) Act은 지역 내 경공업 기업들에게 편의를 제공하고 기업들이 정착하는 데 도움을 주었다. 1935년에는 정부가 리처드 토머스Richard Thomas라는 기업인에게 압력을 가해 새로운 철강 제련소를 사우스웨일즈의 에부베일에 있는 불황 지역에 짓도록 했는데, 사실 기업 입장에서 경제적인 면을 고려하면 링컨셔가 더 유리한 상황이었다.

불황을 겪고 있던 산업과 지역에서 나타난 변화의 바람, 그리고 기계와 전기, 화학 부문에서 보여준 생산 증대의 활력 외에도 1930년대 영국을 특징 지울 수 있는 것은 경쟁을 없애나간 움직임이었다. "기업들의 단체 결성과 가격 고정화는 양차 세계대전 사이 영국 산업을 지배한 관례였다……1930년대의 제한되고 희소하고 허약하고 창백하기까지 했던 경쟁은 건강한 경제적 체력을 기르는 데는 너무 부족했다……그리고 기업들이 체질적으로 모험을 하지 않도록 만들었다."[19] 경쟁의 결여는 특히 화학과 비누, 석유, 벽지, 담배, 철강 부문에서 뚜렷했다. 철강산업은 1932년 초에 종합적인 보호조치의 혜택을 받았는데, 그 해 봄에는 33.33%의 특별 관세가 부과되는 특혜까지 주어졌다. 그러나 1933년에 유럽 철강 카르텔이 만들어지면서 영국 시장에 덤핑 제품들이 들어왔는데, 토머스 강 지역이 특히 심했다. 철강업계는 수입관세 자문위원회에 관세를 50%로 인상해줄 것을 요청하는 한편 유럽 철강 카르텔과 제한적인 수입 쿼터제를 실시하기로 합의했다. 이때 정해진 수입 쿼터는 1937년 재무장 붐이 불면서 한도를 초과하게 됐다.

그러나 이 기간 중 가장 두드러졌던 경제적 성과는 주택 건설이었는데, 정부의 지원과 엄청난 대기 수요, 거주지 이전, 낮은 건설비, 저금리, 싼 식료품비, 게다가 교외 지역으로의 이동을 가능케 했고 소비지출 행태에도 변화를 가져왔을 수 있는 자동차의 발달이 배후 요인으로 작용한 덕분이었다.[20] 주택 건설 붐으로 건축 자재와 가정용 설비에 대한 수요도 늘어났다. 앞서 제8장에서 지적했듯이, 스웨덴의 경우에도 주택 건설에 따른 수입 수요의 폭발은 이례적인 경제 회복세를 가져다준 원동력이었다.

국내 생산 부문과 마찬가지로 영국의 수출 부문도 전통 산업―석탄, 조선, 철강, 면직물―에서 신산업―전기기기, 자동차, 화학―중심으로 옮겨갔는데, 신산업 제품이 전체 수출에서 차지한 비중은 1929년 13.6%에서 1937년에는 17.6%로 늘어났다.[21] 이런 변화에 장기 차관의 영향은 거의 없었다. 1931년부터 1938년까지 장기 차관을 통한 신규 자금 조달은 연평균 3300만 파운드에 달했는데, 이는 1924년부터 1930년까지의 1억1700만 파운드에 비해 크게 줄어든 것으로, 이 기간 중 자본 차관이 규제 받은 데 기인한 것이었다. 해외 차관에 대한 전면 금지 조치는 1932년 6월에 시행됐다. 금지 조치는 전시 차관의 차환이 성공적으로 마무리된 직후에 다소 완화돼 국내 및 대영제국 내에서의 차환이 허용됐고, 1932년 10월에는 더욱 풀려 대영제국 외에서 신규로 차입하는 경우에만 적용됐다. 1934년 7월에는 파운드 화 사용국들에 대해 준비금을 늘리기 위한 용도의, 혹은 영국으로부터의 수입을 위한 용도의 차입은 계속 해나가도록 했다. 이처럼 수출을 늘릴 수 있는 자극제는 제한적이었다. 제1차 세계대전 종전 직후 설립돼 1928년에 전면 개편된 수출신용보증청Export Credit Guarantees Department은 보증 한도액을 최초의 2500만 파운드에서 두 차례 인상해 1938년에는 7500만 파운드로 늘렸다. 수출신용이 보증되는 조건, 혹은 차관이 제공되는 조건은 금리 하락과 기간 연장을 통해 개선됐다. 하지만 금액은 미미해서 연간 1000만 파운드를 넘지 못했다.

저개발국들의 엇갈린 상황

영연방 내에서의 경제 회복은 1933년과 1934년의 물가 상승이 뒷받침해주었는데, 특히 파운드 화에 대해 통화 가치가 평가절하된 나라들이 그랬다. 1929년을 100으로 할 때 호주와 뉴질랜드의 물가는 1935년에 각각 80대와 95수준까지 회복했다. 남아프리카공화국의 경우에도 금 가격이 크게 오르고 생산량이 확대됨에 따라—그러나 생산량 증가는 저가 광물의 채굴을 장려하는 새로운 세금 제도로 인해 제한적이었다—물가가 80대 수준에 달했다. 영국령 인도의 물가 회복은 훨씬 적게 이루어져 1933년 3월 58수준에서 1935년과 1936년에는 65수준으로 상승하는 데 그쳤다. 네덜란드 길더 화를 통해 금 블록에 연계돼 있던 네덜란드령 동인도의 상황은 여전히 나빴다. 세계적인 물가 수준의 회복에도 불구하고 1933년 3월 49.6이었던 물가가 1935년에는 46으로, 1936년에는 44로 오히려 완만하게 하락한 것이다.

중남미 국가들의 상황은 상이한 요인들이 어떻게 작용했는가에 따라 다양하게 나타났다. 그러니까 소위 '상품 복권'을 가졌느냐에 따라, 통화 가치의 평가절하 정도에 따라, 외채 상환 불능 선언으로 국제수지가 개선됐는지의 여부에 따라, 수입 대체 정책이 제1차 세계대전 당시 이미 시행됐는지, 또 얼마나 적극적으로 그 정책을 추진했는지에 따라, 신규 해외 직접 투자가 얼마나 많았는가에 따라 달라졌다는 말이다. 가령 중미 지역에서는 일찌감치 1928년부터 시작돼 1930년대까지 이어진 트렌드가 있었는데, 바나나의 경우 병충해로 인해 수확량이 감소하면서 가격 면에서 비교적 괜찮았던 반면 커피는 엉망이었다.[22] 아르헨티나에서는 거의 대부분을 외국인들이 소유한 부에노스아이레스의 수출전문 업체들이 쇠고기와 밀의 판매를 전담했음에도 불구하고 밀은 저장 공간의 부족으로 인해 상황이 나빴던 반면 쇠고기는 괜찮은 편이었다. 아르헨티나는 특히 영국과 맺은 로카-룬시만Roca-Runciman 합의에 따라 파운드 화를 수입 대금이 아니라 채무 상환 용도로 써야 했다. 그러나 1930년대 후반기로 접어들자 1936년과 1938년에 극심한 한발로 피해를 입은 미국이 아르헨티나산 옥수수를 수입하기로 했다. 어려움을 겪고 있던 아르헨티나의 밀 경작자들은 결국 국내시장을 겨냥한 새로운 작물—해바라기 씨, 면화, 땅콩—로 눈을 돌렸는데, 이 같은 수출 대체 작물은 한 해 30%씩 생산량이 늘어나 다른 주요 수출 농산물의 증가율 5%를 크게 웃돌았다.[23]

주력 생산품이 각각 설탕과 구리였던 쿠바와 칠레의 경우 그렇게 나쁘지는 않았는데, 전체 소득이 줄어들긴 했으나 설탕과 구리 산업에 투자한 해외 투자자들에게 지급하는 금액이 감소하면서 일정 부분 상쇄됐기 때문이다. 제1차 세계대전 기간 중 이미 수입 대체 산업을 시작했던 브라질은 아르헨티나보다 훨씬 빠르게 해외 시장 의존도를 줄여나갔고, 이를 기반으로 제2차 세계대전 기간 중에도 수입 대체 산업을 계속해서 육성했다.[24] 멕시코는 처음에는 은 가격의 하락으로 어려움을 겪기도 했으나 나중에는 오히려 은화 주조 비용과 통화 가치 간의 차이가 크게 벌어지면서, 또 1936년에 중앙은행인 멕시코은행Banco de México을 재편한 뒤 자체적인 지폐를 유통시키면서 이익을 보았다.[25]

대공황 시기는 중남미 지역이 긴장과 변화를 동시에 겪은 시기이기도 했다. 혁명이 유행했고, 새로운 곡물과 새로운 산업이 끊임없이 등장했다. 그러다 보니 각국 정부는 해외에서 벌어지고 있는 경제적인 사건에 수동적으로라도 대응해야 했음에도 불구하고 그러지 못했고, 자국 경제가 나아가야 할 방향을 모색하는 일도 할 수 없었다. 하지만 개별 국가들이 지나온 길은 한결같지 않다. 중남미 전체를 하나로 일반화하려는 것은 위험천만한 일이다. 중남미 지역의 경제적 종속에 관한 이야기는 제1차 세계대전 때 처음 등장해 제2차 세계대전 이후 사람들 입에 자주 오르내리게 됐지만 중남미 지역의 경제적 독립은 대공황 기간 중

에 상당한 진전을 이뤘다.[26]

앞서의 그림2에서 보여주듯이 부담스러운 상품 재고를 일괄적으로 털어내려는 움직임이 이 시기에 시작됐는데, 주석과 밀, 면화, 실크, 설탕에서 특히 두드러졌다. 하지만 실제로 생산량 감축을 통한 성과는 미미한 수준에 그쳤다. 원자재의 경우 기업 활동이 늘어나면서 수요 증가를 가져왔다. 식료품의 경우 인구 증가와 소득 증대에 힘입어 재고가 감소했다. 원자재와 식료품 모두 국제적인 상품 협정을 체결하려는 시도가 있었고, 밀과 설탕, 고무, 주석, 면화에 대해서는 한동안 합의가 이행되기도 했으나 계속해서 이행되지는 않았다.

그러나 전체적으로 보면 남아프리카공화국 같은 한두 나라의 예외가 있긴 하지만 저개발국들이 1930년대에 어려운 시기를 겪었던 것은 사실이다. 나라들마다 투자 프로그램을 계속 진행시키기 위한 차입이 불가능했고, 금 표시 통화 및 파운드 화로 매겨진 상품가격이 낮아져 채무 상환이 큰 부담이 됐으며, 국제수지는 끊임없이 압박을 가해왔다. 외환 통제와 평가절하가 계속됐고, 관세는 미국이 호혜통상협정법에 따라 관세를 인하하고자 애썼음에도 불구하고 여전히 높았다. 아프리카와 아시아의 상당수 지역에서는 엔 화의 평가절하와 직물을 비롯한 일본 산 수출품의 유입에 맞서 자국의 유치 산업을 보호하기 위해, 또 영국과 프랑스 본국의 전통적인 시장을 지켜내기 위해 아주 독특한 수입 규제를 만들어내기도 했다. 그러다 보니 회복은 지체됐고 제한적일 수밖에 없었으며 만족스럽지도 못했다.

주축국과 마찬가지로 소련도 독자적인 노선을 걸어갔다. 세계경제와의 관계를 거의 끊어버린 채 농업 집단화와 중공업 건설을 추구하는 한

편 전제 정치체제의 구축과 원자재 수입 의존으로부터의 탈피를 위해서만 물자를 수입했다. 소련이 이렇게 한 이유는 부분적으로는 군사적 방위를 위해서였지만, 또 부분적으로는 세계 대공황이라는 돌림병으로부터 사회주의 체제를 보호하려는 데 있었다. 소련의 무역 통계는 자의적인 기준에 따라 작성되기는 했으나, 아무튼 이 통계에 따르면 수출액은 1932년의 월평균 1억8000만 신루블(1930년에는 2억9600만 신루블에 달해 정점을 찍기도 했다)에서 매년 계속 줄어들어 1936년 초에는 월 7500만 신루블을 기록했다. 여기서 1935년에 이루어진 구루블 화에서 신루블 화로의 교체는 무역에 아무런 영향도 미치지 않았는데, 무역 거래 기준이 해외 가격으로 정해져 있었기 때문이다. 서방 국가와의 외교 및 통상 관계가 확대됨에 따라 1936년 중반 이후에는 통계상으로 나타난 수출 무역액이 빠르게 늘어났다.

한마디로 요약하자면 1934년과 1935년의 세계경제 회복세는 제한적이었고 단편적이었다. 게다가 금 블록 국가들은 배제돼 있었다.

금 블록 굴복하다

The Gold Bloc Yields

금 블록 국가들

금 블록이 형체를 갖추기 시작한 것은 파운드 화가 평가절하되고 벨기에와 프랑스, 네덜란드의 중앙은행들이 한꺼번에 환차손으로 곤란을 겪을 때였다. 금 블록은 달러 화의 안정을 거부해버린 루스벨트 대통령의 서한으로 인해 세계경제회의가 사실상 결렬되고 말았던 1933년 7월 3일 회의에서 정식으로 결성됐다고 할 수 있다. 금 블록은 결속력이 있지도 않았고 조직화하지도 않았다. 굳이 금 블록의 뿌리를 찾자면 프랑스와 벨기에, 스위스 세 나라의 프랑 화가 동일한 가치를 가졌던 1865년의 라틴통화동맹Latin Monetary Union으로 거슬러 올라가야 한다. 하지만 라틴통화동맹은 제1차 세계대전과 뒤이어 다양한 형태로 발생한 각국의 인플레이션과 평가절하에 의해 붕괴되고 말았다. 여하튼 네덜란드와 스위스는 신의를 지키기 위해 예전의 금 평가를 고수했다.[1] 1920년대에 금리 생활자 계층의 엄청난 희생을 담보로 큰 폭의 평가절하를 단행했던 프랑스와 벨기에는 절대로 인플레이션을 용인하지 않기로 했다. 이탈리아의 경우 금 블록의 일원인지 아닌지 불분명하다.

금 블록 국가들의 리더였던 프랑스는 1931년까지 5년 동안 독립적인 통화 세력으로 존재했다. 프랑스는 막대한 금 보유고와 무역 규모의 확대, 재정 흑자 덕분에 독일과 영국, 심지어 미국까지도 겪고 있던 어려움으로부터 자유로울 수 있었다. 그러나 1931년에 이르러, 특히 1933년에는 이 모든 것이 달라졌다. 전세계가 파운드 화 블록과 달러 화 블록, 폐쇄통화 블록, 금 블록으로 쪼개지면서 금 블록 역시 똑같은 어려움을 겪어야 했고, 또 무역 균형과 금 보유고를 유지하기 위해 디플레이션을 추구한다고 하는, 나중에 불가능한 과업으로 드러난 정책을 시행함으로써 최종적으로 수세 국면에 놓이게 됐다.

불균형을 치유하기 위한 디플레이션

최근의 역사에 비춰볼 때 만일 평가절가가 허용되지 않고 자존심으로 인해 외환 통제마저 용인하지 못한다고 한다면(이탈리아의 경우는 예외로 하고) 남는 대책은 디플레이션뿐이다. 소비Sauvy는 프랑스와 영국의 소매물가를 기준으로 프랑 화의 과대평가를 보여주고자 했는데, 그림12에 나타나있듯이 1935년 2월의 소매물가로 비교한 프랑 화의 과대평가 비율은 22%였다.[2] 과대평가 비율이 정점에 달했던 1934년 2월의 비율은 26%였다. 프랑스의 수출에 가해진 압박은 강력했다. 월평균 수출액은 1930년에 36억 푸앵카레프랑에서 1932년에는 15억 프랑으로, 1935년에

그림12. 1930-1939년 중 프랑스와 영국의 물가 비교

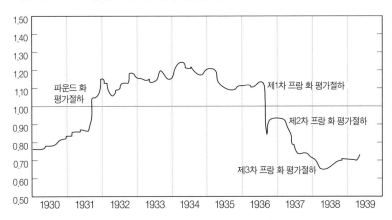

	1931	1932	1933	1934	1935	1936	1937	1938	1939
1월	0.86	1.13	1.15	1.22	1.21	1.12	0.95	0.77	0.71
2월	0.87	1.13	1.16	1.26	1.22	1.12	0.96	0.75	0.72
3월	0.88	1.05	1.15	1.25	1.23	1.14	0.97	0.73	0.72
4월	0.88	1.10	1.17	1.25	1.21	1.14	0.94	0.72	0.72
5월	0.89	1.09	1.16	1.24	1.16	1.13	0.93	0.67	0.72
6월	0.87	1.10	1.13	1.22	1.13	1.12	0.93	0.66	0.71
7월	0.87	1.14	1.15	1.22	1.12	1.13	0.79	0.66	0.72
8월	0.86	1.17	1.19	1.23	1.12	1.16	0.80	0.66	0.73
9월	1.07	1.14	1.23	1.22	1.11	1.15	0.76	0.68	
10월	1.04	1.20	1.20	1.19	1.10	0.86	0.73	0.68	
11월	1.14	1.21	1.15	1.19	1.10	0.90	0.74	0.69	
12월	1.18	1.18	1.17	1.20	1.12	0.92	0.75	0.71	
평균	0.93	1.13	1.16	1.22	1.15	1.07	0.85	0.70	0.73

출처: Alfred Sauvy, *Histoire économique de la France entre les deux guerres*, vol. 2, 1967, p. 401.

11. 금 블록 굴복하다

는 13억 프랑으로 감소했다. 같은 기간 월평균 수입액은 44억 프랑에서 각각 25억 프랑과 17억 프랑으로 줄어들었다. 더구나 1932년부터 1935년까지의 감소는 세계적인 교역 규모의 확대에도 불구하고 나타난 것이었다. 프랑스의 수출품 가운데 섬유와 의류, 피혁 제품이 철강과 자동차보다 훨씬 더 큰 폭으로 감소했다. 소비재류는 관세와 수입 쿼터 규제로 인해 타격을 받았다. 하지만 프랑스의 수출품은 가격 면에서 워낙 불리했는데, 이는 프랑 화의 평가절상을 상쇄할 수 있는 원가 절감 및 물가 인하가 불가능했기 때문이다.

물가를 떨어뜨리려는 시도 역시 패턴은 비슷했다. 물가가 하락하면서, 그러니까 도매물가가 1931년 462(1914년 7월을 100으로 할 때)에서 1932년에는 407로, 1933년에는 388로, 1934년에는 366으로, 1935년에는 347로 떨어지면서, 집권 정부는 계속해서 지출 삭감을 통한 예산 균형을 달성하고자 애썼는데, 특히 연금생활자와 퇴역군인들에 대한 지급액과 공무원 급여를 줄이려고 했다. 이같은 노력은 강력한 반발에 부딪쳤다. 연금생활자와 퇴역군인, 공무원들은 화폐 착각money illusion을 일으켜 자신들의 소득이 지급받은 화폐 금액에 따라 결정된다고 생각했을 뿐 물가의 하락은 전혀 고려하지 않았다. 그렇지 않은 사람들, 그러니까 프랑 화로 지급받는 소득은 고정돼 있다 하더라도 물가 하락에 따라 실질소득은 늘어났다는 것을 알고 있던 사람들도 그들의 생각을 다른 사람들과 함께 하려고 하지 않았다. 국가 시스템의 사회적 결속 자체가 무너져 내리고 있었다. 1930년부터 1935년까지 가처분소득은 명목금액으로 따지면 3310억 프랑에서 2210억 프랑으로 감소했으나 실질금액으로 따지면 2910억 프랑으로 감소했을 뿐이다. 다시 말해 명목소득은 33%

줄어들었지만 실질소득은 13% 줄어든 것이다.[3] 이런 점을 감안하면 연금생활자의 실질소득은 46% 증가했고, 공무원은 18.9%, 주급 노동자는 18.5%(석탄업 같은 일부 산업에서는 그 이상) 늘어났다. 지주의 실질소득 역시 11.5% 증가했다. 제일 큰 부담을 짊어진 쪽은 실업자와 농업 부문이었다. 실업자가 넘쳐날 정도로 많았던 적은 결코 없었지만 조금 엄격한 기준을 적용해 지원을 받고 있는 실업자 숫자는 1935년 2월 현재 50만 명에 불과했다. 이는 아마도 100만 명에 달하는 폴란드와 이탈리아, 알제리 노동자들이 프랑스를 떠나거나 체포되거나 추방당했기 때문일 것이다. 게다가 많은 노동자들이 도시를 떠나 농촌으로 간 것도 한 요인이 됐을 것이다. 농촌 역시 소득이 거의 32%나 감소했지만 그래도 시골에서는 먹고 자는 문제를 해결할 수 있었기 때문이다.[4] 대공황 기간 중에는 농촌에서 도시로 향하는 일반적인 인구 이동의 역전 현상이 전 세계적으로 벌어졌는데 특히 미국에서 두드러졌다. 이와 비슷하게 보다 친숙한 환경을 찾아 돌아온 경우는 영연방 국가에서 영국으로의 회귀 이민이 이주자보다 더 많았던 데서도 발견할 수 있다.

재무 장관은 지출 삭감을 자주 제안했고 새로운 세금 부과 방안을 내놓기도 했다. 때로는 이 같은 주장이 먹혀 들었다. 하지만 내각이 총사퇴하고 새로운 정부가 들어서는 경우가 더 자주 있었다. 1932년과 1934년에는 네 번의 정부 교체가 있었고, 1933년에는 세 번 있었다. 1935년 6월 라발은 4년 전 독일에서 브뤼닝이 그랬던 것처럼 긴급 포고령을 선포해 디플레이션을 만들어내고자 했다. 그렇게 해서 라발은 그 해 7월과 8월, 10월에 세 번씩이나 긴급 포고령을 발표했다.

맬서스주의

긴급 포고령으로 임금과 연금 지급액을 줄이려는 시도와는 별개로 1935년까지 집권한 프랑스 정부는 한결같이 농업 부분을 걱정해야 했다. 대개의 경우 정부는 프랑스 경제학자들이 "맬서스식Matthusian"이라고 이름 붙인 정책을 따랐다. 프랑스 바깥에서는 그의 유명한 인구 법칙과 거시경제 분석에 대한 선구적인 통찰로 잘 알려져 있는 토머스 맬서스Thomas Malthus의 명성을 감안한다면 이 같은 이름은 적절치 않은 것이다. 하지만 프랑스의 맥락에서 보자면 맬서스식 정책이란 규제와 금지, 보조금, 최저가격제, 그밖에 시장 개입을 통해 물가를 올리려는 것을 의미한다. 프랑스가 외국으로부터의 수입을 확실하게 줄이기 위해 관세 대신 고리타분한 수단인 수입 금지와 쿼터제를 다시 꺼내든 것은 맬서스식이었다. 밀과 와인에 대해 시장에서 통용되는 가격보다 더 높은 최저가격을 설정한 것 역시 맬서스식이었는데, 이로 인해 밀과 와인의 암시장이 등장했다. 기혼 여성을 노동시장에서 퇴출시키고 남성들의 퇴직 연령을 낮춘 것도 같은 범주에 포함시킬 수 있고, 소규모 신발 제조업자와 소매 유통업자들을 보호하기 위해 1936년 3월 체코 제조업체 바타Bat'a가 추진했던 신발 공장을 새로운 법을 만들어 금지시킨 것 역시 맬서스식이었다.[5]

사실 맬서스주의Malthusianism는 프랑스에서 오랜 전통이었다. 프랑스는 합당한 임금과 적절한 가격을 신봉했고, 파운드 화와 달러 화의 평가절하 이후에는 해외 수입을 차단함으로써 자국 시장의 문을 닫아걸고자 했다. 케인스주의Keynesianism의 경우 독일에서는 이미 1931년부터 철저히 연구하기 시작했고, 전세계적으로도 1936년에 발표된《고용, 이자 및 화폐에 관한 일반이론General Theory of Employment, Interest, and Money》
에 앞서 1934년에 나온 《번영에 이르는 수단The Means to Prosperity》으로
널리 알려졌지만 프랑스에서는 맬서스주의의 대안으로 쓰일 수 없었다.
케인스가 《평화의 경제적 귀결The Economic Consequences of the Peace》을 쓰
면서 프랑스에 비우호적인 입장을 밝혔던 데다 프랑스가 독일로부터 전
쟁 배상금을 받을 기회마저 무산시켰다는 점 때문에 프랑스 경제학자
들은 누구도 케인스를 공부하려 들지 않았는데, 나중에 독일의 프랑스
점령으로 지루할 정도로 시간이 많아질 때까지 그랬다.[6]

벨기에의 평가절하

프랑스 경제학자들이 외환 통제와 평가절하에는 반대하면서 디플레이
션은 지지했던 반면 이탈리아는 외환 통제로 자국 경제를 스스로 방
어했고, 벨기에는 평가절하를 단행했다. 이탈리아는 자국 통화에 대
한 무솔리니의 자부심 때문에 평가절하를 할 수 없었는데, 높은 실업
률로 인해 디플레이션을 추구할 처지도 아니었다. 이탈리아는 이미 청
산 협정을 체결한 독일과 더욱 더 공고한 결속 관계를 맺게 됐고, 외환
통제를 통해 점진적으로 대외 지불액을 방어해나갈 수 있었다. 벨기에
의 평가절하는 사실상 금 블록에서의 탈퇴를 의미했지만 냉정하게 받
아들여졌다.

　벨기에의 평가절하는 영국과 미국의 평가절하와는 대조적이었다. 영
국의 경우 외부 압력에 의한 것이었다면, 미국은 돈키호테처럼 막무가
내 식으로 평가절하를 단행했다고 할 수 있는데, 둘 다 환율에 대해서
는 매우 즉흥적으로 결정되도록 놔두었다. 반면 벨기에는 루뱅대학교에

경제연구소까지 설립했는데, 두프리에즈Dupriez 교수와 보두앵Baudhuin 교수, 파울 반 젤란트Paul Van Zeeland 교수가 주축이 된 이 연구소의 연구 조교에는 로베르 트라팽Robert Triffin도 끼어있었다. 1933년에 발표된 한 연구는 벨기에 프랑 화가 25%에서 30% 정도 과대평가됐으며, 디플레이션 정책은 불가능하다고 밝혔다.[7] 1934년 9월 보두앵 교수는 재무부와 관련된 직책을 맡으면서 평가절하를 단행하도록 개인적으로 권고했다. 1935년 3월에는 공식 연설을 통해 평가절하는 불가피하며 벨기에 경제를 구할 수 있는 유일한 방안이라고 역설했다. 이 같은 발언은 자본 유출을 불러왔고 정부의 위기로까지 이어져 결국 반 젤란트를 수반으로 한 새로운 내각이 출범하게 됐다. 3월 29일 반 젤란트는 벨기에 의회로부터 비상 대권을 받아냈고, 4월 2일 28%의 평가절하를 단행했다.[8] 물가가 즉각 상승해 3월에 54.5였던 것이 그 해 말에는 68로, 또 1년 뒤에는 75로 올랐다. 생산과 수출, 벨기에 국립은행의 금 보유고가 전부 예전 수준을 회복했다. 하지만 프랑스는 아무런 움직임도 보이지 않았다.

인민전선

프랑스 노동자들은 전문가들이 권고하고 라발이 본격적으로 시행한 디플레이션 정책에 맞서 시위를 벌였다. 사회주의자들은 공산주의자들과 손잡고 인민전선Popular Front을 결성했고, 노동조합총연맹은 공산주의 계열의 노동조직과 합쳤다. 조선소와 항만, 트럭공장에서 연좌 파업이 벌어졌고, 파리 지역의 금속 산업에서는 총파업이 있었다. 이로 인해 라발 정부에 이어 1월에 들어섰던 사로Sarrault 정부가 물러났다. 소요 사태가 진행되는 동안 히틀러 군대는 라인란트로 진격해 요새를 구축하기 시작했다.

인민전선이 가진 실질적인 경제 프로그램은 하나도 없었다. 인민전선은 트러스트를 통제할 것과 농업 투기를 억제할 것, 그리고 부정 방지와 탈세 방지, 학교 졸업 연령의 상향, 연금 생활자와 퇴역 군인의 권리를 존중할 것, 사회보장의 유지를 주장했는데, 특히 디플레이션 정책의 폐기와 주 40시간 노동제의 도입을 강력히 요구했다. 다만 평가절하 문제에 대해서는 아무 말도 하지 않았다. 사회주의자들은 평가절하를 고려할 수도 있다는 입장이었지만 공산주의자들은 평가절하가 노동자들의 이익에 반한다며 맹렬하게 반대했다. 인민전선이 어떤 모델을 갖고 있었는지는 명확하게 드러나지 않는다. 만일 인민전선이 경기회복을 위한 무슨 프로그램을 갖고 있었다고 한다면, 그것은 임금은 그대로 놔둔 채 주 40시간 노동제를 도입함으로써 프랑스 경제를 상승세로 이끌 만한 충분한 구매력 증가를 꾀한다는 정도였다. 연좌 파업으로 야기된 자본 유출과 국제수지의 악화에 대처할 수 있는 방안은 전혀 없었다. 인민전선은 마치 대외 문호를 모두 닫아버린 폐쇄 경제를 상정하고 있는 것 같았다. 블룸은 집권하면서 약속하기를, 어느 날 아침 일어나보니 평가절하를 알리는 게시판을 발견하는 그런 일은 프랑스에서 일어나지 않을 것이라고 했다. 당시 재무 장관이었던 오리올Auriol은 그의 회고록에서 인민전선의 기질에는 외환 통제가 적당했겠지만 그것은 전혀 준비되지 않았으며, 300억 프랑의 금이 이미 빠져나간 상태여서 신용 메커니즘의 관리가 필요했고, 외환 통제를 시행할 경우 프랑스는 서구 동맹국들로부터 고립될 우려가 있었다고 밝혔다. 덧붙여야 할 사실은 오리올이 외환 통제를 자신의 동조세력인 공산주의자들이 반대하는 평가절하를 의미하는 것이라고 잘못 생각했다는 점이다.[9] 인민전선이 출범하면서 평가절하에 반대한 것과 똑같은 일이 한참 뒤에도 벌어졌는데, 1964년 가을 영국 총리 해럴드 윌슨Harold Wilson이 파운드 화를 평가절하하지 않기로 결정을 내린 것이다.

인민전선이 맨 처음 취한 조치는 사용자들로 하여금 임금 인상과 매년 3주간의 유급 휴가, 주 40시간 노동제를 보장하는 마티뇽 협정Accord de Matignon에 서명하도록 한 것이었다. 평가절하에 대한 결정과 마찬가지로 이 조치 역시 그 뒤에 똑같은 일이 벌어졌다. 1968년의 그르넬르 협정Accord de Grenelle이 그것으로, 그 해 5월과 6월 대학가의 소요 사태와 이와 동시에 벌어진 총파업 이후 임금 인상을 가져왔다. 평가절하에 대한 결정처럼 또 다시 형편없는 선례를 만들어낸 셈이었다.

마티뇽 협정은 사용자들에게 굴욕적이었고 모든 이에게 재난과도 같은 것이었다. 임금은 최저임금 계층의 경우 15% 인상됐고, 최고임금 계층은 7% 인상돼 대다수 공장에서 평균 12% 올랐다. 유급 휴가와 주 40시간 노동제 역시 비용을 증가시켰다. 도매물가(1913년을 기준으로 한 지수)는 5월에 375였던 것이 9월에 420으로 껑충 뛰었고, 소매물가(1930년을 기준으로 한 지수)는 76.4에서 80.5로 상승했다. 수출은 파업 이후 회복하지 못했다. 주식시장은 하락했고, 자본 유출은 가속화했다. 프랑스는 더 이상 평가절하를 피할 수 없게 됐다. 평가절하는 결국 미국과 영국 두 나라와 보복 방지 협정을 맺는 방식으로 단행됐다. 이렇게 맺어진 삼국통화협정Tripartite Monetary Agreement이 국제 경제 시스템에서 갖게 된 중요한 의미는 곧 이야기할 것이다. 아무튼 프랑스와 나머지 금 블록 국가들에게 삼국통화협정은 그때까지 너무 오랫동안 유지돼 온, 사실상 불가능했던 지위에서 물러날 수 있도록 국제적인 보호막을 제공해주었다.

평가절하 이후

네덜란드와 스위스는 앞서 벨기에가 그랬듯이 제한적인 평가절하를 단행해 통화 가치의 과대평가를 바로잡고 자국 경제가 세계경제와 보조를 맞출 수 있도록 했다. 네덜란드의 무역 규모는 빠르게 회복해 1936년 1~9월 중 4500만 길더에 그쳤던 월간 수출액이 1937년 6월에는 9000만 길더로 늘어났다. 스위스의 회복은 정말로 대단해 6800만 스위스프랑이었던 월간 수출액이 1937년 9월에는 1억2300만 스위스프랑으로 증가했다. 이탈리아는 두 나라의 평가절하를 활용해 리라 화를 평가절하했는데, 그렇게 함으로써 수출과 수입이 늘어났고 외환 통제 압력도 줄어드는 효과를 거뒀다.

그러나 프랑스에서는 주 40시간 노동제가 노동자들의 자부심과 독립의지의 상징이 됐다. 노동시간을 늘려 주 45시간 노동제로 바꾸는 방안이 진지하게 검토되기도 했는데, 이는 특히 독일 군수산업에서 노동시간이 늘어나 마침내 항공 산업의 경우 주 54시간이 됐기 때문이다. 하지만 주 45시간 노동제는 거부됐다. 주 40시간 노동제 적용 사업장은 오히려 더 늘어나 당초에는 대상에서 빠졌던 석탄 광산과 야금 공장까지 포함됐다.

주 40시간 노동제 아래서는 국제 교역시장에서의 지위나 금리 생활자의 신뢰를 회복할 수 없다는 게 자명한 상황이었지만 그렇게 하지 않으면 노동자들의 불만을 잠재울 수 없었다. 1937년 3월 달러 화 보증이 붙은 100억 프랑의 차관을 구해야 했다. 그러나 우파의 신뢰를 얻을 수

없었다. 다시금 신뢰 위기가 불거지고 자본 유출이 발생하자 6월에 금이 빠져나갔다. 블룸은 재차 긴급 포고령으로 사태를 수습하려 했지만 거부당했고, 결국 권좌에서 물러났다. 뒤를 이어 쇼탕Chautemps이 총리직에 올랐고, 보네가 재무 장관을 맡았다. 두 사람은 프랑 화를 1936년 10월 1일의 통화법Monetary Law 적용 대상에서 제외시켰고, 그 결과 프랑 화 가치는 다시 4센트 아래로 떨어졌다. 1938년 3월 쇼탕 정부는 노동 조건에 관한 현대적인 법안을 제시했는데, 여기에는 단체교섭과 화해, 중재에 관한 규정은 물론 노동자 쪽의 요구가 있을 경우 근로계약에 임금의 자동 인상 조항을 넣을 수 있는 규정이 포함됐다. 이 법안은 통과됐다. 쇼탕은 곧 이어 긴급 포고령으로 예산을 되돌릴 수 있는 권한을 요구했다. 그러나 이 요구는 거부됐다. 그러자 쇼탕 내각은 단명으로 끝나버렸고, 뒤이어 제2차 블룸 내각이 들어섰다. 이 기간 동안 히틀러는 독일과 오스트리아의 병합Anschluss을 선언하고 독일 군대를 오스트리아에 진주시켰다. 제2차 블룸 내각이 무너졌다. 새로 들어선 달라디에 내각은 5월에 다시 한 번 프랑 화의 평가절하를 단행했고 긴급 포고령으로 정부를 이끌어갔다. 뮌헨 회의가 끝난 뒤인 1938년 11월부터 네 가지의 긴급 포고령이 발표됐는데, 이 가운데 마지막 긴급 포고령은 신임 재무 장관이자 확고한 자유주의자인 폴 레이노Paul Reynaud가 주도해서 준비한 것이었다. 그렇게 해서 레이노가 지금까지의 흐름을 뒤집어 버렸다.

레이노는 주 5일 근무제를 없앴고, 새로운 세금을 부과했으며, 예산 지출을 엄격히 챙겼고, 물가와 신용, 노동조건에 대해 좀더 유연한 제도를 도입했다. 특히 재정 부문의 부정행위에 대한 처벌을 강화했다.

프랑 화 환율이 파운드 당 178프랑일 때 재무부와 프랑스은행 간에 새로운 협약을 맺어 프랑스은행이 보유한 금을 파운드 당 170프랑으로 재평가하고, 그에 따른 이익을 재무부로 이관했다. 총파업 위협은 실패로 돌아갔다. 60억 프랑의 자본이 해외에서 다시 들어왔다. 생산이 급반등해 1938년 11월에서 다음해 6월 사이 15%나 늘어났다. 너무 늦은 감은 있었지만 레이노가 푸앵카레의 경제 기적, 그러니까 유럽 대다수 국가들이 제2차 세계대전 이후에나 경험하게 될 경제 기적을 재현해낸 것이었다.

소비는 1936년부터 1938년까지 경제가 가라앉았던 것은 전적으로 주 40시간 노동제 때문이었다고 주장한다.[10] 사실 19세기만 해도 하루 12~13시간씩 노동하는 게 관행이었던 만큼 사회적 관점에서 보면 긍정적이라고 볼 수 있지만 아무튼 주 40시간 노동제라고 하는 기본 사고는 경제적으로 볼 때 맬서스식이었다. 그래도 주 40시간 노동제는 예산에 관한 우파의 교조적인 시각보다는 더 나쁘지 않았을 것이다. 소비의 책에는 이런 식의 균형 잡힌 설교조 문장이 가득하다. "우파가 정부 지출을 삭감했지만 예산 적자는 다시 발생했고, 좌파가 근로 일수를 단축했지만 실업 문제는 예전 상태로 돌아갔다."[11]

어느 정도는 소비가 관료 신분으로 있으면서 상관의 반대에도 불구하고 주 40시간 노동제에 강력하게 반발했을 당시 자신의 입장을 정당화한 것일 수도 있다. 얼마 뒤 한 평론가가 밝힌 견해에 따르면, 주 40시간 노동제는 단기적으로 일자리를 확산시키는 데는 유용할 수 있지만 프랑스처럼 실업 문제가 그리 심각하지 않은 나라에 도입한 것은 잘못이라는 것이다.[12] 1936년 6월부터 주 40시간 노동제와 관련된 법을 엄격하게 시행한 지 6개월 만에 프랑스 경제는 과도기 단계라고 할만한 수준으로 실업률을 떨어뜨렸다. 그 이후 주 40시간 노동제는 엄청난 실패로 돌아갔지만, 그것은 프랑스의 온갖 정치적 성향을 반영한 정책들, 특히 평가절하를 거부하고 예산 균형을 고집했던 정책들과도 밀접한 연관이 있었다. 레온 주오Léon Louhaux가 지적했듯이 주 40시간 노동제가 성공하려면 세계 전체가 시행해야 하는 것인지도 모른다. 20년 뒤 미셸 드브레Michel Debré는 프랑스의 경제 계획에 대해 똑같이 이야기했다. 특이한 처방들은 서로 관련된 세계에서 어려움에 직면할 수 있다는 것이다. 그러나 프랑스가 맞닥뜨린 어려움의 본질은 사회적 결속의 상실에 있었다. 우파도 좌파도 국가 차원의 해결책을 찾으려 노력하지 않고 단지 자신들의 이익만을 추구했다. 우파는 자신들의 뜻대로 되지 않으면 세금 탈루와 자본 유출로 맞설 태세였다. 좌파 역시 무기는 달랐지만 똑같이 행동했다. 레이노는 뮌헨 회담 후 독일의 위협이 증대되고 있는 상황에서 성공을 거두었는데, 부분적으로는 그의 정책들이 보다 자유주의적이기도 했지만, 이와 함께 그가 주 40시간 노동제에 간접적으로 공세를 취했기 때문이다. 그는 처음에 군수 산업에 대해, 다음에는 군수 관련 산업에 대해 주 50시간 노동제를 예외적으로 인정해주었고, 나중에는 주 60시간 노동제까지 인정했다. 주 40시간 노동제의 원칙은 유지됐지만 현장에서는 아무도 적용하지 않았다. 주 40시간 노동제는 제2차 세계대전을 거치면서 살아남지 못했다.

삼국통화협정

소비는 삼국통화협정을 냉정하게 무시해버린다. 세 나라 중앙은행들이 아무런 합의도 하지 않았다는 점 때문이다.[13] 그런데 모겐소는 이렇게 말했다. "만일 삼국통화협정이 이루어진다면 제1차 세계대전 이후의 세계에서 평화를 향해 내딛는 가장 큰 발걸음이 될 것이다……그것은 어쩌면 유럽에서 다시 (원문 그대로 인용한다) 합리적 사고를 할 수 있도록 전환점을 제공할지도 모른다."[14] 두 가지 시각 모두 아주 약간의 진실을 담고 있다. 삼국통화협정은 메이저 국가들에게 거의 아무런 책임도 부과하지 않았지만 국제 경제 시스템을 재건하는 데 중대한 진전을 이룬 것은 사실이었다.

　루스벨트 대통령도, 모겐소 재무 장관도 자신들이 국제 통화 분야에서 무슨 일을 하고 있는지 제대로 이해하지 못하고 있었다. 루스벨트는 런던에서 열린 세계경제회의에 보냈던 자신의 교서에 집착했는데, 그것이야말로 미국 통화 정책의 교과서이자 바이블이 돼야 한다는 게 그의 생각이었다. 루스벨트는 달러와의 교환을 통해 영국에 금을 팔 의향이 있는지 여부를 묻는 질문에 "미국은 달러 화를 관리할 수 있는 비밀 상품 목록을 갖고 있어야 한다고 생각한다며 오랫동안 열변을 토하기"[15] 시작했다. 훗날 루스벨트는 삼국통화협정이 런던 세계경제회의가 열렸을 당시 구축돼 있던 통화 정책으로부터 이탈하는 것으로 해석될지도 모른다는 점을 우려했다.[16] 모겐소의 달러 화에 대한 견해는, 그의 일기와 전기를 그대로 받아들이자면 그야말로 혼란스러움과 오락가락 그 자체다. 한 번은 평가절하를 옹호했다가, 다른 데서는 평가절하가 실패하지는 않았지만 장래의 이익은 하나도 가져다 주지 못했다고 적었다. 모겐소는 국내 경제 발전에 필요한 통화 정책상의 자유는 결코 희생할 생각이 없었지만 국제적인 평가절하 경쟁과 그것이 야기할 혼란을 막아야 할 책임이 자신에게 있다는 점은 인식하고 있었다. 그는 미국의 통화 정책이 24시간 베이스로 이뤄지고 있다고 언론에 밝혔지만 달러 화의 안정을 강력히 주장했고, 영국이 그의 안정화 의지를 떠보기 위해 미국은 국내적인 이유로 평가절하를 할 권리를 갖고 있다고 말하자 오히려 힘을 얻기도 했다.[17] 국제 통화 메커니즘애 대한 실제적인 이해가 전혀 없었던 그였지만 은밀히 이뤄지는 국가 대사에 한 발 담그는 것은 너무나도 좋아했다. 그러다 보니 사태가 전개되는 과정에 끼어들어 과잉 반응을 했는데, 프랑 화에 대한 투기적 공격이 벌어지자 격노하기도 했고, 국무부가(아마도 파이스가) 달러 화 환율로 파운드 당 4.86달러를 지지하자 피가 거꾸로 돌기도 했으며, 1935년 5월에 3300만 달러의 신용을 제공해 프랑스를 구원해 준 공로를 자신의 것으로 돌렸고, 삼국통화협정의 초안―파이스에 대한 통쾌한 승리였다―을 앞에 놓고서는 그것이 너무나도 중요하다고 생각해 부들부들 떨기도 했으며, 미 재무부가 프랑스로 하여금 최대 500만 달러 혹은 1000만 달러까지 불태환 잔고를 유지할 수 있도록 해주어야 한다고 제안하자 그건 공수표를 발행하는 것이나 마찬가지라고 얘기하며 진땀을 흘리기도 했다.[18] 그의 이해 부족과 과잉 반응의 대표적인 사례는, 소련이 뉴욕시장에서 120만 파운드를 매각하면서 5.02달러였던 파운드 화 환율을 떨어뜨리자 미 재무부가 시장에 개입해 파운드 화 환율을 4.91달러로 다시 안정시킨 일이 있었는데, 이때 소련을 비난한 것이었다. 이 일은 반휴일이었던 1936년 9월 26일 토요일에 벌어졌는데, 당시 런던시장은 이미 폐장한 상태였고 뉴욕시장의 거래량도 아주 적었다. 모겐소는 러시아 인들이 자본주의 시스템을 전복하려고 했고, 자신이 그것을 막아냈다고 주장했다. 이에 대해 그 상대방인 러시아 인들은 이렇게 지적했다. 그들은 스웨덴에 600만 달러를 갚아야 했는데, 시장에서 파운드 화가 떨어지기 전에 달러 화로 바꾸려 했을 뿐이었다는 것이다. 왜냐하면 만일 런던에서 파리로 자금이 다시 흘러가게 되면 파운드 화 가치의 상승세가 역전돼 버릴 수도 있었기 때문이다. 모겐소는 미 재무부가 이 거래에서 이익을 거둘 것이라고 주장했다. 그런데 월요일 시장이 파운드 당 4.86달러-국무부가 지지했던 환율이다-에 개장하자 모겐소는 자신이 4.91달러에 매입했던 90만 파운드를 이익을 보고서 매각할 수가 없었다. 이때 입은 손실을 메우기 위해 그 뒤 수 년 동안 금을 사고 팔 때마다 0.25%의 취급 수수료를 부과해야 했다. 존 머튼 블럼John Morton Blum은 소련이 스웨덴에 진 달러 부채를 상환하는 데 달러 화가 필요했던 것은 아니라고 주장한다. 파운드 화로 지불할 수도 있었다는 말이다.[19] 아무튼 모겐소는 위태로운 상황에서 예전의 외환 거래 계약을 다시 작성해야 했다. 블럼의 말을 더 들어보자. "그렇게 하지 않았다면 모겐소가 주장했듯이 소련은 모든 금융시장이 열릴 때까지 파운드 화를 달러 화로 바꾸는 것을 연기할 수도 있었을 것이다." 하지만 그랬더라면 120만 파운드에 대해 파운드 당 11센트, 어쩌면 최고 16센트의 손실을 볼 수도 있었다. 모겐소가 복잡한 국제 금융 문제를 이해하고 그것에 열의를 갖기 위해서는 많은 공부가 필요한 게 사실이었지만, 그런 점을 감안하더라도 삼국 통화협정은 획기적인 이정표였다.[20]

삼국통화협정은 협력 방법에 대해서는 거의 아무것도 정해놓지 않았다. 각국 재무부는, 무엇보다 이 협정이 중앙은행들보다는 안정화 기금들 사이에 적용되는 것이라는 점(협정의 구체적인 내용은 제도적인 규정들을 제외하면 사소한 것들이었지만)을 고려해 상대방이 요구하는 주문에 적극 응할 수 있도록 하는 것은 물론 24시간 외환을 보유함으로써 언제든 금으로의 교환을 요구할 수 있도록 했다. 미국은 달러 화를 금으로 바꿔줄 준비가 되어 있었고, 영국과 프랑스가 금 본위제에서 벗어나 있을 때는 그 반대 요구에도 응할 태세가 돼 있었다. 이는 어느 정도 평가해줄 만한 기술적 장치였는데, 가령 영국이 런던 금시장을 통해 달러를 거래해야 하는 부담을 경감해주고 개인들이 거래하는 차익거래 시장에 대한 의존을 줄여준다는 점에서 그랬다.

프랑스는 미국과 영국으로부터 경쟁적인 평가절하에 나서지 않을 것이라는 다짐을 받아냈다. 물론 파리로부터 자본이 빠져나가던 흐름이 역전되면서 파운드 화 환율의 조정이 어느 정도 불가피해졌지만, 앞서 파리에서 자본이 빠져나갈 때 그 자본의 상당 부분이 뉴욕으로 흘러가고 고평가된 파운드 화로부터는 오히려 이탈함으로써 파운드 화 환율의 상승이 용인됐던 게 사실이다. 프랑스 역시 이 같은 국제적인 맥락을 감안해 국내 문제를 조정해나가야 했던 것이다.[21]

영국은 파운드 화를 안정시키는 데 동의하지 않았다. 이와는 반대로 영국은 그렇게 할 의사가 전혀 없다고 밝혔다.[22] 그러나 1933년 6월 이후 처음으로 환율 문제가 논의됐고, 기술적인 타협이 이루어졌으며, 통화 분야에서 국제적인 협력이 자리잡았다. 그런 점에서 삼국통화협정은 먼 훗날 실현된 스왑의 시발점이었다. 1937년 당시만 해도 다른 나라의 통화를 보유한다는 것은, 모겐소가 식은땀을 흘리며 말했듯이 공수표를 발행하는 것이나 마찬가지였지만 이제는 한 번에 수십 억 달러까지 다른 나라 통화를 보유하게 됐다.

핫머니의 공격에 맞서 환율을 유지할 수 있도록 중앙은행들이 협력한다는 아이디어는 새로운 게 아니다. 1933년에 덴마크 아르후스 대학교의 경제학과 교수인 외르겐 페데르센Jørgen Pedersen은 세계경제회의를 2주 앞두고 런던에서 열린 국제연맹 주최의 학술회의에서 즉석 연설을 통해 이런 아이디어를 제시했다.

여러 중앙은행들의 역량을 한데 모음으로써, 한 나라에서 다른 나라로의 그 같은 (단기) 자본의 이동—자본의 급격한 이동—이 미치는 영향을 없앨 수 있도록 해야 합니다······

가령 미국의 연방준비제도와 프랑스은행, 영란은행이 1931년에 완벽한 협력체제를 구축했었더라면 영국이 금본위제에서 어쩔 수 없이 이탈할 수밖에 없는 상황에 처하지는 않았을 것입니다. 아마도 영국은 억지로라도 금본위제에서 이탈해야 하는 상황을 의도했을지도 모르지만, 그랬다면 물론 적어도 그것이 필요한 것 같았다는 점에서 다행일 수 있습니다······

만일 중앙은행들간의 협력이 앞으로 가능하다고 확신할 수 있다면 단기 자본의 이동은 아무런 위협도 되지 않을 것이라고 생각합니다.[23]

이어진 토론에서 제네바에 있는 고등국제문제연구소Institute of Advanced International Studies의 윌리엄 래퍼드William Rappard는 뉴욕 연방준비은행과 프랑스은행이 영란은행을 위해 신용을 제공했던 적이 있음을 지적했다. 페데르센은 답하기를, 그 정도로는 불충분하며 당시 두 중앙은행은 영란은행을 썩 내켜 하지 않았다고 덧붙였다. 삼국통화협정 역시 이렇게 썩 내키지 않는 마음으로, 어쩌면 마지 못해 떠밀리는 심정으로 했을 것이다. 하지만 삼국통화협정 선언문에서는 "불변의 정책 목표는 국제적인 환율 균형을 유지하고 어떠한 통화적 공격으로부터도 극심한 혼란이 일어나지 않도록 하는 것"이라고 천명했는데, 이는 근본적인 변화를 의미하는 것이었다.

모겐소와 루스벨트의 사고 체계는 1933년에서 1936년 사이 상당히 발전했다. 물론 그런 경우가 두 사람만은 아니었다. 케인스는 루스벨트가 세계경제회의에 보낸 1933년 7월 3일자 교서 내용을 듣자 이렇게 말했다. "루스벨트가 대단한 우익이었군Roosevelt was magnificently right."(이 말은 사실 "루스벨트는 정말로 좌익이었어Roosevelt was magnificently left."라는 의미였다.) 1933년도 〈예일리뷰Yale Review〉에는 케인스의 유명한 인용구가 나와있다.

> 사상과 지식, 과학, 접객, 여행, 이런 것들은 기본 성격상 국제적이라야 하는 것이다. 하지만 일반 상품들은 가격이 합리적이고 편리하기만 하다면 가능한 한 국산을 쓰자. 그리고 무엇보다 금융은 국내 금융을 우선으로 하자.[24]

해리 화이트의 보고서에 따르면 1936년 봄 무렵 케인스는 사실상 통화의 안정화가 바람직하며 각국 재무부간의 협력을 통해 그것이 가능하리라고 확신했다고 한다.[25] 이는 1946년에 케인스의 유고遺稿로 〈이코노믹저널Economic Journal〉에 발표된, 자유 무역과 국제적인 자본 이동의 회복과는 상당히 거리가 있는 내용이다. 또한 케인스가 1933년에 가졌던 생각으로부터도 상당히 멀어진 것이었다.

12

1937년의 경기 후퇴
The 1937 Recession

1936년과 1937년의 경기 붐

산업 생산과 물가는 1934년과 1935년에 소리 없이 조금씩 상승하다 1936년 하반기에 급격한 오름세로 돌아섰다. 금 블록 국가들의 경우 이 같은 움직임은 평가절하에 따른 자극 덕분이었지만 그렇다고 이들의 평가절하가 다른 나라에 디플레이션 충격을 주지는 않았는데, 이는 전세계적으로 경제활동이 상승세를 타는 분위기였기 때문이다. 물가의 흐름은 아마도 일본에서 제일 두드러졌을 텐데, 일본은 1932년 초부터 꾸준하면서도 빠른 경기 확장에 힘입어 완전고용에 도달해 있었다. 하지만 이런 경우가 일반적인 것은 아니었다.

미국에서는 1929년부터 오랫동안 이어져왔던 민간 대출 감소가 1936년 3월에 마침내 역전됐다. 민간 대출의 증가는 제1차 세계대전 참전

군인들에 대한 보너스 17억 달러를 공채를 발행해 지급함으로써 더욱 가속화됐다. 루스벨트 대통령은 의회가 통과시킨 보너스 지급 법안에 1935년 5월과 1936년 1월, 두 차례나 거부권을 행사했다. 하지만 의회는 두 번째 거부권이 행사된 뒤 3분의 2이상 찬성으로 보너스 지급 법안을 최종 확정했다. 보너스는 6월 15일에 지급됐다. 행정부는 참전 군인들에게 보너스로 지급한 공채를 그대로 보유할 것을 요구했다. 그러나 이 가운데 14억 달러가 현금화돼 그 해 말까지 소비됐다. 이 덕분에 자동차 생산과 주택 건설이 급증했다.

경기 확장을 가져온 또 다른 요인은 1935년의 와그너 법Wagner Act 아래서 노동 운동이 조직적으로 이루어진 것이었다. 임금 상승세는 1936년 4월 연탄軟炭 업종에서 시작해 그 해 10월에는 제조업 전반으로 확산됐다. 더구나 임금과 물가가 상승하자 기업인들은 원가가 더 오르기 전에 생산을 늘리려고 했다. 1937년 중반에는 국민총생산GNP이 1929년 수준을 넘어섰다. 부문별 상승세는 똑같지 않았다. 비내구성 소비재의 경우 1929년의 최고치를 10%나 초과했지만 주택 건설 실적은 참전 군인 보너스 지급에 따른 부양 효과에도 불구하고 1929년 수준보다 40%나 적었는데, 사실 1929년 주택 건설 실적조차도 1925년에 기록했던 최고치에 비하면 한참 적은 것이었다. 다른 분야의 건설 프로젝트 역시 1929년 수준보다 50%나 적었다. 생산 실적이 전반적으로 1929년 수준을 넘어섰다고는 하지만 노동 인구가 10%가량 증가한 점과 생산성이 약 15% 높아진 점을 감안하면 그리 대단한 것은 아니었다. 게다가 이마저도 오래가지 못했다.

1937년 봄 루스벨트 대통령은 투기가 과도해지고 있으며, 상품가격도 지탱할 수 없는 수준까지 치솟고 있는 게 아닌가 하는 우려를 표명했다. 1938년 5월에 나온 국제결제은행BIS의 보고서에는 이런 내용이 있다.

고무 생산자들은 일반적으로 9펜스의 가격이면 만족스럽다고 생각해왔는데 1937년 4월에 고무 가격은 13펜스까지 올랐다. 주석의 경우 톤당 200파운드면 대개 괜찮은 가격이라고 받아들이지만 1937년 봄 주석 가격은 300파운드를 넘어섰다. 구리는 생산 여건이 제일 양호한 로디지아에서 톤 당 30파운드에서 35파운드만 되면 이익이 나는데 시장 가격은 80파운드까지 갔다. 면화의 경우 미국에서 파운드 당 9센트를 대출해주고 있는 것과는 대조적으로 시장 가격은 1937년 3월 15센트를 찍었다. 이런 사례를 열거하려면 끝이 없을 정도다.[1]

수요 증가에 따라 결과적으로 공급이 빠르게 늘어났다. 1937년에 미국의 면화 수확량은 사상 최고치인 1900만 베일bale을 기록했다. 고무와 주석의 수출 쿼터는 1936년 초만해도 정해진 쿼터량의 60%와 85%였지만 각각 90%와 110%로 확대됐다. 주석과 구리, 아연, 고무, 면화, 밀, 설탕의 세계적인 생산량은 1937년에 1929년 수준을 넘어섰고, 납과 양모, 차의 생산량도 1929년 수준에 근접했다.[2]

이에 따라 저개발국 대다수의 수출과 소득이 빠르게 늘어났는데, 특히 1936년 여름 이후 12개월간이 그랬다. 하지만 생산과 수출의 상당 부분은 재고로 남았다. 클리블랜드 신탁회사Cleveland Trust Company의 조사 결과 1937년 9월의 원자재 재고는 1929년 수준보다 50%나 많은 것으로 나타났다. 재고 물량은 곧바로 소화되지 않았다.

12. 1937년의 경기 후퇴

장롱 속 금을 현금화하다

삼국통화협정은 단지 물가와 임금, 산업 생산의 급격한 증가를 알리는 신호에 그치지 않았다. 삼국통화협정은 장롱 속에 퇴장退藏돼 있던 금을 바깥으로 끄집어냈다. 화폐에 대한 불신으로 인해 금에 집착해왔던 유럽 투자자들이 퇴장금을 현금화해 유가증권을 산 것이다. 이들 가운데 상당수는 소액 저축자들이었다. 스위스 국립은행이 보고한 내용에 따르면 1936년 9월 30일부터 11월 30일까지 이 은행의 취리히 사무소에서 금을 현금화한 8840명 가운데 87%가 500스위스프랑 미만이었고, 100스위스프랑에도 못 미치는 금액을 현금화한 경우도 46%나 됐다. 그러나 금을 현금화한 전체 금액은 엄청났다. 그리고 이 가운데 상당 금액이 미국에 투자됐다. 게다가 유럽 투자자들은 기존의 달러 잔고까지 인출해 미국 유가증권을 매수했다. 이에 따라 미국의 산업주 지수(스탠더드 스테이티스틱스 지수를 기준으로 1926년을 100으로 했을 때)는 1936년 5월 121에서 1936년 9월에는 130으로, 1937년 2월에는 152로 상승했다.

금은 계속해서 미국으로 들어왔다. 유럽 각국의 통화 가치가 안정화된 이후에는 이런 흐름이 역전되리라고 기대할 수도 있었는데, 삼국통화협정 이전에 빠져나갔던 자본이 유럽으로 다시 돌아온 1936년 10월의 대규모 유입 이후 미국으로 들어가는 금은 급감했다. 하지만 멈춰버린 것은 아니었다. 아무튼 미국은 금이 쌓여가면서 난처한 상황에 몰리게 됐다. 1934년 1월 68억 달러 상당에 불과했던 미국의 금 보유고는 1936년 10월 110억 달러 규모를 넘어섰다. 연방준비제도의 필요 금 준비금을 초과하는 규모가 1935년 11월에 이미 30억 달러에 달해 전체 필요 금 준비금의 절반에 이르렀고, 1936년 들어 다시 두 배로 늘어나자 결국 그 해 여름 필요 금 준비금 규모를 늘리게 됐다. 이 조치로 초과 금 준비금은 일단 줄어들었지만 곧 다시 늘어나기 시작했다.

1936년 12월 미 재무부는 이미 전체 금 준비금의 50%에 다다른 초과 준비금이 더 이상 늘어나는 것을 막기 위해 금의 추가적인 유입을 차단하기로 하고 금 불태화不胎化 프로그램을 시행했다. 불태화 프로그램이 필요했던 이유는, 환율안정기금Stabilization Fund이 금의 유입을 상쇄시킬 수 없었기 때문이기도 했지만, 부분적으로는 24억3000만 달러에 달하는 연방준비제도의 공개시장 포트폴리오가 연방준비제도의 비용 충당을 위한 수입 기반으로 필요했던 만큼 이를 줄일 수 없었기 때문이었다. 영국의 외환평형계정Exchange Equalization Account은 파운드 화를 차입할 수 있는 권한을 갖고 있었기 때문에 금의 유입 시 이를 바꿔줄 자금을 조달할 수 있었다. 금을 매수할 때 재무성 채권을 발행해준 것이다. 그러나 미국의 환율안정기금은 오로지 금만 보유하고 있었다. 해외에서 유입된 금을 사주려면 달러 화가 필요한데, 이를 위해선 보유하고 있는 금을 연방준비제도에 팔아야만 했다. 그러니까 해외의 금이 연방준비제도에 곧바로 팔린 것이나 마찬가지였다. 그러다 보니 금을 신용담보로 제공해서 시장에서 현금을 차입하는 게 유용할 경우에도 환율안정기금은 그렇게 할 권한이 없으므로 재무부가 대신해서 그 일을 처리할 수밖에 없었다.

미 재무부가 금 불태화 프로그램을 시행하기 며칠 전 영란은행은 은행권 발행부서에서 별도의 준비금 없이 발행한 지폐를 6000만 파운드 줄이는 대신 외환평형계정으로부터 금을 사들여 이를 대체하기로 했다. 이 같은 조치는 외환평형계정이 금을 충분히 보유하고 있으며 차입

능력에 어떤 한계도 없음을 대외적으로 과시한 것이었다.

1937년 1월 연방준비제도 이사회는 또 다시 필요 금 준비금을 인상했다. 1936년 8월에 50%를 인상한 데 이어 이번에는 두 번에 나눠 33.33%를 인상한 것인데, 절반은 1937년 3월 1일에, 나머지 절반은 5월 1일에 각각 집행토록 했다. 두 차례에 걸친 인상, 그러니까 세 번에 나눠서 집행된 필요 금 준비금의 인상을 통해 1936년 7월부터 1937년 5월 사이 필요 금 준비금은 두 배가 됐다. 중앙 준비시central reserve city의 요구불예금에 대한 금 준비금은 13%에서 26%로 인상됐고, 일반 준비시reserve city의 경우에는 10%에서 20%로, 지방 은행country bank은 7%에서 14%로 높아졌다. 정기예금에 대한 금 준비금도 3%에서 6%로 인상됐다. 연방준비제도 이사회가 필요 금 준비금을 인상하면서 발표한 성명을 보면 1933년 은행 휴업 때부터 1936년 12월 재무부의 불태화 프로그램 시행 때까지 40억 달러의 금이 유입됐음을 분명히 밝혀두고 있다.

영국과 미국으로 금이 유입될수록 가중되는 명백한 부담은 금 가격이 떨어질지도 모른다는 우려를 증폭시켰다. 이로 인해 금고 속에 있던 금이 더 많이 나왔다. 삼국통화협정이 발표될 당시 유럽에 있던 퇴장금은 〈연방준비제도공시Federal Reserve Bulletin〉의 추계치로 15억~20억 달러에 달했다. 이 가운데 3분의2가 런던에 있었는데, 주로 영국이 아닌 다른 나라 사람들의 계정에 들어있던 것이었다.[3] 1936년 9월부터 1937년 7월까지 개인이 갖고 있던 퇴장금 가운데 10억 달러 이상이 현금화됐고, 이 중 상당수는 런던에 있던 퇴장금으로 추정됐다. 1937년 1월에서 봄 사이 퇴장금의 현금화가 이어지면서 3월과 4월에는 군소 국가의 중앙은행들마저 이런 식으로 가다간 금 가격이 더 떨어질 수도 있으며,

그럴 경우 1931년 9월처럼 손실을 입을지 모른다는 두려움으로 퇴장금의 현금화에 합류했다. 다만 이들이 현금화한 퇴장금은 환율안정기금에서 보유한 금의 일부다 보니 그 규모가 제한적이었는데, 그래서 각국 은행들이 공표한 두 달간의 금 준비금 감소 규모는 스위스 국립은행이 줄어들었다고 발표한 2200만 달러가 전부였다. 그러나 군소 국가 중앙은행들 대다수는 마치 금을 보유하고 있던 개인처럼 행동함으로써 개별적으로 자국의 이익만 챙겨도 되지만, 상대적으로 큰 나라들은 원하든 원치 않든 국제통화 시스템의 안정에 책임을 져야 하기 때문에 그만큼 더 큰 공적 이익을 추구해야 한다는 점을 극명하게 드러낸 셈이 됐다.

1937년 4월 금값 하락에 대한 공포가 최고조에 달하자 런던과 뉴욕에서의 가격 차이를 이용해 투자 이익을 챙기는 금 차익거래자들은 금 가격이 떨어질 것이라고 확신했다. 이에 따라 이들은 런던에서 금을 매입해 뉴욕에서 금을 팔 경우 통상 5일씩이나 걸리는데, 굳이 이를 감수해가며 위험한 투자를 하려고 하지 않았다. 런던에서의 금 수출점export point은 파운드 화 대 달러 화의 환율과 파운드 화로 매겨진 금 가격을 감안해 런던에서 금을 매입한 다음 뉴욕으로 실어 보내고 이를 재무부에 매각했을 때 이익이 남아야 하는 것인데, 이게 상당히 큰 폭으로 떨어졌던 것이다. 이 역시 퇴장금의 현금화를 가속화했다. 그런데 금 가격이 꾸준히 보합세를 유지하자 금 수출점의 하락은 파운드 화의 환율 상승(가치 하락)이라는 형태로 나타났고, 이는 프랑스에서 정치 경제적 불안이 심화되면서 다시 자본 유출이 시작되자 더욱 증폭됐다.

1936년 가을에 금이 미국으로 유입된 것은 유럽 자금이 미국 유가증권에 투자했다는 것을 의미했다. 그러자 루스벨트 대통령은 재무 장관과 연방준비제도 이사회 의장, 증권거래위원회 의장으로 위원회를 구성해 자본 유입을 규제할 방안을 찾아보도록 했다. 그러나 아무런 성과도 없었다. 1937년 봄이 되자 미국 유가증권에 대한 유럽의 관심이 사라졌다. 관심이 있었다 해도 많은 투기자들이 내다본 것처럼 금 가격이 떨어질 것이라는 전망에 따라 상품시장과 증권시장이 약세로 돌아섰고, 따라서 유럽 투자자들은 미국 유가증권을 팔고자 했다. 이제 자금의 흐름은 아주 간단해졌는데, 그저 금을 팔고 달러 화를 보유하는 것이었다.

훗날 "금의 눈사태Golden Avalanche"로 불렸을 정도로 퇴장금이 마구 쏟아져 나오자 정책적 대응을 둘러싸고 주목할만한 의견들이 다양하게 제기됐다. 금 가격을 내려야 한다는 제안이 지배적이었는데, 브랜드R. H. Brand가 제안한 대로 국제적인 협상을 기본으로 하든가[4] 아니면 미국이 독자적으로 시행하되 다른 나라들은 금 가격을 변동시키든 자국 통화를 평가절하하든 알아서 결정하도록 하자는[5] 것이었다. 정책적 대응이라고 하기에는 턱없이 부족한 제안들도 있었는데, 금의 생산과 수출을 규제하자는 의견이나 금화를 다시 유통시키자는 아이디어, 금의 이중가격제, 그러니까 중앙은행이 보유한 금은 1온스 당 35달러로 하되 나머지 금은 그보다 낮겠지만 아무튼 시장에서 결정되는 가격대로 하자는 제안이 그랬다. 재무 장관을 맡고 있던 모겐소는 어떻게 하든 소련과 협상해 서방으로의 금 판매를 규제하는 방안을 모색하고자 했다. 그의 목적은 기본적으로 정치적이었고, "1937년 봄에 일어난 국제적인 금 가치의 일시적인 하락 사태를 완화"한다[6]는 것은 어디까지나 그 다음이었다.

금 가격을 떨어뜨리는 데 한 가지 걸림돌은, 금 가격이 오를 경우에는 이익을 얻을 수 있지만 금 가격이 떨어지면 손실을 보게 된다는 점이었다. 넉세는 기술적인 측면에서 이 같은 걸림돌의 해결 방안을 제시했다. 이로 인한 손실은 금 준비금의 가치가 떨어진 만큼 중앙은행에 대한 정부 채무가 늘어나는 식으로 회계처리를 함으로써 간단히 상쇄할 수 있다는 것이었다.[7] 기술적으로 충분히 가능한 그런 처리 방식은 정치적으로 민감한 세력들에게도 서서히 설득력을 얻어갔는데, 대중들이란 정부 채무의 증가가 단지 장부상으로만 이루어질 수 있는 것인지 잘 알지도 못하고 거의 의심하지도 않는다는 점을 이들에게 알려준 것이다.

1937년 4월 9일 루스벨트 대통령은 미국이 금 가격을 인하할 계획이 없다고 발표했다. 이 발표로 시장이 진정되지는 않았다. 시장이 진정되지 않은 이유는 또 있었는데, 국제결제은행이 5월 3일에 발표한 1937년도 연차보고서에서 금 가격의 인하에 대해 언급했기 때문이다.[8] 미국으로의 월간 금 유입 규모는 1937년 4월에 이미 2억1600만 달러에 달했다. 이는 삼국통화협정에 앞서 금 블록 국가들에게 압력이 가해짐으로써 금 유입이 폭발적으로 증가했던 1936년 10월의 2억1900만 달러 이후 최고치였고, 6월에는 더욱 늘어나 2억6200만 달러에 이르렀다. 정말 최악의 달이었다. 물론 뮌헨 회담 이후에는 또 달라지지만 말이다. 이 같은 금 유입은 6월을 고비로 진정됐는데, 부분적으로는 원자재 가격의 약세로 인해 금 가격 인하를 위한 공식적인 계획─전혀 있을 것 같지는 않았지만 만일 있었다 하더라도─이 힘을 잃었을 것이기 때문이다. 여기에 더해 영국이 1937년 6월 외환평형계정EEA의 차입 한도를 2억 파운드 더 늘려준 것도 시장을 가라앉힌 한 요인이었다. 영국의 이 같은 조치는 1936년에 12억 달러, 1937년 상반기에 2억1000만 달러에 가까운 금 유입액을 기록한 영국으로 계속해서 금이 들어갈 것이라는 기대를 낳기에 충분했다.

　미국 측 기록만 보면 금 가격 인하라는 문제가 얼마나 심도 있게 다루어졌는지에 대해 알 수 없다. 그러나 영국 재무성의 문서를 보면 워싱턴 주재 영국 재무관이 1937년 봄 조지아 주에 있는 모겐소의 개인별장에서 미국 쪽 자문관의 배석 없이 일련의 회담을 가진 것으로 나와 있다. 모겐소는 이 회담에서 금 유입을 줄이는 방안으로 금 수입 시 세금을 물리고 금 가격을 인하하는 문제를 제시했다. 워싱턴 주재 재무관 뷰리는 이 제안들을, 외국인들의 미국 유가증권 매입 제한 방안 같은 것들과 한데 묶어 "향후에 취할 수 있는 조치를 그려보는 것일 뿐"이라고 받아들였다. 뷰리는 런던에 보낸 보고서에서 모겐소는 기본적으로 금융 문제에 대해 무지하며 자신이 무엇을 말했는가 보다 자신이 무엇을 했는가에 더 주의를 기울인다고 지적하면서, 그가 내놓은 제안들은 사실 본인은 생각해본 적도 없을 것이고, 아마도 자문관들의 머리에서 튀어나왔을 것이라고 적었다.

　영국 재무부는 그러나 향후 전개 과정에 깊은 관심을 갖고 있었고, 금 가격의 인하 문제를 더 논의해보기로 했다. 그래서 체임벌린의 후임으로 재무 장관에 임명된 존 사이먼 경Sir John Simon은 모겐소에게 전보를 보내 재무성 고위관리인 프레데릭 필립스 경Sir Frederick Phillips이 9월 중에 방문할 것이라고 알렸다. 이 전보에서 사이먼은 금 가격의 인하 문제에 대해서는 아직 결심하지 않았으나 일반 국민들이 금 가격의 인하를 디플레이션과 연관 짓는다는 점을 감안할 때 일단은 부정적이라는 입장을 밝혔다. 그는 따라서 당분간은 아무런 조치도 취하지 않는 게 좋겠다는 견해를 개진했다.

필립스의 훈령이 작성된 7월 중순 시점에서 영국은 금 가격의 인하를 완전히 배제하지 않았는데, 이는 인플레이션 발생 시 "장기적 가능성"으로서 국제적인 공동 조치를 취하는 경우였다. 그러니까 상품가격이 더 상승해야 하는 당시 상황을 고려할 때 일단은 그럴 필요가 없었다.

모겐소는 1937년 9월 필립스에게 말하기를, 금 문제에 관해 아이디어를 가진 사람들이 하루에도 여럿 찾아오지만 자신은 "그들에게 아무런 관심도 두지 않는다"고 했다. 이 문제는 모겐소와 리플러Riefler, 바이너Viner가 가진 공개 회담에서는 논의되지 않았지만 필립스가 떠나갈 때 모겐소는 개인적으로 이런 내용을 알려주었다. 그가 방금 대통령과 금 문제를 논의했는데 "금의 유입과 관련해 어떤 조치가 필요해지는 상황이 오더라도 금 가격의 인하는 절대로 포함되지 않을 것"이라고 말이다. 영국 측 기록에 의하면 필립스는 이 말에 수긍했으며, 모겐소의 "진짜 의도는 금 가격을 변경하는 데 반대하고 금 생산량을 제한하려는 것"이라고 결론지었다.[9]

금의 공급을 흡수하는 데 따르는 부담을 줄이는 수단으로서 금 가격의 인하를 실질적으로 고려하지 않았던 것이 부주의나 상상력의 부족 탓이었는지 아니면 미국 경제의 안정을 위해서 혹은 앞서 보았던 국제결제은행 보고서에서 지적한 세계적인 통화 구조의 안정을 위해서였는지는 기록만으로는 명확하지 않다. 실무적인 차원에서 미 재무부와 연방준비제도 이사회, 뉴욕 연방준비은행의 이코노미스트들은 궁극적으로 금을 화폐로 쓰는 것을 폐지하는 방안과 핫머니를 차단할 수 있는 과세 및 기타 수단들을 제시하고 있었다. 전자의 경우 1937년 9월 이후라는 전제와 함께 금 가격의 인하는 어떤 식으로든 경제가 침체 상태에서 벗어난 이후로 미뤄야 한다는 조건을 달고 있었다. 또 후자의 경우에도 현실성이라는 측면에서 의문을 사기에 충분했다. 핫머니 문제를 다룰 루스벨트 위원회는 1937년 4월에야 열렸지만 유용한 제안은 내놓지 못했다. 이때는 이미 문제가 바뀐 다음이었다. 유럽 자금이 미국 주식시장으로 유입되는 속도를 늦춰야 한다는 데서 금을 대상으로 한 투기를 막아야 한다는 것으로 문제의 초점이 옮겨간 것이다. 그러나 정부 관료들 사이에서, 또 경제 분야 언론에서 보여준 금 문제에 대한 높은 관심과 열기는 프랭클린 루스벨트 대통령의 공식 문서와 연설에, 혹은 모겐소의 일기에 제대로 반영돼 있지 않다. 적어도 루스벨트와 모겐소는 이제 1933년에 자신들이 범했던 것처럼 설익은 제안들을 갖고 조급하게 굴다 실패하지 않을 정도로 국제 통화 시스템에 대해 충분히 배운 상태였다. 좀더 너그럽게 해석해볼 수도 있다. 그러니까 두 사람과 영국은 넓게 보면 1929년의 패턴이라고 할 수 있는, 각국의 환율을 서로 인정하는 방식을 유지하고, 또 국제 통화 구조의 안정을 위해 아무리 힘들더라도 안정을 해치는 요인들을 제거할 각오가 되어 있었다고 말이다. 때가 있는 법이다. 이 경우에는 아마도 1933년이었을 것이다. 그때가 바로 훗날 존 포스터 덜레스John Foster Dulles가 "거기 가만히 서있지 말라. 무엇이든 하라"고 했던 슬로건에 맞춰 행동했어야 할 시기였다. 그런데 이와는 반대로 그 같은 슬로건을 거슬러야 할 때도 있다. 그러니까 "그 무엇도 하지 말라. 거기 가만히 서있으라"는 슬로건을 따라야 시스템에 최선일 때도 있는 것이다.[10]

경기 후퇴

미국의 경기는 1937년 3월부터 8월까지 옆걸음질을 했다. 몇 가지 상품 가격, 특히 곡물과 면화의 가격이 떨어졌다. 유례없는 대풍작을 기록한 면화는 3월에 15센트였던 것이 8월에는 9센트로 하락했다. 미국의 대외 무역은 꾸준한 편이었는데, 수출보다 수입이 더 많이 늘어났다. 시장은 불안 속에서 평온을 유지했다. 그러다 8월 중순 주식시장이 동요하기 시작했다. 9월들어 거래량이 증가하면서 주가가 급락했다. 스탠더드 스테이티스틱스 산업지수(1926년을 100으로 했다)가 8월 25일 141에서 2주만에 125로 떨어졌다. 9월 말에는 3월에 기록했던 고점에 비해 30%나 낮은 수준으로 주저앉았다. 9월 13일 열린 공개시장위원회에서는 일련의 사태가 반전했음을 인정하는 한편, 1936년 7월 30억 달러를 넘어섰던 연방준비제도 산하 은행들의 과도한 준비금이 8월 초에는 7억 달러 밑으로 떨어진 것이 이 같은 상황 변화와 관련돼 있을 가능성에도 주목했다. 공개시장위원회는 재무 장관에게 금 불태화 계획에 따라 설치했던 불활동금계정Inactive Gold Account에서 3억 달러를 방출할 것을 요청했고, 이는 곧바로 시행됐다. 그러나 언 발에 오줌 누기 격이었다. 10월들어 주식시장의 하락세는 더욱 강해져 10월 19일에는 검은 화요일까지 엄습했고, 결국 산업주 평균주가가 102까지 떨어졌다. 상품가격은 급락세를 나타냈고, 산업 생산도 마찬가지였다. 연방준비제도의 산업생산지수는 1923~1925년의 평균치를 100으로 했을 때 1937년 8월 116에서 9월에는 106으로, 10월에는 99로, 11월에는 86으로, 12월에는 83으로 내림세를 이어갔다. 철강의 경우 8월에 85%였던 설비 가동률이 11월에는 38%로, 12월에는 26%로 곤두박질쳤다. 설비 가동률의 감소폭은 철강 부문이 가장 컸다. 그 다음은 면직물 부문이었는데, 역시 1923~1925년

평균치를 100으로 했을 때 1937년 3월에는 3교대 작업이 통상적으로 이뤄지면서 설비 가동률이 143%에 달했지만 8월에는 116%로, 12월에는 81%로 떨어졌다. 농산물 가격도 1937년 4월 3일부터 그 해 말까지 24%나 하락했다. 내구재 가격은 그렇게 크게 떨어지지는 않았지만 비내구재 가격은 10%정도 하락했다. 아무튼 모든 상품가격이 8% 떨어졌다.

　대체 무슨 일이 벌어졌던 것인지 상당히 오랫동안 아무도 알지 못했다. 그러다 모든 게 분명하게 드러났다. 1936년 10월부터 나타났던 경기 활동 상승세의 원동력은 재고를 쌓아둔 것이었다. 이는 특히 자동차 부문에서 두드러졌는데, 파업에 대한 두려움으로 인해 신규 자동차 공급을 대폭 늘렸던 것이다. 자동차 업계와 함께 강력한 CIO 노동조합을 갖고 있던 철강과 섬유 부문도 이와 똑같았다. 1937년 봄이 지나면서 상품가격이 더 이상 오르지 않을 것임이 명백해지자, 재고를 쌓아둬야 할 명분이 사라졌고, 그러자 맨 먼저 섬유 부문에서, 그 다음에는 철강 부문에서 상황 반전이 일어났다. 장기 투자는 애당초 대규모로 이뤄지지도 않았고, 그러니 크게 감소하지도 않았다. 그리하여 여러 지표를 기준으로 1932년 이후 회복했던 수치의 절반을 까먹어버린, 미국 역사상 최악의 경제 위축은 당시 미국의 경제 회복이 환상에 기반한 것이었음을 여실히 보여주었다.[11]

　대외 무역에서 자칫 속단하기 쉬운 한 가지 특이한 일이 벌어졌다. 미국의 무역수지 흑자, 즉 수입액을 초과한 수출액은 1934년 4억7800만 달러에서 1935년에는 2억3500만 달러로, 1936년에는 3300만 달러로 감소했다. 1937년 상반기에는 수입액이 수출액보다 1억4800만 달러 많았다. 그러나 수입액 증가의 상당 부분은 재고 비축에 의한 것이었고, 따라서 앞으로 수입할 것을 미리 당겨서 한 것이었다. 1937년 하반기 들어 수입액은 줄어들기 시작했는데, 수입액이 정점을 찍었던 1937년 3월의 3억700만 달러에서 1937년 12월에는 2억900만 달러로 감소했고, 1938년 7월에는 1억4100만 달러로 바닥까지 내려왔다. 1937년의 무역수지 흑자는 2억6500만 달러로 늘어났고, 1938년에는 11억 달러를 기록했다. 1936년 10월 이후 외국인들이 달러를 인출해간 것은 뉴욕 주식시장에 실망하면서 떠나버린 요인도 일부 있지만 결정적으로는 미국의 수출 초과액을 지불하기 위한 것이었다. 미국의 국제수지가 조정 단계에 접어들었다는 대다수 견해는 잘못된 것으로 드러난 셈이다.

경기 후퇴는 부분적으로—이것이 어느 정도냐는 논란거리다—재정 정책상의 급격한 변화에 따른 것이었다.[12] 1936년의 재정 적자는 매우 컸다. 17억 달러에 달하는 보너스 지급으로 재정 지출이 크게 늘어나면서 미 재무부의 일반회계 및 특별회계상 세수를 초과한 지출액은 1936년 회계연도에 46억 달러에 달했다. 1937년 회계연도에는 31억 달러로 줄었고, 1938년 회계연도에는 14억 달러로 감소했다. 회계연도가 아닌 통상적인 기간으로 끊어서 계산하면 1936년에서 1937년 사이 재정 적자가 22억 달러 줄었다.[13]

재고 비축과 뒤이은 재고 방출, 혹은 필요 준비금의 인상에 따른 자금시장의 경색(실제로는 그렇지 않았다), 아니면 재정 정책의 급격한 역전, 이들 세 가지 요인 가운데 어느 것이 경기 후퇴에 더 큰 영향을 미쳤든 간에 아무튼 경기 후퇴는 미국 지식인들 사이의 분위기를 바꾸어버렸다. 장관급 바로 아래의 주도적인 인사들은 그때까지 경제 분석을 하면서도 케인스 혁명에 거슬러 왔었는데, 이제《고용, 이자 및 화폐에 관한 일반 이론》의 메시지에 큰 관심을 갖게 됐다. 10월 12일에 루스벨트는 의회 지도자들에게 1939년 회계연도에는 재정 적자가 없는 예산안을 통과시켜줄 것을 요청했으나 일주일 후 시장이 붕괴하면서 입장이 바뀌어버렸다.[14] 재무부에서는 모겐소를 제외한 화이트와 올리펀트Oliphant, 매길Magill, 셀저Selzer가 케인지언 방식으로 생각하기 시작했다. 이들 외에도 에클레스Eccles와 헨더슨Henderson, 홉킨스Hopkins, 커리Currie 같은 지도급 인사들이 사고 방식을 전향했다.[15] 대통령도 서서히 설득되어갔다. 마침내 4월 13일 경제를 안정시킬 수단으로 적극적인 재정 정책을 포함한 프로그램이 입안됐다. 이 프로그램은 의회에 보내는 메시지로, 또 그날 저녁 노변담화 방송으로 공식 발표됐다.

달러 화에 대한 우려

금 가격이 인하될지도 모른다는 금 우려는 경기 후퇴 덕분에 사라졌지만 대신 달러 화가 다시 평가절하될지도 모른다는 두려움이 생겨났다. 이 같은 전망은 현실과 동떨어진 것이었다. 모겐소는 11월에 루스벨트에게 이런 보고를 했다. 주말에 금 문제를 논의할 일단의 인사들을 불러모을 계획이라고 말이다. 그러니까 1936년 12월에 있었던 금 불태화 프로그램의 원상 복구에 한 걸음 더 다가가는 셈이었다. 그런데 루스벨트는 이 말을 잘못 이해해 자신은 금 가격을 올리지 않을 것이라고 말해버렸다.[16] 금 가격을 인상하는 것은 사실 고려 대상도 아니었다. 2월 18일에 가진 기자회견에서 루스벨트는 상품가격을 끌어올리는 문제를 이야기하면서 상품가격들간의 상대적인 균형 회복이 특히 중요하다며, 크게 떨어진 상품가격은 끌어올리겠지만 경기 후퇴 기간 중에도 꾸준하게 유지됐던 상품가격은 올리지 않을 것이라고 밝혔다. 그의 말을 직접 들어보자.

> 막연하게만 생각하는 사람이라면 이렇게 물을 겁니다…… "이거 인플레이션 아냐?" 아닙니다, 이 정책은 가격 구조상의 균형 회복에 도움을 주려는 것입니다. 혹자는 이렇게 물을지도 모릅니다. "(원문 그대로 옮기자면)달러 화의 추가적인 디플레이션을 가져오지는 않을까?" 대답하겠습니다. "아닙니다." [17]

달러 화에 대한 우려는 그리 심각하지도 않았고 오래가지도 않았다. 달러 화에 대한 우려는 상당 부분이 유럽, 특히 영국과 스위스, 네덜란드에서 벌어진 금 가격의 하락을 노린 투기가 원상 회복된 데 따른 것이었다. 9월 말부터 그 해 말까지 5억7500만 달러가 미국 내 은행에서 빠져나갔다. 그러나 핫머니가 이처럼 대규모로 움직였음에도 불구하고 시스템은 흔들리지 않았다. 금의 퇴장이 늘었지만, 이는 퇴장돼 있던 금을 끄집어 냈던 금 불태화 프로그램의 종료로 쉽게 대응할 수 있었다.

경기 회복 프로그램

1938년 4월 14일에 발표된 경기 회복 프로그램에는 통화 및 은행 부문에 대한 내용도 포함돼 있었다. 4월 16일자로 약 7억5000만 달러의 필요 준비금을 감축하고, 11억8300만 달러가 남아있는 재무부의 동결 금 계정을 더 이상 존속시키지 않기로 한 것이다. 경기 회복 프로그램에서 제일 결정적인 것은 정부 지출을 늘린다는 것이었다. 공공사업촉진국Works Progress Administration 기금을 사상 최대인 12억5000만 달러로 증액했다. 또한 재무부가 각 주에 공공사업용 자금으로 5억5000만 달러를 융자해주었고, 연방정부가 시행하는 공공사업에 4억5000만 달러를 쓰기로 했으며, 미국주택공사U. S. Housing Authority의 융자용 자금으로 3억 달러를 배정했다. 모두 합쳐 20억 달러가 넘는 재정 지출과 10억 달러에 가까운 관련 기관들의 지출용 융자 계획이 제시됐다. 이 같은 예산안은 당연히 재정 적자를 용인하겠다는 의도를 담고 있었다. 그 이전 7년간의 대공황기 동안 후버와 루스벨트 두 대통령이 철저히 외면해왔던, 재정 지출을 통해 경제 안정을 꾀하자는 케인지언의 주장이 마침내 받아들여진 것이다.

캐리 브라운Cary Brown이 지적한 대로 이 같은 정책은 시기적으로도 늦었고 과감성도 부족한 것이었는데, 뉴딜New Deal은 급히 우발적으로 추진된 듯한 인상과 함께 재정 적자를 무릅쓰고라도 지출을 늘렸다는 점을 너무 과장했다.[18] 초기의 재정 적자는 세수의 부족으로 인해, 혹은 루스벨트 행정부가 도저히 줄일 수 없던 지출로 인해 어쩔 수 없이 용인된 것이었다. 그런 점에서 경기 후퇴가 필요했던 이유가 있는데, 우선 심각한 전국적 공황이 다시는 일어나지 않을 것이라는 케인지언의 사상이 유효함을 보여주기 위해서 그랬고, 두 번째로는 미국이 이전과 마찬가지로 어떠한 혼란이 일어나더라도 국제 경제 시스템을 변함없이 지원할 것이라는 점을 확실히 하기 위해서라도 그랬다.

경기 후퇴로 인한 저점에서의 회복은 앞서 경기 후퇴로 접어들 때만큼 빠르지는 않았지만 아무튼 신속하게 이루어졌다. 루스벨트가 남긴 문서 및 연설문 가운데는 4월 14일자로 의회에 보낸 메시지의 주석이 있는데, 여기에는 1937년 7월부터 1938년 3월과 6월까지의 경기 하강과

1939년 8월까지의 경기 회복을 보여주는 표가 포함돼 있다.(표20) 이 표를 보면 1938년 봄에 시작된 경기 회복이 부문별로 얼마나 상이했는지를 잘 알 수 있다. 건설 부문처럼 즉각적으로 살아난 경우가 있는가 하면 다른 부문에서는 6월까지 바닥 확인도 못한 경우가 있었다. 또 경기 회복 경로 역시 똑같지 않았고, 비록 완만했지만 상품가격도 지속적으로 떨어졌음을 이 표는 보여주고 있다. 물론 이 표는 외국의 무기 주문과 국내의 재정 지출 프로그램 가운데 어느 쪽이 경기 회복에 더 큰 영향을 미쳤는지는 알려주지 않는다. 하지만 경제를 안정시키기 위한 지적 토대가 갖춰지기까지는 대공황뿐만 아니라 경기 후퇴가 추가로 더

표20. 1937-1939년 중 미국의 소득 및 고용, 생산, 그 밖의 기업활동 지수 (계절 변동치 조정)

	기준 연도	1937년 7월	1938년 3월	1938년 6월	1939년 8월	1937년 7월~ 1938년 6월	1938년 6월~ 1939년 8월
소득 수령액	1929	89	81	79	85	-12	+8
공장 고용	1923-25	111	91	84	96	-24	+14
공장 임금	1923-25	105	78	71	90	-32	+26
공업생산 합계	1935-39	120	84	81	104	-33	+28
철강		142	53	49	111	-65	+127
자동차		144	57	49	84	-66	+71
면직물		118	81	81	114	-31	+41
모직물		97	53	68	106	-30	+56
신발		108	93	88	107	-19	+22
화물차 적재량	1923-25	67	46	54	73	-19	+35
건설계약		67	46	54	73	-19	+35
주택		44	33	42	67	-5	+60
기타		86	56	64	78	-26	+22
백화점 매출	1923-25	92	86	82	89	-11	+9
도매물가*	1926	87.9	79.7	78.3	75.0	-11	-4

출처: Franklin Delano Roosevelt, *The Public Papers and Addresses of Franklin Delano Roosevelt*, vol. VII, 1941, p. 235.
  * 계절 변동치 미조정.

필요했다는 점을 확실히 보여주고 있다.

"대공황이 그토록 오랫동안 지속됐던 근본적인 이유는 물론 그 시기 전반의 경제적 무지라고 할 수 있다."[19] 우리가 지금까지 검증하고자 해왔듯이 이 같은 대답은 세계적인 차원에서 보면 적절하지 않다. 그러나 미국에 국한해서 보자면 아주 딱 들어맞는 말이다.

13

세계경제의 해체와 재무장
Rearmament in a Disintegrating World Economy

상반된 경기 후퇴의 충격

1937년이 1929년과 달랐던 점은 문제가 어디서 시작되었는지가 분명했다는 것이다. 경기 후퇴는 미국에서 비롯된 것이었다. 게다가 교역이나 지불 측면에서 그리 촘촘히 엮여있지 않은 세계에서 미국이 준 충격은 나라마다 다르게 다가왔다. 물론 제2차 세계대전 이후에는 데니스 로버트슨 경Sir Dennis Robertson이 썼듯이 미국이 재채기를 하면 유럽은 폐렴에 걸렸다. 1937~1938년에 경기 침체의 충격을 받은 곳은 주로 저개발국들이었다. 전쟁 준비로 바쁘게 돌아갔던 유럽과 일본은 고생했다고 해봐야 몇 차례 코를 훌쩍이는 정도였다.

산업화된 나라들은 제일 먼저 유가증권 가격의 하락을 지켜봐야 했다. 이건 상당 부분 심리적인 것이었다. 뉴욕 주식시장이 급락하자 세계 곳곳의 자본가들이 불안해했고, 뉴욕 주식시장에서 잃어버린 유동성을 만회하기 위해 다른 곳에서 증권을 매각해야 했다. 그러나 금융완화 정책과 대규모의 공공사업 지출에 힘입어 주식시장의 급락은 더 이상 심각한 상황으로까지는 발전하지 않았다. 일부였지만 스위스 주식시장 같은 곳에서는 아예 하락세가 나타나지도 않았다.

산업화된 나라들에 미친 두 번째 파급은 대외 무역에서 나타났는데 두 가지였다. (1) 미국의 수입액 감소, 뿐만 아니라 미국으로의 수출액이 줄어듦에 따라 어쩔 수 없이 미국산 제품의 구입을 줄여야 했던 상대국들의 수입액 감소가 있었고 (2) 수입하는 원재료 가격의 하락이 있었다. 유럽과 여타 해외 지역의 상품가격은 전혀 다르게 움직였다. 1928년부터 1938년까지 유럽이 수입한 제품의 가치는 전체적으로 100에서 73으로 떨어졌는데, 당시 상품가격의 흐름을 그대로 반영한 것이었다. 그런데 유럽 이외의 지역에서 생산되는 상품, 즉 코코아나 설탕, 커피, 양모, 면화, 유지油脂, 실크의 가격은 이 같은 흐름보다 40% 이상 하락한 반면 유럽에서 생산되는 원자재―목재 펄프, 석탄, 철광석, 철강, 시멘트―의 가격은 전체적인 상품가격 흐름에 비해 상대적으로 45~75%나 상승했다.[1] 이 같은 괴리가 발생한 이유는 유럽 이외의 지역에서 생산되는 상품들의 경우 미국의 수요가 줄어들었다는 점, 그리고 유럽 각국이 군수장비와 이를 만들기 위한 공장 건설에 지출을 급격히 늘리면서 유럽에서 생산되는 원자재 가격에 영향을 미쳤다는 점을 들 수 있다.

1938년에 유럽의 무역 여건이 1937년에 비해 좋아진 것은 부분적으로 선박 운임의 하락에 따른 것이었다. 선박 운임의 하락에 따른 손실은 유럽 해운업자들이 아니라 선주船主들이 부담했는데, 이들 역시 대부분 유럽인이었다. 앞서 1936년 상반기부터 1937년 3분기까지 선박 운임 지수가 두 배 가까이 뛰었는데, 이는 미국의 재고 비축에 따른 원자재 각축이 벌어진 데다 수 년간 선박을 교체하지 못한 데 따른 것이었다. 이런 문제가 사라지자 그 뒤 9개월만에 선박 운임은 50%나 떨어졌다. 1937년에서 1938년 사이 미국의 상품 수요가 35% 감소하면서 선박 운임의 상승 압력을 가라앉혔고 덕분에 해외로부터 다시 저렴하게 수입할 수 있게 됐다.

미국의 경기 후퇴는 산업화된 국가들에게는 대단한 혼란 요인도 아니었고, 몇몇 측면에서는 도움이 되기까지 했지만 원재료를 공급하는 나라들한테는 무척 가혹한 것이었다. 상품가격의 하락세는 1929년 이후에 그랬던 것처럼 가속화하지는 않았고, 유럽으로부터의 군수장비 수요도 일종의 완충 역할을 해주었다. 상품가격을 지지하기 위해 1930년대 중반에 힘들게 구축했던 수출 쿼터제를 가동시키려는 시도도 있었다. 하지만 큰 도움은 되지 않았다. 커피 가격 안정을 위한 범(汎)미주 회의는 1937년 8월에 결렬됐고, 한 달 뒤인 9월에 경기 후퇴가 엄습했다. 브라질은 결국 11월에 커피 가격을 안정시키려는 시도를 포기했다. 고무와 주석, 구리, 밀에 대해 아주 신속하게 수출 쿼터제를 부과했음에도 불구하고 이들 상품의 가격은 급락했다. 1937년 1월에서 1938년 1월 사이 미국의 소비 감소는—실크가 30%, 면화가 35%, 고무가 40%, 주석과 양모가 각각 60%라는 수치가 보여주듯이—너무나도 심각한 것이었다.

그렇다고 해서 저개발국들이 경기가 바닥권일 때 거꾸로 장기 대부가 되살아나는 데 따른 수혜를 입은 것도 아니었다. 미국 자본이 해외로 나간 게 아니라 오히려 해외 자본이 미국으로 들어오고 있었다. 세계경제는 무역과 자본시장, 대외 지불에서 모두 제대로 기능하지 못했다. 개별 국가들은 각자 자기 살 길을 찾고 있었다.

조각난 세계경제

1930년대 세계경제가 응집력을 잃었음을 잘 보여주는 것으로는 (1) 1925~1929년과 1932~1937년의 경기 상승 국면에서 나타난 산업 생산 변화가 있고 (2) 1929~1930년과 1937~1938년의 1년간 이어졌던 경기 하강 국면에서 나타난 산업 생산 변화가 있다. 이를 나타낸 것이 그림13이다. 그림에 표시한 주요 국가들의 산업 생산 변화를 보면 경기 상승 국면일 경우 1920년대에는 12~55%, 1930년대에는 14~120% 증가했다. 반면 경기 하강 국면일 경우 1920년대에는 3% 증가부터 19% 감소까지, 1930년대에는 8% 증가에서 22% 감소까지 기록했다.

국내 생산과 대외 교역 간의 상관관계는 1938년의 수입액 대비 산업 생산의 비율을 1929년과 비교해 측정해 볼 수 있는데, 프랑스와 미국 같은 몇몇 국가는 그대로 유지된 것으로 나타났으나, 영국은 10% 감소했고, 캐나다는 20%가까이 줄었으며, 일본과 독일, 이탈리아는 25~40%나 급감했다.[2] 게다가 전체 대외 교역 가운데서도 다자간 교역의 비중이 감소했다. 힐게르트Hilgerdt의 계산에 따르면 1928년의 경우 전체 상품 교역의 70%가 서로 교역하는 나라들간의 수출액과 수입액을 두 나라가 결제하는 방식으로 이루어졌으며, 5%가량은 용역의 수출입이나 자본 이동으로, 나머지 25%가 다자간 교역을 통해 결제됐다.[3] 그런데 국제적인 자본시장이 말라붙고, 관세 차별과 외환 통제, 청산지불 협정까지 더해지면서 다자간 지불의 비중이 급격히 감소했다.[4] 대외

그림13. 1924-1929년과 1932-1937년, 1929-1930년, 1937-1938년 중 주요 국가의 산업생산 변화

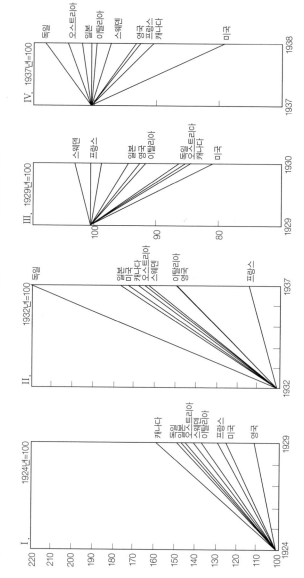

출처:League of Nations, *World Economic Survey, 1938-1939*, 1939, p. 107.

13. 세계경제의 해체와 재무장

교역은 점점 더 두 나라간 교역으로 좁혀졌고, 다자간 교역이 어느 정도 유지되는 경우는 특정 경제 블록 내부로 한정됐다. 가령 영국의 전체 수출 가운데 영연방 및 파운드 화 블록이 차지하는 비중은 1938년에 62%에 달했는데, 이는 1929년의 51%에 비해 크게 늘어난 것이고, 전체 수입에서 영연방 및 파운드 화 블록이 차지하는 비중도 1929년에는 42%였으나 1938년에는 55%로 증가했다. 같은 기간 독일의 전체 대외 교역 가운데 유럽 남동부 지역과의 교역이 차지한 비중은 수출이 5%에서 13%로, 수입은 4.5%에서 12%로 늘어났다. 가장 놀라운 변화를 보인 곳은 일본이었다. 한국과 대만, 광동, 만주 같은 '엔 블록'을 상대로 한 일본의 대외 교역은 1929년에서 1938년 사이 수출은 24%에서 55%로 늘었고, 수입은 20%에서 41%로 증가했다.[5]

대외 교역의 구조만 변한 게 아니었다. 조정 메커니즘도 더 이상 작동하지 않았다. 대외 교역과 지불에 호응해 소득 변화가 생겨나는 대신 거꾸로 소득 변화가 대외 교역과 지불의 불균형을 가져왔다. 외환 보유고의 부족으로 인해 조정이 불가피한 상황이 되면 관세 부과와 쿼터제 실시, 외환 통제가 시행됐다. 관세는 1938년에 전반적으로 인상돼 1937년에 시작됐던 무역 자유화의 흐름을 뒤집어놓았다. 스칸디나비아 국가들과 벨기에, 네덜란드 사이에 관세 인하를 위해 체결했던 1937년의 헤이그 조약은 다음해 사문화돼 버렸다. 각국은 잇달아 외환 통제를 강화했고, 이미 강력한 외환 통제를 실시하고 있던 나라에서는 처벌 조항에 사형을 추가하기도 했는데, 독일이 1936년에, 이탈리아가 1939년에 그렇게 했다.

이미 살펴보았듯이 민간 자본시장은 사망 선고가 내려진 상태였다.

미국 투자자들은 외국 채권을 잔뜩 갖고 있었다. 해마다 갚아야 할 원금 상환액이 얼마 되지 않는 신규 민간 채권 발행액보다도 많았다. 영연방 내의 일부 민간 차관이 1936년과 1937년에 런던에서 모집됐고, 1938년에는 역시 런던 시장에서 거액의 호주 차관이 조성되기도 했다. 하지만 대개의 경우 영국 금융당국은 장기 대부를 계속 제한했고, 1938년에 파운드 화가 심각한 약세를 보인 뒤부터는 점차 모든 영국 자금의 유출을 제한해나가다 1938년 12월에는 선물시장을 폐쇄했다. 1939년 4월에는 해외 상장 유가증권의 매입을 금지했다. 민간 자본시장을 대체하려는 정부 대출이 시작됐지만 이는 수출과 고용을 늘리기 위한 것이었지 상황 변화에 따른 국가적인 조정을 용이하게 하려는 것이 아니었다. 영국의 수출신용보증청Export Credit Guarantees Department과 미국의 수출입은행Export-Import Bank은 둘 다 1937년 경기 후퇴 이전에 업무를 시작했는데, 그 역할이 더욱 확대됐다. 영국의 수출신용보증청은 무엇보다 잠재적인 동맹국에게 경제적인 지원을 하는 것이 주목적이었으므로, 터키와 그리스, 루마니아, 중국, 폴란드 정부에 대한 차관을 제공하는 한편 뉴질랜드 수입업자에게 상업 신용장을 발행해주었다. 미국의 수출입은행은 보다 적극적으로 미국산 제품을 구입하도록 하기 위해 라틴아메리카 국가들과 폴란드, 중국으로 대출을 확대해나갔다. 브라질이 상업 채무의 동결을 해제할 수 있도록 수출입은행이 2000만 달러의 차관을 제공한 것은 자본 이동이라기 보다는 미국이 보유한 해외 자산의 소유권을 민간에서 정부로 이관한 것이었다. 브라질에는 미국산 제품을 추가로 구입할 수 있도록 5000만 달러가 더 지원됐다. 무엇보다 흥미로운 대목은 미 재무부가 1939년 3월 브라질 정부에 외환 기금 설립과 중앙은행 출범 지원을 위해 5000만 달러를 빌려준 것이다. 물론 이것을 그 저 미국 제품의 수출을 늘려 고용을 확대하려는 것이었다고 해석할 수 도 있다. 다만 다른 시각에서 보자면 이미 엉망이 돼버린 민간 국제 대 부 시장을 정부 주도 형태로 대체하기 위한 첫 걸음이었을 수도 있다.

재무장과 경제 불균형

세계경제가 아주 심각한 어려움에 처한 것은 사실이었지만 정치 상황은 이보다 더 나빴다. 1935년의 에티오피아 전쟁에 이어 1937년 일본이 중 국에 대한 공격을 다시 시작했고, 스페인 내전과 굳이 언급할 필요조차 없는 1936년 독일군의 라인란트 진주, 1938년의 오스트리아 병합과 뮌 헨 회담, 1939년의 체코슬로바키아 점령이 뒤따랐다. 영국은 본격적으 로 재무장에 나섰다. 1937년에 영국은 15억 파운드에 달하는 군비 지출 5개년 계획을 발표했는데, 이 가운데 4억 파운드는 차입을 통해 조달하 기로 했다. 세금을 올려 1938년 3월 31일에 끝나는 회계연도 예산에 반 영했고, 다음 회계연도에도 다시 세금을 올렸다. 1939년 2월에는 군비 지출 계획의 차입 한도를 4억 파운드에서 8억 파운드로 증액했다. 1939 년 7월에 이르자 군비 지출 압박이 더 강해졌다. 1940년 3월 31일로 끝 나는 회계연도의 군비 지출은 6억3000만 파운드에서 7억5000만 파운 드로 늘어났고, 이 가운데 5억 파운드는 차입에 의해 조달키로 했다. 실 제 방위비 지출은 1937년 2분기에 4600만 파운드였던 것이 2년 뒤에는 1억2400만 파운드로 급증했다. 이 같은 지출에 따라 영국 경제는 자원 이 남아도는 경제에서 자원이 모자라는 경제로, 물가 하락 경제에서 인 플레이션 경제로 전환됐고, 경쟁 시장에 의한 자원 배분에서 가격 통제와 소비재 배급, 원자재 할당 같은 불균형 시스템으로 서서히 바뀌어 갔다. 군수 산업 외에도 이를 보조하는 조선업 등 여러 산업 부문에서 병목 현상이 발생했다. 식량 재고의 확보뿐만 아니라 개간을 통한 새로운 경작지 확보와 종자 및 농기계, 비료의 비축이 시작됐다. 또 미국 정부와 고무를 주고 면화를 받는 스왑을 통해 면화 물량을 비축했다.[6]

프랑스가 방위비 지출에 주저했던 이유는 제11장에서 설명했다. 프랑스는 뮌헨 회담이 끝난 뒤에도 방위비 지출을 실질적으로 늘리지 않았다. 뮌헨 회담 이후 달라디에 정부의 재무 장관으로 입각한 폴 레이노가 긴급 포고령으로 전권을 부여 받았는데, 레이노는 앞서 블룸 정부와 달라디에 정부의 초대 재무 장관이 견지했던 정책을 완전히 뒤집어 프랑스의 재정 지출과 산업 생산을 상승세로 급반전시켰다. 1936년 8월에 국유화됐지만 생산 확대는 부진한 상태였던 국방 산업이 빠른 속도로 활기를 찾아갔다. 1939년 3월에는 국방부가 생산 지원에 착수했다. 4월에는 노동력 이동에 대한 통제 조치가 시행됐고, 군수 산업의 이익 상한선이 만들어졌다. 5월에는 군에 수송 수단의 징발권이 부여됐고, 철도 부문에서 여유 인력이 재배치됐으며, 전쟁 보험이 새로 도입됐다. 생산은 빠르게 증가했고, 이에 따라 노동시간도 크게 늘어났다.

일본은 1938년 중반에 완전 고용에 도달했다. 일본은행이 수출업체들의 원자재 수입 자금을 지원하기 위해, 또 금 손실을 은폐하기 위해 3억 엔의 회전 기금을 시중 은행들에게 풀었다. 뒤이어 외환 통제와 가격 통제, 자원 할당 같은 불균형 시스템이 따랐다.

이탈리아에서는 1937년 10월 최고자급자족위원회Supreme Autarky Commission가 발족했는데, 이로써 또 다른 주축국 일원이 세계경제에서 떨어져나갔음을 확실히 보여주었다.

당시 정보에 밝았던 사람들은 정식 군장비를 갖추고 스페인 내전에 참전한 독일 지원병들과 라인란트 및 오스트리아, 체코슬로바키아로 행군하는 독일 정규군의 모습에서 드러난 독일의 군비 확충 노력에 대단한 인상을 받았다. 정보기관의 첩보나 공식 정보 모두 독일의 군비 확충이 1933년부터 진행돼왔으며, 히틀러가 자랑했듯이 군비 지출이 900억 라이히스마르크에 달했던 것으로 파악했다. 하지만 이 같은 군비 지출액은 부풀려진 것이었다. 우선 라인란트를 점령한 1936년 봄까지 독일의 재무장 규모는 여전히 작았다. 1936년 말까지 3년 동안의 군비 지출은 80억 라이히스마르크에 불과했고, 그 중 절반은 마지막 해에 쓴 것이었다. 그 뒤 3년 동안 320억 라이히스마르크의 군비가 지출돼(마지막 해에 180억 라이히스마르크가 쓰였다) 1939년 3월 31일까지 6년 동안 모두 400억 라이히스마르크의 군비 지출이 있었던 셈이다. 군비 지출은 가속화해 전쟁 발발 시점에는 500억 라이히스마르크에 달했다.[7] 이 수치는 군수공장 건설에 따른 자본 지출과 각종 군수품 및 원자재의 비축 자금이 포함된 것이다.

강도 높은 재무장 움직임은 헤르만 괴링Herman Göring이 4년 내에 전쟁 준비를 마치라는 지시를 받고 제2차 4개년 계획의 전권 책임자로 임명된 1936년 여름부터 본격화됐다. 그렇다고 해서 군사장비를 다시 갖추려는 특별한 계획이 있었던 것은 아니다. 더구나 4개년 계획 전체적으로나 원자재 생산 같은 세부 항목 어디에서도 그리 잘 짜여진 프로그램은 찾아볼 수 없었다. 농산품과 합성고무, 알루미늄 같은 여러 분야에서는 성공적인 성과를 거두기도 했지만 정작 독일이 1939년에도 수입에 크게 의존해야 했던 석유와 철광석 부문은 생산량이 목표에 한참 못 미쳤다.

독일군의 전격전 전략과 금융인 및 기업가들의 저항, 평상시 기준에서 너무 벗어나지 않으려는 성향 등이 독일의 군비 계획에 걸림돌로 작용했다. 독일은 라인란트와 오스트리아, 체코슬로바키아, 폴란드에서 잇달아 성공을 거두면서 전격전 전략에 확신을 갖게 됐고, 이는 장기전에 대한 대비를 소홀하게 만들었다. 기업인들의 저항은 경제적인 것이었지 정치적인 것은 아니었지만 제철소의 주요 부분을 기존 용도에서 전환해 철광석 개발 같은 우회적인 목적으로 사용하는 데는 분명하게 반대했다. 국가가 생산할 수 있는 것이라면 그것이 무엇이든 국가가 금융지원을 해줄 수 있다고 하는 논리를 도저히 납득할 수 없었던 샤흐트는 금융인의 사고에 따라 군비 확장에 반발했다. 원자재 개발에 신중한 태도를 견지해온 그는 1936년에 이미 신임을 잃었다. 그는 1937년 8월에 경제 장관직에서 해임돼 1939년 1월까지 라이히스방크 총재직만 유지했다. 그리고 1937년에는 라이히스방크에 요구된 30억 달러의 신용을 어쩔 수 없이 승인해줘야 했다. 그는 1938년 3월까지 추가 신용 요구를 거절했지만, 이 일로 인해 끝내 사임할 수밖에 없었다.

그러나 독일의 군비 계획이 제한적일 수밖에 없었던 근본적인 이유는, 나치 지도부가 공격적인 의도를 갖고 있었다고는 해도 평상시의 기준에서 벗어날 능력도 없었고 그럴 의사도 없었기 때문이다. 소비와 소비재 산업에 대한 투자, 정부의 비군사비 지출 모두 앞서 기록했던 1920년대 말의 최고치를 넘어섰다.[8] 노동력의 대규모 동원이나 노동 시간의 대폭 연장은 없었다. 히틀러는 자신의 호언장담을 뒷받침하는 데 필요한 자원을 동원하기에는 아직 그럴 의사도 능력도 부족했다.

이처럼 군비 확충과 관련해 말과 현실이 괴리를 보인 것은 사실이지만 그래도 독일 경제에는 상당한 압박이 가해졌고, 이로 인해 독일 경제의 불균형 시스템이 더욱 가속화됐다. 시간당 임금은 1933년 10월 수준으로, 모든 가격은 1936년 10월 수준으로 동결됐다. 채권국과 유럽 남동부 국가들에 국한됐던 지불 청산 시스템은 라틴아메리카 지역까지 확대됐다. 일본 및 이탈리아와 마찬가지로 독일이 세계경제에 대해 갖는 관계는 더 이상 통화나 상품가격, 자본 이동의 변화에 대응하지 않는다는 것이고, 대신 엄격히 통제해 나간다는 것이었다. 세계경제를 주도했던 10개 산업국 가운데 3개국이 세계경제에서 사실상 탈퇴해 버린 것이었다.

세계경제 재건을 위한 노력

1937년에 경기 회복이 상당히 이뤄지자 주축국과 공산주의 국가를 제외한 각국 정부는 세계경제를 재건하고 다시는 공황이 일어나지 않도록 하는 방안을 강구하게 됐다. 이 같은 노력에는 적어도 세 가지 갈래가 있었다. 1937년 4월에 영국과 프랑스 정부는 벨기에 총리를 역임한 저명한 경제학자 폴 반 젤란트Paul Van Zeeland를 초청해 무역 장벽들의 제거 가능성에 관한 보고서 작성을 요청했다. 이 보고서는 1938년 1월에 나왔다. 1937년 9월에는 국제연맹의 원자재 문제 연구를 위한 위원회Committee for the Study of the Problems of Raw Materials가 경제위원회Economic Committee에 자체적으로 마련한 보고서를 제출했는데, 이 내용은 그 해 12월 국제연맹 이사회에 보고됐다. 이보다 조금 앞선 1937년 6월에는 국제노동회의International Labor Conference가 공공사업에 관한 정보 제공에 국제적으로 협력한다는 결의안을 통과시켰다. 이 결의안에 따라 국제노동회의는 이미 국제연맹 총회에서 경제 공황의 방지 내지는 완화 방안을 알아보도록 요구 받은 바 있는 경제금융교통국Economic, Financial, and Transit Department과 함께 1938년 6월 공공사업에 관한 국제회의를 개최했다.

앞서 보았듯이 각국의 공공사업 지출과 관련한 조정 방안은 독일의 이단적인 경제학자들과 국제노동사무국International Labor Office을 비롯한 여러 기관에서 제안해 1933년 세계경제회의에서 논의되기도 했다. 케인스의 경제 철학이 꽃을 피우면서 이 주제는 한층 시의적절 한 것이 되었다. 그러나 한편으로는 재무장의 확산으로 인해 아무것도 달성할 수 없는 지경에 빠져들게 됐다. 1938년 6월 국제공공사업위원회International Public Works Committee의 예비 모임에 참석한 25개국 대표들은 정보 교환의 범위를 핵심적인 프로젝트의 계획과 시기, 국가별 재원 조달 방안으로 스스로 국한시켰다. 군비 지출이 커져가고 있던 상황을 감안하면 이 정도만 해도 최선일 수 있었다. 하지만 이건 이론으로나 가능한 것이었다. 제2차 세계대전 이후에야 드러났지만 공공사업의 계획과 입안, 시행이라는 각각의 단계 사이에 놓여있는 엄청난 시간 간격은 한 나라가 재정 지출을 통해 경기 사이클을 반전시키는 것을 사실상 불가능할 정도로 어렵게 만들었고, 경기를 반전시키기 위한 각국의 지출을 국제적으로 조정하는 것 역시 불가능할 정도까지는 아니더라도 무척 어렵게 만들었다. 그래서 훗날 국제부흥개발은행International Bank for Reconstruction and Development이 은행 헌장을 만들면서, 경기 사이클을 조정할 수 있도록 개발을 위한 지출을 시의 적절하게 쓸 수 있게 규정한 조항은 현실적으로 불가능한 것이라는 지적을 받았던 것이다.[9]

국제연맹의 원자재 문제 연구를 위한 위원회의 보고서[10]는 앞서 발표됐던, 또 그 후에 발표된 원자재 문제에 관한 공식 연구나 보고서의 내용과 거의 다르지 않았다.(다만 교역조건 변화에 대한 국제적 보상이나 화폐 발행을 1차 생산품의 재고와 결부시킨 이상한 제안은 빼놓고 하는 말이다.)[11] 1차 생산품의 문제는 수요와 공급의 비탄력성에 있다는 점에서 그 해결책은 생산 혹은 수출을 제한하거나 재고 비축을 통해 강구해야 했다. 이를 관리하는 기관에는 각국이 똑같이 접근할 수 있어야 하고, 이 기관은 소비국들의 이해도 반영해야 한다. 1938년에 수요상의 어려움이 발생했던 이유는 부분적으로 외환 부족 때문이었지만, 공급이 비탄력적으로 움직인 것 역시 일부 생산국에서 외환을 필요로 했음에도 해외 대부 창구가 막혀버린 데 따른 요인도 있다. 이와 관련된 다른 모든 연구와 마찬가지로 국제연맹 위원회의 보고서도 현실적인 성과는 전혀 내지 못했는데, 그렇게 된 근본 이유는 똑같았다. 시기적으로 특정한 시점에 생산국과 소비국이 앞으로 상당 기간 동안 시장에서 상품을 전부 소화시킬 수 있는 수준이라고 서로가 납득할 만한 가격에 합의한다는 것은 불가능하지는 않더라도 매우 어려운 일이다. 1937년 9월에서 12월 사이처럼 상품가격이 급격히 하락하는 동안은 특히 장기 균형 가격을 합의하기에 힘든 시기다. 상품가격과 관련한 대책에 참여한 지역에서는 수출 쿼터를 재빨리 줄여나갔지만 상품가격 하락을 막기에는 역부족이었다. 1938년 중반 이후 상황도 똑같이 아주 안 좋았는데, 그 이유는 정반대였다. 원자재 가격이 상승세를 탄 것이다. 하지만 공공사업에 대한 국제적 조정의 경우와 마찬가지로 세계적인 재무장과 끝내 터져버린 전쟁으로 인해 이 문제는 순식간에 관심사에서 밀려나버렸다.

무역에 관한 반 젤란트 보고서 역시 현실을 반영하지 못했는데, 그것은 부분적으로 똑같은 이유, 즉 재무장 때문이었다. 반 젤란트가 주장한 내용을 보자. 관세는 호혜적으로 낮춰져야 하며, 관세 양허는 최혜국 조항에 따라 보다 폭넓게 확대돼야 한다. 쿼터제는 관세로 대체되거나 적어도 할당 관세로 전환돼야 한다. 원자재 확보를 위해서라도 문호개방이 필요하다. 여기에 더해 반 젤란트는 지불 청산 협정의 점진적인 철폐를 촉구하면서, 채권국은 자본 이동이 가능하도록 외환 통제를 제거하고, 채무국은 여타 자본 이동을 관리할 외환 통제는 존속시키더라도 무역 금융에 대해서만큼은 외환 통제를 없애야 한다고 강조했다. 이렇게 외환 통제를 제거하는 중에는 국제결제은행이 다자간 지불 청산 시스템을 만들거나 국제적인 무역에 자금을 지원해줄 공동의 기금을 설립해 무역 금융을 제공할 수도 있을 것이었다. 핫머니를 통제할 수 있는 궁극적인 수단은 금본위제를 다시 도입하는 것이었다. 이 같은 목표를 달성하기 위해서는 삼국통화협정의 정신에 따라 합의를 늘려나갈 필요가 있었다. 이는 특정 시점에 24시간 동안의 환율을 보증해주는 것이 아니라 6개월간의 환율을 보증해주는 것이라야 했다. 그러나 금본위제의 재도입은 세계경제 회복의 첫 단계가 아니라 최종 단계였다.

공공사업 및 원자재에 관한 보고서와 마찬가지로 반 젤란트 보고서도 거의 주목을 받지 못했는데, 앞서 지적했듯이 부분적으로는 똑같은 이유 때문이었다. 시시각각 전쟁으로 치닫고 있는 상황에서 이에 대비할 필요가 있었던 것이다. 게다가 프랑스와 영국의 후원, 그리고 저명한 벨기에 경제학자의 학문적 지도만으로는 충분하지 않았다. 미국의 강력한 지지와 참여가 있어야만 실행이 가능했다. 미국은 호혜 차원에서 자국의 관세를 낮춰나가고 제국적 특혜에서 물러날 준비를 하고 있었다. 또한 삼국통화협정에서 정한 국제적인 통화 협력의 첫 걸음마를 뗀 것도 사실이었다. 하지만 그것이 무엇을 의미하는지에 대한 현실적 이해는 거의 없었다.[12]

전쟁이 없었다면 과연 미국이 세계경제를 재건하는 데 자발적으로 나서 리더십을 발휘했을 것인가는 답할 수 없는 물음이다.[13] 시작은 분명히 있었지만 후속 조치는 거의 없었다. 전쟁 기간 중에, 또 전후에 세계를 이끈 강력한 지도력은 찾기 어려웠다. 이 시기에 세계경제는 대서양 헌장과 무기대여법 제7조, 덤바튼오크스 회담, 브레튼우즈 회담, 핫스프링스 회담, 영미 금융협정, 국제무역기구와 관세 및 무역에 관한 일반 협정, 마셜 플랜, 포인트 4 계획을 통해 재건을 준비하고 있었는데도 말이다. 미국의 주도권은 미미했고 마지못해 나선 것이었지만 마땅히 다른 대안도 없었다. 사실 전쟁이 없었다 해도 국제연맹 원자재 위원회에서 내놓은 보고서나 공공사업의 국제적 협력을 위해 국제노동사무국이 제안한 내용, 그리고 무역 장벽을 낮추려 했던 반 젤란트 보고서 모두 학술논문으로만 남았을 운명이었다.

1929년 대공황에 관한 하나의 설명
An Explanation of the 1929 Depression

안정자 역활을 해줄 나라의 부재

그러면 맨 처음 물음으로 돌아가보자. 1929년 세계적인 대공황을 야기한 원인은 무엇이었는가? 대공황은 왜 그렇게 광범위한 지역을 강타했으며, 왜 그토록 심각했으며, 왜 그리도 오랫동안 이어졌는가? 대공황은 실물 요인 때문이었는가, 아니면 통화 요인 때문이었는가? 대공황의 근원지는 미국이었는가, 유럽이었는가, 아니면 1차 생산품을 생산하는 주변부 국가들이었는가? 그것도 아니라면 이들 사이의 관계에서 시작된 것인가? 대공황을 일으킨 치명적인 악성 종양은 국제 자본주의 시스템의 고유한 성격에서 비롯된 것인가, 아니면 그것을 운용했던 방식, 즉 각국 정부가 추진했던 정책에 있었던 것인가? 대공황에 상당히 결정적인 역할을 했던 그런 정책들은 과연 무지의 소산이었는가, 단견 혹은 잘못된 의도 때문이었는가? 대공황이 그토록 심각하게 장기간 이어진 것은 상대적으로 안정된 시스템에 가해졌던 엄청난 충격의 강도를 반영한 것이었는가, 아니면 일반적인 강도(측정할 수 있다는 가정 아래)로 가해진 한 번 혹은 일련의 타격에 노출된 시스템의 불안정성을 보여준 것이었는가? 또는 폴 새뮤얼슨, 밀턴 프리드먼과 로즈 부부, 그리고 나 사이에 있었던 논의의 쟁점으로 돌아가서 보자면, 과연 대공황은 우발적인 사건이었는가, 아니면 미국 연방준비제도 이사회 쪽에서 자의적으로 결정한 잘못된 통화 정책의 결과였는가? 혹은 대공황의 기원 자체가 금융 및 실물 요인을 모두 포괄하는 아주 복잡한 국제적인 데 있었던 것은 아닐까? 이런 식으로 실마리를 풀어가다 보면 불가피하게 상당히 많은 선입관들을 확인하게 될 것이다. 게다가 미리 연역적으로 선택한 자신의 논점을 지지해줄 만한 통계와 팩트, 사건들을 당시의 역사에서 골라냈다는 비판도 감수해야 한다. 하지만 나는 이 점을 강조하고 싶다. 이어지는 설명과 맞지 않는다고 해서 일부러 특정 팩트들을 숨기려 하지 않았으며, 또한 다른 설명들, 가령 대공황의 원인을 미국 통화 정책(프리드먼), 금본위제의 잘못된 적용(로빈스), 디플레이션 실책(케인스), 장기간의 침체(한센), 구조적 불균형(스베닐손)에서 찾는 주장들도 무시하지 않았다고 말이다. 그래서 이 마지막 장의 제목을 1929년 대공황에 관한 "설명The Explanation"이 아니라 "하나의 설명An Explanation"이라고 붙인 것이다.

이 책의 설명은 이렇다. 1929년에 시작된 대공황이 그토록 광범위했고 심각했으며 오랫동안 지속됐던 이유는, 어느 나라든 다음과 같은 다섯 가지 역할을 수행함으로써 국제 경제 시스템을 안정시킬 책무를 짊어져야 했는데, 영국은 그럴 능력이 없어서, 미국은 그럴 의사가 없어서 결국 국제 경제 시스템을 불안정하게 만들었다는 것이다.

(1) 불황에 빠진 상품들에 대해서는 상대적으로 개방된 시장을 유지할 것

(2) 경기 사이클을 중화中和하는, 혹은 적어도 안정적인 장기 대부를 공급할 것

(3) 상대적으로 안정적인 환율 시스템을 지켜나갈 것

(4) 각국의 거시경제 정책은 서로 보조를 맞춰나갈 것

(5) 금융 위기 시 채권 매입 혹은 유동성 공급을 통해 최후의 대부자 역할을 할 것

내가 생각하기에 이 같은 역할은 국제 경제 시스템에 책임을 지는 단일 국가가 한데 모아 일괄적으로 수행해야 한다.[1] 만일 이것이 이뤄졌다면, 그리고 특히 그 나라가 금융 위기 시 최후의 대부자로서 제 역할을 다했다면 경제 시스템은 시장 메커니즘이라는 수단을 통해 구조적 혼란 양상을 조정해 나갔을 것이라는 게 내 판단이다. 물론 이에 동의하지 않는 견해도 있겠지만 말이다. 구조적 혼란이 너무 심각할 경우 제2차 세계대전 이후 나왔던 마셜 플랜이나 영국에 대한 차관처럼 훨씬 더 강력한 수단이 필요해질 수 있다. D. E. 모그리지는 이런 혼란 양상이 1929년부터 1931년까지 너무 뿌리깊게 이어지다 보니 프랑스와 미국이 오스트리아와 독일, 영국에 구제자금을 대부해주었다 해도 통화 가치의 연쇄적인 붕괴를 막을 수 없었을 것이라고 주장한다.[2] 여기서 드는 의문은, 시스템에 가해진 충격들—1차 생산품의 과잉 생산, 독일에게서 배상을 받아야 하겠다는 프랑스의 완고한 고집, 미국의 전채 지급 요

구, 파운드 화의 고평가와 프랑스 프랑 화의 저평가, 뉴욕의 해외 대부 중단, 주식시장 붕괴 등—이 과연 정말로 엄청난 것이어서 이를 막으려는 어떤 조치들도 다 압도해버릴 정도였느냐는 점이다. 이런 의문도 들 수 있다. 능력이 없어서든 의사가 없어서든, 아무튼 시스템의 안정자로서 그 역할을 해줄 나라가 없는 상황에서는 최소한의 수준을 넘어서는 어떠한 충격이 가해지기만 해도 시스템이 불안정하게 되고 대공황으로 이어질 수 있느냐는 것이다.

나의 논점은 이렇다. 문제는 국제 경제 시스템에 뿌리깊게 잠복해 있는 불안정성과 안정자 역할을 해줄 나라의 부재에 있었다. 제1차 세계대전 이전 영국은 앞서 열거했던 다섯 가지 역할들을 있는 힘껏 수행했고, 금본위제의 신화, 즉 안정적인 환율과 매끄러운 거시경제 정책의 보장이라는 막강한 우군의 도움에 힘입어 세계경제를 안정시켰다. 물론 중부 유럽과 미국이 긴 불황에 빠져들었던 1873년처럼 영국이 개입하지 않거나 멀리서 그냥 지켜본 경우도 있었다.[3] 1890년에는 런던 자본시장이 해외 대부를 급격히 늘린 지 5년 만에 갑자기 이를 중단해버리기도 했다. 이로 인해 불황이 1890년에서 1895년까지 이어지기는 했으나, 마치 위기일발의 상황에서 백기사가 출현하듯이 1886년에 발견된 트란스발의 랜드 광산에서 엄청난 양의 금이 쏟아져 나옴으로써 시스템은 위험에서 벗어날 수 있었다.[4] 그러나 1929년과 1930년, 1931년에 영국은 국제 경제 시스템의 안정자로서 그 역할을 할 수 없었고, 미국은 그 역할을 하려고 하지 않았다. 모든 나라가 자국의 이익만 보호하려는 노선을 추구하자 세계 공동의 이익은 바닥을 드러냈고, 이와 함께 모든 나라의 개별적인 이익마저 말라버렸던 것이다.

불황에 빠진 상품들의 시장을 유지하는 것

불황에 빠진 상품들의 시장을 유지하는 것은 금융 지원의 또 다른 형태라고 할 수 있다. 자유 무역에는 두 가지 측면이 있다. (1) 국내 자원을 외국의 생산 능력 변화에 맞춰 나간다는 것과 (2) 불황기에도 수입 시장을 개방한다는 것이다. 첫 번째 측면은 생산성이 낮은 부문에 묶여 있는 국내 자원을 수입품과 경쟁을 벌일 수 있는 쪽으로 이전시킨다는 점에서 고속 성장 국가들이 더 적극적으로 필요로 하는 것이다. 두 번째 측면은 불황기에도 수입품과 경쟁을 벌여야 하는 자국의 생산 자원이 적어도 단기적인 손실을 입을 것을 감수하면서까지 자유 무역을 견지함으로써 외국에 쌓여있는 잉여 생산물에 대한 시장을 제공하는 것이다. 영국은 1846년부터(혹은 그보다 좀더 지난, 정부 재정을 위한 관세를 제외한 모든 관세를 철폐한 1860년부터) 1916년까지 자유 무역을 고수했다. 1873년 이후 영국은 비록 고속 성장 국가는 아니었지만 자유 무역을 계속 견지해나갔는데, 그것은 자국의 사양 산업이 수입품과 경쟁을 하는 부문이 아니라 수출 부문이었기 때문이다. 또한 영국이 불황기에도 자유 무역을 고집스럽게 견지했던 것은 사실 세계경제에 공헌한다는 의식 때문이라기 보다는 영국 특유의 문화적 지체와 아담 스미스 이래의 자유 무역 전통에서 나온 것이라고 할 수 있다.

이와 극명하게 대비되는 것이 바로 1930년의 스무트-홀리 관세법이다. 농업 부문에서 문제의 조짐이 처음 보이자 후버는 슘페터가 콕 집어냈듯이 공화당의 가정상비약에 손을 댔는데, 1927년 세계경제회의에서 각국을 향해 관세 휴전에 합의할 것을 권고한 바로 그 시점이었다. 이 같은 행동이 중요했던 이유는, 그것이 미국의 국제수지에 미친 영향

때문도 아니고 채권국에 걸맞지 않는 행동이어서도 아니다. 그것이 결정적이었던 이유는 미국의 무책임함을 보여주었기 때문이다. 미 의회의 어중이떠중이 의원들은 보호 조치를 농업에서 1차 생산품과 모든 종류의 제조업 상품들로 확대했고, 후버는 외국 정부가 보내온 30건 이상의 공식 항의와 1000명의 경제학자들이 전달한 권고를 받았음에도 불구하고 끝내 법안에 서명했다. 미국의 이런 행동은 다른 나라들로 하여금 쇄도하듯 서둘러 보호 장벽을 치고 수입 규제에 나서게 했는데(적어도 이를 막을 아무런 노력도 취하지 않았다) 이에 따라 각국은 값싼 수입품으로 인한 디플레이션 압력을 막을 방안을 강구했고, 결국 모든 나라가 상대방의 수출을 규제함으로써 그 같은 압력을 더욱 고조시켰다. 국내 상품 가격을 올리기 위한 평가절하와 마찬가지로 이것은 한 나라에는 이득처럼 보였지만 세계경제 전체에는 손실이었다. 관세 보복과 경쟁적인 평가절하로 인해 너나할것없이 손실을 보는 게 확실했다. 1933년 세계경제회의에서 제안한 관세 휴전 및 환율 안정화 방식은 상품가격을 올린다거나 고용을 확대하는 데 적극적인 수단을 제공하는 것은 아니었다. 하지만 그것은 상품가격의 추가적인 하락을 막는 수단으로서는 중요한 것이었다. 메이저 국가들 가운데 어느 나라도 불황에 빠진 상품들에 대해 시장을 제공하지 않았고, 자국의 통화 가치가 평가절상되는 것을 감내할 용의도 없었다. 대외 지불상의 문제로 어려움을 겪고 있는 나라에 장기 자본 대출이나 유가증권 매수 등으로 자금을 제공할 의사는 더더구나 없다 보니 전체가 부분의 합보다 적다고 하는 합성의 오류fallacy of composition에 의해 디플레이션이 계속 진행됐던 것이다.

경기 사이클을 중화하는 대부

19세기에 영국은 경기 사이클을 중화한다는 기조 아래 해외 대부를 하는 경향이 있었던 게 사실이다. 물론 이미 언급했던[5] 1890년의 사례처럼 예외적인 경우도 있었다. 하지만 대체로 보면, 특히 19세기 중반 이후에는 해외 대부와 국내 대부가 늘 상반되게 움직였다. 국내 경기가 침체되면 해외 대부가 늘어난 반면 국내 경기가 붐을 타면 해외 대부는 줄어드는 동시에 수입은 확대돼 대부 자금에 의한 국내 투자 대신 외국의 수출을 부양해주는 효과가 있었다. 이처럼 경기 사이클을 중화하는 대부는 시스템의 안정을 가져왔다.

1920년대 미국의 해외 대부는 국내 투자와 반대 방향이 아니라 같은 방향으로 움직였다. 1920년대의 경기 붐은 해외 대부를 동반했다. 1930년대의 대공황은 자본의 흐름을 뒤집어버렸다. 할 래리Hal Lary는 1943년에 쓴 저서 《미국과 세계경제The United States and the World Economy》에서 미국이 수입을 줄인 것과 동시에 해외 대부도 줄였다는 기본적인 팩트를 적어두었다. 해외 대부의 감소는 실제로 주식시장 대폭락에 앞서 나타난 것이다. 투자자들이 도스 차관에 뒤이어 불어 닥쳤던 해외 채권 붐에서 눈을 돌려 1928년 봄부터 일었던 국내 주식 붐으로 선회한 것이었기 때문이다. 해외 대부의 감소가 독일에 미친 디플레이션 압박에 대해서도 논란이 있는데, 주변부 지역의 저개발국에 대한 압박이 있었던 것은 확실하다.[6] 더구나 앞서 제2장에서 예시한 표1이 보여주고 있듯이 영국 역시 미국과 마찬가지로 1929년에는 1928년보다 해외 대부를 더 큰 폭으로 줄였다.

안정적인 환율 시스템의 유지

환율은 19세기 내내 안정적이었다. 금본위제 덕분이었다. 금 가격은 영국과 프랑스에서 각각 1717년과 1726년에 고정된 뒤 전쟁을 비롯한 위기 발발 기간을 제외하고는 1931년과 1928년까지 계속 유지됐다. 금본위제를 관리한 것은 영란은행이었으며, 프랑스은행과 함부르크은행, 러시아 국립은행이 간헐적인 도움을 주었다는 게 경제학자들 대부분의 생각이다. 이 같은 시스템은 실재하는 사실로 인정받았고, 대체하거나 바꿔야 할 대상이 결코 아니었다. 금본위제는 국제적으로 널리 받아들여졌으며 따라서 합리적인 것으로 여겨졌다.

제1차 세계대전으로 인한 인플레이션 이후 환율이 다시 회복하기도 하고 조정을 거치기도 했을 때 신속하게 균형 수준에 맞춰 안정시키는 게 중요했다. 하지만 너무 신중했던 게 문제였다. 대부분의 나라에서 경제학자들은 구매력 평가 지수를 계산하는 데 여념이 없었다. 그러나 이들은 영국이 입은 해외 자산 손실이나 1926년 당시 국내로 복귀할 적절한 시점을 기다리며 해외에서 대기하고 있던 프랑스의 대규모 자본처럼 구조적인 변수는 전혀 감안하지 않았다. 이탈리아의 경우 순전히 겉멋에 취해 환율을 결정하기도 했다. 이런 식의 환율 결정 패턴이 시스템에 압박을 가했던 것이다.

곧이어 공황이 닥쳐왔고, 주변부에 있던 많은 나라들이 해외 대부의 급감과 상품 수출 가격의 폭락, 수출액의 급감에 직면해 통화 가치의 평가절하에 나섰다. 어느 정도의 평가절하 경쟁은 불가피했다. 영국은 파운드 화 가치가 떨어지는 것에는 개의치 않았지만 오르는 것은 막기 위해 환율평형계정을 만들었다. 1930년대의 혼란스러운 환율 움직임에 맞서 각국 통화 당국은 1944년 브레튼우즈에서 근린궁핍화 전술을 방지하기 위한 표준으로 고정환율제를 채택했다. 하지만 각국이 독립적으로 거시경제 정책을 추진하다 보니 일정하게 고정된 환율 체계가 압박을 받게 됐고, 많은 경제학자들이 변동환율제를 선호하게 됐다. 사실 변동환율제는 처음부터 많은 전문가가 염두에 두었던 것이고, 지금도 통화주의자들 사이에서는 여전히 대다수의 지지를 받고 있다. 환율이 자유로이 유연하게 변동하면 특정 국가 한 곳의 문제로 인해 세계경제가 불안정해지는 것을 막을 수 있다는 이유에서다. 그러나 1930년대와 1970년대의 경험을 돌아보면 그렇지만은 않았다. 1930년대처럼 세계경제가 디플레이션에 빠져있을 때는 변동환율제가 너무 민감하게 반응하면서 디플레이션을 가중시키는 요인이 됐다. 평가절하를 했음에도 불구하고 그 나라의 국내 물가는 그대로 유지됐고, 결과적으로 평가절상된 나라의 수출 물가만 떨어뜨렸다. 이와는 반대로 1970년대처럼 세계경제가 인플레이션 상황일 때는 톱니바퀴가 반대로 돌아간다. 평가절하를 하면 그 나라의 국내 물가는 올라가지만, 결과적으로 평가절상된 나라의 수출 물가는 그대로 유지되는 것이다.

과연 어떻게 하는 것이 적정한 수준의 환율 안정을 달성하는 최선의 길인지 경제학자들은 아직도 의견의 일치를 보지 못하고 있다. 단기적으로는 꾸준한 환율을 유지하면서도, 구조적인 변동이 불가피하고 각국의 거시경제 정책들이 서로 다른 목표를 지향하게 되는 장기적으로는 환율 조정이 가능하도록 해야 하는데, 최선의 방도를 못 찾고 있는 것이다. 게다가 브레튼우즈 체제 아래의 국제기구들을 미국이 1970년대 초까지 사실상 지배했음에도 불구하고 과연 지금 환율 문제에 어떤 식으로 리더십이 발휘되고 있는지도 명확하지 않다.

유기적인 거시경제 정책

환율과 마찬가지로 19세기 각국의 거시경제 정책은 금본위제 아래서 정도의 차이는 있었지만 자연스럽게 유기적으로 움직였다. 영란은행은 런던 자금시장과 자본시장의 운영 기술을 서서히 발전시켜나갔는데, 이를 통해 다른 나라 및 전세계와 통화 정책상의 소통을 해나갔다. 평화시의 균형 예산이 지배하는 시대에는 재정 정책은 찾아보기 힘들었다. 기껏해야 세금 체계를 바꾸는 정도였다. 세금 체계의 변화는 자원 할당과 소득 재분배를 위한 목적이었지 안정적인 정부 수입의 유지를 위한 것은 아니었다.

금을 많이 보유하고 있던 미국과 프랑스가 불태환 정책을 펼쳤던 양차 세계대전 사이에 금본위제는 그 근간이 무너져버리고 말았다. 통화 정책은 대체로 자국의 국내적인 목적을 위해 사용됐는데, 1927년의 예외적인 사례도 있었지만 이때의 통화 정책은 훗날 실수였던 것으로 드러났다. 독일은 1923년에 겪은 인플레이션으로 인해 그 뒤로 인플레이션에 대해서는 정신병적으로 반응했다. 적극적인 재정 정책은 실제로 아무데서도 찾아볼 수 없었다. 스웨덴조차 마찬가지였다. 게다가 통화 정책은 전혀 유기적으로 움직이지 않았다. "발 빠른 놈만 살아남는다devil take the hindmost"며 모두가 제 살길만 찾아 달려가는 형국이었다.

최후의 대부자

최후의 대부자가 하는 역할은 두 가지 영역이 있는데, 하나는 국내적인 것이고 또 하나는 국제적인 것이다. 국내 영역에서 최후의 대부자는 경계해야 할 시점을 제때 알아차렸다. 영란은행의 몬테규 노먼은 1929년 1월 윌리엄 디콘스 은행을 구제했다. 그 해 10월 뉴욕 연방준비은행의 조지 해리슨은 돌파구 마련을 위해 워싱턴의 연방준비제도 이사회가 그에게 허락한 한도를 훨씬 초과해 공개시장 조작을 감행했는데, 이는 뉴욕 주식시장의 유동성을 떠받치려는 노력의 일환이었다. 이탈리아에서는 1930년에 이런저런 은행들이 비밀리에 구제받았는데, 이는 그 해 11월과 12월 미국에서 은행 패닉이 처음 발생하기 한참 전이었다. 독일의 경우는 그리 분명하지 않다. 사회민주당이 1931년 7월에 채택한 강령을 보면, 라이히스방크로 하여금 금 보유고나 외환 보유고에 의거한 법적 한도에 구애 받지 말고 은행권을 신규 발행해야 한다고 촉구하면서 동시에 재할인율을 인상해 인플레이션 위험을 피해야 한다고 밝혔다. 여기서 재할인율 인상은 받아들여졌지만 은행권의 신규 발행은 무산됐다.[7] 그리고 다나트방크는 파산하도록 놔두었는데, 이는 요즘 시각으로 보면 납득할 수 없는 '해야 했는데 하지 않은 죄sin of omission'를 범한 것이었다.[8]

그러나 국제 영역에서 최후의 대부자는 그야말로 실종 상태나 다름없었다. 최후의 대부자가 수행해야 할 역할은 기껏해야 좀 어려운 것이었다. 그런데도 영국은 다른 나라들이 전부 물러나 있던 1931년 6월 오스트리아에 최후의 대부금으로 최대 5000만 실링을 지원하려고 했다. 이 일이 실패로 돌아가자 영국은 독일에 대한 대부에서는 비켜나버렸고, 결국 프랑스와 미국이 그 역할을 떠맡았지만 프랑스의 급박한 정치 상황은 차지하고라도 "너무 미약했고 너무 때늦은 것이었다." 그 뒤

14. 1929년 대공황에 관한 하나의 설명

영국이 도움을 구할 처지가 되자 미국과 프랑스는 한 번에 한 건의 차관만 처리했는데, 이는 배젓의 처방대로라면 마음 놓고 대부해갈 수 있어야 할 때 조금씩 조금씩 나눠서 제공하는 '살라미 전술salami tactics'을 구사한 것이었다. 미국과 프랑스는 게다가 두 번째 차관을 제공하면서는 아주 까다로운 경제적 이행 조건을 달았는데, 이는 영국 노동당 정부의 실각을 야기했다. 그런 점에서 요즘 제3세계 국가들이 IMF와 협상을 벌이면서 무거운 구제금융 조건을 부담해야 하는 건 그리 새로운 문제도 아니다.

영국의 리더십 상실

1931년이 되자 영국이 더 이상 리더십을 발휘할 수 없다는 게 분명해졌다. 1920년대 초 국제연맹에는 오스트리아와 헝가리의 통화 가치 안정을 위한 프로그램이 있었다. 이들 프로그램은 상당 부분 영국의 의도를 담아낸 것으로, 영국이 국제연맹의 경제금융운송국에서 일하는 스칸디나비아 제국과 베네룩스 3국, 영연방 자치령 출신 전문가들의 도움을 받아 만든 것이었다. 그 후에 있었던 독일의 배상 문제 해결을 위한 도스 플랜과 영 플랜도 영국인 전문가들이 주도했는데, 배상과 전채 문제를 한데 묶으려는 영국의 바람을 미국인들이 전면에 나서 공고히 해주었다. 그러다 1931년에 영국의 리더십 역량은 사라졌다. 중요한건 아니지만 노먼과 모로 사이의 쓸데없는 중앙은행간 다툼으로 인해 영국의 리더십이 소진되기도 했는데, 유럽 내의 군소 국가 중앙은행들에 대한 주도권 경쟁이란 것도 상당 부분 모로의 상상력이 낳은 산물이었다.(벤저민 스트롱은 두 사람간의 다툼을 중재하려고 많은 노력을 기울였는데,

그런 점에서 1928년 그의 사망은 시스템의 안정에 큰 손실이었다.) 이보다 더 중요했던 것은 프랑스의 파운드 화 잔고가 영국에 지운 부담이었다. 이로 인해 영국은 최후의 대부자 역할을 할 수 없었다. 1933년 세계경제회의에서 영국이 세계의 리더로서의 역할에서 물러났음이 분명해졌다. 영국은 이제 영연방을 키워가면서 파운드 화를 자유로이 관리해나갈 수 있게 됐고, 세계적인 프로그램을 구상하는 역할은 대부분 미국으로 넘어가게 됐다.

미국의 리더십 결여

윌리엄 A. 윌리엄스William A. Williams 같은 수정주의 역사가는 미국이 1922년 군축회의Disarmament Conference 때부터 이미 찰스 E. 휴즈Charles E. Hughes의 주도로 세계의 리더 역할을 수행했다고 주장한다.[9] 국제 경제 분야에서 이런 입장을 지지하는 경우는 찾아보기가 불가능에 가까울 정도로 어려운데, 대신 E. H. 카E. H Carr 같은 역사가의 전통적인 견해를 받아들이고 있다. "1918년에 거의 모든 나라의 동의로 미국에게 세계를 이끌어갈 리더십이 주어졌으나⋯⋯미국이 이를 사양했다."[10] 뉴욕에서는 유럽 문제에 관심이 많았다. 스트롱과 해리슨이 총재로 있던 뉴욕 연방준비은행은 물론 드와이트 모로Dwight Morrow, 토머스 라몬트Thomas Lamont, 노먼 데이비스Norman Davis 같은 인물로 대표되는 뉴욕의 금융계도 그랬다. 찰스 G. 도스와 앤드류 멜런처럼 뉴욕 출신이 아닌 몇몇 인사들도 국제 금융 및 외교 무대에서 활약했다. 그러나 전체적으로는 베르사유 조약과 미국의 국제연맹 가입 반대를 주도한 헨리 캐보트 로지Henry Cabot Lodge가 주창한 고립주의가 분위기를 지배하는 형국이었다.

미국은 자신의 국제적인 역할에 대해 확신을 갖지 못했다. 미국이 느끼기에는, 교섭 전술 측면에서 영국이 더 세련됐을 뿐만 아니라 빈틈없고 속임수도 잘 쓰기 때문에 미국은 국제회의에서 늘 당하기만 하는 것 같았다. 스팀슨은 1931년 7월 라이히스마르크 화를 구제하기 위해 공개시장에서 대규모의 유가증권을 사들일 태세가 돼 있었다. 그런데 이 같은 유가증권 매수 요청이 들어오자 후버와 멜런, 그리고 (뉴욕 출신임에도 불구하고) 밀스가 '악화를 얻기 위해 양화를 쓰는send good money after bad' 격이라며 반대했다. 1933년에는 제임스 워버그와 몰리, 그리고 아마도 우딘과 루스벨트도 악화를 얻느라 양화를 쓰는 데 여전히 반대했다. 준비 단계로라도 국제적인 통화기금을 만들자는 제안은 매우 많았고, 심지어 영국은 공식 제안하기도 했다. 그런 제안들은 미국이 미지불된 전채와 지불연장 협정으로 이미 얼마나 많은 손실을 입었는가에 대한 한마디 언급만으로 모두 철회되고 말았다.[11] 해리 D. 화이트가 브레튼우즈에서 논의할 세계적인 의제로—케인스 경의 계획과 함께—제한된 방식의 세계적인 금융 지원 플랜을 준비하기 시작한 것은 결국 1942년이 되어서야 가능했다.

국가간 협력과 책임의 문제

중앙은행들간의 협력이 1928년 중반까지는 유지됐으며 다만 그 이후에 이뤄지지 않았다고 하는 클라크의 결론과 관련해 그 문제점은 이미 상세히 다루었다고 생각한다. 요약하자면 이렇다. 군소 국가 중앙은행들에 대한 헤게모니 다툼이나 균형 환율의 선택 같은 문제에서 그런 협력은 1926년 이전까지 매우 부족했으며, 프랑스은행은 1931년 늦여름 파운드 화를 아주 충실하게 (비싼 대가를 치러가며) 지지했다는 것이다. 더 큰 문제점은 과연 그런 협력만으로 충분했겠는가 하는 것이다. 앨빈 한센Alvin Hansen은 《세계경제에서의 미국의 역할America's Role in the World Economy》[12]에서 미국이 취해야 할 정책으로, 국내적으로는 완전고용을 유지하면서, 보다 자유로운 무역과 자본 이동의 회복, 세계 통화 시스템의 개선 등을 위해 국제적인 노력과 함께 협력을 구해나가야 한다는 처방전을 내놓았다. 지나고 보니 알 수 있는 것이지만, 거기에는 협력 이상의 것—즉, 리더십—이 필요했고, 또한 단순한 협력만으로는 경제협력개발기구OECD나 주요 10개국 모임Group of Ten, 국제결제은행BIS, 국제통화기금IMF, 국제부흥개발은행IBRD, 관세 및 무역에 관한 일반협정GATT 같은 기관을 설립하거나 정책을 입안하지 못했을 것이다. 국제통화기금에서 일하는 한 지인이 말한 것처럼 (미국인에게 말하고 있다는 것을 분명하게 알고 있었다) 미국이 리더십을 발휘하지 않으면 되는 일이 하나도 없었다. 물론 리더십을 발휘해도 추종자를 얻지 못할 수 있다. 그리고 어리석은 제안을 내놓든 혹은 현명한 제안을 내놓든 지지자가 없으면 실패로 돌아갈 수 있다. 그러나 군소 국가가 내놓은 제안은 그것이 제아무리 현명한 제안이라 해도 그것을 수행할 능력이 부족하고, 또 그것을 해줄 나라의 지지를 얻지 못하면 아무런 가치도 없다. 1927년 세계경제회의 때는 아이디어가 없었지만 1933년 세계경제회의 때는 아이디어가 없었던게 아니다. 그러나 리더십을 발휘할 역량을 가졌던 그 한 나라가 국내문제에 넋이 나간 채 그저 지켜보고만 있었던 것이다.

영국과 미국이 세계적인 경제 문제에 대해 공동으로 리더십을 발휘하는 것도 한 가지 특별한 협력 방식이 될 수 있었을 것이다. 1980년대에는 독일과 일본, 미국의 트로이카 체제를 제안하는 경우가 자주 있었다. 아무튼 미국 혼자서는 세계적인 리더십을 발휘할 능력도 없고 의지도 상실했으니 그렇게 해서라도 세계를 이끌 리더십을 갖출 수 있었다는 것이다. 그러나 경제학자들이나 정치학자들은, 그것이 과점 체제가 됐든 쌍방 독점 체제가 됐든, 여하튼 그런 방식은 불안정하다는 데 대부분 동의한다. E. H. 카는 분명하게 말한다. 영국의 지배에 의한 평화Pax Anglo-Saxonica를 기대하는 건 너무 낭만적인 생각이었겠지만, 미국의 지배에 의한 평화Pax Americana는 "정말로 쉽게 일어날 수 있는 일일 것"[13]이라고 말이다. 밴시터트Vansittart는 1936년의 지불연장 협정과 독일의 라인란트 점령을 언급하면서 1933년 세계경제회의에 대해 이렇게 썼다. "행동이 필요했을 때는 그 2년 전이었는데, 당시 두 나라 (영국과 미국) 정부는 서로 책임을 전가하는 데 급급했다. 마치 3년 뒤 영국과 프랑스가 서로 책임을 미루었듯이 말이다."[14] 이두제가 됐든, 트로이카 체제가 됐든, 아니면 7개국 정상회담이나 주요 10개국 모임처럼 좀더 많은 형태의 집단 책임제가 됐든, 그런 체제에서는 책임을 지는 나라가 없는 것이다.

리더 국가의 교체

프리드먼과 슈워츠는 미국 통화 정책의 주도권이 뉴욕에서 워싱턴으로 옮겨간 것이 대공황에서 아주 큰 역할을 했다고 밝히고 있다.[15] 두 사람은 "대단한 사건은 그 기원 역시 대단하다는 전통적인 일반원칙"을 감안하면 이것이 억지처럼 들릴 수 있다면서도, 때로는 작은 사건들이 연쇄 반응과 누적 효과를 통해 엄청난 결과를 가져올 수 있다고 지적했다. 내가 보기에 두 사람이 내세운 원칙의 보편성에 대해서는 의구심이 들지만[16] 주도권을 가진 곳이 옮겨감으로써 불안정을 야기했다는 두 사람의 시각에는 의구심이 들지 않는다. 만일 프리드먼과 슈워츠가 논의의 초점을 미국의 통화 정책 상황에만 국한시키지 않았더라면, 후버에서 루스벨트로 대통령직이 이양되면서(통화 공급이 대폭 확대된 이후에 이뤄졌다), 그리고 이보다 더 중요한(내가 판단하기에) 세계경제의 리더십이 화이트홀Whitehall*에서 화이트하우스White House(백악관)로 옮겨가면서 대공황이 한층 더 격렬해졌다는 점을 지적했을 것이다.

이 같은 견해, 그러니까 두 개의 중심을 가진 금융 시스템이나 리더십이 한 쪽에서 다른 쪽으로 교체되는 과정에 있을 때 금융 시스템이 불안정성을 내재하게 된다는 생각은 에드워드 네빈Edward Nevin이 1931년 금본위제의 붕괴를 설명하는 데 결정적인 역할을 했다. 그는 어니스트 하비 경Sir Ernest Harvey이 맥밀런 위원회에서 증언한 내용, 즉 "우리가 현재 갖고 있는 리더십은 미국이 이미 손에 넣은 지위에 의해 영향을 받고 있다"는 말을 인용하면서, 맥밀런 보고서에서 기술하고 있는 구舊 시스템에 변동이 일어나고 있다고 썼다. 영국의 금 보유고는 은행의 금 보유율에 따라 결정되고, 다른 나라들은 영국의 금 보유고에 따라 자국의 금 보유고를 조정해왔던 시스템에 변화가 일어나고 있다는 말이었다. 그는 이렇게 덧붙였다. "서로 자신이 차를 몰겠다고 끊임없이 다투는 두 명의 아주 뛰어난 운전자에게 차를 맡기는 것보다는 좀 미숙한 운전자 한 명에게 책임지고 운전하도록 맡기는 편이 더 낫다."[17] 운전대를 자기가 잡겠다고 싸우는 두 명의 뛰어난 운전자에 관한 비유는 딱 들어맞

---

* 영국의 관청가로 재무성을 비롯한 정부 주요 부처가 있다.

14. 1929년 대공황에 관한 하나의 설명

는 것이라기 보다는 그저 도식적으로 갖다 맞춘 것 같다. 금융 시스템의 불안정성은, 한 명의 운전자가 갖고 있던 취약성이 점점 커지고 있는데도 다른 운전자가 충분한 관심을 두지 않은 데서 비롯됐다고 할 수 있기 때문이다. 윌리엄 애덤스 브라운 주니어William Adams Brown, Jr.는 당시의 금본위제를, 두 개의 초점을 갖고 있다는 의미에서 "초점이 없다"고 표현했지만, 그의 기념비적인 저작의 결론에서는 세계경제의 이 같은 결정적인 측면에 대해 자세히 이야기하지 않고 있다.[18]

군소 국가들과 프랑스의 역할

자동차에 탄 승객 가운데 주의를 게을리 하지 않은 한 명은 프랑스였다. 그리고 책임 의식이 없었던 한 그룹—이건 비유에서 벗어난 표현이고, 굳이 비유하자면 뒷자리에 앉은 승객들이라고 할 수 있을 것이다—은 군소 국가들, 즉 벨기에와 네덜란드, 스위스, 스칸디나비아 제국들이었다. 이들 군소 국가를 먼저 다뤄보도록 하자. 보른Born이 분석한 것처럼, 이들 군소 국가는 무책임하게 행동했다는 점에서, 즉 1931년 여름에 파운드 화를 금으로 교환해갔다든가 1930년 이후 기민하게 관세를 인상했다는 이유로 비난의 대상이 되곤 한다. 하지만 군소 국가들에게는 예외 없이 받아들여야 하는 행동 기준이라는 게 없다. 일견하자면 이들 군소 국가는 엄청난 사건의 결과에 영향을 미칠만한 힘을 갖고 있지 않고, 따라서 세계경제 전체의 안정이라는 공공의 이익에 신경을 쓰기 보다는 자국의 개별적인 이익을 챙겨도 되는 특권을 갖고 있다고 할 수 있는 것이다. 윤리적으로 좀더 높은 잣대를 적용하자면 이들 군소 국가도, 일반화될 수 있는 방식으로만 행동하도록 명하는 칸트 식의 정언명법Categorical Imperative을 따라야 할지 모른다. 물론 그런 경우였다면 이들은 오스트리아에 빌려주었던 대부 자금을 1931년 봄에 찾아가지 않았을 것이며, 그 해 여름 독일과 영국에서도, 그 해 가을 미국에서도 신용을 회수하지 않았을 것이다. 경제학자들은 상대적인 비용을 고려해 이 같은 두 가지 기준 가운데서 선택을 한다. 만일 네덜란드가 자국이 보유하고 있던 파운드 화를 금으로 교환하지 않고 그대로 있었을 때의 비용을 알았더라면, 파운드 화의 붕괴를 가속화하고 세계적인 공황을 더욱 심화시킬 위험을 감수하면서까지 파운드 화를 금으로 교환해가지는 않았을 것이다. 스웨덴과 캐나다, 뉴질랜드처럼 국제적으로 높은 수준의 기준을 갖고 행동하는—해외 원조나 유엔 평화유지 활동에 참여하는—나라들이라면 순전히 윤리적인 이유만으로 그렇게 할 수 있을지 모른다. 아니면 이들 나라는 여러 가지 옵션들 가운데 비교적 비용이 적게 드는 기회를 선택할 수도 있을 것이다. 그런 점에서 군소 국가들이 대외 수입을 발 빠르게 줄이고, 평가절하에 나서고, 파운드 화와 달러 화를 금으로 교환해가면서 디플레이션에 결정적인 파급을 가져왔다고 지적할 수는 있겠지만, 그런 이유로 이들 군소 국가를 비난하기란 어려운 것이다.[19]

군소 국가들의 역할에는 또 다른 측면이 있다. 이들은 경제 회복을 위한 프로그램을 제안할 수 있었는데, 채택된 프로그램에 드는 비용의 큰 몫은 다른 나라들이 부담할 것이라는 사실을 알고 있었기 때문이다. 1933년 세계경제회의에 앞서 있었던 워싱턴에서의 토의 과정에서 국제통화기금에 관한 밑그림 수준의 제안들이 나왔는데, 폴란드와 터키, 벨기에, 국제노동사무국ILO이 내놓은 것들이었다. 당시 영국도 한 가지를

14. 1929년 대공황에 관한 하나의 설명

제안했지만 미국이 난색을 표하자 즉각 철회했다. 군소 국가들은 이런 계획을 현실화 하기에는 자원이 부족하기 때문에 확신을 갖지 못한 채 자문역으로 물러나게 되는데, 그 제안들이 매우 훌륭한 것들일 때조차도 그렇다. 리더가 아닌 추종자가 갖춰야 할 덕목은 리더로 하여금 자신의 자원을 사용하게 될 아이디어를 다름아닌 자신이 만들었다는 확신을 심어주는 것이다.

　프랑스의 경우는 이들과 다르다. 프랑스는 자신의 위상이 세계경제와 국제 정치의 안정에 미치는 파급을 제대로 고려하지 않은 채 자국의 이익만을 위해 영향력을 행사했다. 프랑스가 배상 문제에서 보여준 비타협적인 모습이나 1931년 6월 오스트리아에 대한 제2차 차관과 그 해 7월 검토됐던 독일에 대한 차관에 정치적인 단서를 부가하려고 했던 데서 그런 점이 여실히 드러난다. 국내에서 강력한 정치적 압력을 받고 있던 프랑스은행은 1931년 9월 파운드 화의 평가절하로 손실을 입자 1931년에서 1932년 사이 자국의 개별적인 이익을 위해 달러 화를 금으로 교환했는데, 미국의 이익에 대해서는 관심도 없었고 일체 협력하지도 않았다. 동유럽권 중앙은행들이 독립성을 회복하고 이들 나라의 통화 가치를 안정시키는 문제에서 누가 주도권을 쥘 것인가를 놓고 프랑스은행과 영란은행이 벌였던 경쟁은, 이로 인해 프랑스가 런던에서 파운드 화 잔고를 인출하겠다고 위협했을 때 시스템 전반의 불안정이라는 위험을 초래하지 않았다 해도 참으로 딱한 일이 아닐 수 없었다.

　양차 세계대전 사이 프랑스의 위상은 억지로 책임을 떠안아야 할 만큼 그렇게 크지도 않았고, 또한 전혀 책임을 지지 않고 한가하게 있어도 될 만큼 그렇게 작지도 않았다는 점에서 그리 부러워할 만한 것은 아니었다. 안정을 뒤흔들어버릴 만한 힘은 갖고 있었지만 안정을 가져올 만한 힘은 갖지 못했다.[20] "영국과 미국은 세계대전 이전 시기에 존재했던 단일 중심을 대체하는 실질적인 핵심을 공동으로 맡았지만 프랑스의 위상과 정책은 영미 양국간의 관계뿐만 아니라 주변부 국가들과 영미 양국 간의 관계에 실제적인 영향을 미쳤다."[21] 프랑스는 자신보다 큰 두 나라, 그것도 하나는 힘이 빠져 있고 다른 하나는 책임을 지지 않으려 하는 두 강대국이 있는 상황에서 자신은 시스템을 떠안을 만한 능력이나 이를 운영할 역량이 없다 보니 시스템을 혼란에 빠뜨렸다는 비난을 살 수 있었던 것이다.(실제로 비난을 받았다.)

공공의 이익 대 개별의 이익

냉소주의적인 시각에서 보자면 리더십은 그에 따르는 고통을 나름의 명성을 높임으로써 충분히 보상받으며, 리더십을 통해 공공의 복지에 헌신하고 있다고 제아무리 주장하더라도 결국 그 기본 관심사는 개별적인 것이다. 비스마르크는 이렇게 주장하기도 했다. 자유 무역이란 경제적으로 선두에 있는 나라가 다른 나라들이 자신의 길을 따라오지 못하도록 막는 무기일 뿐이라고 말이다. "백인의 책무white man's burden"란 표현은 요즘 조롱할 때나 사용하는 말이 됐다. 의도적으로 자신의 명성을 드높이려고 했던 프랑스 같은 나라는 문제 해결에 관심을 기울이는 나라들을 향해 딴 속셈을 갖고 있다거나 자기 기만적이라고 비난했다. 그럼에도 불구하고 시스템이 운영되는 방식에 대해 책임을 받아들이는 것과 책임을 지지 않으려 하는 것에는 분명히 차이가 있다. 영국은 책임을 받아들였다. 물론 5000만 실링 차관 건에서 여실히 드러났듯이 영국에게는 책임을 짊어질 능력이 없었다. 프랑스와 미국은 세계경제의 안정을 담보할 의사가 없었다. 쿨리지와 후버 행정부 시절 미국은 국제적인 재건 문제나 환율 안정 문제에 관한 어떤 식의 프로그램에도 관여하기를 거부했고, 이런 문제들은 연방준비제도에 넘겨버렸다.[22] 루스벨트 행정부 역시 삼국통화협정이 체결된 1936년까지는 세계경제에 적극적으로 나서려는 모습을 보이지 않았고, 결국 제2차 세계대전이 터지고 나서야 태도를 바꾸었다. 프랑스 국내에서는, 프랑스와 다른 강대국들 간의 관계와 마찬가지로 "모든 이해집단이, 그들의 상대방은 자기들보다 더 단합돼 있고 전력을 기울이고 있다고 생각했으며, 그러다 보니 전체의 이익에 대한 관심은 털끝만큼도 찾아볼 수 없었다."[23]

공공의 이익을 제대로 도모할 수 없었던 영국은 점점 더 자국의 에너지를 개별적인 이익을 추구하는 쪽에 쏟았다. 관세에 대한 케인스의 지지라든가 1931년 이후 환율 안정화를 검토하려고 하지 않은 것이 좋은 예다. 당시 기록들을 살펴보면 이런 정책을 주도한 것은 영국이 아니라 영연방 자치령 국가들이었다는 사실을 암시하는 한두 가지 문서를 발견할 수 있다.[24] 제2차 세계대전 이후 한참이 지난 다음에야 영국의 경제 전문가와 국민들은 각국이 대외적인 파급은 고려할 필요 없이 자기 스스로 챙겨야 했다는 교훈을 얻을 수 있었다.

이 점은 영국 재무성에 있던 허버트 헨더슨이 1943년에 쓴 《양차 세계대전 사이 국제 경제의 역사International Economic History of the Interwar Period》라는 제목의 비망록에 잘 나타나 있다.[25] 여기서 헨더슨은 대공황이 자국 제일주의 및 관세를 비롯해 세계 무역의 붕괴와 쌍무협정 및 배타적 특혜, 그리고 국제연맹의 권고를 외면한 데서 비롯됐다는 개략적인 견해를 간략히 서술하고는, 전후 세계는 경제적으로 자국 제일주의를 배제하는 데, 그리고 자유로이 기능하는 국제적인 신용을 갖춘 경제 시스템을 구축하고 무역 장벽을 완화하며 선별적 규제를 제거하는 데 보다 결의를 다질 필요가 있다고 결론지었다.[26] 헨더슨은 양차 세계대전 사이의 기간을 돌아보면 이 같은 견해를 지지하는 경우가 전혀 없었다고 지적하고 있다. 그는 평가절하에 반대하면서 이렇게 밝혔다. "파운드 화의 평가절하가 부분적으로 금 가격을 급격히 떨어뜨린 한 요인으로 작용했으며, 평가절하가 국내 경제 회복에 자극제가 될 것이라는 환상이 영국에 널리 퍼졌을 뿐만 아니라 미국에는 더욱 광범위하게 퍼져있었다는 사실은 의심할 여지가 거의 없다."[27]

> 그러나 전통적인 견해는 꼭 필요한 모든 점들을 놓치고 있다. 예전의 국제 질서는 영원히 사라져버렸다. 그것을 다시 복원하려는 시도는 헛된 일일 뿐만 아니라 좌절만 가져다 줄 것이다. 개별 국가 하나하나가 자본 이동의 관리와 양적 규제, 특혜, 자율적인 신용 정책 등을 통해 대외적인 경제 부문을 효과적으로 규제하는 데 아무런 제약도 없어야 한다.[28]

이처럼 늦도록 깨닫지 못한 것은 일견 이해할 만하기도 하다. 케인스 역시 1930년대 내내, 그리고 전쟁이 끝나갈 무렵까지 그랬으니 말이다. 그러나 양차 세계대전 사이의 시기가 주는 아주 중요한 교훈을 놓치고 있다. 세계경제가 안정되기 위해서는 안정을 책임지는 나라가 반드시 있어야 하며, 그 나라는 하나라야 한다는 점이다.

세계경제의 안정을 위한 시사점

의사결정에 참여한다는 것이 좀더 고상한 것으로 받아들여지던 1980 년대까지도 리더십이란 말에는 뭔가 부정적인 의미가 배어 있었다. 영 도자der Führer나 지도자il Duce 같은 단어에서 느껴지는 뉘앙스가 상당히 들어있던 것이다. 하지만 만일 리더십이 추종자를 착취한다거나 자신 의 명성 같은 사적인 목적을 챙기려는 게 아니라 책임을 짊으로써 공 공의 이익을 추구하는 것이라면 거기에는 긍정적인 의미가 담겨 있을 것이다. 개별 국가들이 전체의 이익에 반하는 행동을 할 수 있는 역량 을 제한할 수 있도록 각국의 주권을 한데 모아 관리하는 일이 언젠가 는 가능해질지도 모르겠다. 그런데 이런 일이 오늘날에도 세계경제 시 스템을 안정화하는 데 필요한 일부 활동에서 실제로 벌어지고 있다. 가 령 스왑과 단기 신용에 관한 바젤 협정은 세계 전체의 중앙은행이 나올 때까지 위기 시 세계적인 재할인율 결정 메커니즘으로 기능하고 있다. 그러나 이런 분야에서는 물론이고 자유 무역과 자유로운 자본 이동 및 원조 자금의 이동을 유지하기 위한 세계 기구에서도 리더십은 꼭 필요 하다. 그래야만 권한 위임의 공백을 메울 수 있기 때문이다. 미국의 리 더십은 내리막길을 걷고 있다. 더욱 확대된 유럽경제공동체를 가진 유 럽이나 일본의 부상하는 힘이 과연 심각한 현안으로 대두된 상품들에 게 시장을 제공할 수 있을 것인지, 또 국제적인 자본 흐름을 안정화할 수 있을 것인지, 혹은 위기 시 재할인율 결정 메커니즘을 제공할 수 있 을 것인지는 아직 확실하지 않다. 아마도 바젤 협정은 위기 시의 기능 을 계속 유지할 것이다. 유럽의 거대한 상품 시장은 여전할 것이다. 다 만 예외가 있다면 농업 부문인데, 세계적인 관점에서 보자면 매우 중요한 예외다. 게다가 경기 사이클을 중화시킬 수 있도록 자본의 흐름을 안정화하는 것 역시 아직 갈 길이 먼 게 사실이다.

세계경제에서 발휘되는 미국의 경제적 리더십이 약해지고 유럽과 일본이 힘을 얻을 경우 그 파급은 정치적으로 안정을 가져오는 세 가지 결과를 낳을 수도 있고, 정치적으로 불안정을 가져오는 세 가지 상황을 초래할 수도 있다. 안정을 가져오는 결과를 보자면, 우선 미국의 리더십이 계속 유지되거나 부활하는 것인데, 이는 1963년부터 1968년까지의 외환 통제와 최근의 보호주의 물결이 정상을 되찾은 다음에야 가능할 것이다. 두 번째는 유럽과 일본, 혹은 브라질처럼 전혀 생각지도 않은 제3세계 국가가 리더십을 주장하며 책임을 짊어지겠다고 나서는 것이다. 세 번째는 세계 전체를 관할하는 중앙은행과 세계적인 자본시장, 그리고 현재 활동하고 있는 관세 및 무역에 관한 일반협정 같은 국제기구에게 리더십 국가가 행사할 수 있는 경제 주권을 실질적으로 양도하는 것이다. 이 세 번째 결과가 가장 매력적이지만 아마도 그건 너무 어렵기 때문에 가능성이 거의 없을 것이다. 세 번째 결과가 불가능한 것으로 판명이 났다면 이제 책임 있는 시민의 입장에서 첫 번째와 두 번째 결과 중 하나에 만족해야 하는데, 바람직하지 않은 결과를 피하기 위해 동전 던지기라도 해야 할지 모른다.

정치적으로 불안정을 가져온다는 점에서 피해야 할 세 가지 상황은 (1) 미국과 일본, 유럽경제공동체가 세계경제의 리더십을 놓고 다투는 형국과 (2) 1929년에서 1933년까지 그랬던 것처럼 한 나라는 이끌어갈 역량이 부족하고 다른 나라들은 그럴 의사가 없는 상태 (3) 각국이 자체적으로 건전한 프로그램을 추구하려고 하지 않으면서도 시스템의 안정이나 강화를 위한 프로그램에 거부권을 쥐고 있는 상황이다. 국제통화기금의 정관에서는 미국에게 자신이 반대하는 조치에 거부권을 행사할 수 있도록 했다. 국제 통화 시스템에 특별인출권SDRs을 추가한 1969년의 개정 정관에서는 IMF 출연액수에 따라 거부권 행사가 가능하도록 조정해 유럽경제공동체도 거부권을 갖게 됐다. 이건 마치 유엔 안전보장이사회처럼 강력한 두 나라가 합의하지 못할 경우 막다른 지경에 몰릴 수도 있게 만들어놓은 것이다. 안전보장이사회의 상황을 보면 거미줄처럼 점점 일이 꼬여가다 전쟁으로 이어질 위험이 있다. 경제 분야에서 이렇게 된다면 그것은 꼼짝달싹할 수 없는 난국, 그리고 대공황일 것이다.

그런 점에서 실질적인 권한과 주권을 가진 국제기구라고 하는, 정치적으로 안정을 가져오는 세 번째 결과가 절실한 것이다.

개정판 서문

1. Roland Vaubel, "International Debt, Bank Failures and the Money Supply: The Thirties and the Eighties," 1984.

2. D. E. Moggridge, "Policy in the Crises of 1920 and 1929," 1982.

3. R. C. O. Mattews, *A Study in Trade-Cycle History: Economic Fluctuations in Great Britain, 1832-1842*, 1954, p. 69.

4. Karl Brunner, ed., *The Great Depression Revisited*, 1981에 나오는 여러 저자들, 특히 Anna J Schwartz, p. 22; Robert J. Gordon and James A. Wilcox, pp. 80-83; Allan H. Meltzer, p. 158을 보라.

1. 시작하며

1. Vol. 6, no. 1.

2. Paul A. Samuelson, "Myths and Realities about the Crash and Depression," 1979.

3. Milton Friedman and Rose D. Friedman, "The Anatomy of Crisis······and the Failure of Policy," 1979.

4. 1963.

5. Charles P. Kindleberger, "The International Causes and Consequences of the Great Crash," 1979.

6. 내 책 *Manias, Panics, and Crashes: A History of Financial Crises*, 1978, 특히 pp. 253-259를 보라.(국내 번역본은 《광기, 패닉, 붕괴: 금융위기의 역사》로 출간돼 있다.-옮긴이)

7. 그러나 J. T. W. Newbold는 1873년부터 1896년에 걸친 대공황의 원인을 런던에서 12개월 동안 9000만 파운드가 인출되면서 야기된 "단기 자금시장의 심각한 불안"에서 찾았다. 이 돈은 독일이 보불전쟁의 배상금으로 1872년에 수령한 자금 중 일부를 예치해 둔 것이었다.("The Beginnings of the World Crisis, 1873-1896," 1932, pp. 437, 439). 또한 Walter Bagehot, *Lombard Street*, 1917, pp. 291ff를 보라.

8. Alexander Dana Noyes, *The Market Place: Reminiscences of a Financial Editor*, 1938, pp. 338-340ff.

9. Rondo E. Cameron, *France and the Economic Development of Europe, 1800–1914*, 1961, p. 125.

10. Claude Fohlen, *Une affaire de famille aux XIXe siècle: Méquillet Noblot*, 1955, p. 62.

11. Joseph A. Schumpeter, *Business Cycles: A Theoretical, Historical and Statistical Analysis*

of the Capitalist Process, 1939. 슘페터는 또한 "특수한 상황을 설명해주는 비본질적 사건들"(p. 908)과 "부수적인 사건과 우발적인 사건들, 정책들"도 감안한다.

12. *Journal of Interdisciplinary History*, 1975의 초판에 나와 있는 그의 설명을 보라.

13. Allan H. Meltzer, "Monetary and Other Explanations of the Start of the Great Depression," 1976과 앞에서 쓴 이 책 개정판 서문의 주4에 나와 있는 내용들을 보라.

14. *The Memoirs of Herbert Hoover*, vol. 3: *The Great Depression, 1929–1941*, 1952. 당시의 성명과 관련해서는 1932년 12월 10일자로 의회에 보낸 후버의 외교 교서를 보라. Department of State, *Foreign Relations of the United States, 1931*, vol. 1. 1946, pp. xff.

15. Peter Temin, *Did Monetary Forces Cause the Great Depression?* 1976.

16. Brunner, ed., *The Great Depression Revisited*를 보라.

17. Eric J. Hobsbawm, *Industry and Empire: An Economic History of Britain Since 1750*, 1968, p. 179.

18. Raymond Moley, *The First New Deal*, 1966에 나오는 다음 문장들을 보라. "루스벨트는 경제학 지식이 짧았다."(p. 6) "루스벨트나 나나 대학생들이 치르는 경제원론 시험을 통과하지 못했을 것이다……우리는 제일 중요했던 바로 그 분야의 지적 소양에서 아마추어에 불과했다."(p. 244) 그리고 John Morton Blum, *From the Morgenthau Diaries*, vol. 1: *Years of Crisis, 1928–1938*, 1959의 문장도 보라. "루스벨트는 (모겐소에게) 이렇게 말했다. '물론 당신이나 나나 처음에는 경제학 쪽에 아는 것이 전혀 없었지. 하지만 우리 두 사람은 지금까지 잘해왔고, 우리가 바랐던 것 이상으로 잘할 수도 있지 않았소."(p. 141) 슐레진저는 이와 관련해 루스벨트가 미식축구에서 터치다운을 성공시키기 위해 다양한 플레이를 시도하는 쿼터백에 자기 자신을 비유한 적이 있었다고 인용하고 있다. Arthur M. Schlesinger jr., *The Age of Roosevelt*, vol. 2: *The Coming of the New Deal*, 1959, p. 193을 보라. 그러나 Rexford G. Tugwell, *The Brains Trust*, 1968에서는 루스벨트가 경제학 과정을 이수했으며 "금융과 운송, 조세, 보험 같은 전문 분야뿐만 아니라 경제이론 면에서도 그는 결코 초보자가 아니었다"(p. 73)라고 주장하고 있다.

19. Robert H. Ferrell, *American Diplomacy in the Great Depression, Hoover-Stimson Foreign Policy, 1929–1933*, 1957, pp. 33을 보라.

20. *Memoirs of Herbert Hoover*, vol. 3, p. 185. 후버는 1932년 12월 15일이 기한이었던 프랑스의 전채 분할금 지불을 추가 협상 개시의 선결 조건으로 여기지 않는다는 불행한 성명을 루스벨트가 웜스프링스에서 발표하지 않았더라면 프랑스는 그 해 12월에 분할금을 냈을 것이라고 주장하고 있다. 당시 지불할 금액은 5000만 달러였고, 프랑스가 뉴욕에 예치해둔 금액은 5억 달러였다.

21. Henry L. Stimson and MacGeorge Bundy, *On Active Service in Peace and War*, 1947, p.217을 보라. 스팀슨이 볼 때 에리오는 국제적인 상호 이해를 위해서라면 자국 국민의 뜻에 반대할 줄 알았던 진정한 영웅이었으며, 미국 내의 어느 누구보다도 위대한 인물이었다. 스팀슨은 미국 정부 인사들 가운데 몇 안 되는 채무 탕감론자 가운데 한 명이었다. 스

팀슨과 밀스가 1933년 1월 백악관에 들어가 후버 대통령에게 모종의 단호한 조치를 취하도록 요청했을 때의 일은 Elting E. Morison, *Turmoil and Tradition: A Study of the Life and Times of Henry L. Stimson*, 1960, p. 433에 나와 있다. "대통령은 잠시 '대담한 국가적 결정'의 가능성에 마음이 흔들리기도 했지만 곧바로 마음을 바꾸고는 이렇게 말했다. '부채란 통상적인 번영이라는 흐름에서 보자면 단지 작은 조각에 불과할 뿐'이라는 게 자신의 생각인데, '이런 나의 입장과 스팀슨의 견해는 멀어도 너무 멀다'고 말이다."

22. Lionel Robbins, *The Great Depression*, 1934에서 특히 pp. 97ff를 보라. 로빈스 경은 훗날 자신이 앞서 밝혔던 견해를 수정했다. 그가 쓴 *Autobiography of an Economist*, 1971 가운데 특히 pp. 154-155를 보라.

23. Murray Rothbard, *America's Great Depression*, 1975; Paul Johnson, *Modern Times: The World from the Twenties to the Eighties*, 1983, ch 7. 로스바드의 저서에 붙어 있는 지엽적인 제목에 주목하라.

24. A. J. Youngson, *The British Economy, 1920-57*, 1960, pp. 223-224.

25. 루스벨트 대통령의 첫 번째 취임 연설을 보라. "우리의 국제 무역 관계도 대단히 중요하지만, 시의성과 필요성이라는 점에서 보자면 건전한 국가 경제를 확립하는 것이 우선입니다. 나는 정책을 실행함에 있어서 제일 중요한 일을 제일 앞에 두고자 합니다. 나는 국제적으로 경제적인 조정을 통해 세계 교역을 회복시키는 데도 노력을 아끼지 않을 생각이지만 위급한 국내 상황으로 인해 한시도 기다릴 여유가 없습니다."(*The Papers and Addresses of Franklin D. Roosevelt*, vol. 2: *The Years of Crisis*, 1938, p. 14) 또한 Blum, *Morgenthau Diaries*, vol. 1, p. 75에 있는 다음 문장을 보라. "유럽 각국은 미국의 금 매입 정책에 전반적으로 반대했으나 지난 수 년간 어떤 나라도 다른 나라의 경제적 편의에 대해 크게 신경을 쓰지 않은 상태였고, 1933년에 루스벨트 대통령은 뭔가 하지 않으면 안 된다는 강한 압박을 받고 있었다." 그리고 Hugh T. Patrick, "The Economic Muddle of the 1920s," 1971, p. 258의 내용도 보라. "일본이 근린궁핍화 정책을 추구했다는 데 대한 비판에는 어느 정도 일리는 있다. 하지만 당시 세계경제는 이웃국가들 역시 어떻게든 제 살길을 찾아야 했던 상황이었다."

26. Oskar Morgenstern, *International Financial Transactions and Business Cycles*, 1959, p. 572를 보라.

27. 예를 들어 허버트 후버가 대공황을 다음과 같이 다섯 단계의 국면으로 나눈 것을 보라. (1) 1929년 10월부터 1931년 4월까지 (2) 1931년 4월부터 1931년 7월까지(유럽에서부터 밀어닥친 지진) (3) 1931년 8월부터 1931년 12월까지(파운드 화 가치의 붕괴) (4) 1931년 12월부터 1932년 7월까지(경제가 바닥까지 내려감) (5) 미국의 대통령 선거전과 뒤이은 1933년 3월의 은행가 패닉 사태(*The Memoirs of Herbert Hoover*, vol. 3, p. 38).

2. 제1차 세계대전으로부터의 회복

1. 피터 테민은 주장하기를, 제1차 세계대전이 분수령이었는데, 그 이전까지 기업가들은 임

금을 고정비용으로 인식했으나 그 뒤로는 한계비용으로 받아들였다는 것이다. 그가 쓴 "Three Problems in Economic History," 1971, p. 67을 보라.

2. 밀턴 프리드먼과 안나 제이콥슨 슈워츠는 미국이 갖고 있는 전세계적인 특성에도 불구하고 1920년과 1929년의 경기 위축은 둘 다 미국에서 비롯됐다고 주장하면서, 그에 선행해서 나타났던 미국의 금 유출입 상황을 증거로 들었다.(*A Monetary History of the United States, 1867-1960*, 1963, p. 360.) 1920년과 1929년의 경기 위축에 관한 두 사람의 견해는 널리 받아들여지고 있지는 않다. 이와는 조금 다른 관점을 찾아보자면, 1920년대 초의 통화 정책이 중요했다는 점을 인정하면서도 미국과 영국 모두에게 책임이 있다는 주장도 있다.(Jørgen Pedersen, *Essays in Monetary Theory and Related Subjects*, 1975, pp. 188ff)

3. H. R. C. Wright, "Fears of Inflation in 1919: Wage Push and Conspiracy Theories," 1981을 보라.

4. Gerald D. Feldman, *Iron and Steel in the German Inflation, 1916-23*, 1977, pp. 93−94.

5. Erik Lundberg, *Business Cycles and Economic Policy*, 1957, pp. 15−16.

6. J. A. Dowie, "1919−20 Is in Need of Attention," 1975, pp. 429−430.

7. Ibid., p. 439.

8. Alfred Sauvy, *Histoire économique de la France entre les deux guerres*, vol. 1: *1918-1931*, 1965, p. 535.

9. Shepard B. Clough, *The Economic History of Modern Italy*, 1964, p. 203.

10. 이 대목과 관련해 1982년 7월 26~31일 버클리에서 열렸던 제1차 세계대전 이후의 독일 인플레이션에 관한 회의에서 있은 토론에서 많은 도움을 받았다.

11. D. E. Moggridge, *The Return to Gold, 1925: The Formulation of Economic Policy and its Critics*, 1969, p. 78.

12. Wilhelm Grotkopp, *Die große Krise: Lehren aus der Uberwindung der Wirtschaftskrise 1929-32*, 1954, p. 14.

13. A. C. Pigou, *Aspects of British Economic History, 1918–1925*, 1948.

14. Gustav Stolper, *German Economy, 1870-1940: Issues and Trends*, 1940, p. 159.

15. Karl Erich Born, *Die deutsche Bankenkrise, 1931: Finanzen und Politik*, 1967, p. 15.

16. 보불 전쟁 후 수령한 배상금으로 인해 독일에서 인플레이션이 야기됐던 일을 두고 당시 비스마르크는 이렇게 말했다고 한다. "다음 번에 우리가 또 프랑스와의 전쟁에서 승리한다면 그때는 우리가 배상금을 지불하겠다고 요구하겠소." 당시 독일 외교관과 프랑스 외교관 사이에 오간 대화도 있는데, 독일 외교관이 "수십 억에 이르는 돈을 받은 것 같지가 않아"라고 하자, 프랑스 외교관이 "우리도 그런 돈을 준 것 같지가 않아"라고 응수했다는 것이다.(Sauvy, *Histoire économique de la France entre les deux guerres*, vol. 1, pp. 131–132) 1871년 전쟁 배상금이 어떻게 원만히 지불될 수 있었으며, 반면 제1차 세계대전 후의 배상금은 왜 그렇게 되지 않았는지에 관한 설명은 내가 쓴 *Financial History of Western Europe*, 1984, pp. 230–250, 297–306을 보라. 나폴레옹 전쟁이 끝난 뒤 프랑스가 영국에 배상금

을 지불한 내용은 Rondo E. Cameron, *France and the Economic Development of Europe,* 1800-1914. p. 76에 나와 있다.

17. Étienne Mantoux, *The Carthagenian Peace or the Economic Consequences of Mr. Keynes,* 1952, pp. 168-169; J. M. Keynes, *The Economic Consequences of the Peace,* 1920.

18. 망투는 배상위원회와 독일 정부가 독자적으로 산정한 배상금 지불표를 아래와 같이 제시했다.(*The Carthaginian Peace,* p. 152)

지급 시점	배상위원회 (십억 금마르크)	독일 정부
1918년11월11일-1921년 8월31일	9.7	42.1
도스 플랜에 따른 지불액	7.6	8.0
영 플랜에 따른 지불액	2.8	3.1
그 밖의 지불액	0.8	14.6
합계	20.9	67.8

두 가지 금액에 차이가 나는 것은 양측의 독특한 해석 때문이다. 망투의 설명에 따르면, 맨 처음 독일이 제시한 금액에는 스카파플로우에서 독일 정부가 고의로 배 밑바닥에 구멍을 뚫어 침몰시킨 독일 군함의 가격 85억 금마르크가 포함돼 있었다.

샤흐트는 프랑스의 루르 지방 점령에 따른 독일의 반제액 290억 금마르크에다 몰수된 해외 자산 110억 금마르크, 그리고 표에 있는 도스 플랜에 따른 지불액 80억 금마르크, 여기에 베르사유 조약에 따라 독일이 상실한 식민지의 가치 800억 내지는 1000억 금마르크를 독일이 이미 지불한 배상금에 추가하고 있다. 이와 관련해서는 Hjalmar Schacht, The End of Reparations, 1931, p. 22를 보라. 아래에서도 볼 수 있듯이 샤흐트는 배상금 문제를 생각할 때 식민지를 감안했다. 도스 플랜과 영 플랜보다도 앞선 1924년 말에 배상금 문제가 최종 결렬된 데 대한 설명은 Carl-Ludwig Holtfrerich, *Die deutsche Inflation, 1914-1923,* 1980, p. 145에 나와 있다.

19. P. J. Grigg, *Prejudice and Judgement,* 1948. P. 71; Lord Salter, *Memoirs of a Public Servant,* 1961, p. 164를 보라. 독일이 1919년 7월에 제시했던 것과 유사한 방안에 관해서는 Sauvy, *Histoire économique de la France entre les deux guerres,* vol. 1, p. 140을 보라.

20. Grigg, *Prejudice and Judgement,* p. 160.

21. Ibid., p. 172.

22. Mantoux, *Carthagenian Peace,* p. 144.

23. Paul Einzig, *World Finance Since 1914,* 1935, p. 177.

24. 도스 플랜을 실무 경제 보좌진의 시각에서 바라본 것으로는 Joseph S. Davis, *The World Between the Wars, 1919-1939: An Economist's View,* 1975가 있는데, 특히 pp. 55-69를 보라.

25. Stephen A. Schuker, *The End of French Predominance in Europe: The Financial Crisis of 1924 and the Adoption of the Dawes Plan,* 1976, pp. 147ff., 272-283을 보라. 이 책의 제목은 책의 내용을 제대로 전달하지 못하고 있다.

26. Herbert Feis, *The Diplomacy of the Dollar, 1919-1932,* 1950, p. 42를 보라. 여기서는 이

사례를 다소 과장하고 있는지도 모르는데, J. P. 모건 은행은 이미 1924년 1월 일본에 1억 5000만 달러의 차관을 제공했고, 1924년 3월에는 프랑스의 통화 가치 안정을 지원하기 위한 1억 달러 차관에도 참여했기 때문이다. 그러나 도스 차관에 이어서는 곧바로 유사한 채권의 발행이 뒤따랐는데, 크루프와 슈탈페라인, 티센이 한 데 이어 다시 크루프가 또 발행했고, 그 뒤로 독일 지방정부들도 채권을 발행했다.

이와 관련해 일제 민츠는 1924년 이후 뉴욕에서 발행된 외국 정부의 채권이 질적인 면에서 나빠졌다고 분명히 밝히고 있다. 1920년부터 1924년까지 발행된 외국 정부의 채권 가운데 1937년 12월 31일 현재 지불 불능이 된 것은 18%에 불과했으나 1925년부터 1929년까지 발행된 외국 정부의 채권 가운데는 50%가 지불 불능이 됐다. Ilse Mintz, *Deterioration in the Quality of Foreign Bonds Issued in the United States, 1920–1930*, National Bureau of Economic Research, 1951, p. 6을 보라.

27. Rosemary Thorp and Carlos Londoño, "The Effect of the Great Depression on the Economies of Peru and Colombia," 1984, p. 82를 보면 이런 대목이 나온다. "지금의 벼락 경기야말로 1920년대와 다름없이 돌아가는 우리들의 본모습이다. 그 시절 미국 세일즈맨들은 한 손에는 차관을, 다른 손에는 미국산 제품을 들고 와서는 아무것도 모르는 정부한테 들이댔고, 갑작스러운 돈줄과 상품 공세에 정신이 나가버린 정부에서는 마구 돈을 빌려다 썼는데, 이런 광경은 1970년에나 다시 볼 수 있는 것이었다."

28. Keynes, *The Economic Consequences of the Peace*, pp. 135, 147, 200을 보라. 이 책에 나와 있는 파리 회의에 대한 케인스의 시각을 비판한 것으로는 Mantoux, *Carthagenian Peace*가 있는데, 특히 E. M. House and Charles Seymour, *What Really Happened in Paris: The Story of the Peace Conference 1918–1919*, 1921을 인용하고 있는 있는 이 책의 p. 45를 보라. 또 J.-B. Duroselle, *De Wilson à Roosevelt*, 1960, p. 115와 Sir Arthur Salter, *Slave of the Lamp*, 1967, p. 85, 86을 보라. 솔터 경은 케인스의 책이 중심 주제부터 잘못 짚고 있으며, 터무니없는 귀결로 가득 차있다고 생각했다. 그는 특히 케인스로 하여금 "그 장로교 신자 노인을 기만에서 벗어나게 하려는"이라는 구절을 없애달라고 간곡히 부탁하기도 했다. 케인스가 배상금 문제를 다루면서 항상 정당한 신념만 갖고 행동한 것은 아니며, 독일의 배상 문제 전문가인 칼 멜키오르와 비밀리에 작업하던 1922년에 특히 그러했다는 점에 관해서는 Stephen A. Schuker가 쓴 *The Collected Writings of John Maynard Keynes*, vols. 17–18, 1980에 대한 서평을 보라. 전채는 백지화하고 배상금은 530억 마르크—케인스가 주장한 100억 마르크와 크게 차이나지 않는다—로 삭감해야 한다는 또 다른 제안은 루슈르한테서 나왔는데, 루슈르는 원래 전쟁 피해 지역 책임자 출신으로 훗날 프랑스 측 대표로 배상 문제를 협상했고 재무 장관까지 지냈다. 이런 정치가도 말년에는 아주 냉소적인 성격이 되어 국민의회에서 딱 하루를 지낸 뒤 이렇게 말했다. "나는 진실을 말할 수 없어. 그랬다가는 그들이 날 죽일 거야."(Sauvy, *Histoire économique de la France entre les deux guerres*, vol. 1, pp. 144, 148을 보라.)

29. Sauvy, *Histoire économique de la France entre les deux guerres*, vol. 1, p. 167.

30. Schuker, *The End of French Predominance*, p. 19. 로이드 조지는 원래 케인스의 생각이었던 이와 유사한 플랜을 베르사유 평화회의에서 개진했는데, 이에 대해 미국의 루푸스 레핑웰 재무 차관보는 "말도 안 되는 것"이라고 일축했다.(pp. 176-177)

31. 더 자세한 설명은 Harold G. Moulton and Leo Pasvolsky, *War Debts and World Prosperity*, 1932를 보라. 미국 측 합의 사항들은 p. 82에, 영국 측 합의 사항들은 p. 115n에 나와 있다. 프랑스와 미국 간의 전채 문제에 관한 보다 최근의 설명을 알고 싶다면 Ellen Schrecker, *The Hired Money: The French Debt to the United States*, 1978과 Denise Artaud, *La question des dettes interalliées et la reconstruction de l'Europe (1917-1929)*, 1978을 보라.

32. 프랑스는 1924년 3월 J. P. 모건 은행으로부터 대출을 받은 뒤 1924년 11월에 다시 뉴욕에서 자금을 차입하려 했다. 그러나 투자은행 쪽에서 국무부에 프랑스의 채권 발행에 대한 의견을 구하자 국무부가 비공식적으로 불가 입장을 밝히면서 무산되고 말았다. 국무부는 프랑스가 전채 문제를 해결하려는 노력을 전혀 기울이지 않고 있다는 점을 들어 그런 식의 차입을 양해할 수 없다고 투자은행과 프랑스 양쪽에 알렸다. 국무부의 이 같은 불가 입장은 워싱턴에 온 프랑스 대표단이 미국과 합의하는 데 실패한 1925년 9월에 재확인됐고, 그 뒤 양국이 합의는 했지만 프랑스 정부가 섣불리 의회에 비준 요청을 하지 못하던 1926년 4월에 거듭 재확인됐다. 하지만 마지막 경우는 사실 의미 없는 것이었으니, 외화 차입이라는 선제 조치 없이도 프랑 화가 안정됐기 때문이다. 이와 관련해서는 Feis, *Diplomacy of the Dollar*, p. 21-23을 보라. 푸앵카레는 모로에게, 미국은 합의안에 대한 비준을 받아내기 위해 프랑스 언론에 "거액"을 뿌려 프랑스의 여론을 움직이려 했다고 말했다. 이건 마치 똥 묻은 개가 겨 묻은 개 나무라는(the pot calling the kettle black) 격이지 싶다.(Emile Moreau, *Souvenirs d'un gouverneur de la Banque de France: Histoire de la stabilization du franc*, 1954, p. 140)

후버가 뭔가 보상을 주지 않으면 전채를 탕감해줄 수 없다는 입장을 고수한 것과 관련해서는 Moley, *The First New Deal*, p. 50을 보라. 몰리는 전채의 탕감을 "확실한 현찰과 거짓 환상, 그러니까 관세 특허나 프랑스 및 영국의 통화 가치 안정을" 맞바꾸는 것이라고 지적했다. 후버 모라토리움이 나온 뒤인 1933년 1월에야 전채의 명확한 성격 규명이 논점으로 부각됐다.

33. Schacht, *The End of Reparation*, p. 33. 그러나 1926년에 샤흐트는 스트롱에게 이렇게 얘기했다. 만일 자신이 독일 산업체들과 가능하다면 양호한 신용도의 독일 지방정부들을 위해 미국에서 2억 달러에서 4억 달러의 장기 차관을 빌릴 수 있다면 마르크 화의 안정을 계속 지켜갈 수 있을 것이라고 말이다.(Lester V. Chandler, *Benjamin Strong, Central Banker*, 1958, p. 335를 보라.)

34. Sauvy, *Histoire économique de la France entre les deux guerres*, vol. 1, p. 121.

35. M. Perrot, *La Monnaie et l'opinion en France et en Angleterre, 1924-1936*, 1955.

36. Moggridge, *The Return to Gold*, 1925, p. 68.

37. Stephen V. O. Clarke, *Central Bank Cooperation, 1924–1931*, 1967, p. 161-163과 Moreau, *Souvenirs d'un gouverneur de la Banque de France*, p. 136을 보라.

38. Robert Z. Aliber, "Speculation in the Foreign Exchanges: The European Experience, 1919-1926," 1962, pp. 188-190을 보라.

39. Moggridge, *The Return to Gold*, 1925를 보라.

40. D. E. Moggridge, *British Monetary Policy, 1924-31: The Norman Conquest of $4.86*, 1972, pp. 66-67.

41. Martin Gilbert, *Winston S. Churchill*, vol. 5: *1922-1939: The Prophet of Truth*, 1977, ch. 5.

42. Grigg, *Prejudice and Judgement*, p. 182.

43. W. B. Reddaway, "Was $4.86 Inevitable in 1925?" 1970, p. 23.

44. Moggridge, *The Return to Gold*, 1925, P. 9.

45. James M. Cox, *Journey through My Years*, 1946, p. 367.

46. Moggridge, *The Return to Gold*, 1925, p. 40.

47. Clarke, *Central Bank Cooperation, 1924-31*, p. 72. 스트롱 역시 파운드 화가 달러 화에 비해 너무 떨어지지 않도록 하는 데 관심을 가졌고, 또한 인플레이션을 막기 위한 규제를 약화시킬 수 있는 좋은 아이디어의 채택에 인센티브를 주려는 생각도 갖고 있었다.(Moggridge, *The Return to Gold*, 1925, p. 41을 보라.).

48. Youngson, *The British Economy, 1920–1957*, pp. 233-234.

49. Sauvy, *Histoire économique de la France entre les deux guerres*, vol. 1, pp. 96-98.

50. Jean–Noël Jenneney, "De la speculation financière comme arme diplomatique: A propos de la première bataille du franc (novembre 1923–mars 1924)," 1982와 Schuker, *The End of French Predominance*, pp. 96-97을 보라. 그리고 오스트리아 은행들에 미친 악영향에 관해서는 Edouard März, "Comment" on D. E. Moggridge, "Policy in the Crises of 1920 and 1929," 1982, pp. 190-191을 보라.

51. Schuker, *The End of French Predominance*, pp. 140ff. 장–클로드 드베르는 J. P. 모건 은행 측이 더 나은 조건을 얻어내려 했다며 더 냉소적인 견해를 밝히고 있다.(그가 쓴 "La crise du franc de 1924: Un exemple de speculation 'internationale,'" 1978을 보라.)

52. 특히 Jean–Noël Jenneney, *François de Wendel en république: L'argent et le pouvoir, 1914-1940*, 1976과 역시 그가 쓴 *Leçon d'histoire pour une gauche au pouvoir: La faillite du Cartel (1924-1926)*, 1977을 보라.

53. 8월 7일에 승인된 법안 내용과 이를 시행하기 위한 합의에 관해서는 Moreau, *Souvenirs d'un gouverneur de la Banque de France*, pp. 62n., 105n을 보라.

54. Ibid., p. 108.

55. Ibid., p. vi.

56. Ibid., p. 74. 챈들러의 기록에 따르면 이 연구를 샤를 리스트가 수행했다는 것은 스트롱의 잘못된 생각이었다.(*Benjamin Strong*, p. 374)

57. Jacques Rueff, "Sur un point d'histoire. Le niveau de la stabilisation Poincaré." 1959와 Moreau, *Souvenirs d'un gouverneur de la Banque de France*, p. ix(그가 쓴 서문이다)를 보라.

58. Moreau, *Souvenirs d'un gouverneur de la Banque de France*, pp. 34ff., 48ff., 160, 170.

59. 모로의 책에 붙인 뢰프의 서문과 Charles Rist, "L'Expérience de 1926 et la franc d'aujourd'hui," 1952, p. 66을 보라. 리스트는 프랑스가 1926년에 프랑 화를 안정시키면서 결정한 환율도 부분적으로 세계 대공황에 악영향을 미쳤다고 주장하는 아론을 향해 이렇게 밝히고 있다. 세계 대공황의 원인은 보다 근본적인 것이며, 그 기원은 프랑스가 아니라 영국에 있다는 것, 그리고 프랑 화가 대공황에 미친 영향은 무시할 수 있을 정도며 사실상 존재하지도 않았다.(pp. 70-71)

60. Chandler, *Benjamin Strong*, pp. 381-390과 Gian Giacomo Migone, *Glistati Uniti e il fascism: Alle origine dell' egemonia Americana in Italia*, 1980, pp. 179-199를 보라.

61. Richard H. Meyer, *Bankers' Diplomacy: Monetary Stabilization in the Twenties*, 1970, p.52.

62. Joseph Harrison, "The interwar Deprssion and the Spanish Economy," 1983, pp. 306-307.

63. Meyer, *Banker's Diplomacy*.

64. 모로의 회고록 가운데 제일 흥미로운 대목 가운데 하나가 바로 케네가 런던을 방문해 노먼뿐만 아니라 니마이어와 솔터, 슈트라코슈, 킨더슬리를 만났던 부분이다. 모로의 기록에 의하면, 케네가 보기에 영국의 원대한 구상이란, 프랑스은행과는 상관없이 각국 통화를 안정시키는 것은 물론 각국 중앙은행들을 협력적인 네트워크로 연결함으로써 경제 번영에 따르는 본질적인 문제들, 즉 통화 안정과 신용 분배, 물가 변동 같은 것들을 정치적인 고려나 정부의 입김으로부터 독립해서 규제할 수 있도록 하자는 것이었다. 모로는 케네의 이런 시각에 대해 "그건 순전히 공상소설이며 유토피아 같기도 하고 마키아벨리 같기도 하지만 가능하기는 하다!"고 평했다.(*Souvenirs d'un gouverneur de la Banque de France*, pp. 136-137)

65. 이 부분은 Patrick, "The Economic Muddle of the 1920s"을 많이 참조했다.

66. Schumpeter, *Business Cycles*, vol. 2, p. 703을 보라.

67. J. W. Beyen, *Money in a Maelstrom*, 1949, p. 45를 보라." 미국은 신규 참여자다운 활력으로 넘쳐났고……신상품으로 무장한 영업부서까지 있었다."

68. Hal B. Lary, *The United States in the World Economy: The International Transactions of the United States During the Interwar Period*, 1943, p. 92ff와 Alex K. Cairncross, *Home and Foreign Investment. 1880-1913*, 1953, p. 187ff를 보라. Mintz(*Deterioration in the Quality of Foreign Bonds*, p. 11)는 미국의 해외 대부가 1920년대에 경기 사이클과 부의 상관관계에 있었다고 단언하고 있으나, 그녀의 글은 1920년대와 1930년대의 8~9년에 걸친 경기 사이클이 아니라 1924년과 1927년의 경기 후퇴 같은 단기 사이클을 언급하고 있다. 그녀

는 대외 대부의 가속도 모델과 연관 지어 이렇게 보고 있다. 호주와 독일, 이탈리아는 주로 경기 활황기에 차입을 한 반면 아르헨티나와 브라질, 네덜란드는 경기가 가라앉았을 때 차입을 했고, 오스트리아는 호황일 때나 불황일 때나 별 차이가 없었으며, 프랑스의 경우에는 뭐라고 단정지을 수 없다.(p. 17) 대외 대부와 경기 사이클 간의 상관관계에 관한 보다 일반적인 논의를 알고 싶다면 C. P. Kindleberger, "The Cyclical Pattern of Long-Term Lending," 1982를 보라.

3. 붐

1. 이 말은 조금 과장된 것이다. R. S. 세이어스는 석탄과 철강, 섬유, 조선 부문은 심각한 침체에 빠져 있었으나 화학, 자동차, 전기 부문은 영국이 독일과 미국식 기술혁신을 채택하면서 호황을 구가했다는 점을 분명히 하고 있다. 그 결과 실질 생산성은 괄목할 정도로 상승했다.("The Springs of Technical Progress in Britain, 1919-1939," 1950) 잉바 스베닐손의 계산에 따르면 실질 소득이 1921년의 82에서 1929년에는 105로 8년만에 28%나 증가했다. 하지만 1929년의 1인당 실질 소득은 1919년보다 적었고, 1921년은 특히 침체 상태에 있었다.(*Growth and Stagnation in the European Economy*, 1954, table A. 1, p. 233) 션 글린과 앨런 부스는 최근 발표한 글에서 양차 세계대전 사이 영국의 실업은 유효수요 부족 때문이 아니라 구조적인 것이었다고 지적했다.(두 사람이 쓴 "Unemployment in Interwar Britain: A Case for Relearning the Lessons of the 1930s? 1983을 보라.)

2. M. E. Falkus, "The German Business Cycle in the 1920s," 1975을 보라. 폴커스는 여기서, 독일로의 자본 유입이 줄어든 것은 국내적 요인 때문이지 뉴욕 주식시장의 붐이 시작됐기 때문이 아니라는 피터 테민의 글 "The Beginning of the Depression in Germany," 1971에 답하고 있다.

3. T. Balderston, "The Beginning of the Depression in Germany, 1927-30: Investment and the Capital Market," 1983.

4. Ibid., table 7, panel h, p. 407.

5. 자동차 및 연관 산업 부문의 영향-1920년대의 경기 호황기와 1930년대의 경기 하강기 모두에 미친 영향-을 강조하는 견해에 관해서는 W. W. Rostow, *The World Economy: Theory and Prospect*, 1978, pp. 210-213, 335-337을 보라.

6. Robbins, *The Great Depression*, p. 171.

7. Ibid., p. 172.

8. Wilhelm Röpke, *Crises and Cycles*, n.d.(다만, 독일어로 쓰여진 이 책의 영어 번역본 서문은 1936년으로 돼 있다.) p. 119.

9. Rothbard, *America's Great Depression*에서 특히 "The Inflationary Boom, 1921-29"라는 제목을 붙인 2부를 보라. 로스바드의 이런 선도적인 견해를 따른 보수적인 역사가는 폴 존슨이다. 그가 쓴 *Modern Times*, ch. 7을 보라.

10. Friedman and Schwartz, *A Monetary History of the United States, 1867-1960*, p. 298-299.

11. Sauvy, *Histoire économique de la France entre les deux guerres*, vol 1, p. 105-106. 독일이 1871년에 프랑스로부터 받은 배상금으로 쌓아 올린 율리우스탑과 1951년 이후 독일에 쌓인 새퍼 잉여금 간의 유사성에 주목하라. 이와 관련해서는 Frederick G. Reuss, *Fiscal Policy for Growth without Inflation: The German Experiment*, 1963, p. 157-158을 보라.

12. Stephen V. O. Clarke, "The Reconstruction of the International Monetary System: The Attempts of 1922 and 1933," part 2: "The Negotiations of 1922," 1973, pp. 4-18.

13. Peter H. Lindert, "Key Currencies and Gold, 1900-1913," 1969.

14. Chandler, *Benjamin Strong*, p. 371과 Clarke, *Central Bank Cooperation, 1924-31*, p. 111을 보라.

15. Clarke, *Central Bank Cooperation, 1924-31*, p. 119-120, 167을 보라.

16. Moreau, *Souvenirs d'un gouverneur de la Banque de France*, p. 372. 이 마지막 세 번째 항목에서 모로가 말하고 있는 것은 아마도 프랑스가 보유하고 있는 파운드 화를 달러 화로 2500만 달러만큼 매수하겠다는 영란은행의 결정일 것이다.

17. League of Nations, *International Currency Experience, Lessons of the Interwar Period*, 1944, p. 36.

18. Chandler, *Benjamin Strong*, p. 417; Clarke, *Central Bank Cooperation, 1924-31*, pp. 121-122.

19. 민간이 보유한 외화와 통화 당국 같은 데서 보유한 공적 외화 간의 현대적인 구별 역시 민간이 보유한 달러와 선물 계약 형태로 보유한 공적 달러 간의 차이를 명확히 하지 못하고 있는 것은 사실이지만, 아무튼 이와 관련해서는 Review Committee for Balance of Payments Statistics, Report to the Budget Bureau, *The Balance of Payments Statistics of the United States: A Review and Appraisal* (E. M. Bernstein Report), 1965를 보라.

20. Chandler, *Benjamin Strong*, p. 421을 보라. 이로부터 몇 년 뒤 모로는 *Revue des Deux Mondes*에 쓴 기고문에서 자신은 이미 1927년 5월에 영국을 금본위제에서 이탈시킬 수 있는 힘을 갖고 있음을 알고 있었다고 밝혔다. 이 내용은 Sir Henry Clay, *Lord Norman*, 1957, pp. 228-232에서도 자세히 인용돼 있다. 모로는 그의 일기에서도 분명하게 밝히고 있는데, 1928년 2월 6일자 일기를 보면 모로가 영란은행의 제국주의에 관해 푸앵카레와 논의한 내용이 적혀 있다. "우리는 영란은행에 압력을 가할 수 있는 강력한 수단을 갖고 있습니다. 그런 점에서 유럽을 두 권역으로 나눠 각각의 권역에 대한 금융 영향력을 프랑스와 영국이 갖도록 하는 문제를 몬테규 노먼과 한번 진지하게 이야기해보는 게 유용하지 않겠습니까?"(*Souvenirs d'un gouverneur de la Banque de France*, p. 489)

21. J. K. Galbraith, *The Great Crash*, 1955, p. 16.

22. Friedman and Schwartz, *Monetary History of the United States, 1867-1960*, pp. 291ff. 페더슨은 프리드먼 및 슈워츠와 같은 입장이지만 그 이유는 다르다. 페더슨은 주식시장이 그렇게 과도할 정도로 치솟지는 않았다고 생각한다. 더구나 두 사람과는 달리 그는 주식시장 대폭락의 책임을 연방준비제도에 묻고 있을 뿐만 아니라 대폭락은 뒤이은 대공황에 결

정적이었다고 여긴다. *Essays in Monetary Theory and Related Subjects*, pp. 197ff를 보라.

23. *The Memoirs of Herbert Hoover*, vol. 3, pp. 5–13. 당시 후버의 견해는 연방준비제도 이사회 멤버인 아돌프 밀러의 지지를 받았는데, 후버는 국제적인 견지에서 지원이 필요하다는 스트롱과는 반대되는 입장이었다. 후버는 스트롱을 가리켜 "정신적으로 유럽의 2중대"라고 불렀다.(p. 8)

24. 베이엔의 지적에 따르면 네덜란드가 뉴욕에서 다수의 채권 발행을 한 것은 금리가 낮았기 때문이지 외환과 관련된 것은 아니었다. 그래서 뉴욕의 금리가 오르고 채권 가격이 떨어지자 네덜란드는 발행된 지 1년도 안 된 채권들을 급히 회수했던 것이다.(*Money in a Maelstrom*, 1949, p. 13) 해외 투자자들이 발행한 신규 채권을 발행한 지 얼마 되지도 않아 해외 채권자들이 급히 다시 사들이는 일이 종종 있다고 하지만, 이는 신규 채권이 상장 증권 거래에 제대로 잡히지 않아서 벌어지는 경우로, 잘못된 것일 수도 있다는 점에 대해서는 D. C. M. Platt, *Foreign Finance in Continental Europe and the United States, 1815-1870: Quantities, Origins, Functions, and Distribution*, 1984를 보라.

25. 새뮤얼슨은 이를 가리켜 "탈무드에나 나올 법한 딜레마"라고 부르며("Myths and Realities about the Crash and Depression," p. 9) 그가 정한 "화석처럼 남아 있는 해묵은 논쟁거리들" 가운데 다섯 번째에 올려놓았다. 주식시장이 실제 산업 생산이나 금리와는 상관없이 화폐의 거래 수요를 늘렸다는 점에 관한 보다 자세한 경제적 연구는 Alexander J. Field, "Asset Exchanges and the Transactions Demand for Money, 1919–29," 1984를 보라.

26. 앞서의 예를 보려면 이 장의 주2와 주3, 그리고 각각의 주에 나와 있는 글을 읽어보라.

27. 내가 쓴 "International Propagation of Financial Crises: The Experience of 1888–93," 1984를 보라.

28. Schacht, *The End of Reparations*, pp. 73–75, 139와 ch. 17(pp. 231ff), 그리고 Hjalmar Schacht, *Confessions of "The Old Wizard*," 1956, p. 224를 보라. 독일이 상실한 식민지에 대한 샤흐트의 병적인 집착과 관련해서는 Hjalmar Schacht, *The Stabilization of the Mark*, 1927, p. 245와 특히 p. 246을 보라. 여기서 그는 이렇게 적고 있다. "식민지 활동은 교육적으로 또 정신적으로 중요하며……어느 민족에게든 정신적인 노력이다. 식민지 활동을 통해 스스로 훈련하고 단련하는 것이다." 10년 후에도 여전히 그는 똑같은 주장을 되풀이했다. Hjalmar Schacht, "Germany's Colonial Demands," 1937, pp. 223–234를 보라.

29. Schacht, *The End of Reparations*, pp. 91.

30. Clarke, *Central Bank Cooperation, 1924-31*, p. 165.

31. Rolf E. Lüke, Von der Stabilisierung zur Krise, 1958, pp. 171–172.

32. Amos E. Simpson, *Hjalmar Schacht in Perspective*, 1969, ch. 2, "The Young Plan and After," p. 28ff.와 Sir Frederick Leith-Ross, *Money Talks, Fifty Years of International Finance*, 1968, ch. 10, "The General Strike and the Revision of Reparations," 특히 p. 119를 보라. 레이스-로스는 "샤흐트 박사의 괴팍한 성격과 과시벽"에 대해 언급하고 있다. 이 자리에 참석했던 파울 슈미트 박사 역시 자신의 회고록에서 이날 일에 대해 아무런 언급

도 하지 않았다. 훗날 히틀러의 통역관이 된 슈미트 박사는 당시 독일의 제2 통역관으로
참석했는데, 제1 통역관은 재무성 사람이었다. 슈미트 박사의 주장에 따르면 이날 모로는
푸앵카레로부터 면밀한 지시를 받았으며, 그 자리에서 화를 참지 못했던 유일한 인사는 벨
기에 대표였던 에밀 프랑키였다고 한다. Paul Schmidt, *Statist auf diplomatischer Bühne,
1923-45*, 1949, p. 166-167을 보라.

33. *The Economist*, May 4, 1929, p. 966.

34. League of Nations, *Balance of Payments, 1930*, 1932, p. 92.

35. Heinz, Pentzlin, *Hjalmar Schacht: Leben und Wirken einer umstrittenen Persönlichkeit*,
1980, p. 118.

36. Schacht, *Confessions of "The Old Wizard,"* p. 222. 펜츨린은 샤흐트가 흥분하게 된 큰 이
유는, 배상 대리사무소의 책임자인 S. 파커 길버트와 구스타프 스트레세만 재무 장관이
영 플랜에 합의를 했으면서도 스트레세만 장관이 이를 자신에게 알려주지 않았기 때문이
라고 지적했다.(*Hjalmar Schacht*, p 115) 샤흐트는 프랑스의 조치를 "졸렬하며 어리석다"고
단정지었다.(ibid., p.119)

37. Edward W. Bennett, *Germany and the Diplomacy of the Financial Crisis 1931*, 1962, p. 7.

38. Grigg, *Prejudice and Judgement*, p 228.

39. 헤이그 회의에 독일 통역관으로 참석했던 슈미트는 ridicule et grotesque라는 불어 표현을
"ridiculous and grotesque"로 옮기는 것은 부정확한 번역이라고 주장했다. 후자의 영어 표
현은 영국 의회에서 쓰일 수 있지만 전자의 불어 표현은 프랑스 국민의회에서 받아들일 수
없는 것이라는 이유였다. Schmidt, *Statist auf diplomatischen Bühne*, 1923-45, p. 178을
보라. 내가 우연히 국제법을 가르치는 프랑스 교수 르네 다비드에게 이 얘기를 했더니 더
자세한 이야기를 해주었다. 당시 그는 런던에 있었는데, 불어 번역자가 자신의 실수를 인
정하고는 다음날 사과의 말과 함께 신문에 정정보도를 실었다고 했다.

40. Leith-Ross, *Money Talks*, p. 124.

4. 농업 불황

1. Sir Arthur Salter, *Recovery: The Second Effort*, 1932, pp. 32, 37.

2. U. S. Department of State, *Foreign Relations of the United States, 1930*. vol. 1, 1945, p. vii.

3. *The Memoires of Herbert Hoover*, vol 3, pp. 61-62.

4. A. J. H. Latham, *The Depression and the Developing World, 1914-1939*, 1981, pp. 184-185.
쌀의 경우 수입국들은 점점 더 자급자족에 근접해간 반면 수출국들은 쌀 생산을 늘려가며
더욱 특화되어갔다는 근본적인 문제를 안고 있었다. 라탐에 따르면 여기에 최후의 일격이
된 것이 바로 1928-29년도에 거둔 쌀과 밀의 대풍작이었다. 이 해 쌀과 밀의 생산량은 1억
6000만 메트릭톤으로 2년 전의 1억4400만 메트릭톤이나 1920-21년도의 1억2800만 메트릭
톤보다 훨씬 많았다.(appendix table 13, p. 204)

5. 그가 쓴 *Growth and Stagnation in the European Economy*을 보라. 그와 같은 나라 출신

인 에릭 룬트베리는 제1차 세계대전 이후의 탄광, 조선, 섬유 부문에서 구조적인 요인들을 배제했는데, 이것들은 제2차 세계대전 이후에도 여전히 존재했으며 지속적인 수요가 있는 상황에서는 중요하지 않은 것으로 드러났기 때문이었다. 룬트베리가 쓴 *Instability and Economic Growth*, 1968, p. 33을 보라. 이와 반대되는 견해는 Moggridge, "Policy in Crises of 1920 and 1929"에서 볼 수 있는데, 모그리지는 1929년 당시 유동성과 수요를 유지시키려는 노력이 부족했다고 주장한다. 그가 필요했다고 말하는 것은 구조적인 조정이었는데, 그 좋은 예는 제2차 세계대전 이후 미국의 지원과 함께 유럽에 시행했던 것이다.

6. Vladimir P. Timoshenko, *World Agriculture and the Depression*, 1953, P. 25.

7. Ibid., table 10, pp. 122-123. 각각의 지수는 (괄호 안은 가중치) 면화(9)와 밀(6), 설탕(6), 고무(3), 실크(2), 커피(2), 차(1)를 표시하고 있다. 재고 수치에는 농가가 보유한 물량은 포함되지 않았으므로 그만큼 적게 나타냈다고 할 수 있다.

8. "Latin America in Depression, 1929–39," 1982, p. 336. 그는 이후에 발표한 논문 "Latin America in the 1930s," 1984, p. 20에서도 똑같은 표현을 쓰고 있다.

9. Chandler, *Benjamin Strong*, p. 267.

10. Schumpeter, *Business Cycles*, p. 739.

11. Latham, *The Depression and the Developing World, 1914-1939*, p. 178.

12. Edward Marcus, *Canada and the International Business Cycle, 1927–1939*, 1954, pp. 12, 53-56과 Vernon W. Malach, *International Cycles and Canada's Balance of Payments, 1921–33*, 1954, p. 29을 보라.

13. Wilfred Malenbaum, *World Wheat Economy, 1885-1939*, 1953, ch. 11, "Solution by International Agreement."

14. 후버 대통령은 1930년 12월 2일자 연두 교서에서 러시아가 "유럽 시장에 더 많은 농산물 수출 물량"을 판매하는 "방식"이 공황을 더욱 장기화하고 심화시키고 있다고 비난했다. 하지만 이건 아직도 1930년 이야기일 뿐이고, 최악의 상황은 아직 도래하지 않았다.

15. Michael R. Dohan, "Soviet Foreign Trade: The New Economic Policy and Soviet Industrialization Strategy," 1969, 특히 pp. 560ff를 보라.

16. Vladimir P. Timoshenko and Boris S. Swerling, *The World's Sugar: Progress and Policy*, 1957, p. 19.

17. Farrell, *American Diplomacy in the Great Depression*, 1957, p. 222.

18. E. Ronald Walker, *Australia in the World Depression*, 1933, p. 92.

19. Ibid., p. 91. 독일은 1929년에 아르헨티나의 양모 수출 물량 가운데 23%를 수입한 최대 시장이었으며, 수입이 줄어든 뒤에도 여전히 최대 시장이었다. 이와 관련해서는 Carlos J. Diaz Alejandro, *Essays on the Economic History of the Argentine Republic*, 1970, p. 21을 보라.

20. Timoshenko, *World Agriculture and the Depression*, pp. 55-56.

21. 이 대목에서 나는 Walker, *Australia in the World Depression*과 Sir Douglas Copland,

*Australia in the World Crisis, 1929–1933*의 도움을 받았을 뿐만 아니라 호주 경제사에 관한 헬렌 휴즈의 미완성 초고 2개 장에도 신세를 졌다.

22. William Adams Brown Jr., *The International Gold Standard Reinterpreted, 1914-1934*, vol. 2, p. 902. 국제연맹이 펴낸 Review of World Trade, 1934, 1934, pp. 14–15를 보면 금의 평균가격으로 표시한 상당수 상품들, 대부분 1차산품 또는 반가공품인 이들 상품의 가격은 1929년부터 1934년까지 하락한 것으로 기록돼 있는데, 이는 금 가격이 상승세를 타기 시작한 1933년 3월 이후에도 대다수 상품 가격이 계속 떨어졌음을 보여준다. 가장 큰 폭으로 떨어진 것은 실크 원사로 84%나 하락했고, 구리가 75%, 버터가 73%, 밀이 71%, 그리고 일본산 원면과 미국산 휘발유, 브라질산 커피가 각각 68% 순이었다. 그나마 풀 베는 기계는 10%, 주석은 32%, 강철 구조재는 36%, 석탄은 39%에 그쳤다. 물론 통화 가치를 평가절하한 나라들의 경우 상품가격의 하락폭이 작았다.

23. Marcus, *Canada and the International Business Cycle, 1927–1939*, p. 91.

24. Copland, *Australia in the World Crisis, 1929–1933*, pp. 103ff, 특히 p. 107을 보라. 디아즈 알레한드로는 아르헨티나의 정책 – 수입 관세를 동반한 통화 가치의 평가절하 – 이 "어느 정도는 근린궁핍화의 방식"이라고 주장했다.(*Essays on the Economic History of the Argentine Republic*, p. 102n) 그러나 아르헨티나는 1930년대에 대부분의 라틴아메리카 국가들이 외채에 대한 지불 중단을 선언했음에도 불구하고 디폴트를 선언하지 않았다는 점에 주목하라.

25. Hans Neisser, *Some International Aspects of the Business Cycle*, 1936, p. 31.

26. Milton Gilbert, *Currency Depreciation*, 1939, p. 157. 또한 Gottfried Haberler, *Prosperity and Depression*, 1937, p. 334를 보라.

27. Commission of Inquiry into National Policy in International Economic Relations, *International Economic Relations*, 1934, p. 215(quoted by C. E. Hearts, President, Iowa Farm Bureau Federation)

28. Albert Hahn, *Fünfzig Jahre zwischen Inflation und Deflation*, 1963, p. 84에서 인용한 것이다.

5. 1929년의 주식시장 붕괴

1. Robert Sobel, *The Great Bull Market: Wall Street in the 1920's*, 1968, p. 123. 소벨은 1907년의 상장주식 거래 회전율이 160%에 달했으며, 그때까지의 거래 회전율 최고치는 1901년의 319%였다고 덧붙이고 있다.

2. *The Memoirs of Herbert Hoover*, vol. 3, p. 13

3. Federal Reserve Bank of New York files, Owen D. Young (Paris) to Harrison, March 12, 1929.

4. Ibid., C. M. Woolley to Young (Paris), March 15, 1929.

5. 래리는, 외국인 투자자들이 그들의 미국 내 에이전시를 통해 브로커들에게 대출해준 해외 자금은 뉴욕 시중 은행의 예치금 유입과 브로커즈 론으로 잡혀 있다고 적고 있다.(Lary,

The United States in the World Economy, p. 114, n. 31을 보라.) 이렇게 해서 미국 내 에이전시 세 곳을 통해 대출된 금액만 1928년 말에 1억1500만 달러에 달했으며 1929년 말에는 5300만 달러였다.

6. Clay, *Lord Norman*, p. 251.

7. Clarke, *Central Bank Cooperation, 1924–1931*, pp. 162–164.

8. Clay, *Lord Norman*, pp. 297–298.

9. Federal Reserve Bank of New York files, Harrisons cable to principal European Central banks, August 10, 1929.

10. Noyes, *The Market Place*, p. 326. 유럽 은행의 부실 징후가 전혀 없었던 것은 아니다. 제7장에서 설명하겠지만 보덴크레디트안슈탈트가 1929년에 크레디트안슈탈트와의 합병으로 구제됐고, 랭카셔 지방의 은행들은 워낙 취약해 1929년 1월 8일 맨체스터의 윌리엄 디콘스 은행 대차대조표에 대해 회계 감사인이 의견을 거절하자 부득이 영란은행이 이 은행을 구제해줘야만 했을 정도다. 하지만 이는 비밀리에 이루어졌고, 따라서 우려를 야기하지는 않았다. 1929년 4월에는 영란은행과 방카 이탈로−브리타니카를 구제하기 위한 합자은행 컨소시엄이 더 다급해졌는데, 이때는 세계경제가 침체로 빠져들기 한참 전이었다. 이미 쿠오타 노반타(quota novanta, 리라 화의 통화 가치를 파운드 당 90리라 수준으로 비교적 높게 유지하는 것−옮긴이)로 손실을 본 무솔리니에게까지 손을 벌려야 할 상황이었다. Richard S. Sayers, The Bank of England, 1891–1944, 1976, vol. 1, Ch. 10, 특히 pp. 253ff, 259ff를 보라.

11. Clay, *Lord Norman*, p. 252.

12. Ibid., p. 254.

13. Marcus, *Canada and the International Business Cycle, 1927–1939*, p. 13.

14. J. C. DuPlessis, *Economic Fluctuations in South Africa, 1910–1949*, n. d. (1950 or 1951), p. 50.

15. Carl T. Schmidt, *German Business Cycles, 1924–1933*, 1934, p. 50.

16. Born, *Die deutsche Bankenkrise, 1931*, pp. 33, 38.

17. Clarence L. Barber, "On the Origins of the Great Depression," 1978.

18. Federal Reserve Bank of New York files, C. M. Woolley to Young (Paris), March 15, 1929.

19. Friedman and Schwartz, *A Monetary History of the United States, 1867–1960*, p. 306.

20. Sir W. Arthur Lewis, *Economic Survey, 1919–1939*, 1949, pp. 53–55.

21. 독일에서도 "1929년 하반기"에 주가 지지를 위해 은행들이 이와 비슷한 컨소시엄을 만들었으나 실패했고, 결국 주가 하락으로 수백만 라이히스마르크의 누적 손실만 기록했다. Manfred Pohl, *Herman J. Abs: A Biography in Text and Picture*, 1983, p. 26을 보라. 독일 주식시장의 최고 정점은 1927년 4월에 기록한 175(1924~26년을 100으로 할 때)인데, 1928년 6월에는 148로, 1929년 9월에는 125로 떨어지더니 1929년 12월에는 뉴욕 시장의 폭락

과 동조화해 107을 기록했다.

22. Friedman and Schwartz, *A Monetary History of the United States, 1867-1960*, p. 305n.

23. 주드 와니스키는 합리적 기대가설에 기초해 또 다른 설명을 내놓고 있다. 즉, 이것은 주식 시장이 예기치 못한 사건에 대응한 것으로, 이와 연관된 경제 모델의 결과에 부합하게 적절히 가치를 조정했다는 것이다.(*The Way the World Works*, 1977, p. 130) 그의 견해에 따르면, 1929년 10월 24일의 주식시장 폭락 사태는 카바이드에 대한 관세율 인상안을 유보하려는 일부 의원들의 시도를 거부한 상원 소위원회의 조치에 대응한 것이었다. 이 사건은 당시 *New York Times*의 안쪽 면에 실리긴 했지만 스무트-홀리 관세법이 통과되고 후버 대통령이 여기에 서명함으로써 외국의 관세 보복이 뒤따르게 된 9개월 후에나 예상할 수 있는 일이었다. 대부분의 경제학자들은 미래의 가상 사건에 대해 시장이 그렇게 통찰력 있게 내다보고, 또 그리도 즉각적이고 격렬하게 반응할 수 있는지에 대해 회의적이다.

24. Noyes, *Market Place*, p. 333.

25. Sobel, *The Great Bull Market*, p. 149.

26. Lary, *The United States in the World Economy*, pp. 117, 119.

27. Elmus R. Wicker, *Federal Reserve Monetary Policy, 1917–1933*, 1966, p. 147.

28. Milton Friedman in *Newsweek*, May 25, 1970, p. 78.

29. Marcus, *Canada and the International Business Cycle, 1927-39*, pp. 64, 69. 캐나다는 뉴욕 주식시장의 상승기에 투자됐던 자본이 빠져나가면서 1929년에 사실상의 금본위제 포기 압력까지 받게 됐다. Ronald A. Shearer and Carolyn Clark, "Canada and the Interwar Gold Standard, 1920–35: Monetary Policy without a Central Bank," 1984, 특히 pp. 293ff와 fig. 6, 7을 보라.

30. William F. Butler, "Is Another Great Depression Possible?" 1969, p. 5.을 보라.

31. *The Memoirs of Herbert Hoover*, vol. 3, p. 50.

32. Frederic S. Mishkin, "The Household Balance Sheet and the Great Depression," 1978.을 보라.

6. 끝없는 추락

1. Robbins, *The Great Depression*, p. 72.

2. James W. Angell, *The Recovery of Germany*, 1932, p. 359.

3. Federal Reserve Bank of New York files, Harrison cable to Moreau, July 31, 1930; Moret cable to Harrison, August 2, 1930.

4. "멜런 재무 장관이 주도하고 있는 '청산주의자들은 그냥 놔두자'는 움직임은……정부가 팔짱을 낀 채 침체를 겪는 부문들로 하여금 스스로 정리하도록 방치하는 느낌이다. 멜런에게는 단 한 가지 공식밖에 없다. '노동자도 정리하고, 주식도 정리하고, 농민도 정리하고, 부동산도 정리하라'는 것이다. 멜런 장관은 사람들이 인플레이션을 자주 떠올리게 되면 그들의 머릿속에서 그걸 제거할 수 있는 유일한 방법은 그런 생각이 물러나도록 놔두는 것이라

고 주장했다. 그는 이렇게 말한다. '그렇게 함으로써 시스템의 썩은 부분이 깨끗이 씻겨나 갈 것이다. 높은 생활비는 낮아질 것이다. 사람들은 더 열심히 일할 것이고, 보다 도덕적인 삶을 살아갈 것이다. 가치는 새로이 조정될 것이며, 경쟁력이 떨어지는 사람들에게서 나온 파편들을 진취적인 사람들이 주워 모을 것이다.'"(The Memoirs of Herbert Hoover, vol. 3, p. 30) 폴 존슨은 멜런의 이런 주장이야말로 후버가 대통령 재임 기간 중 들은 유일한 합리적 조언이었다고 지적한다.(Modern Times, p. 244)

5. Hans Neisser and Franco Modigliani, *National Incomes and International Trade: A Quantitative Analysis*, 1953, p. 131-134.

6. Friedman and Schwartz, *A Monetary History of the United States, 1867-1960*, p. 304.

7. Jeffrey Sachs, "LDC Debt in the 1980s, Risk and Reform," 1982, p. 227.

8. Schumpeter, *Business Cycles*, vol. 2, p. 911.

9. Heywood Fleisig, "The United States and the Non−European Periphery During the Early Years of the Great Depression," 1972.

10. Joseph M. Jones, Jr., *Tariff Retaliation, Repercussions of the Smoot-Hawley Bill*, 1934.

11. *The Memoirs of Herbert Hoover*, vol. 3, p. 291.

12. Lewis, *Economic Survey, 1919–1939*, p. 60−61.

13. Meltzer, "Monetary and Other Explanations of the Start of the Great Depression."

14. 무엇보다 다음 논문들에 나오는 구절들을 읽어보라. Brunner, ed., *The Great Depression Revisited*: Anna J. Schwartz (p. 22); Robert J. Gordon and James A. Wilcox (pp. 82ff); 조금 모호하기는 하지만 Allan H. Meltzer (p. 150); Karl Brunner (pp. 331–332).

15. Sachs, "LDC Debt in the 1980s," p. 226을 보라.

16. E. E. Schattschneider, *Politics, Pressures and Tariffs: A Study of Free Private Enterprise in Pressure Politics as Shown by the 1929–30 Revision of the Tariff*, 1935, p. 283-284.

17. Ibid., p. 293.

18. Salter, *Recovery: The Second Effort*, pp. 172-173.

19. 케인스는 자유무역주의자면서도 파운드 화를 1923년 금 평가로 복귀시키는 데 반대했고, 관세 및 수출 보조금의 지지론자면서도 1930~1931년에 파운드 화의 평가절하를 지지하지 않았다. 막상 파운드 화가 평가절하되자 케인스는 자신의 관세 지지 입장을 순화시켰는 데, 그렇다고 해서 자신의 입장을 바꾸지는 않았다. 배리 아이켄그린은 이런 자세 변화를 통해 분명하면서도·일관된 그의 궤적을 찾아낸다. 이와 관련해서는 그가 쓴 "Sterling and the Tariff, 1929-32," 1981과 "Keynes and Protection," 1984를 보라. 마크 토마스는 그러나 뒤의 논문에 대해 논하면서("Discussion," 1984) 케인스가 자유무역에 대한 그의 생각을 완전히 바꾸었다고 하는 일반적인 언급 역시 과장된 것만은 아니라고 지적한다. 이에 대해서는 Alec Cairncross and Barry Eichengreen, *Sterling in Decline*, 1983, pp. 53ff도 읽어 보라.

20. Ian M. Drummon, *Imperial Economic Policy, 1917-39: Studies in Expansion and Protec-*

tion, 1974.

21. Grigg, *Prejudice and Judgement*, pp. 243-245.

22. Maurice Niveau, *Histoire des faite économiques contemporains*, 1969, p. 231. 후버에 대해 매우 비판적인 견해를 읽으려면 Rothbard, *America's Great Depression*, ch. 7을 보라. 그는 이 프로그램은 인플레이션을 유발하는 것이며, 후버야말로 "미국에 뉴딜을 심은 인물로 기억해야 할 것"이라고 지적했다.(p. 168)

23. Wicker, *Federal Reserve Monetary Policy, 1917–1933*, pp. 150-153.

24. Friedman and Schwartz, *A Monetary History of the United States, 1867–1960*, p. 370.

25. Ibid., p. 392.

26. Ibid., p. 309.

27. 프리드먼과 슈워츠는 시중 통화량이 횡보 상태를 유지하다 1930년 10월에 감소하기 시작했다고 주장한다. 이는 이들 자신이 제시한 수치만 봐도 수긍하기 어렵다.

	현금과 요구불예금 (십억 달러)	현금과 시중은행 예금	현금과 시중은행 예금, 저축은행 및 우체국 예금
1929년 8월	26,471	46,278	55,303
1930년 9월	25,042	45,080	54,502
1931년 3월	24,758	43,882	53,839
1931년 12월	21,894	37,339	47,913

출처: Ibid., basic tables, pp. 712-713.

28. Vaubel, "International Debt, Bank Failures and the Money Supply," p. 253. 보벨은 민간 장기채권과 실물 자산으로부터 리스크가 적은 할인 가능한 단기채권으로의 극적인 자금 이동이 있었을 수 있다는 점을 인정한다. "만일 그렇다면 [유동성 확장을 위한 공개시장 조작 혹은 재할인을 통해서] 정부 발행 채권을 사들여 통화를 공급하는 것보다 통화도 공급하고 동시에(그가 강조한 것이다) 정부 채권도 발행하는 것(적자 예산을 조달하기 위해)이 더 적절할 것이다." Ibid., p. 253. n. 4. 1930년대에 있었던 이 같은 극적인 자금 이동은 그림8과 그림9를 보면 분명하게 드러나는 것 같은데, 그저 통화량이 어떻게 변했는지 단순하게 생각해보면 된다.

29. Eugen Nelson White, "A Reinterpretation of the Banking Crisis of 1930," 1984을 보라.

30. John Berry McRerrin, *Caldwell and Company: A Southern Financial Empire*, 1939, 1969를 보라.

31. Elmus R. Wicker, "A Reconsideration of the Causes of the Banking Panic of 1930," 1980.

32. Beyen, *Money in a Maelstrom*, 1949, p. 45.

33. Rudolf Stucken, *Deutsche Geld- und Kreditpolitik 1914 bis 1963*, 1964, p. 71n. 이 수치들은 1933년 조사에 의한 것으로, 대개 인용되는 레이턴-위긴스의 수치보다 7월 말 잔액이 더 많은데, 80억 라이히스마르크가 아닌 131억 라이히스마르크로 잡고 있다.

34. 디트마르 케세는 국제수지 데이터에서 국내 자본의 유출이 외국 자본의 인출보다 더 중요했다고 주장한다. 이런 경우는 거액의 "오차와 누락" 항목이 국내 자본의 도피와 연관될 때 가능한 일이지만, 케세 역시도 오차와 누락의 대부분이 외국인들의 무역 신용 갱

신 실패에 따른 것임을 인정했다.("Die volkswirtschaftlichen Gesamtgrössen für das Deutsche Reich in den Jahren 1925–1936," 1967, pp. 70ff)

35. 이 부분은 Born, *Die deutsche Bankenkrise*, 1931에서 많은 도움을 받았다.

36. Keese, "Die volkswirtschaftlichen Gesamtgrössen," p. 39.

37. Heinrich Brüning, *Memoiren, 1918–1934*. 1970, p. 199을 보라. 여기서 브뤼닝은 배상 내용의 개정 필요성이 협력 정당들의 불만을 잠재웠고, 미국과 영국도 당시(1930년 10월) 부정적인 반응 없이 충분히 이해했다고 밝히고 있다.

38. Bennett, *Germany and the Diplomacy of the Financial Crisis, 1931*, p. 22, 26.

39. Born, *Die deutsche Bankenkrise*, 1931, pp. 19–22.

40. Beyen, *Money in a Maelstrom*, p. 82. 베이엔은 담보가 없다는 사실을 외국 은행들도 알고 있었다는 한 독일 회사의 주장을 지적하고 있다. 실은 내가 1933년에 컬럼비아 대학에서 수강한 화폐은행론 수업에서 랄프 로리는 한 뉴욕 은행가의 이야기를 자세히 들려주었는데, 독일 거래처 한 곳이 그의 은행 앞으로 발행한 수많은 어음을 합산해 보니 우수리 금액만 더해도 수백만 단위가 됐다는 것이다.

41. Born, *Die deutsche Bankenkrise*, p. 60–61.

42. Gianni Toniolo, "Per un' analisi comparata delle cause delle crisi bancarie nell' Europa dei primi anni Trenta," 1982, 특히 pp. 226–228, 231–234를 보라. 이 논문은 로마은행이 창립 100주년을 맞아 개최한 회의 결과물 가운데 양차 세계대전 사이의 은행과 산업에 관한 여러 권 중 하나에 들어 있다. 영어로 번역된 전문가 논문 일부가 *Journal of European Economic History*의 특별호인 *Banks and Industry in the Interwar Period*, 1984에 실려 있다.

43. Jean Bouvier, "Le banche francesi, l'inflazione e la crisi economica, 1919–1939," 1982, esp. fig. 3, p. 18, and fig. 4, p. 19.

44. Gabriel Tortella Casares and Jordi Palafox, "Banche e industria in Spagna, 1918–1936," 1982.

45. Gianni Toniolo, *L'economia dell' Italia fascista*, 1980, pp. 215–216.

46. Ibid., pp. 206–207.

47. Gianni Toniolo, "Crisi economica e smobilizzo pubblico delle banche miste (1930–1934)," 1978, pp. 300–301.

48. Ibid., p. 301, n. 64.

49. Lewis, *Economic Survey, 1919-1939*, p. 55.

50. Ibid., p. 46.

51. Fleisig, "United States and the Non–European Periphery in the Early Years of the Great Depression," p. 35.

52. Lewis, *Economic Survey, 1919-1939*, p. 56.

53. John Maynard Keynes, "The Great Slump of 1930," 1930, p. 136.

54. Fleisig, "United States and the Non-European Periphery in the Early Years of the Great Depression," p. 42.

55. Stephen Triantis, *Cyclical Changes in Trade Balances of Countries Exporting Primary Products, 1927–1933*, 1967, p. 32.

7. 1931년

1. Born, *Die deutsche Bankenkrise, 1931*, p. 75.

2. Sauvy, *Histoire économique de la France entre les deux guerres*, vol. 1, pp. 413ff.

3. 1930년에 금 수송점의 정확한 수치는 프랑스은행이 순금 대신 표준금을 수령하는 것을 거부하는 바람에 언제든 변동될 수 있었다. 당시 금 수송점은 정제공장의 가동률이 100%일 경우 표준금을 정제하는 데 들어가는 비용과 시간에 따라 결정됐고, 그렇지 않을 경우에는 독일 같은 제3국에서의 표준금과 순금의 교환 가능성에다 금 수송에 들어가는 추가 비용을 더해 결정됐다. Paul Einzig, *International Gold Movements*, 1932, ch. 12, 특히 pp. 101ff를 보라. 내가 이 문제에 주의를 기울이게 된 것은 다른 누구보다 D. E. 모그리지 덕분이었다.

4. Clarke, *Central Bank Cooperation, 1924-31*, p. 178.

5. Ibid., p. 177.

6. Robert Skidelsky, *Politicians and the Slump: The Labour Government of 1929–31*, 1967, p. 285–286

7. Clarke, *Central Bank Cooperation, 1924-31*, p. 180.

8. Beyen, *Money in a Maelstrom*, 1949, p. 52.

9. März, "Comment," p. 190.

10. Jeanneney, "De la speculation financière comme arme diplomatique," p. 25.

11. März, "Comment."

12. K. W. Rothschild, *Austria's Economic Development between the Two Wars*, 1947, p. 47.

13. Vera Micheles Dean, "Austria: The Paralysis of a Nation," 1933, p. 259.

14. Rudolf Nötel, "Money, Banking, and Industry in Interwar Austria and Hungary," 1984, p. 162.

15. Friz Georg Pressburger, "Die Krise der Österrichischen Creditanstalt," 1969, p. 83.

16. Walter Federn, "Der Zusammenbruch der Österreichischen Kreditanstalt," 1932.

17. Julius Curtius, *Sechs Jahre Minister der Deutschen Republik*, 1948, p. 118–119.

18. 새켓 대사가 미 국무부에 보낸 1931년 3월 24일자 급송 문서를 보라. "독일 언론 가운데 일부는 이번 합의를 조약 규정을 무력화하는 첫걸음이라고 단정하고 있다." (Department of State, *Foreign Relations of the United States, 1931*, vol. 1, 1946, p. 570)

19. Born, *Die deutsche Bankenkrise, 1931*, p. 56.

20. Federn, "Der Zusammenbruch der Österreichischen Kreditanstalt," p. 421.

21. Clarke, *Central Bank Cooperation, 1924-31*, p. 189.

22. 보른은 노먼이 모두 합쳐 1억5000만 실링을 빌려주었다고 하는데, 이는 잘못된 것이다.(*Die deutsche Bankenkrise, 1931*, p. 66)

23. Bennett, *Germany and the Diplomacy of the Financial Crisis, 1931*, p. 23.

24. Ibid., p. 117, 여기서는 1931년 5월 27일자 및 6월 10일자 *Deutsche Allgemeine Zeitung*을 인용하고 있다.

25. *The Memoirs of Herbert Hoover*, vol. 3, p. 64-67.

26. Ibid., p. 67; 또한 p. 189도 보라.

27. 카르슈태트와 노르트볼레가 처했던 어려움은 당시 델부르크, 쉬클러 은행의 파트너였으며, 훗날 도이체방크의 은행장이 된 헤르만 J. 압스가 일부 책임이 있는데, 이에 대한 설명은 Pohl, *Hermann J. Abs*, pp. 27-30을 보라.

28. Born, *Die deutsche Bankenkrise, 1931*, p. 75.

29. Morison, *Turmoil and Tradition*, pp. 347-350과 Stimson and Bundy, *On Active Service in Peace and War*, pp. 202-206을 보라.

30. Clarke, *Central Bank Cooperation*, p. 193. 클라크는 뉴욕 연방준비은행이 이사회로부터 라이히스방크에 대한 5000만 달러의 대출을 승인 받았다고 적고 있다. 루터는 이보다 훨씬 더 많은 금액을 요청했었으나, 단지 1억 달러만 제공되자 부족한 금액을 드러내지 않기 위해 아직 집행되지 않은 자금을 발표해줄 것을 요구했다. 그러나 부주의로 인해 그 금액이 알려지게 된 것이다. 해외 대부자들의 자금 인출은 6월 27일 다시 시작됐다. Born, *Die deutsche Bankenkrise, 1931*, p. 82-83을 보라.

31. Department of State, *Foreign Relations of the United States*, 1931, vol. 1, p. 46.

32. 프랑스의 시각에 매우 동정적이면서도 보다 광범위한 파급은 무시하고 있는 당시의 설명을 알려면 H. F. Armstrong, "France and the Hoover Plan," 1931을 보라.

33. 이것은 정부 관리가 항공기를 이용해 출장을 간 첫 사례로, 워싱턴에 있던 후버 대통령과 유럽에 가있던 스팀슨 장관 및 멜런 장관이 대서양 횡단 전화를 사용해 처음으로 공식 통화한 지 불과 한 달만의 일이었다.

34. Pohl, *Hermann J. Abs*, p. 33.

35. 폴 M. 워버그가 자기 재산의 절반에 달하는 금액을 구제금융 자금으로 뉴욕의 워버그 은행에서 함부르크의 워버그 은행으로 보낸 데 대한 설명은 James P. Warburg, *The Long Road Home: The Autobiography of a Maverick*, 1964, p. 92, 98을 보라. 워버그의 말로는, 뉴욕의 은행들이 훗날 다나트방크로 판명된, 독일의 가장 취약한 은행에 대한 지원 자금으로 5000만 달러를 준비해두었지만, 브뤼닝이 눈물까지 글썽거리면서도 막상 아무런 설명 없이 이 같은 구제 자금 제안을 거절했다는 것이다. 나중에야 드러났지만 이는 다나트방크가 힌덴부르크 대통령의 아들인 오스카에게 1000만 라이히스마르크를 부정 대출해주었고, 정부는 이 같은 사실이 드러나는 것을 원치 않았기 때문이다.

36. Federal Reserve Bank of New York files, cable Norman to Harrison, July 3, 1931.

37. Clarke, *Central Bank Cooperation, 1924-31*, p. 199.

38. Morison, *Turmoil and Tradition*, p. 353.

39. Stimson and Bundy, *On Active Service in Peace and War*, p. 209.

40. Ibid., p. 208.

41. Great Britain, Committee on Finance and Industry, Report, Cmd. 3897, 1931.

42. Skidelsky, *Politicians and the Slump*, p. 340.

43. Born, *Die deutsche Bankenkrise, 1931*, p. 66; 또한 Bennett, *Germany and the Diplomacy of the Financial Crisis, 1931*, p. 152를 보라.

44. Willard Hurst, "Holland, Switzerland and Belgium and the English Gold Crisis of 1931," 1932.

45. David Williams, "London and the 1931 Financial Crisis," 1963, pp. 524, 527ff.

46. Andrew Boyle, Montagu Norman, 1967, p. 266.

47. Clarke, *Central Bank Cooperation, 1924-31*, pp. 207-209.

48. 거국 내각 구성에 관한 자세한 설명은 R. Bassett, *Nineteen Thirty-One: Political Crisis*, 1958을 보라.

49. Grigg, *Prejudice and Judgement*, p. 257.

50. John Williamson, ed., *IMF Conditionality*, 1983을 보라.

51. 데이비드 디바인(*Indictment of Incompetence: Mutiny at Invergorden*, 1970)에 따르면, 그것은 반란이라기 보다는 파업이었다. 밴시터트는 이를 가리켜 "시위"라고 불렀지만(*The Mist Procession: The Autobiography of Lord Vansittart*, 1958) "유럽에서는 혁명이 시작됐으며, 군대는 급여를 받지 못하고 있고 폭도들은 굶주리고 있다"고 썼다.(p. 425)

52. 금과 외화 유출의 일간 추이는 Cairncross and Eichengreen, *Sterling in Decline*, p. 68을 보라.

53. Leith-Ross, *Money Talks*, p. 139n. 이 책에서 저자는 중앙은행간 협력이 그의 전임자들 때에 비해 훨씬 긴밀해졌다고 덧붙이고 있다. 이런 견해는 중앙은행간 협력이 1928년 중반까지는 유효했지만 그 뒤로는 실패했다는 클라크의 전제(*Central Bank Cooperation, 1924-31*, esp. p. 220)와 다소 모순되는 것이다.

54. Public Record Office, Treasury File T. 160/439/F12712 Dutch Sterling Balances at Bank of England, Aide-mémoire left by M. R. Van Swinderen at Foreign Office, January 21, 1932. Paul Einzig, *The Comedy of the Pound*, 1933, p. 44에서는 이 전문을 거의 같은 표현으로 싣고 있다. 정확한 출처는 D. E. 모그리지가 제공해주었다.

55. Clarke, *Central Bank Cooperation, 1924-31*, p. 214, n. 104; 또한 Swiss National Bank의 결산 보고서 *Federal Reserve Bulletin*, April 1932, p. 252를 보라.

56. Herman van der Wee and K. Tavernier, *La Banque Nationale de Belgique et l'histoire monétaire entre les deux guerres mondiales*, 1975, ch. 5, esp. pp. 437-440.

57. Fernand Baudhuin, *Histoire économique de la Belgique, 1914–1938*, 1946, vol. 1, pp.

249-250.

58. Van der Wee and Tavernier, *La Banque Nationale de Belgique*, p. 241.

59. Einzig, *The Comedy of the Pound*, p. 32-33, 43-44. 프랑스의 잔고에 관한 미 재무부의 기록은 이에 대한 논리적인 설명이 되지 않는다.

60. Grigg, *Prejudice and Judgement*, p. 184.

61. Clay, *Lord Norman*, p. 405.

62. Jürgen Schliemann, *Die deutsche Währung in der Weltwirtschaftskrise, 1929-33: Wärungs-spolitik und Abwertungskontroverse unter den Bedingungen der Reparationen*, 1980, pp. 183-190. 슘페터는 이를 가리켜 영국이 라이히스마르크의 평가절하에 반대했다는 점을 "틀림없이 알고 있는 사람"의 의견이라고 인용했지만, 사실 그 자신은 평가절하에 회의적이었다.(*Business Cycles*, p. 943) 이로부터 20년 뒤 브뤼닝은 한 인터뷰에서 그로트코프에게 당시 영국은 독일의 평가절하를 영 플랜 위반으로 생각했다고 말했다. 그러나 이 문제에 관해서는 정반대의 견해도 충분히 있다. 아무튼 독일은 전자를 선택했다.

63. Schliemann, *Die deutsche Währung in der Weltwirtschaftskrise, 1929-33*, pp. 236-248, esp. p. 236, n. 2. 슐리만이 보기에 달베르그와 그래벨은 1930년 12월에 20%의 평가절하에 명백히 반대했는데, 이는 당시 파운드 화의 평가절가 폭인 30%에 훨씬 못 미치는 것이었다.(p241)

64. Born, *Die deutsche Bankenkrise, 1931*, p. 45, 미국 정부가 공식적으로 반대했는지는 분명하지 않다. 그러나 체이스 내셔널 뱅크의 보수적인 이코노미스트인 벤저민 M. 앤더슨은 *Deutsche Volkswirt*와 가진 인터뷰에서 자신은 당시 미국 쪽에서는 독일의 평가절하를 은행권 지폐의 새로운 인플레이션을 알리는 신호로 받아들일 것이라고 말했다고 전했다.

65. Hahn, *Fünfzig Jahre zwischen Inflation und Deflation*, pp. 106-107. 브뤼닝과 루터가 기본적으로 의사결정에서 큰 차이가 있었는지, 아니면 외적인 환경과 여론으로 인해 자제했던 것인지는 아직껏 논란이 되고 있다.

66. Hans Luther, *Vor dem Abgrund, 1930-1933: Reichsbankprasident in Krisenzeiten*, 1964, p. 53-54.

67. Heinrich Brüning, "Keine Reparationen mehr," a speech before the Reichsparteiausschuss of the German Center party on November 5, 1933, in Wilhelm Vernekohl, ed., *Reden und Aufsätze eines deutschen Staatsmannes*, 1968, p. 75. 10월의 금 태환은 프랑스 정부가 미국으로 하여금 독일의 배상 문제에 대해 프랑스의 입장을 지지해주도록 압력을 가한 것이라는 브뤼닝의 시각에 주목하라.(*Memoiren*, 1918-1934, p. 431)

68. W. S. Woytinsky, *Stormy Passage. A Personal History through Two Russian Revolutions to Democracy and Freedom, 1905-1960*, 1961, p. 467. 공황의 처방책에 대한 마르크스 사상의 보수적 성향에 관해서는 Adolf Sturmthal, *The Tragedy of European Labor, 1918-1939*, 1943, part 3, "Labor in the Great Depression"과 ch. 7을 보라. 슈트름탈은 손꼽히는 사회주의 전문가인 프리츠 나프탈리가 그의 책 *Wirtschaftskrise und Arbeitslosigkeit* (Berlin:

1930)에서 쓴 내용, 즉 위기는 반드시 내재하는 과정을 밟게 돼 있다는 점을 인용하고 있다.(pp. 86-87) "통화를 건드리지 말라"는 좌파 거의 모두가 동의하는 슬로건이었는데, 한편으로는 자유방임의 원칙 때문이었지만, 또 한편으로는 임금이 물가를 따라잡지 못하고 노조의 자금이 하루아침에 휴지조각이 돼 버렸던 1923년의 인플레이션에 대한 기억 때문이기도 했다.(pp. 87-88)

69. Hahn, *Fünfzig Jahre zwischen Inflation und Deflation*, p. 80.

70. Ernesto Cianci, in the "Debate," in Banco di Roma, *Banca e Industrie fra le due guerre*, vol. 1, 1981, p. 163.

71. Patrick, "The Economic Muddle of the 1920s," p. 256.

72. Eigo Fukai, "The Recent Monetary Policy of Japan," in A. D. Gayer ed., *The Lessons of Monetary Experience. Essays in Honor of Irving Fisher*, 1937, p. 391.

73. 이 대목의 주요 내용은 다카하시 대장성 장관의 리플레이션 정책에 관한 표준적인 연구서가 없다는 점을 알고 있는 고미야 류타로가 나에게 전해준 것이다. *Who's Who in Japan, 1930-1931*에 의하면, 다카하시는 1854년 7월생으로 요코하마에서 영어를 공부하고, "1867년에 미국으로 유학을 갔으며, 교활한 미국인 후견인의 사기 행각으로 몇 달간 노예 같은 생활을 하다가 다음해 귀국했다. 1875년에는 오사카 영어학교장을 맡았고, 특허국장으로 있다가 1890년에 사임한 뒤 독일인 협잡꾼이 횡령해간 은광을 개발하기 위해 페루로 갔다." 그의 일본에서의 은행 경력은 1891년에 시작됐고, 공직에는 1904년에 입문했는데, 그해에 "영국과 미국에서의 대출자금 모집을 위한 금융 대리인에 임명돼 중요한 임무 수행 차 두 차례 파견됐다." 다카하시의 이력과 견해를 알려면 Dick K. Nanto and Shinji Takagi, "Korekiyo Takahashi and Japan's Recovery from the Great Depression," *American Economic Review*, 1985를 보라.

74. A. Neytzell de Wilde and J. Th. Moll, *The Netherlands Indies during the Depression: A Brief Economic Survey*, 1936, pp. 57, 58. 일본 제품의 수출 급증은 평가절하 이전에 시작됐지만 일본산 실크의 대미 수출이 반감한 뒤 가속화됐다. 면직물의 경우 일본의 네덜란드령 동인도 시장 점유율은 1928년에 30%였던 것이 1931년에는 48%로, 1933년에는 76%로 높아졌다. (p. 54)

75. Federal Reserve Bank New York files.

76. Ibid.

77. Ibid., memorandum of November 24, 1931.

78. Ibid., letter of December 18, 1931.

79. Ibid.

80. 에밀 디프리는 자신의 논총論叢 서문에서 이를 자세하게 이야기하고 있다. 그가 1931년 10월에 선상에서 W. 랜돌프 버게스의 서명을 받아 뉴욕 연방준비은행에 금리 인상을 강력히 반대한다는 전보를 보냈는데, 이것이 연준 이사회의 결정에 영향을 미쳐 결국 금리 인상이 하루 늦춰졌다고 한다. "이때의 정책 개입은 늘 내 인생의 한 장면처럼 떠오른다."

International Economic Reform: The Collected Papers of Emile Despres, 1973, p. xii를 보라.

81. Wicker, *Federal Reserve Monetary Policy, 1917–1933*, p. 169.

82. Friedman and Schwartz, *A Monetary History of the United States, 1867–1960*, p. 322.

83. 다음 표를 보라.

1931년 3월에서 1933년 6월 사이 미국의 경제지표 (계절 변동치 조정, 1923-1925년=100)

	산업생산	건설계약	공장고용	공장급여
1931년 3월	87	77	78	75
1931년 8월	78	59	74	64
1931년 9월	76	59	73	62
1932년 6월	59	27	60	43

	화물차적재량	물가	현금 및 요구불예금 (십억 달러)	수입액 (계절 변동치 미조정, 백만 달러)
1931년 3월	80	76	24.8	205.7
1931년 8월	72	72	23.4	168.7
1931년 9월	69	71	23.4	174.7
1932년 6월	52	64	20.4	112.5

출처: *Federal Reserve Bulletin*, various issues.

84. Helen Manning Hunter, "The Role of Business Liquidity During the Great Depression and Afterwards: Differences Between Small and Large Firms," 1980.

85. Ben S. Bernanke, "Non−monetary Effects of the Financial Crisis in the Propagation of the Great Depression," 1983. 이 글에서는 상품가격과 금융자산 가격이 채무 디플레이션에 영향을 미칠 수 있다는 점을 명시적으로 다루지 않는다. 가령 시기별 가격을 나타내지 않고 있다. 다만 1930−33년의 부채 위기가 채무자의 부채 부담 대비 담보 가치의 급격한 하락이라는 점에서도 생각해볼 수 있게 해준다는 점에서 유용하다.(p. 265) 이 글은 또한 영국의 금본위제 이탈이 다른 어떤 사건보다도 "미국의 산업 생산 흐름과 (기껏해야) 아주 간접적으로 연관돼 있다"는 입장이어서 이 장의 설명과 다소 차이가 있다.

86. Eugene Nelson White, "A Reinterpretation of the Banking Crisis of 1930," 1984. 이 같은 해석에 대한 반대 사례는, 비록 설득력이 아주 강한 것은 아니지만, 1930년 11월에 있었던 120개의 은행과 금융회사를 거느린 콜드웰 금융 체인망의 붕괴를 들 수 있을 것이다.

8. 디플레이션의 지속

1. John Maynard Keynes, "The Consequences to the Banks of the Collapse of Money Values," 1931, pp. 151, 157, quoted by Richard F. (Lord) Kahn, *The Making of Keynes' General Theory, 1984*, pp. 132−133.

2. 그러나 케인스는 파운드 화의 금본위제 이탈로 인해 관세는 더 이상 필요하지 않다고 생각했다. 1931년 9월 28일자 *Times*에 실린 그의 서한을 보라. J. M. Keynes, *Essays in Persuasion*, 1932, p. 286−287에 재수록 돼 있다.

3. Luther, *Vor dem Abgrund, 1930–1933*, p. 131ff.

4. Gottfried Reinhold Treviranus, *Das Ende von Weimar: Heinrich Brüning und seine Zeit*, 1968, p. 173. 다른 대안이 있었는지의 여부는 오늘날까지도 여전히 논란거리인데, 앞서 라이히스마르크를 평가절하해야 할 것인지 말 것인지에 대한 논의를 다룬 제7장의 주62에서 지적한 바 있다. 아무튼 이 같은 결정은 국내적으로 디플레이션 성향의 거시정책을 함축한 것이었다. 왜냐하면 통화 가치가 과대평가된 상태에서 외환 통제를 통해 국제수지 적자를 막는다는 것은 (독일처럼 엄격한 나라라 해도) 그 효과가 별로 없었을 것이기 때문이다.

5. 라우텐바흐 계획의 원문에 제일 가까운 것은 그의 비망록 "Deficit policy? Reichsbank endorsements as catalyst of the way out of despair—without foreign capital!"로 Wilhelm Lautenbach, *Zins, Kredit und Produktion*, 1952, pp. 137–156에 실려있다. 이 비망록은 1931년 8월 9일자 최초 원본, 그리고 이와는 다소 차이 나는 구절들이 들어있는 9월 9일자의 수정본이 있는데, 앞서 "Foreign Capital as Catalyst"라는 제목으로 '실업 문제에 관한 브라운스 위원회'(뢰프케도 참여했다)에 제출된, 해외에서 자금을 조달한 공공사업으로 경제 회복을 꾀하자는 내용의 날짜 없는 에세이의 뒤를 잇는 것이다.

Zins, Kredit und Produktion(이자, 신용 및 생산)은 볼프강 슈튀첼이 라우테바흐 사후에 편집한 것으로, 독일 경제성이 라우텐바흐의 경제 사상에 대한 공헌을 높이 평가하고 있다는 뢰프케의 서문이 들어있다. 라우텐바흐의 철학에 대한 전체적인 설명은, 인명색인에 그의 이름이 33번이나 나와있고, p38, n. 4에 그의 간략한 전기까지 실려있는 Grotkopp, *Die große Krise*를 보라.

라우텐바흐 계획은 1931년 9월 15일 열린 라이히스방크의 한 회의에서 진지하게 논의되었는데, 누구보다도 잘린과 힐퍼딩, 뢰프케가 반대했다. 그러나 파운드 화의 금본위제 이탈 이후 잘린은 루터와 라우텐바흐 계획에 대해 협의하기 위해 10월 3일 바젤에서 베를린으로 왔고, 잘린은 국제결제은행의 일부 직원들이 라우텐바흐 계획을 지지하고 있다고 전했다. Luther, *Vor dem Abgrund, 1930-1933*, p. 23. 또한 George Garvey, "Keynes and the Economic Activities of Pre-Hitler Germany," 1975를 보라.

보르차르트는 케인스 이전의 케인지언으로서 라우텐바흐에 대한 일반적인 평가와 달리 한다. 그는 라우텐바흐가 (영국의 금본위제 이탈 이전부터) 생활비와 물가의 디플레이션을 촉구했으며, 영국의 금본위제 포기를 격렬하게 비난하면서 독일의 금본위제 유지를 주장했다는 점을 들고 있다. 이와 관련해서는 Borchardt, "Zur Aufarbeitung der Vor- und Frühgeschichte der Keynesianismus in Deutschland," 1982를 보라.

6. Grotkopp, *Die große Krise*, pp. 179ff. 바게만 계획은 1934년 독일 은행 개혁의 기초가 되었다.

7. Ibid.; Woytinsky, *Stormy Passage*, pp. 466ff를 보라. 바데는 보이틴스키가 국내 공공사업을 위한 보이틴스키-타르노프-바덴 계획에서 가장 중요한 역할을 했다고 밝히고 있는데, 이 계획은 1931년 12월에 초안이 작성됐으나 1932년 4월 13일에야 독일 노동조합총동맹(ADBG)에 의해 발표됐다. 그의 에세이 *"Fighting Depression in Germany"* in Emma S. Woytinsky, ed., *So Much Alive: The Life and Work of W. S. Woytinsky*, 1962, pp. 64–65를

보라. 보이틴스키는 1931년 초 *Internationale Hebung der Preise als Ausweg aus der Krise* 를 썼고, 그 해 말에는 *International Labor Review*에 "International Measures to Create Employment: A Remedy for the Depression"을 기고했다. 다채로운 그의 동료 가운데는 게 르하르트 콜름이 있었다. 보이틴스키는 *Stormy Passage*(p. 471)에서 노동조합들이 칼 마르 크스 이래 가장 권위 있는 경제 이론가로 여기고 있는(p. 465) 힐퍼딩의 말을 다음과 같이 인용하고 있다. "만일 콜름과 보이틴스키가 공공사업을 통해 공황을 완화할 수 있다고 생 각한다면, 그것은 그들 스스로 자신이 마르크스주의자가 아님을 보여주는 것이다."

그로트코프는 다른 누구보다도 보이틴스키가 아주 세련된 형태의 케인스-칸 승수 개념을 갖고 있었으며, 그런 점에서 공공사업을 추진한 것은 이들 모두에게 독창성이 있었다고 주 장한다. 그러나 케인스와 헨더슨은 1929년에 *Can Lloyd George Do It?*이라는 제목의 팜플 렛에서 공황 대책으로 공공 지출 방식을 제시했지만 여기에 승수 개념은 없었다. 승수 개 념은 칸이 1931년 6월에 처음으로 발표했다.(R. F. Kahn, "The Relation of Home Investment to Unemployment," 1931) 물론 케인스 자신은 일찌감치 1930년에 이 개념을 잘 알고 있었고, 1931년 6-7월의 노먼 웨이트 해리스 재단 강연에서 공식적으로 논하기도 했다. Keynes, "An Economic Analysis of Unemployment" in Q. Wright. Ed., *Unemployment as a World Problem*, 1931. 칸이 1930년 8월에 연구하기 시작한 승수 개념의 발전에 관한 설명은 Kahn, *The Making of Keynes' General Theory*, ch. 4를 보라.

8. 통화확장론자이자 사업가였던 하인리히 드래거는 신용 창출을 통한 고용 확대를 쓸데없고 실제적이지 않으며 부적절할 뿐만 아니라 적어도 적당하지 않다고 여기는 거의 모든 경제 학 교수들의 단합된 목소리를 강렬하게 비난하는 글을 썼다. Grotkopp, *Die große Krise*, p. 38, n. 3에서 인용.

9. Bernhard Menne, *The Case of Dr. Brüning*. 1943을 보라. 여기서는 브뤼닝이 독일 공화국 에 반대하는 음모에 가담한 것으로 보고 있다. 브뤼닝이 군부의 지지를 받았다가 훗날 군 부에 의해 파멸됐다고 하는 것은 Vansittart, *The Mist Procession*, pp. 418, 446을 보라. 메 네는 티센이 1929년 봄 크루프의 하우스 휘겔에서 가진 모임에서 이렇게 말했다고 인용하 고 있다. "나는 지금 그런 위기가 필요하다. 그것만이 임금 문제와 배상 문제를 일거에 또 한 동시에 해결할 수 있는 유일한 길이기 때문이다."(pp. 47-48)

10. Luther, *Vor dem Abgrund, 1930-1933*, pp. 137-138. Brüning, *Memoiren, 1918-1934*, p.221. 여기서는 "세계가 배상 문제를 백지화시킬 수 있는 자체 방안을 이끌어낼 수 있는 일견 완벽한 디플레이션 정책"에 대해 이야기하고 있다.

11. Luther, *Vor dem Abgrund, 1930-1933*, p. 141.

12. Treviranus, *Das Ende von Weimar*, p. 175.

13. Woytinsky, *Stormy Passage*, p. 466.

14. Brüning, *Memoiren, 1918-1934*, pp. 222-223.

15. Menne, *The Case of Dr. Brüning*, p. 60.

16. Brüning, *Reden und Aufsätze eines deutschen Staatsmannes*, p. 76.

17. Salin in Preface to Luther, *Vor dem Abgrund, 1930-1933*, p. 23.

18. C. R. S. Harris, *Germany's Foreign Indebtedness*, 1935, p. 44.

19. 독일의 초기 케인지언들이 국가사회주의에 반대했다는 사실에 예외도 있다. 크누트 보르크하르트는 초기 케인지언들 가운데 상당수가 일찍부터 혹은 나중에 나치 캠프에 들어갔다고 지적한다.

20. Morison, *Turmoil and Tradition*, p. 425.

21. Einzig, *The Comedy of the Pound*, p. 56.

22. Ibid. 이 같은 견해는 오래가지 못했다. 아인지그는 1935년에 이렇게 썼다. "저자는 상당한 의구심은 있지만 아서 솔터 경과 J. M. 케인스 씨, 허버트 헨더슨 씨 같은 일부 과격한 경제학자들이 뭔가 즉각적인 통화 안정을 선호하는 방향으로 노선을 바꿀 것이라고 보고 있다……이 단계는 너무 앞서가지는 않을 것이다……영국과 다른 나라들을 통화 안정으로 끌어들이려는……정통파 통화 가치 안정론자들이 쳐놓은 교묘한 덫도 있으니 말이다."(Paul Einzig, *Bankers, Statesmen, Economists*. Macmillan, 1935, p. vii.)

23. Susan K. Howson, "The Management of Sterling, 1932–39," 1980, p. 54를 보라.

24. Susan K. Howson and Donald Winch, *The Economic Advisory Council, 1930-1939: A Study in Economic Advice During Depression and Recovery*, 1977, pp. 253, 262, 273–277.

25. Edward Nevin, *The Mechanism of Cheap Money: A Study in British Monetary Policy, 1931–1939*. 1955, p. 92.

26. Forrest Capie, *Depression and Protectionism: Britain Between the Wars*, 1983.

27. Michael Beenstock, Forrest Capie, and Brian Griffiths, "The Economic Recovery in the United Kingdom in the 1930s," 1984, p. 1.

28. Harold Bellman, "*The Building Trades*," 1938, p. 432를 보라. 1920년대와 1930년대 사이의 정책 변화를 강조하는 또 다른 시각을 보려면 H. W. Richardson and D. Aldcroft, *Building in the British Economy between the Wars*, 1969와 H. W. Richardson, *Economic Recovery in Britain, 1932–39*, 1967, ch. 7, "The Housing Boom"을 참고하라.

29. 크뢰거가 세운 성냥회사 그룹 Kreuger & Toll은 성냥 독점을 허가해준 대가로 정부에 양호한 조건으로 자금을 빌려주었다. 그러나 신용경색으로 Kreuger & Toll이 빌려줄 자금을 구하기가 어려워지자 크뢰거는 담보를 조작했다. 결국 그의 자살로 이어진 크뢰거 사건의 전말에 대한 자세한 설명은 Robert Shaplen, *Kreuger, Genius and Swindler*, 1960을 보라.

30. Lundberg, *Business Cycles and Economic Policy*, ch. 5.

31. Lars Jonung, "The Depression in Sweden and the United States: A Comparison of Causes and Policies," 1981, pp. 310–313.

32. Lundberg, *Business Cycles and Economic Policy*, p. 99.

33. Brinley Thomas, *Monetary Policy and Crisis: A Study of Swedish Experience*, 1936, p. 208. 라르스 요눙은 재정정책의 효과를 별로 중요하지 않게 여겼다.("The Depression in Sweden and the United States," p. 303) 룬드버그는 스웨덴의 재정정책 주창자들이 주의 깊

고 보수적이며 회의적인 사람들이라고 지적했다.(*Business Cycles and Economic Policy*, pp. 117–119)

34. Lundberg, *Business Cycles and Economic Policy*, p. 122–123.

35. Jonung, "The Depression in Sweden and the United States," p. 311.

36. C. Iversen, "The Importance of the International Margin," 1936.

37. Lundberg, *Business Cycles and Economic Policy*, p. 121. 룬드버그의 세심한 판단은 비록 스웨덴이 미국의 뉴딜이나 프랑스의 블럼 실험, 독일의 상호 무역 및 청산 정책 같은 야심적인 정책은 갖고 있지 않았지만 적어도 실수를 '피할 수 있다'(그의 강조)는 것이었다.(p. 107)

38. Thomas, *Monetary Policy and Crisis*, p. 154. 마커스는 캐나다달러 화가 파운드 화 대비 평가절상되기도 했지만 크로나 화의 평가절하 폭이 워낙 컸기 때문에 스칸디나비아 국가들은 신문용지는 물론 아마도 펄프와 종이 가격을 유럽에서 캐나다 공장보다 10~12달러 낮춰서 오퍼할 수 있었다고 주장한다.(Marcus, *Canada and the International Business Cycle, 1927–1939*, p. 105를 보라.) 캐나다산 신문용지의 가격은 1928년 봄 톤 당 65달러에서 1933년 6월에는 NRA 아래에서 32달러로 떨어졌다.

39. H. W. Arndt, *The Economic Lessons of the 1930s*, 1944, p. 215.

40. Arthur Montgomery, *How Sweden Overcame the Depression, 1930–1933*, 1938, pp. 115–116, 124.

41. Federal Reserve Bank of New York files, January 1932.

42. Wicker, *Federal Reserve Monetary Policy, 1917–1933*, p. 169. 프리드먼과 슈워츠는 자유금의 부족이 연방준비제도가 취할 수 있는 정책 대안들을 그리 심하게 제한하지는 않았다는 입장이다.(Friedman and Schwartz, *A Monetary History of the United States, 1867–1960*, p. 406) 그러나 위커는 자유금 문제에 관한 언급이 1932년 1월과 2월에 아주 빈번하게 나오고 있어 이 같은 결론을 받아들일 수 없다고 지적하고 있다.(p. 172)

43. C. P. Kindleberger, "Competitive Currency Depreciation between Denmark and New Zealand," 1934.

44. Arturo O'Connell, "Argentina into the Depression: The Problem of an Open Economy," 1984와 Marcelo de Paiva Abreu, "Argentina and Brazil during the 1930s: The Impact of British and American International Economic Policies," 1984를 보라.

45. Friedman und Schwartz, *Monetary History of the United States, 1867–1960*, p. 352.

46. Marcus, *Canada and the International Business Cycle, 1927-39*, p. 71.

47. Robert A. Gordon, *Business Fluctuations*, 1952, p. 410ff.

48. Alvin. H. Hansen, *Full Recovery or Stagnation*, 1938.

49. W. W. 로스토우는 미국에서 공황이 길어진 이유를 총지출에서 자동차와 다른 내구재의 비중이 커졌다는 점과, 그 결과 경기 주도 부문이 다시 움직이려면 소비자의 내구재 지출이 자동적으로 증가할 때까지 기다려야 한다는 점에서 찾고 있다. 그의 견해로는 이것이

19세기 모델과는 다른 경기 사이클을 낳았다는 것인데, 19세기 모델에서는 금리와 원자재 가격, 명목임금이 떨어지면 투자를 다시 이끌어낼 수 있었고, 또한 인구 팽창과 꾸준한 도시화에 따른 곡물 수요의 증가로 새로운 농업 지대들도 이익을 낼 수 있었다.(W. W. Rostow "The Strategic Role of Theory: A Comment," 1971, p. 84.) 물론 투자에다 연기할 수 있는 소비를 합친 것의 비중이 커질수록 공황이 발생하면 그 정도가 더 심해지겠지만, 경기를 상승세로 반전시키는 데 있어서 내구재가 공장이나 설비, 재고의 투자와 다르게 움직인다는 점은 설득력이 부족하다.

50. 허버트 파이스는 루스벨트의 보좌진들이 갖고 있던 대외 문제에 대한 지식은 그들 나름의 지적 확신에 비해 그리 대단한 것이 아니었다고 지적한다. Herbert Feis, *1933: Characters in Crisis*, 1966, p. 13을 보라.

51. 루스벨트가 참석한 회의에 관한 자세한 설명과 그가 간략히 지시한 내용을 보려면 Moley, *The First New Deal*, pp. 27ff를 참고하라. 이밖에 다른 설명들도 많다.

52. Rexford G. Tugwell, *Notes on a New Deal Diary*, pp. 71–73, quoted in Moley, *The First New Deal*, p. 55.

53. *The Memoirs of Herbert Hoover*, vol. 3, pp. 211–212.

54. Ibid., p. 215.

9. 세계경제회의

1. Tugwell, *The Brains Trust*, p. 76.

2. Moley, *The First New Deal*, p. 39.

3. 이 책의 제1장 주25를 보라.

4. Moley, *The First New Deal*, p. 228.

5. 국가산업재건법은 1980년대 통화주의자들이 왜 1933년 이후 통화 공급 확대가 실업을 근본적으로 줄이는 대신 물가와 임금 상승을 낳았는지를 설명하는 주된 이유로 꼽는다. Michael M. Weinstein, "Some Macroeconomic Impacts of the National Industrial Recovery Act, 1933–1935," 1981과 특히 Phillip Cagan, 1981의 코멘터리, 그리고 Karl Brunner, "Epilogue," 1981, p. 350을 보라.

6. 제임스 워버그가 구술한 역사적 과정을 발췌한 것으로는 Jordan Schwartz, *1933: Roosevelt's Decision: The United States Leaves the Gold Standard*, 1969, p. 141과 Herbert Feis, *1933*, p. 121을 보라.

7. *New York Times*, January 3, 1933, p. 1.

8. *New York Times*, March 3, 1933, p. 21. 이 같은 결론을 내렸다고 해서 프랑스 관리들이 달러 화가 평가절하될 경우 어떤 조치를 강구해야 할지 연구하지 않아도 된다는 것은 아니었다. 세계경제회의를 논의하기 위해 3월 17일 런던에서 열린 영국 재무 장관 네빌 체임벌린과 프랑스 재무 장관 조르주 보네 간의 영불 회담에서 두 나라는 만일 달러 화가 평가절하된다면 추가적인 협의가 필요하다는 데 합의했다.(*Documents diplomatiques français, 1932–1939*,

　　1966, vol. 3, no. 1, p. 12를 보라.)

9. *New York Times*, March 7, 1933, p. 6.

10. Department of State, *Foreign Relations of the United States, 1933*, vol. 1, p. 576.

11. *New York Times*, January 28, 1933.

12. *New York Times*, January 30, 1933.

13. Bennett, *Germany and the Diplomacy of the Financial Crisis, 1931*, 1962, p. 32. 오하이오 주지사를 지냈으며 1920년에 민주당 대선후보 지명전에도 나섰던 제임스 M. 콕스는 세계 경제회의의 기원을 민주당이 다수를 차지하고 있던 1930년 의회에서의 결의안이라고 보고 있다. 당시 결의안은 국제적인 경제회의를 통해 과중한 관세를 낮추고 퇴행적이고 불공정한 무역 관행을 제거하기 위한 국제적 조치를 취할 것을 촉구하는 한편 대통령의 호혜통상협정 체결도 요구했다. 물론 이 결의안은 대통령의 스무트−홀리 관세법 서명을 겨냥한 것이었다. 후버 대통령은 이 결의안을 거부했다. Cox, *Journey through My Years*, p. 353을 보라.

14. Feis, *1933*, p. 21, 23.

15. Federal Reserve Bank of New York files, memorandum from Burgess to Harrison, November 23, 1932.

16. Federal Reserve Bank of New York files, memorandum of January 7, 1933. 준비 과정에 관한 자세한 설명은 *Documents diplomatiques français*, vol. 2, no. 180, Geneva to Paris, p. 386과 미국 측 전문가인 J. H. 윌리엄스 교수가 영국과 독일을 "기축 국가(key countries)" 라는 용어로 부른 기록에도 담겨 있다. 윌리엄스 교수가 지칭한 이 용어는 그가 10년 뒤에 제시한 "기축 통화(key currency)"를 예고한 것이었다. 사실 기축 국가라는 개념의 시원은 적어도 1922년 당시 뉴욕 연방준비은행 총재였던 벤저민 스트롱까지 거슬러 올라간다. 스트롱은 유럽 각국의 통화 가치 안정이 한 나라씩 순차적으로 이뤄지길 바랐고, "모든 나라의 통화 가치를 한꺼번에 고정시키고 이를 위한 대규모 국제회의를 개최하려는 어떤 계획"에도 반대했다.(Chandler, *Benjamin Strong*, p. 278, and Clarke, "The Reconstruction of the International Monetary System," p. 15)

17. Department of State, *Foreign Relations of the United States, 1933*, vol. 1, p. 462.

18. Feis, *1933*, p. 116.

19. Department of State, *Foreign Relations of the United States, 1933*. vol. 1, p. 477.

20. Warburg, *The Long Road Home*, p. 122. 루스벨트는 세계경제회의를 워싱턴에서 개최하고자 하는 바람을 2월 21일 프랑스 대사 클로델에게 밝혔고, 3월 10일 파리에서 있은 램지 맥도널드와 프랑스 총리 에두아르 달라디에 간의 회담에서 그 가능성이 다시 논의됐다. 루스벨트 대통령은 대표단을 런던에 파견할 용의는 있지만 워싱턴이 회의 장소로 더 적합하다고 했다. 프랑스는 어느 쪽이라도 무방했고, 맥도널드는 필요하다면 워싱턴으로 갈 수도 있지만 영국 총리가 대서양 건너편에서 몇 달씩이나 보낼 수는 없다고 주장했다. 외무 장관 존 사이먼 경은 워싱턴은 여름철에 무덥다는 말을 덧붙였다. 체임벌린과 보네가 가진 3

월 17일 회담에서는 시기적으로 볼 때 런던이 좋으나 미국 내 여론을 건설적으로 조성하는 데는 워싱턴이 도움이 될 것이라고 지적했다. *Documents diplomatiques français*, vol. 2, nos. 318 and 391, February 21 and March 10, on pp. 671 and 778, respectively, and vol. 3, and no. 1, March 17, p. 3을 보라.

21. Cox, *Journey through My Years*, p. 355.

22. 이는 미 달러 화가 금에 대해 15% 평가절하되고, 파운드 화 가치는 3.75달러를 유지할 수 있는 적절한 제안이었다. *Documents diplomatiques français*, vol. 3, no. 190, Washington to Paris, p. 328을 보라.

23. Feis, *1933*, p. 144-147. 제닛 P. 니콜스는 주장하기를, 파리에 있던 프랑스 재무 장관 보네가 그 계획이 인플레이션 정책으로 해석될 가능성이 있다는 점을 들어 거부했다고 한다.(Jeannette P. Nichols, "Roosevelt's Monetary Diplomacy, 1933," 1951, p. 302를 보라.) 이 같은 주장은 1932년에 프랑스은행의 모레 총재가 언급했던 '손실의 두려움'보다 설득력이 약해 보인다. 프랑스 측이 왜 그랬는가에 대한 명확한 설명은 *Documents diplomatiques français*에 들어있지 않은데, 공동의 통화안정기금에 반대하는 이유에 관해서는 vol. 3, no. 258, note of the Section on Commercial Policy (Paris), p. 457에 나와 있다. 불리트는 훗날 공동의 통화안정기금에 대한 영국 정부의 소극적인 태도와 프랑스 정부의 무반응, 이에 대한 미국 정부의 수수방관에 실망감을 표했다.(vol. 3, no. 262 of May 10, p. 465) 이에 대해 프랑스 외무부는 프랑스 정부와 프랑스 은행은 당사국들이 원하면 즉각 3개국 통화 협력에 관한 대화에 응할 의사가 있음을 피력했다.(vol. 3, no. 274 of May 14, p. 482) 런던 주재 프랑스 대사는 3월 17일 통화안정에 관한 즉각적인 회담을 열 것을 요구했다.(vol. 3, no. 288, p. 500) 그는 영국이 달러 화의 금본위제 이탈 후 시간이 별로 지나지 않았다고 생각한다는 말을 들었던 것이다. 앞서 파운드 화가 금본위제 이탈 후 균형점을 찾는 데 6개월이 걸렸다. 그러니 달러 화 역시 그만한 시간이 필요할 것이고, 특히 월가와 워싱턴 간에, 또 대통령과 의회 간의 충돌을 감안하면 더욱 그럴 것이었다.

24. Department of State, *Foreign Relations of the United States, 1933*, vol. 1, p. 515, 587, 608. 구두상의 몇 가지 유보조항이 붙어있는 관세 휴전 문안은 세계경제회의 조직위원회가 런던에서 발표했으나, 이는 어디까지나 회의 기간 중에만 유효한 것이었다.

25. Ibid., pp. 532, 534.

26. Ibid., p. 511.

27. Ibid., pp. 532, 763ff.

28. Ibid., pp. 536, 538. *Documents diplomatiques français*, vol. 3, no. 242, Tokyo to Paris, May 4, 1933, p. 423에서는 이시이 자작이 워싱턴에 도착하기 전에 일본이 취했던 입장을 기록해두고 있다. 일본은 금본위제로의 복귀에 반대하지 않으며, 이 같은 조치가 세계적으로 금이 재분배되고 모든 나라의 준비금이 증가하는 일환이어야 한다고 여기고 있다. 그것은 또한 자유로운 자본 이동과 이어져야 한다. "다시 말하자면, 일본은 다른 나라 정부와 다른 노선을 취하지 않고 있으며, 원칙에 충실한 가운데 무엇보다도 자국의 경제적

이익을 지키고자 한다는 점은 쉽게 알 수 있다. 일본은 관세를 크게 인하하는 것은 거부하는데, 다른 나라들과는 달리 일본은 전쟁 이후 관세를 큰 폭으로 인상하지 않았기 때문이다. 동시에 일본은 수출 조건이 역전된다는 이유로 자국 환율의 재평가를 거부하고 있는데, 이는 명백히 모순된 것이다."

29. Department of State, *Foreign Relations of the United States, 1933*, vol. 1, p. 566.

30. Ibid., p. 538. 이 점에서 미국은 프랑스를 따르고 있었는데, 코크랜의 보고에 따르면(Department of State, *Foreign Relations of the United States, 1932*, vol. 1, p. 831) 준비위원회의 활동과 관련해 프랑스는 프랑키 안과 킨더슬리 안에 이미 반대 의사를 밝혔었다. "프랑스는 거액의 투자를 요청 받는다면, 이전에 해왔던 것처럼 프랑스 고유의 조건을 마음대로 정하고자 할 것이다. 프랑스는 차관을 무역 수단으로서뿐만 아니라 정치적 수단으로도 인식하고 있으며, 독자적으로 행동하고자 한다. 프랑스는 자국의 자금이 포함되지 않는 한 영국과 미국의 악성 대출자금 회수 노력을 돕지 않을 것이다."(프랑키 안은 이미 언급했다. 킨더슬리 안은 제8장에서 기술한 노먼 안과 거의 같다고 할 수 있다.) 준비위원회는 프랑키가 제안한 국제신용기구에 덧붙여, 1932년 9월 5~20일에 열린 중부 및 동부 유럽 경제부흥을 위한 슈트레사 회의에서 처음 제안됐던 통화정상화기금과 국제적인 공공사업의 자금 조달을 위한 ILO의 제안에 관해서도 논의했는데 일단은 냉담한 편이었다. ILO의 제안은 앞서 언급했던 *International Labor Review*에 실린 보이틴스키의 논문 요지와 궤를 같이 한다고 할 수 있다. James W. Angell, *The Program for the World Economic Conference: The Experts' Agenda and the Document*, 1933, p. 52와 Department of State, *Foreign Relations of the United States, 1933*, vol. 1, p. 457을 보라. 국제신용은행에 관한 터키의 제안에 관해서는 Department of State, *Foreign Relations of the United States, 1933*, vol. 1, p. 570을 보라.

31. Department of State, *Foreign Relations of the United States, 1933*, vol. 1, p. 560-561.

32. Ibid., pp. 574-575.

33. Hubert Henderson, *The Interwar Years and Other Papers*, 1955, pp. 103-106을 보라.

34. 내가 갖고 있는 책의 판본 표시는 1933년 5월 1일로 적혀 있다.

35. Howson and Winch, *The Economic Advisory Council, 1930-1939*, pp. 273-277을 보라. 랄프 G. 호트리는 또한 이와 동시에 '국제적인 최후의 대부자'(그가 강조한 것이다)가 필요하다는 점을 지적하면서 이렇게 덧붙였다. "아마도 어느 날 국제결제은행이……하지만 현 상태에서는 그 역할을 하나의 외국 중앙은행이 혹은 여러 외국 중앙은행들이 협력해서 수행하는 수밖에 없다."(Ralph G. Hawtrey, *The Art of Central Banking*, 1932, p. 228.)

36. Henderson memorandum, p. 4. D. E. 모그리지는 친절하게도 헨더슨 문서 사본을 갖다 주었고, 공식기록보관소에서 나를 위해 뷰리 문서의 역사를 알아봐 주었다.

37. Ibid., p. 5.

38. *Documents diplomatiques français*, vol. 3, no. 1, London to Paris, March 17, 1933, p. 607.

39. Ibid., pp. 586, 598-599.

40. Moley, *The First New Deal*, p. 404-405. 맥도널드를 수행해 워싱턴에 온 냉소적인 성격의 밴시터트 경은 이렇게 꼬집었다. "세계경제회의에서 전채와 배상, 관세 문제를 논의한다는 게 얼마나 어려운지 알게 됐다. 덴마크 왕자와 오필리아, 폴로니우스를 빼고 햄릿을 상연한 격이었다. 그러니 내용이 빈약할 수밖에 없었다. 세계경제회의가 그랬다. 실패가 당연했다."(Vansittart, *The Mist Procession*, p. 465)

루스벨트는 워싱턴 회담을 주선하면서 프랑스 대사 클로델에게 우려를 표명한 적이 있었다. 세계경제회의가 세부 계획은 준비 부족 상태인데, 참가국들은 언론에 금방 드러날 정도로 너무 많고, 결국 타협 불가능한 의견으로 쪼개지지 않을까 하는 것이었다.(*Documents diplomatiques français*, vol. 3, no. 54, Washington to Paris, March 27, 1933, p. 94) 워싱턴 회담은 이 같은 문제점들을 해결하는 데 거의 도움이 되지 않았다. *The Economist*, June 10, 1933, p. 1229에 실린 기사를 보라. "프랑스는 회의적이고, 미국 대표단은 너무나도 복잡한 국내 사정에 골치를 앓고 있는 데다 국제적인 게임은 처음이다. 독일은 자국의 회복 문제에만 몰두하고 있다. 영국은 지난해 최악의 위기에서 탈출했기 때문인지 위험스런 자기만족의 징후를 보이고 있다."(quoted by Abdul Hasib, *Monetary Negotiations in the World Economic Conference*, 1958, p. 82)

41. Department of State, *Foreign Relations of the United States, 1933*, vol. 1, p. 623. 미국이 여전히 금본위제를 채택하고 있던 초기 단계에, 미국이 논의의 기초로 제시한 통화 개혁안은 금 준비율을 일률적으로 30% 혹은 25% 인하하고, 국내에서 통화를 금으로 교환하는 것을 폐지하며, 지리적 거리와 같은 상황에 따라 변하는 금 현송점 대신 5% 정도의 변동폭을 갖는 고정된 금 현송점을 채택할 것 등을 담고 있었다. *Documents diplomatiques français*, vol. 3, no. 106, Washington to Paris, April 8, 1933을 보라. 이 제안은 미국의 금본위제 포기와 함께 폐기됐다. 공개시장 조작에 관한 제안은 준비위원회의 두 번째 미팅으로 거슬러 올라가지만 초과 준비금이 10억 달러가 넘었던 미국 내에서 공개시장 조작에 믿음을 갖기란 어려운 일이었다.

42. Feis, *1933*, p. 182. 루스벨트는 프랑스가 내지 않고 있는 1932년 12월 15일 기한의 전채 상환금에 대해 지불하겠다는 의사 표시라도 해야 하지 않느냐고 촉구했으나, 그 보상으로 무엇을 해줄 것인지는 약속하지 않았다. 때마침 루스벨트를 찾아갔던 에리오의 기록을 보라. "상환 기일인 6월 15일에는 내가 어떤 식으로든 필요한 조치를 취할 수 있기를 바라지만, 프랑스도 내가 지금으로서는 어떤 약속도 분명하게 할 수 없다는 점을 이해해야 합니다."

43. Department of State, *Foreign Relations of the United States, 1933*, vol. 1, pp. 646, 649, 650.

44. Federal Reserve Bank of New York files, J. H. Williams memorandum to Secretary of the Treasury Woodin, June 19, 1933.

45. Moley, *The First New Deal*, p. 435.

46. *Documents diplomatiques français*, vol. 3, no. 426, 436, 438, Bonnet to Paris, pp. 776, 795, 799, respectively.

47. Department of State, *Foreign Relations of the United States, 1933*, vol. 1, pp. 673–674.

48. Feis, *1933*, p. 211.

49. Federal Reserve Bank of New York files, Crane memorandum, July 20, 1933.

50. *Foreign Relations of the United States, 1933*, vol. 1, pp. 682–683. 맥도널드에게 보낸 루스벨트의 회답은 문제 파악이 제대로 되지 않은 것이었는데, 상품가격의 회복과 한 세대 이상에 걸친 구매력의 유지, 기업 활동의 진작, 공공사업, 농업 생산 관리, 고임금을 통한 구매력 증진, 정부 지출 및 세수의 균형 등을 위한 국제 협력과 경제 회복을 위한 미국의 프로그램 간에는 전혀 모순이 없다는 것이었다. 하지만 미국의 경제 회복 프로그램은 국제적으로 합의된 경쟁에 노출되면 위험해질 수 있었다. 아무튼 미국은 국수주의적인 배타주의로 표류하는 사태를 막고자 했다. 보다 폭넓은 국제적인 프로그램이 만들어질 때까지 현재의 프로그램보다 더 나은 대응 방안은 있을 수 없다는 것이었다.(p. 686)

51. George F. Warren and Frank A. Pearson, *Prices*, 1933.

52. Warburg, *The Long Road Home*, p. 147.

53. Blum, *From the Morgenthau Diaries*, vol. 1, p. 73. 파이스는 모겐소가 어린아이 같은 유머감각을 지니고 있다고 평했다.(Feis, *1933*, p. 287)

54. 모겐소의 기록에 따르면 한번은 루스벨트가 금 가격을 21센트 올리자고 제안했는데, 이유인즉 21은 7의 세 배고 7은 행운의 숫자기 때문이었다고 한다. 모겐소는 루스벨트가 긴장되고 가라앉은 순간에는 농담으로 분위기를 돌렸다고 덧붙였다.(Blum, *From the Morgenthau Diaries*, vol. 1, p. 70) 반면 몰리는 루스벨트가 이른 아침 침대 곁에서 오늘의 금 가격을 얼마로 할지 대충 정함으로써 책임 있는 정치가로서의 자신의 이미지에 큰 흠집을 남겼다고 평하고 있다.(*The First New Deal*, p. 303.)

55. 뉴욕 연방준비은행 이사회는 RFC가 해외에서 금을 구입하는 것을 지원하지 않는 방안도 고려했다. 이사회 의장인 오웬 D. 영은, 이사들이 어떤 통화 프로그램이든 불환 지폐의 발행을 불가피하게 함으로써 정부 신용을 위협할 우려가 있는 경우에는 협력하지 않기로 했다고 이사들의 생각을 전했다. 그러나 해리슨 총재는 달러 화 안정이라는 프로그램에 조금이라도 희망이 남아있는 한 뉴욕 연방준비은행의 참여에 종지부를 찍는 어떤 조치에도 찬성할 수 없다고 밝혔다. Federal Reserve Bank of New York files, Board Minutes, November 10, 1933.

56. Blum, *From the Morgenthau Diaries*, vol. 1, p. 120.

57. Röpke, *Crises and Cycles*, p. 167. 또한 Ragnar Nurkse, "International Monetary Equilibrium," 1945에 나오는 이 구절을 보라. "국제수지 흑자를 기록하고 있는 나라는 결코 평가절하에 의지해서는 안 된다. 오히려 이런 나라는 자국 통화의 평가절상 요구를 받아야 마땅할 것이다."(p. 13)

58. 파이스가 기록한 케인스의 견해를 보면, 물가 수준이 상승하는 경우 금 블록 국가 입장에

서 굳이 좋을 것은 없지만, 기업가들로 하여금 이 세계가 안전한 곳이라고 판단하게끔 함으로써 어떤 식으로든 신뢰 회복에 대한 믿음을 줄 수 있다는 것이다.(Feis, *1933*, p. 236.)

59. 이것은 아마도 야콥슨이 루스벨트의 평가절하를 인정하면서도 그것이 1931년에, 그러니까 2년 먼저 이루어졌더라면 더 유리했을 것이라고 부연했을 때 그가 말하고자 한 점이었을 것이다.(Per Jacobsson, *Some Monetary Problems, International and National*, 1958, p. 117, 124) 그러나 본문 내용은 명확하지 않다. 이 책의 p. 118에서 그는 물가를 인상하는 데 평가절하 이외의 다른 수단은 쓸 수 없었다고 말한다. 그러나 영국과 미국이 서로 상대방의 통화를 상대로 동시에 평가절하를 단행할 수는 없는 노릇이었고, 단지 금에 대해서만 그렇게 할 수 있었다. 만일 모든 나라가 환율은 그대로 놔둔 채 금에 대해서 평가절하를 단행한다 해도 환율을 통한 물가 상승은 없었을 것이고, 또한 물가가 조금이라도 상승한다면 그것은 오로지 보유하고 있던 금의 평가이익과 금 생산의 확대에 따른 지출에 의해서만 가능했을 것이다.

60. Feis, *1933*, p. 119. 파이스는 또한 후버와 맥도널드 사이에 세계경제회의에 관한 첫 논의가 진행되고 있던 1932년 5월에 통화 안정을 위한 사전 정지작업으로 모든 주요 통화의 평가절하를 제안하는 문서를 자신이 작성했다고 기록하고 있다.(p. 113) 이 제안은 오그든 밀스가 반대하면서 하나의 안으로 영국에 제출되지는 않았다. 그러나 파이스가 1933년에 그랬던 것처럼 1932년에도 금에 대한 평가절하를 고려하고 있었는지 여부는 그의 설명에서는 명확하지 않다. 하지만 어느 나라도 환율을 더 낮출 만한 요인은 갖고 있지 않았다. 그것이 아니라면 아마도 파이스는 파운드 화의 환율을 1932년 5월의 3.675달러에서 4.68달러로 복귀시키기를 원했던 것이라고 할 수 있다.

61. 시드니 E. 롤프와 제임스 L. 버틀은 1931년부터 1936년까지의 연쇄적인 평가절하가 오랫동안 이어져왔던 환율 패턴을 회복시키지 못했다고 주장한다.(Sidney E. Rolfe and James L. Burtle, *The Great Wheel: The World Monetary System*, 1973)

62. 한 예로 Gottfried Haberler, "Die Weltwirtschaft und das international Währungssystem in der Zeit zwischen den beiden Weltkriegen," 1976, p. 220을 보라. 이 에세이는 미국기업연구소에 의해 영어로 출간됐고, 대공황에 관한 하베르러의 다른 글들과 함께 *Selected Essays of Gottfried Haberler*, 1985로 재출간됐다.

63. Blum, *From the Morgenthau Diaries*, vol. 1, p. 75.

64. Ibid., p. 71; 또한 p. 141을 보라. 루스벨트 대통령은 이렇게 말했다. "골치 아픈 점은 당신이 영국인과 마주 앉아 게임을 하게 되면 대개는 그쪽에서 판돈의 80%를 가져가고 당신은 나머지를 가져간다는 겁니다."

65. Moley, *The First New Deal*, p. 432.

66. Feis, *1933*, pp. 246-247.

10. 회복의 시작

1. 스위스로 추방당한 한 독일 경제학자는 이를 가리켜 "국제적인 경제 분열"이라고 썼다.

Wilhelm Röpke, *International Economic Disintegration*, 1942을 보라.

2. Blum, *From the Morgenthau Diaries*, vol. 1, p. 132를 보라. 루스벨트는 달러 화 가치의 사실상의 안정에 반대하지는 않았으나 그렇다고 그것에 대단한 열의를 보이지도 않았다. 모겐소는 또한 루스벨트가 대법원이 금약관(gold clause) 사건을 다루던 1935년 1월에 금 가격의 변경을 고려했다고 적고 있다.(p. 126) 모겐소에 따르면 그 같은 금 가격 변경은 경제적이 아닌 정치적인 이유 때문에 고려했을 것이라고 한다. 같은 자료에서는 루스벨트가 1935년 8월에 "부분적으로는 재미삼아, 또 부분적으로는 그(모겐소)를 시험하기 위해" 금 가격의 변경을 생각해봤다고 적고 있다.

3. Ibid., pp. 204, 209. 모겐소의 말에 따르면, 그는 멕시코를 돕고 싶었으나 자기 나라 문제도 챙겨야 했다고 한다.(p. 202) 하지만 그는 다른 대목에서는 항의하는 중국인을 향해 법을 만든 의원들에게 따지라고 말하고 있다.(p. 207)

4. Broadus Mitchell, *Depression Decade: From New Era Through New Deal, 1929-1941*, 1947. p. 150.

5. 예상하지 못했던 어느 정도의 이익이 인도에게 돌아갔는데, 100년 가까이 보관용으로 은을 수입했던 인도는 방향을 바꿔 높은 가격으로 이를 수출할 수 있었던 덕분이다. 1874년부터 1932년까지 인도가 수입한 은은 29억 온스에 달한 것으로 추정됐다. 다만 그 이후 수출된 은의 추정치는 구할 수 없는데, 그 대부분이 매년 대략 2000만 내지 2500만 온스씩 해외로 밀수출됐기 때문이다. *Green's Commodity Market Comments*, October 21, 1970을 보라.

6. Moley, *The First New Deal*, pp. 90, 92.

7. Feis, *1933*, p. 262.

8. *The Memoirs of Cordell Hull*, vol. 1, 1948, p. 353-357.

9. 전쟁이 발발할 때까지 모두 20개 협정이 체결돼 미국의 관세 부과 대상 제품의 산술 평균 종가從價 관세율은 스무트-홀리 관세법의 세목에 나와있는 52%에서 35%로 낮아졌다. 이는 페인-올드리치(1909) 법 당시의 관세율 40.8%와 포드니-맥컴버(1921) 법 때의 관세율 38.5%보다는 낮은 것이지만 1913년 언더우스 법 당시의 평균 관세율 27%보다는 여전히 높은 것이었다. Carl Kreider, *The Anglo-American Trade Agreement: A Study of British and American Commercial Policies, 1934-39*, 1943, pp. 170ff.

10. 밴시터트의 표현이다. Vansittart, *The Mist Procession*, p. 467.

11. Stolper, *German Economy, 1870-1940*, part 5.

12. Edward L. Homze, *Foreign Labor in Nazi Germany*, 1967, pp. 7ff. 또한 Burton H. Klein, *Germany's Economic Preparations for War*, 1959, p. 60, 73을 보라.

13. Larry Neal, "The Economics and Finance of Bilateral Clearing Agreements: Germany, 1934-38," 1979를 보라.

14. Toniolo, *L'economia dell' Italia fascista*, pp. 248-249; and by the same author, "Crisi economica e smobilizzo pubblico delle banche miste (1930-34)," esp. pp. 330-348.

15. Clough, *The Economic History of Modern Italy*, p. 249.

16. Sabino Cassese, "Introduzione al dibattio," 1981, pp. 99-103, and Franco Belli, "Le legge bancarie del 1926 e del 1936-38," 1981.

17. Clough, *The Economic History of Modern Italy*, p. 254.

18. Herbert Feis, *Seen from E. A.: Three International Episodes*, 1947, p. 305-308.

19. Youngson, *The British Economy, 1920-1957*, 1960, pp. 133, 134.

20. Richardson and D. Aldcroft, *Building in the British Economy between the Wars*를 보라.

21. A. E. Kahn, *Great Britain in the World Economy*, 1946, table 8, p. 109.

22. Victor Bulmer-Thomas, "The Central American Economies in the Interwar Period," 1984.

23. O'Connell, "Argentina into the Depression." 또한 Albert Fishlow, "Origins and Consequences of Import Substitution in Brazil," 1972를 보라.

24. Flavio Rabelo Versiani, "Brazilian Industrial Growth: The 1920s and the Depression," 1984.

25. E. V. K. Fitzgerald, "Restructuring in a Crisis: The Mexican Economy and the Great Depression," 1984.

26. Rosemary Thorp, "Introduction," 1984; Díaz Alejandro, "Latin America in the Depression, 1929-1939," and ibid., "Latin America in the 1930s"를 보라. 디아즈 알레한드로는 라틴아메리카 국가들을 수동적인(passive) 국가와 반동적인(reactive) 국가로 구분하고, 반동적인 국가들이 수동적인 국가들에 비해 경제적으로 나았다고 지적했다.

11. 금 블록 굴복하다

1. 그러나 G. M. Verrijn Stuart, "The Netherlands during the Recent Depression," 1937, p. 249에 나와 있는 다음 구절을 보라. "그때(1933년 6월)까지도 나는 어떤 형태로든 국제적인 이해를 통해 '금본위제 하에서의 리플레이션' 정책을 작동시킬 수 있을 것이라고 여전히 기대했다. 런던 세계경제회의가 개최 첫 달부터 보여준 실망스러운 결과로 인해 나는 네덜란드가 어려움에서 벗어날 수 있는 유일한 길은 길더 화의 금본위제를 포기하고 평가절하를 실시하는 것이라고 확신하게 됐다."

2. Alfred Sauvy, *Histoire économique de la France entre les deux guerres*, vol. 2: *1931-1939*, 1967, pp. 400-401을 보라. 소비는 환율의 과대 평가와 과소 평가 수준을 정확히 측정하는 것이 이론적으로나 실제적으로 어렵다는 점을 잘 알고 있다. 지금 제11장에서의 설명은 다분히 1930년대 프랑스에 관한 소비의 상세한 역사 기술을 바탕으로 하고 있다.

3. Ibid., p. 575.

4. Ibid., pp. 133, 135, 137.

5. Ibid., p. 372.

6. Pierre Lalumière, *L'inspection des finances*, 1959, p. 179ff. 이 말은 다소 과장된 것인데, 케인스의 저작 가운데 *A Revision of the Treaty*와 *Monetary Reform*, 그리고 *Essays in Persua-*

*sion*이 불어로 이미 번역돼 있었다. *The General Theory of Employment, Interest and Money*의 번역서 역시 1938년에 출간될 예정이었지만 전쟁으로 인해 1942년에 나왔다.

7. Robert Triffin, "La théorie de la surévaluation monétaire et la dévaluation belge," 1937.

8. Sauvy, *Histoire économique de la France entre les deux guerres*, vol. 2, pp. 105–106.

9. Vincent Auriol, *Hier et aujourd'hui*, 1945, pp. 38–39, quoted by Sauvy, *Histoire économique de la France entre les deux guerres*, vol. 2, p. 200. 독일의 평가절하에 대한 마르크시스트의 반대 주장에 대해서는 위의 책 pp. 161–162를 보라.

10. Sauvy, *Histoire économique de la France entre les deux guerres*, vol. 2, esp. pp. 209, 297, 305, 334.

11. Ibid., p. 468; ,또한 pp. 253, 269를 보라.

12. Arndt, *The Economic Lessons of the 1930s*, p. 147.

13. Sauvy, *Histoire économique de la France entre les deux guerres*, vol. 2, p. 224. 화이트홀 (영국 정부)에서는 1936년에 삼국통화협정에 대해 이렇게 생각했다. "헨리 모겐소 2세에게는 대단히 사려 깊은 중재자로 행세하게 해주었고, 블럼과 오리올에게는 프랑 화를 절대로 평가절하하지 않겠다고 약속했을 때 그들 스스로 올가미를 쳤던 덫에서 빠져나올 수 있게 해준, 잘 포장된 정치적 착오였다."(Ian M. Drummond, "London, Washington, and the Management of the Franc, 1936–39," 1979, p. 53)

14. Blum, *From the Morgenthau Diaries*, vol. 1, p. 171.

15. Ibid., p. 144.

16. Ibid., p. 168.

17. Ibid., pp. 125, 133, 138, 142.

18. Ibid., pp. 129, 132, 138, 167, 455.

19. Ibid., p. 176.

20. 삼국통화협정을 도출하기까지의 협상에 관한 보다 자세한 설명은 Stephen V. O. Clarke, "Exchange–Rate Stabilization in the mid–1930s: Negotiating the Tripartite Agreement," 1977, esp. pp. 11–14를 보라. 클라크는 여기서 루스벨트와 모겐소가 "금본위제를 대체해야 할 국제 통화 시스템의 본질에 관해 분명한 생각을 전혀 갖고 있지 않았다"는 사실을 전해주고 있다. 또한 파리 주재 미국 대사관의 재무관이었던 멀리 코크란과 모겐소 간의 전화 통화 내용을 포함해 모겐소가 "외환시장의 작동 방식에 대해 참담할 정도로 무지했다"는 점을 극적으로 그려내고 있다.

21. 이 점은 프랑스의 외교 문서 가운데 이 문제를 다룬 몇 가지 기록 중 하나에서 나온 것이다. *Documents diplomatiques français*, 1968, vol. 3, no. 240, Paris to Washington and London, September 8, 1936, p. 348을 보라. 물론 그 이유는 전화가 전신을 대체했기 때문이었다.

22. 스티븐 V. O. 클라크는 재무부에 자문을 해주던 이코노미스트들인 제이콥 바이너와 해리 텍스터 화이트, 존 H. 윌리엄스를 비롯해 헨리 클레이(훗날 헨리 경이 되었다)와 허버트 헨

더슨, J. M. 케인스(역시 작위를 받았다), 아서 솔터 경의 견해를 분석하고 있다. 그는 여기 서 영국이 파운드 화의 안정을 포기하는 결정에 가장 큰 영향을 미친 인물은 케인스였다 고 지적한다. Clarke, "The Influence of Economists on the Tripartite Agreement of 1936," 1977, p. 388을 보라.

23. League of Nations, Sixth International Studies Conference on "The State and Economic Life," 1934, pp. 132–133.

24. J. M. Keynes, "National Self–Sufficiency," 1933, p. 758. Lord Robbins, *Autobiography of an Economist*, p. 156에서는 케인스의 이 글을 언급하면서 이렇게 썼다. "케인스조차 도 작금의 광기에 굴복하다니……고귀한 정신의 슬픈 탈선이여."(quoted in Harberler, "Die Weltwirtschaft und das internationale Währungssystem in der Zeit zwischen den beiden Welt-kriegen," p. 217.)

25. Blum, *From the Morgenthau Diaries*, vol. 1, pp. 139–140.

12. 1937년의 경기 후퇴

1. Bank for International Settlements, Eighth Annual Report, covering the year ending March 31, 1938, p. 26. 루스벨트 대통령의 1938년 4월 14일자 교서 역시 주석 가격이 생산 자에게 이익이 되는 파운드 당 10–12센트에서 17센트로 오른 것을 언급하면서 "공정 가격 (fair prices)"이라는 용어를 설명하고 있다.(*The Public Papers and Addresses of Franklin Delano Roosevelt*, vol. 7: *The Continuing Struggle for Liberalism*, 1941, p. 223을 보라.)

2. Bank for International Settlements, Eighth Annual Report, p. 27에는 다음과 같은 표가 나 와 있다.

주요 상품들의 세계 생산량

연도	주석	구리	납 (천 톤)	아연	고무
1929	192	1,915	1,725	1,450	868
1932	99	886	1,162	778	709
1936	179	1,684	1,469	1,473	862
1937	199	2,141	1,642	1,620	1,140

연도	면화 (십억 파운드)	양모	밀 (백만 부셸)	차 (백만 파운드)	설탕 (백만 톤)
1929	12.7	3.915	3.566	968	27.34
1932	11.4	3.857	3.812	932	24.13
1936	15.0	3.713	3.491	844	28.67
1937	18.5	3.880	3.751	850	30.96

3. *Federal Reserve Bulletin*, vol. 23, no. 8 (August 1937), p. 704.

4. R. H. Brand, "Gold: A World Problem," 1937.

5. Frank D. Graham and Charles R. Whittlesey, *Golden Avalanche*, 1939, ch. 9.

6. Blum, *From the Morgenthau Diaries*, vol. 1, p. 467. 아주 이상한 점은 모겐소가 1937년 봄 무렵 틀림없이 재무부의 핵심 이슈였을 금 가격의 폭락 사태에 대해 말하지 않았다는 것이 다. 그의 일기는 금리 문제와 관련해 연방준비제도의 에클스 이사와 의견이 달랐다는 얘기

로 가득 차있는데, 그는 이어진 경기 후퇴에서 이 점이 중요했다고 생각한 듯하다.

7. League of Nations (Ragnar Nurkse), *International Currency Experience*, p. 133.

8. Bank for International Settlements, Seventh Annual Report, covering the year ending March 31, 1937, p. 56에 있는 금 가격 인하와 관련된 내용은 다음과 같다.

현 시점에서 금 가격의 인하가 금의 과잉 생산으로 야기된 심각한 문제들을 해결하는 데 도움이 된다는 데는 의문의 여지가 없다. 그러나 이는 기존의 금 준비고에 대한 평가와 관련해, 그리고 각국 통화의 상대적 지위 문제와 관련해 어떤 문제를 초래할 것이다.(각국 통화의 균형이 이미 유지되고 있는 한 그 상대적 지위는 가급적 교란되어서는 안 된다.) 더구나 그것은 향후 통화 가치의 조작이라는 위험성을 수반할 수 있으며, 그 위험성은 통화 구조에 불안정성과 불신을 더할지 모른다.

세계적인 통화 시스템의 재구축을 논의하면서 이처럼 다양한 문제들은 어려움이 따르더라도 회피해서는 안 된다. 또한 금 생산자의 입장에서 보면 눈앞의 이익에만 관심을 기울이기보다는 금을 통화의 기초로서 지속적으로 유용하게 쓸 수 있도록 하는 여건을 확립하는 것이 중요하다.

9. British Treasury records, files of Sir Frederick Phillips. D. E. 모그리지는 친절하게도 이 파일을 요약해주었다.

10. 이 말은 G. Griffith Johnson, Jr.(Graham이나 Whittlesey가 아니다)가 쓴 *The Treasury and Monetary Policy, 1933-1938, 1939*, p. 159에 나오는 다음 구절 뒤의 결론이다.

"분명히 가장 유망한 노선은 기다리는 것이다……물가 수준의 상승을 기대하며……프랑스로 자본이 돌아오고, 동양권에서 새로이 상품을 수입하기를……또한 국제 무역과 대출이 회복되기를 기대하면서 기다리는 것이다. 이처럼 행복한 상황이 나타나지 않을 것이라는 데 이견을 제기할 수도 있겠지만, 설령 그런 일이 벌어진다 하더라도 지금으로서는 더 큰 어려움을 초래하지 않고서는 금 문제를 해결할 수 있는 방법이 거의 없는 것이다."

11. 통화주의자들은 *Federal Reserve Bulletin*, June 1938, p. 437에 실린 다음 구절을 곱씹어 보면 재미있을 것이다. "1929년에 벌어진 일련의 사건들을 통해 우리는 물가가 상승하지 않는다고 해서 그것이 어떠한 공황도 임박해 있지 않다는 것을 확증해주는 것은 아니라는 사실을 배웠다. 1937년에 벌어진 일련의 사건들을 통해서는 금을 아무리 많이 공급하고 통화 정책을 아무리 느슨하게 가져간다 해도 물가 하락을 막을 수는 없다는 것을 배웠다."

12. Kenneth D. Roose, *The Economics of Recession and Revival: An Interpretation of 1937-38*, 1954는 이 점에 관해 제일 상세하게 설명하고 있는데, 재정 정책의 변화를 더 중시하는 반면, 그가 주장하기를 상당 부분이 비자발적인 재고 누적은 그리 중시하지 않는다.(p. 191) 그는 또한 "뉴딜과 업계 간의 심각한 정치적 갈등"에 따른 경기 예측의 불확실성도 중요하다고 보고 있다.(p. 238) 그러나 이런 해석은 어디까지나 케인스 이론에 대한 높은 신뢰에서 나온 것이다.

13. 연방준비제도 이사회 의장인 매리너 S. 에클스는 자신의 회고록에서 정부 예산의 변화가

1936년의 첫 4개월부터 1937년의 첫 4개월까지 가처분소득에 40억 달러에 달하는 파급을 미쳤다고 이야기한다. Marriner S. Eccles, *Beckoning Frontiers: Public and Personal Recollections*, 1951, p. 295.

14. Blum, *From the Morgenthau Diaries*, vol. 1, pp. 385–386.

15. 에클스는 1937년 11월 8일 백악관에서의 중요한 미팅을 위해 작성된, 정부 지출의 변화가 어떻게 공황을 야기했는가에 관한 루빈과 헨더슨, 큐리의 "유명한 문서(famous memoran-dum)"를 언급하고 있다.(*Beckoning Frontiers*, p. 304.)

16. Blum, *From the Morgenthau Diaries*, vol. 1, pp. 390–391.

17. *The Public Papers and Addresses of Franklin D. Roosevelt*, vol. 7, pp. 105–106.

18. E. C. Brown, "Fiscal Policy in the Thirties: A Reappraisal," 1956.

19. Gilbert Burck and Charles Silberman, "Why the Depression Lasted so Long," 1955, reprinted in Stanley Coben and F. G. Hill, eds., *American Economic History: Essays in Interpretation*, 1966, p. 496.

13. 세계경제의 해체와 재무장

1. C. P. Kindleberger, *The Terms of Trade: A Europlan Case Study*, 1956, pp. 182–183.

2. League of Nations (James E. Meade), *World Economic Survey, 1938-39*, 1939, p. 108.

3. League of Nations (F. Hilgerdt), *The Network of World Trade*, 1942, pp. 87ff를 보라. 힐게르트는 1938년에 두 나라간 결제의 비율이 얼마였는지 정확한 수치를(또한 1928년도 수치의 산출 방법도) 제시하지는 않고 있다. 그러나 위의 자료에 나온 table 44와 48, diagram 6과 10, 그리고 pp. 77과 78, 90은 지역 내의 다자간 결제가 줄어든 정도를 보여주고 있으며, 그 사실은 위의 자료 전반에서 언급되고 있다.

4. 1937년 말 현재 청산 협정은 170개에 달했다.(League of Nations [James E. Meade], *World Economic Survey*, 1938–39, 1939, p. 161을 보라.)

5. League of Nations, *Review of World Trade, 1938*, pp. 34, 35.

6. 역사를 돌아보면 당대의 분석가들에게는 틀림없이 잘못된 경제 정책의 대표적인 사례였는데 결국은 유익했던 것으로 뒤집힌 경우가 무척 많다는 점에 경제학자들은 당혹해 한다. 이런 경우 가운데 하나가 대공황 중에 면화와 밀의 엄청난 과잉 공급을 초래했던 미국의 농업 정책인데, 과잉 생산된 면화와 밀은 전쟁 중에 아주 유용하게 쓰였다.

7. Burton H. Klein, *Germany's Economic Preparations for War*, 1959, p. 16ff.

8. Ibid., p. 76.

9. International Bank for Reconstruction and Development submission to the Economic and Employment Commission of the United Nations, press release no. 134, May 11, 1949를 보라. *The International Bank for Reconstruction and Development, 1946–1953*, 1954에서는 경기 사이클을 반전시키기 위한 대출에 대해 아무런 논의도 하지 않고 있다.

10. League document A. 27.1937.II.B.

11. 한 예로 United Nations, *Commodity Trade and Economic Development*, Report by a Committee of Experts, 1952와 Contracting Parties for the General Agreement on Tariffs and Trade, *Trends in International Trade*, Report by a Panel of Experts, 1958을 보라.

12. 모겐소가 국제 통화 시스템에 얼마나 무지했는지를 잘 보여주는 사례로는 소련을 삼국통화협정에 참여하도록 초청해야 한다는 그의 제안을 들 수 있다.(Blum, *From the Morgenthau Diaries*, vol. 1, pp. 460을 보라.)

13. 영국이 신속하게 대응하기는 했지만 주도권은 미국이 쥐게 됐다는 것이 Richard N. Gardner, *Sterling-Dollar-Diplomacy*, 1969의 첫 장 주제다. 런던에서 가진 협상에 대한 설명은 E. F. Penrose, *Economic Planning for the Peace*, 1953을 보라.

14. 1929년 대공황에 관한 하나의 설명

1. 정치학자들은 단일 국가가 쥐고 있는 리더십을 "헤게모니"라고 부른다. 나는 리더십은 곧 책임이라고 생각하는 사람이다. 그러나 헤게모니라는 말은 좀 냉소적이면서도 보다 현실적인 느낌을 줄 수도 있다. 헤게모니가 과연 평화와 안정된 세계경제의 유지를 위해 꼭 필요한가에 대해서는 정치학자들 사이에서도 논쟁거리라는 점을 지적해야겠다. 이와 관련해서는 Robert O. Keohane, *After Hegemony: Cooperation and Discord in the World Political Economy*, 1984를 보라. 코헤인은 국제 레짐(international regimes)이 헤게모니를 대체할 수 있다고 본다. 레짐은 국제적인 협력이 제도화된 형태다. 이를 보다 정확히 정의하자면 "주어진 문제의 범위 안에서 행위자의 기대들을 한데 모으는 원칙, 기준, 규약, 의사결정 절차들"이라고 할 수 있다.(Stephen D. Krasner, "Structural Causes and Regime Consequences: Regimes as Intervening Variables," 1983, p. 1.)

2. 그가 쓴 "Policy in the Crises of 1920 and 1929"를 보라. 하베르러는 여기서 취한 입장, 즉 양차 세계대전에 따른 물리적, 경제적, 정치적 피해와 혼란의 정도가 달랐으므로 그 이후의 처방도 달라야 했다는 주장에 동의한다. Haberler, "Die Weltwirtschaft und das internationale Währungssystem in der Zeit zwischen den beiden Weltkriegen," pp. 288–289를 보라. 그러나 몇 해 전 하베르러가 로이 해로드와 프리데릭 러츠, 야콥 바이너, 그리고 조셉 볼 상원의원 같은 인물들과 한편에 섰다는 점도 지적할 수 있을 것이다. 이들은 "달러 부족(dollar shortage, 미국 이외의 지역에서 달러 화 보유고가 부족해진 상태-옮긴이)"이라는 생각 자체는 물론 어떤 경우에는, 전후 유럽 각국이 "인플레이션은 멈추고 환율을 조정"했더라면 안정과 성장 기반을 다시 구축했을 것이라며 마셜 플랜까지 반대했다. 내가 쓴 *Dollar Shortage*, 1950, pp. 2–6의 설명을 보라.

   정치적으로 보다 넓은 견지에서 보면 양차 세계대전 이후의 시기는 저마다의 이견은 있었지만 사실상 똑같은 상황이었다. 이와 관련해서는 Charles S. Maier, "The Two Postwar Eras and the Conditions for Stability in Twentieth-Century Europe," 1981과 함께 스티븐 A. 슈커와 내가 내놓은 코멘터리, 그리고 이에 대한 마이어의 대답을 보라.

3. 내가 쓴 *Manias, Panics, and Crashes*, p. 211을 보라.

4. 내가 쓴 "International Propagation of Financial Crises"를 보라.

5. 내가 쓴 "The Cyclical Pattern of Long-Term Lending"을 보라.

6. Fleisig, "The United States and the World Periphery in the Early Years of the Great Depression."

7. Holtfrerich, "Alternativen zu Brünings Wirtschaftspolitik in der Weltwirtschaftskrise," p. 6.

8. Irmler, "Bankenkrise und Vollbeschäftigungspolitik," p. 287.

9. 그 예로 William Appleman Williams, *The Tragedy of American Diplomacy*, 1959, esp. ch. 4, "The Legend of Isolationism"을 보라. 마르크시스트로서 수정주의 역사가인 윌리엄스 씨는 이렇게 쓰고 있다. "후버는 공황이 다름아닌 남북 전쟁 중에 태동해 1895년부터 1905년까지의 10년 간 성숙해진 기업 경제가 침체에 빠져든 신호였다는 사실을 간파하지 못했다."(p. 123) 또 있다. "1932년 가을부터 루스벨트와 헐은 국내 경기의 회복과 확대를 위해, 또 전쟁과 혁명을 야기하는 상황으로부터 전세계를 구해내기 위해서라도 대외 무역이 중요하다고 강조했다."(p. 128) 명색이 역사가라는 사람이 어떻게 앞서 이 책에서도 인용한 바 있는 루스벨트의 첫 대통령 취임 연설 같은 명백한 증거조차 무시한 채 루스벨트에 대해 이같은 글을 쓸 수 있는지 이해하기 어렵다.

10. Edward H. Carr, *The Twenty Years Crisis, 1919–1939: An Introduction to the Study of International Relations*, 1946, p. 234.

11. 페데르셴은 1931년의 유동성 위기를 미국의 책임으로 돌리고 있는데, 미국이 독일 마르크 화를 지지하지 않았다는 점과 파운드 화의 금 지불을 정지시켜야 했을 때 파운드 화를 보증해주지 않았다는 점을 그 이유로 들고 있다. "Some Notes on the Economic Policy of the United States During the Period 1919–1932," in his *Essays in Monetary Theory and Related Subjects*, pp. 208–209를 보라. 지금 보면 이 같은 주장은 일리가 있으며, 앞서 기술했듯이 페데르셴 교수는 1933년에 이미 그런 입장을 견지했다. 그러나 그 자신이 지적하고 있듯이(p. 210) 미국은 "그 시기의 일반적인 편견"에 따라 행동하고 있었던 것이다.

12. Alvin Hansen, *America's Role in the World Economy*, 1945.

13. Carr, *The Twenty Years' Crisis, 1919-39*, pp. 233–234.

14. Vansittart, *The Mist Procession*, p. 466.

15. Friedman and Schwartz, *A Monetary History of the United States, 1867–1960*, p. 419.

16. Benjamin Franklin, *Maxims Prefixed to Poor Richard's Almanac*, 1757에 나오는 다음 격언들을 참조하라. "열 번 찍어 안 넘어가는 나무 없다." 그리고 "작은 방심이 재앙의 씨앗이 될 수 있다. 못 하나를 빠뜨려 편자를 잃어버리고, 편자 하나가 부족해 말을 잃어버리고, 말 한 마리를 잃는 바람에 기수를 잃게 된다." 두 번째 격언은 누적적 피드백에 대한 예외라고도 할 수 있지만 첫 번째는 그대로 해당된다.

17. Nevin, *The Mechanism of Cheap Money*, pp. 9n., 12, 14.

18. W. A. Brown, *The International Gold Standard Re-interpreted, 1914–34*, vol. 2, p. 781에 있는 구절이다. "1928~1929년의 국제적인 금본위제와 1914년의 금본위제 사이의 본질

적인 차이는, 제1차 대전 후 세계가 금본위제로 복귀했을 때 단일 중심지가 아니라 런던과 뉴욕을 핵으로 하는 국제 금융 시스템을 건설했다는 데 있다." 이 책의 제20장 제목은 "초점 없는 금환본위제 실험(The Experiment of a Gold Exchange Standard without a Focal Point)"이다.

19. 다른 나라가 행사하는 리더십의 배후에서 무임승차하는 나라들에 대한 흥미로운 정치적 모델에 관해서는 Norman Froelich and Joe A. Oppenheimer, "I Get Along with a Little Help from My Friends," 1970을 보라. 그러나 이 모델에서 리더십은 그 특권에 상응하는 지불을 받는다기보다 그 특권 자체로부터 보상을 받으며, 이는 리더십의 책임이 개방된 상품 시장과 경기 조정에 필요한 자본 수출, 그리고 위기 발생시 재할인 메커니즘을 유지하는 데 있다는 점에서 알 수 있다는 지적(p. 119)에 주목할 필요가 있다.

20. 내가 쓴 "International Monetary Politics of a Near-Great Power: Two French Episodes, 1926-36 and 1960-70," 1972를 보라.

21. W. A. Brown, *The International Gold Standard Reinterpreted, 1914-34*, p. 785.

22. Chandler, *Benjamin Strong*, 1958, p. 255.

23. Sauvy, *Histoire économique de la France entre les deux guerres*, vol. 1, p. 73.

24. *Documents diplomatiques français, 1932-39*, 1967, vol. 3, no. 470, Bonnet to Paul-Boncour, July 9, 1933, p. 871을 보라. "한 가지 사실은 분명하다. 영국이 자유롭지 못하다는 것이다. 영국의 자치령 국가들과, 특히 무척이나 거칠었던 배닛 총리가 있는 캐나다는 영국에 절대적인 영향력을 행사하고 있는데, 불과 몇 초 사이에 영국의 의견을 완전히 번복시킬 수 있을 정도다." 물론 이 말은 과장된 것이다. 캐나다 사람이 쓴 대영제국의 선호의 기원에 관한 가장 최근의 설명을 알려면 Drummond, *Imperial Economic Policy, 1917-39*를 보라.

25. Hubert D. Henderson, *The Interwar Years and Other Papers*, 1955, p. 236-295를 보라.

26. Ibid., p. 236, 290.

27. Ibid., p. 260, 262, 또한 p. 291의 다음 구절을 보라. "여러 나라 정부가 1930년대에 채택한 다양한 조치들 가운데 의도적인 평가절하보다 더 참담한 결과를 초래한 것은 없었다. 그것은 평가절하를 시도했던 나라들에는 거의 도움이 되지 않았고, 다른 나라들에는 최악의 피해를 끼쳤던 것이다."

28. Ibid., p. 293.

- Aldcroft, Derek H. *The Inter-War Economy. Britain, 1919–1939.* London: Batsford, 1970.
- Aldcroft, Derek H. 또한 Richardson, H. W., and D. Aldcroft를 보라.
- Aliber, Robert Z. "Speculation in the Foreign Exchanges: The European Experience, 1919–1926." *Yale Economic Essays* 2, no. 1 (Spring 1962): 170–245.
- American Bureau of Metal Statistics. *Yearbook of the American Bureau of Metal Statistics, 11th Annual Issue, 1930.* New York: American Bureau of Metal Statistics, 1931.
- Angell, James W. *The Recovery of Germany.* New Haven: Yale University Press, 1929; enlarged and revised edition, 1932.
- Angell, James W. *The Program for the World Economic Conference: The Experts' Agenda and the Document. Boston*: World Peace Foundation, 1933.
- Armstrong, Hamilton Fish. "France and the Hoover Plan." *Foreign Affairs* 10, no. 10 (October 1931): 23–33.
- Arndt, H. W. *The Economic Lessons of the 1930s.* London, Oxford University Press, 1944.
- Artaud, Denise. *La question des dettes interalliées et la reconstruction de l'Europe (1917-1929).* 2 vols. Paris: Librairie Honoré Champion, 1978.
- Auriol, Vincent. *Hier et aujourd' hui.* Paris, Charlot, 1945.
- Baade, Fritz. "Fighting Depression in Germany." In *So Much Alive: The Life and Work of W. S. Woytinsky.* edited by Emma S. Woytinsky, 61–69. New York, Vanguard Press, 1962.
- Backhaus, Juergens. "Economic Theories and Political Interests: Scholarly Economics in Pre–Hitler Germany." *Journal of European Economic History* 12, no. 3 (Winter 1983): 661–667
- Bagehot, Walter. *Lombard Street.* London, John Murray, 1917.
- Balderston, T. "The Origins of Economic Instability in Germany, 1924–30: Investment and the Capital Market." *Economic History Review*, 2nd ser. 36, no. 3 (August 1983): 395–415
- Banco di Roma. Banca e industrie fra le due guerre. Vol. 1: *Atti del convegne conclusive della ricerca promossa dal Banca di Roma in occasione del suo primo centario.* Vol. 2: *Le riforme istituzionale e il pensiero giuridico.* Bologna: Il Mulino, 1981.
- Banco di Roma. *Le istituzioni finanziarie degli anni Trenta nell' Europa continentale.* Bologna: Il Mulino, 1982.
- Bank for International Settlements. Annual Reports. Various years.
- *Banks and Industry in the Interwar Period.* A special issue of *Journal of European Economic History* 13 (Fall 1984).

- Barber, Clarence. "On the Origins of the Great Depression." *Southern Economic Journal* 44 (1978): 432–456

- Bassett, R. *Nineteen Thirty-One: Political Crisis.* London, Macmillan, 1958.

- Baudhuin, Fernand. *Histoire économique de la Belgique, 1914–1938.* 2 vols., Brussels: Etablissements Emile Bruyles, 1946.

- Bauer, P. T. *The Rubber Industry: A Study in Competition and Monopoly.* Cambridge, Mass.: Harvard University Press; London: Longmans, Green, 1948.

- Beenstock, Michael, Forrest Capie, and Brian Griffiths. "The Economic Recovery in the United Kingdom in the 1930s." *Bulletin.* Center for Economic Policy Research, no. 2 (April 1984): 1.

- Belli, Franco. "La legge bancarie del 1926 e del 1936–38." In Banco di Roma, *Banca e industrie fra le due guerre,* vol. 2: *Le riforme istituzionale e il pensiero giuridico,* 203–268. Bologna: Il Mulino, 1981.

- Bellman, Harold. "The Building Trades." In *Britain in Recovery.* London: Pitman, 1938.

- Bennett, Edward W. *Germany and the Diplomacy of the Financial Crisis, 1931.* Cambridge, Mass.: Harvard University Press, 1962.

- Bernanke, Ben S. "Non–monetary Effects of the Financial Crisis in the Propagation of the Great Depression." *American Economic Review* 73, no. 3 (June 1983): 257–276.

- Bernstein, E. M. Review Committee for Balance of Payments Statistics를 보라.

- Bernstein, Michael A. "A Reassessment of Investment Failure in the Interwar American Economy." *Journal of Economic History* 44, no. 4 (June 1984): 479–488

- Beyen, J. W. *Money in a Maelstrom.* New York: Macmillan, 1949.

- Blum, John Morton. *From the Morgenthau Diaries.* Vol. 1: *Years of Crisis, 1928–1938.* Boston, Houghton Mifflin, 1959.

- Booth, Alan. Glynn, Sean, and Alan Booth를 보라.

- Borchardt, Knut. "Zwangslagen und Handlungsspielräume in der grossen Wirtschaftskrise der frühen dreissiger Jahre: Zur Revision des überlieferten Geschichtsbildes." In Bayerische Akademie der Wissenschaften, Jahrbuch, 1979, 1–47. Munich: C. H. Beck, 1979.

- Borchardt, Knut. "Zur Frage der währungspolitischen Optionen Deutschlands in der Weltwirtschaftskrise." In *Theorie un Politik der internationalen Wirtschaftsbeziehungen,* edited by K. Borchardt and Franz Holtheu, 165–181. Stuttgart: Gustav Fischer Verlag, 1980.

- Borchardt, Knut. "Zur Aufarbeitung der Vor– und Frühgeschichte der Keynesianismus in Deutschland." In *Jahrbücher für Nationalökonomie und Statistik* 197, no. 4 (1982): 359–370.

- Borchardt, Knut. "Could and Should Germany Have Followed Great Britain in Leaving the Gold Standard?" *Journal of European Economic History* 13 (Winter 1984): 471–497

- Borchardt, Knut. "Inflationsgefahren in Weltwirtschaftskrise: Zu den Spielräumen der Brüningschen Wirtschaftspolitik, 1930–32." In *International Capital Movements, Debt, and Monetary System*, edited by Wolfram Engels, Armin Gutkowski, and Henry Wallich, 21–42. Mainz: Hase & Koehler, 1984.

- Born, Karl Erich. *Die deutsche Bankenkrise 1931*: Finanzen und Politik. Munich: R. Piper, 1967.
- Bouvier, Jean. "Le banche francesi, l'inflazione e la crisi economica, 1919–1939." In Banco di Roma, *Le istituzioni finanziarie degli anni Renta nell' Europa continentale*, 11–64. Bologna: Il Mulino, 1982.
- Boyle, Andrew. *Montagu Norman*. London, Cassell, 1967.
- Brand, R. H. "Gold: A World Problem." *International Conciliation*, no. 333 (October 1937): 663–677.
- Brown, E. C. "Fiscal Policy in the Thirties, a Reappraisal." *American Economic Review* 46, no. 5 (December 1956): 857–879.
- Brown, William Adams, Jr. *The International Gold Standard Reinterpreted, 1914–1934*. 2 vols. New York: National Bureau of Economic Research, 1940.
- Brüning, Heinrich. *Reden und Aufsatze eines deutschen Staatsmannes*. Edited by Wilhelm Vernekohl, Münster: Regensberg, 1968.
- Brüning, Heinrich: *Memoiren, 1918–1934*. Stuttgart: Deutsche Verlags–Anstalt, 1970.
- Brunner, Karl. "Epilogue: Understanding the Great Depression." In *The Great Depression Revisited*, edited by Karl Brunner, 316–358. The Hague: Martinus Nijhoff, 1981.
- Brunner, Karl, ed. *The Great Depression Revisited*. The Hague: Martinus Nijhoff, 1981.
- Bulmer–Thomas, Victor. "The Central American Economies in the Interwar Period." In *Latin America in the 1930s: The Periphery in World Crisis*, edited by Rosemary Thorp, 279–314. London: Macmillan, 1984.
- Bundy, McGeorge. Stimson, Henry L., and McGeorge Bundy를 보라.
- Burck, Gilbert and Charles Silberman. "Why the Depression Lasted So Long." In *American Economic History: Essays in Interpretation*. edited by Stanley Coben and F. G. Hill, 496–512. Philadelphia: J. B. Lippincott, 1966, reprinted from Fortune 51, no. 3 (March 1955): 84ff.
- Burtle, James L. Rolfe, Sidney E. and James L. Burtle을 보라.
- Butler, William F. "Is Another Great Depression Possible?" Unpublished memorandum. Chase Manhattan Bank, April 28, 1969.
- Cagan, Phillip. "Comments on 'Some Macroeconomic Impacts of the National Recovery Act, 1933–35.'" In *The Great Depression Revisited*, edited by Karl Brunner, 282–285. The Hague: Martinus Nijhoff, 1981.
- Cairncross, Alec, and Barry Eichengreen. Sterling in Decline. Oxford: Blackwell, 1983.
- Cairncross, Alex K.: *Home and Foreign Investment, 1880–1913*. Cambridge: Cambridge University Press, 1953.
- Cameron, Rondo E. *France and the Economic Development of Europe, 1800–1914*. Princeton: Princeton University Press, 1961.

- Capie, Forrest. Depression and Protectionism: Britain Between the Wars. London: Allen & Unwin, 1983.
- Capie, Forrest. 또한 Beenstock, Michael, Forrest Capie, and Brian Griffiths를 보라.
- Carr, Edward Hallett. *The Twenty Years' Crisis, 1919–1939: An Introduction to the Study of International Relations.* London: Macmillan, 1939; 2nd ed., 1946.
- Cassese, Sabino. "Introduzione al dibattio." In Banco di Roma, *Banca e industrie fra le due guerre*, vol. 1: *Atti del convegne conclusive della ricerca promossa dal Banco di Roma in occasione del suo primo centario*, 99–103. Bologna: Il Mulino, 1981.
- Chandler, Lester V. *Benjamin Strong, Central Banker.* Washington, D. C.: Brookings Institution, 1958.
- Clark, Carolyn. Shearer, Ronald A., and Carolyn Clark를 보라.
- Clarke, Stephen V. O. *Central Bank Co-operation, 1924–31.* New York: Federal Reserve Bank of New York, 1967.
- Clarke, Stephen V. O. "The Reconstruction of the International Monetary System: The Attempts of 1922 and 1933." *Studies in International Finance.* International Finance Section, Princeton University, no. 33 (1973).
- Clarke, Stephen V. O. "The Influence of Economists on the Tripartite Agreement of September 1936." *European Economic Review* 10 (1975): 375–389.
- Clarke, Stephen V. O. "Exchange–Rate Stabilization in the Mid–1930s: Negotiating the Tripartite Agreement." *Studies in International Finance.* International Finance Section, Princeton University, no. 41 (1977).
- Clausing, Gustav. *Die wirtschaftlichen Wechsellagen von 1913–1932.* Jena, 1933.
- Clay, Sir Henry. *Lord Norman.* London: Macmillan, 1957.
- Clough, Shepard B. *The Economic History of Modern Italy.* New York: Columbia University Press, 1964.
- *Commercial and Financial Chronicle.* Various issues, 1933.
- Commission of Inquiry Report into National Policy in International Economic
- Relations, *International Economic Relations.* Minneapolis: University of Minnesota Press, 1934.
- *Commodity Yearbook, 1939.* New York: Commodity Research Bureau, 1939.
- Conze, Werner and Hans Raupach, ed. *Die Staats- und Wirtschaftskrise des Deutschen Reiches 1928/30.* Stuttgart: Klett, 1967.
- Copland, Sir Douglas. *Australia in the World Crisis, 1929–1933.* Alfred Marshall Lectures delivered in the University of Cambridge, October and November 1933. Cambridge: Cambridge University Press; New York: Macmillan, 1934.
- Cox, James M. *Journey through My Years.* New York: Simon & Schuster, 1946.
- Curtius, Julius. *Sechs Jahre Minister der deutschen Republik.* Heidelberg: Carl Winter–Universitätsverlag, 1948.
- Davis, Joseph S. *The World Between the Wars, 1919-1939: An Economist's View.* Baltimore:

Johns Hopkins University Press, 1975.

- Dean, Vera Micheles. "Austria: The Paralysis of a Nation." *Foreign Policy Reports* 3, no. 22 (January 4, 1933): 256–266.
- Debeir, Jean–Claude. "La crise du franc de 1924: Un exemple de speculation 'internationale'" Relations internationals, no 13 (1978): 29–49.
- de Paiva Abreu, Marcelo. "Argentina and Brazil During the 1930s: The Impact of British and American International Economic Policies." In *Latin America in the 1930s: The Periphery in World Crisis*, edited by Rosemary Thorp, 144–162. London: Macmillan, 1984.
- Despres, Emile. *International Economic Reform: The Collected Papers of Emile Despres*. Edited by Gerald M. Meier. New York: Oxford University Press, 1973.
- Deutsche Bundesbank. Währung und Wirtschaft in Deutschland, 1876–1975. Frankfurt–am–Main: Knapp, 1976.
- Díaz Alejandro, Carlos F. *Essays on the Economic History of the Argentine Republic*. New Haven: Yale University Press, 1970.
- Díaz Alejandro, Carlos F. "Latin America in the Depression, 1929–39." In The Theory and Experience of Economic Development: Essays in Honour of Sir W. Arthur Lewis, edited by Mark Gersovitz et al., 334–355. London: Allen & Unwin, 1982.
- Díaz Alejandro, Carlos F. "Latin America in the 1930s." In *Latin America in the 1930s: The Periphery in World Crisis*, edited by Rosemary Thorp, 17–49. London: Macmillan, 1984.
- di Marco, Luis Eugenio, ed. *International Economics and Development: Essays in Honor of Raul Prebisch*. New York: Academic Press, 1972.
- Divine, David. *Indictment of Incompetence: Mutiny at Invergordon*. London: MacDonald, 1970.
- *Documents diplomatiques français, 1932–1939*. 1st ser., 1932–35. Vols. 1–3. Paris: Imprimerie Nationale, 1966. 2d ser., 1936–39, vols. 1–4. Paris: Imprimerie Nationale, 1966–67.
- Dohan, Michael R. "Soviet Foreign Trade, the N.E.P. Economy and Soviet Industrialization Strategy." Ph. D. diss., Massachusetts Institute of Technology, 1969.
- Dowie, J. A. "1919–20 Is in Need of Attention." *Economic History Review* 28, no. 3 (August 1975): 429–450.
- Drummond, Ian M. *Imperial Economic Policy, 1917-39: Studies in Expansion and Protection*. Toronto: University of Toronto Press, 1974.
- Drummond, Ian M. "London, Washington, and the Management of Franc, 1936–39." *Studies in International Finance*. International Finance Section, Princeton University, no. 45 (1979)
- DuPlessis, J. C. *Economic Fluctuations in South Africa, 1910–1949*. Stellenbosch: Bureau of Economic Research, n.d. (1950 or 1951).
- Duroselle, J.–B. *De Wilson a Roosevelt*. Paris: Colin, 1960.
- Eccles, Marriner S. *Beckoning Frontiers. Public and Personal Recollections*. New York:

Alfred A. Knopf, 1951. *The Economist.* Various issues.

- Eichengreen, Barry J. "Sterling and the Tariff, 1929–32." *Studies in International Finance.* International Finance Section, Princeton University, no. 48 (1981)

- Eichengreen, Barry J. "Keynes and Protection." *Journal of Economic History* 44, no. 2 (June 1984): 363–374.

- Eichengreen, Barry J. 또한 Cairncross, Alec, and Barry Eichengreen을 보라.

- Einzig, Paul. *International Gold Movements.* 2d ed. London: Macmillan, 1932.

- Einzig, Paul: *The Comedy of the Pound.* London: Kegan Paul, 1933.

- Einzig, Paul, *Bankers, Statesmen and Economists.* London: Macmillan, 1935.

- Einzig, Paul: *World Finance Since 1914.* London: Kegan Paul; New York: Macmillan, 1935.

- Falkus, M. E. "The German Business Cycle in the 1920s." *Economic History Review,* 2d ser. 28, no. 3 (August 1975): 451–465.

- Federal Reserve Bank of New York files.

- *Federal Reserve Bulletin.* Various issues.

- Federal Reserve System, *Banking and Monetary Statistics.* Washington, D. C.: Federal Reserve Board, 1943.

- Federn, Walter. "Der Zusammenbruch der Osterreichischen Kreditanstalt." *Archiv für Sozialwissenschaft und Sozialpolitik* 67, no. 4 (June 1932): 403–435.

- Feis, Herbert. *Seen from E. A.: Three International Episodes.* New York: Alfred A. Knopf. 1947.

- Feis, Herbert. *The Diplomacy of the Dollar 1919–1939.* New York: Norton, 1950.

- Feis, Herbert. *1933: Characters in Crisis.* Boston: Little Brown, 1966.

- Feldman, Gerald D. Iron and Steel in the German Inflation, 1916–23. Princeton: Princeton University Press, 1977.

- Ferrell, Robert H. *American Diplomacy in the Great Depression. Hoover-Stimson Foreign Policy, 1929–1933.* New Haven: Yale University Press, 1957.

- Field, Alexander J. "Asset Exchanges and the Transactions Demand for Money, 1919–29." *American Economic Review* 74, no. 1 (March 1984): 43–59.

- Field, Alexander J. "A New Interpretation of the Onset of the Great Depression." *Journal of Economic History* 44, no. 2 (June 1984): 489–498.

- Fischer, Wolfram: *Deutsche Wirtschaftspolitik 1918–1945.* 3td. ed. Opladen: Leske, 1968.

- Fishlow, Albert. "Origins and Consequences of Import Substitution in Brazil." In *International Economics and Development: Essays in Honor of Raul Prebisch,* edited by Luis Eugenio di Marco, 311–365. New York: Academic Press, 1972.

- Fitzerald, E. V. K. "Restructuring in a Crisis: The Mexican Economy and the Great Depression." In *Latin America in the 1930s: The Periphery in World Crisis,* edited by Rosemary Thorp, 272–278. London: Macmillan, 1984.

- Fleisig, Heywood W. "Long–Term Capital Flows and the Great Depression: the Role of the United States, 1927–1933." Ph.D. diss., Yale University, 1969.

- Fleisig, Heywood W. "The United States and the World Periphery During the Early Years of the Great Depression." In *The Great Depression Revisited: Essays on the Economies of the Thirties,* edited by Herman van der Wee, 145–181. The Hague: Martinus Nijhoff, 1972.
- Fohlen, Claude. *Une affaire de famille au XIXe siécle: Méquillet Noblot.* Paris, Colin, 1955.
- Franklin, Benjamin. *Maxims Prefixed to Poor Richard's Almanac.* Philadelphia,
- 1757.
- Friedman, Milton. *The Balance of Payments: Free Versus Fixed Exchange Rates.* Washington, D. C.: American Enterprise Institute for Public Policy Research, 1967.
- Friedman, Milton. *Newsweek*(May 25, 1970): 78.
- Friedman, Milton, and Rose D. Friedman. "The Anatomy of Crisis···and the Failure of Policy." *Journal of Portfolio Management* 6, no. 1 (Fall 1979): 15–21.
- Friedman, Milton, and Anna Jacobson Schwartz. *A Monetary History of the United States, 1867–1960.* Princeton: Princeton University Press, 1963.
- Friedman, Milton, and Anna Jacobson Schwartz. *The Great Contraction.* Princeton: Princeton University Press, 1966; reprinted from ch. 7 of Friedman and Schwartz, *A Monetary History of the United States, 1867-1960.* Princeton: Princeton University Press, 1963.
- Froelich, Norman, and Joe A. Oppenheimer. "I Get Along with a Little Help from My Friends." *World Politics* 23, no. 1 (October 1970): 104–120.
- Fukai, Eigo. "The Recent Monetary Policy of Japan." In *The Lessons of Monetary Experience: Essays in Honor of Irving Fisher,* edited by A. D. Gayer. 379–395. New York: Farrar & Rinehart; London: Allen & Unwin, 1937.
- Furnivall, J. S. *Netherlands India: A Study of Plural Economy.* Cambridge: Cambridge University Press, 1939.
- Galbraith, J. Kenneth. *The Great Crash, 1929.* Boston: Houghton Mifflin, 1955.
- Gardner, Richard N. *Sterling-Dollar Diplomacy.* Rev. ed. New York: McGraw–Hill, 1969.
- Garvey, George. "Keynes and the Economic Activities of Pre–Hitler Germany." *Journal of Political Economy* 83, no. 2 (April 1975): 391–404.
- [Contracting Parties for the] General Agreement on Tariffs and Trade. *Trends in International Trade.* Report by a Panel of Experts. Geneva, 1958.
- Gilbert, Milton. *Currency Depreciation.* Philadelphia: University of Pennsylvania Press, 1939.
- Glynn, Sean, and Alan Booth. "Unemployment in Interwar Britain: A Case for Relearning the Lessons of the 1930s?" *Economic History Review,* 2d ser. 36, no. 3 (August 1983): 329–348.
- Gordon, Robert A. *Business Fluctuations.* 2d. ed. New York: Harper & Row, 1952.
- Gordon, Robert J., and James A. Wilcox. "Monetarist Interpretations of the Great De-

pression: An Evaluation and Critique." In *The Great Depression Revisited*, edited by Karl Brunner, 49–107. The Hague: Martinus Nijhoff, 1981.

- Graham, Frank D., and Charles R. Whittlesey. *Golden Avalanche*. Princeton: Princeton University Press, 1939.
- Great Britain, Committee on Finance and Industry. Report (Macmillan Report) Cmd. 3897. London: H.M. Stationery Office, 1931.
- *Green's Commodity Market Comments*, October 21, 1970.
- Griffiths, Brian. Beenstock, Michael, Forrest Capie, and Brian Griffiths를 보라.
- Grigg, P. J. *Prejudice and Judgement*. London: Jonathan Cape, 1948.
- Grotkopp, Wilhelm. *Die große Krise. Lehren aus der Überwindung der Wirtschaftskrise 1929-32*. Dusseldorf: Econ–Verlag, 1954.
- Guthrie, John A. *The Newsprint Industry: An Economic Analysis*. Cambridge, Mass.: Harvard University Press, 1941.
- Haberler, Gottfried. *Prosperity and Depression*. Geneva: League of Nations, 1937.
- Haberler, Gottfried. "Die Weltwirtschaft und das international Währungssystem in der Zeit zwischen den beiden Weltkriegen." In Deutsche Bundesbank, Währung und Wirtschaft in Deutschland, 1876–1975, 205–248, Frankfurt–am–Main: Knapp, 1976.
- Haberler, Gottfried. Selected Essays of Gottfried Haberler, edited by Anthony Y. C. Koo. Cambridge, Mass.: MIT Press, 1986.
- Hahn, L. Albert: *Fünfzig Jahre zwischen Inflation und Deflation*. Tübingen: J. C. B. Mohr(Paul Siebeck), 1963.
- Hansen, Alvin H. *Full Recovery or Stagnation*. New York: W. W. Norton, 1938.
- Hansen, Alvin H. *America's Role in the World Economy*. New York: W. W. Norton, 1945.
- Harris, C. R. S. *Germany's Foreign Indebtedness*. London: Oxford University Press, 1935.
- Harris, Seymour E. *Exchange Depreciation: its Theory and History, 1931–35. With some Consideration of Related Domestic Policies*. Cambridge, Mass.: Harvard University Press, 1936.
- Harrison, Joseph. "The Interwar Depression and the Spanish Economy." *Journal of European Economic History* 12, no. 2 (*Fall 1983*): 295–321.
- Hasib, Abdul. *Monetary Negotiations in the World Economic Conference*. Publications of the Faculty of Arts, Muslim University, Alijar, Egypt, 1958.
- Helbich, W. J. *Die Reparationen in der Ara Bruning. Zur Bedeutung des Young-Plans für die deutsche Politik 1930–1932*. Colloquium Berlin, 1932.
- Hawtrey, Ralph G. *The Art of Central Banking*. London: Longmans, Green, 1932.
- Henderson, Hubert D. *The Interwar Years and Other Papers*. Oxford: Clarendon Press, 1955.
- Henderson, Hubert D. 또한 Keynes, J. M., and H. D. Henderson을 보라.
- Hobsbawm, E. J. *Industruy and Empire: An Economic History of Britain Since 1750*. London: Weidenfeld & Nicolson; New York: Pantheon, 1968.

- Hodson, H. V. *Slump and Recovery, 1929–37.* London: Oxford University Press, 1938.
- Holtfrerich, Carl–Ludwig. *Die deutsche Inflation, 1914-1923.* Berlin: Walther de Gruyter, 1980.
- Holtfrerich, Carl–Ludwig. "Alternativen zu Brünings Wirtschaftspolitik in der Weltwirtschaftskrise." *Frankfurter Historische Vorträge,* no. 9. Wiesbaden: Franz Steiner, 1982.
- Homze, Edward L. *Foreign Labor in Nazi Germany.* Princeton: Princeton University Press 1967.
- Hoover, Herbert: *The Memoirs of Herbert Hoover.* Vol. 3: *The Great Depression, 1929– 1941.* New York: Macmillan; London: Hollis & Carter, 1952.
- House, E. M., and Charles Seymour. *What Really Happened in Paris: The Story of the Peace Conference, 1918–1919.* New York: Charles Scribner's, Sons, 1921.
- Howson, Susan K. *Domestic Monetary Management in Britain, 1919-38.* Cambridge: Cambridge University Press, 1975.
- Howson, Susan K. "The Management of Sterling, 1932–39." *Journal of Economic History* 40, no. 1 (March 1980): 53–60.
- Howson, Susan K. "Sterling's Managed Float: The Operations of the Exchange Equalization Account, 1932–1949." *Studies in International Finance.* International Finance Section, Princeton University, no. 46 (1980)
- Howson, Susan K., and Donald Winch. *The Economic Advisory Council, 1930-1939: A Study in Economic Advice During Depression and Recovery.* Cambridge: Cambridge University Press, 1977.
- Hughes, Helen. Draft manuscript on economic history of Australia.
- Hull, Cordell. *The Memoirs of Cordell Hull.* 2 vols. New York: Macmillan; London: Hodder & Stoughton, 1948.
- Hunter, Helen Manning. "The Role of Business Liquidity During the Great Depression and Afterwards: Differences Between Large and Small Firms." *Journal of Economic History* 42, no. 4 (December 1982): 883–902.
- Hurst, Willard. "*Holland, Switzerland and Belgium and the English Gold Crisis of 1931.*" *Journal of Political Economy* 40, no. 5 (October 1932): p. 638–660.
- International Bank for Reconstruction and Development, Press Release no. 134, May 11, 1949.
- *The International Bank for Reconstruction and Development, 1946–1953.* Baltimore: Johns Hopkins University Press, 1954.
- Irmler, Henrich. "Bankenkrise und Vollbeschäftingungspolitik (1931-1936)." In Deutsche Bundesbank, Währung und Wirtschaft in Deutschland, 1976–1975, 283–329. Frankfurt–am–Main: Knapp, 1976.
- Iversen, C. "The Importance of the International Margin." In *Explorations in International Economics: Notes and Essays in Honor of F. W. Taussig, 68-83.* New York: McGraw–Hill,

1936.

- Jacobsson, Per. *Some Monetary Problems, International and National.* London: Oxford University Press, 1958.

- Jeanneney, Jean–Noël. *François de Wendel en république: L'argent et le pouvoir, 1914-1940.* Paris: Seuil, 1976.

- Jeanneney, Jean–Noël. *Leçon d'histoire pour une gauche au pouvoir: La faillite du Cartel (1924-26).* Paris: Seuil, 1977.

- Jeanneney, Jean–Noël. "De la speculation financière arme diplomatique: A propos de la première bataille du franc (novembre 1923-mars 1924)." *Relations internationals,* no. 13 (1978): 5–27.

- Johnson, G. Griffith, Jr. *The Treasury and Monetary Policy, 1933–1938.* Cambridge, Mass.: Harvard University Press, 1939.

- Johnson, Paul. *Modern Times: The World from the Twenties to the Eighties.* New York: Harper & Row, 1983.

- Jones, Joseph M., Jr. *Tariff Retaliation. Repercussions of the Hawley-Smoot Bill.* Philadelphia: University of Pennsylvania Press, 1934.

- Jonung, Lars. "The Depression on Sweden and the United States: A Comparison of Causes and Policies." In *The Great Depression Revisited,* edited by Karl Brunner, 286–315. The Hague: Martinus Nijhoff, 1981.

- Kahn, A. E. *Great Britain in the World Economy.* New York: Columbia University Press; London: Pitman, 1946.

- Kahn, R. F. "The Relation of Home Investment to Unemployment." *Economic Journal* 41, no. 2 (June 1931): p. 193–198.

- Kahn, R. F. The Making of Keynes' General Theory. Cambridge: Cambridge University Press, 1984.

- Keese, Dietmar. "Die volkswirtschaftlichen Gesamtgrößen für das Deutsche Reich in den Jahren 1925–36." In *Die Staats- und Wirtschaftskrise des Deutschen Reiches 1929-1933,* edited by Werner Conze and Hans Rospach Stuttgart: Ernst Klett, 1967.

- Keohane, Robert O. *After Hegemony: Cooperation and Discord in the World Political Economy.* Princeton: Princeton University Press, 1984.

- Keynes, J. M. *The Economic Consequences of the Peace.* London: Macmillan, 1919; New York: Harcourt Brace, 1920.

- Keynes, J. M. *Treatise on Money.* 2 vols. London: Macmillan; New York: Harcourt Brace, 1930.

- Keynes, J. M. "The Great Slump of 1930." *The Nation and Athenaeum* (December 1930). Reprinted in *Essays in Persuasion,* 135–149. New York: Harcourt Brace, 1932.

- Keynes, J. M. "The Consequences to the Banks of the Collapse of Money Values." *Vanity Fair,* August 1931. Reprinted in *The Collected Writings of John Maynard Keynes,* vol. 9: *Essays in Persuasion,* 150–158. Cambridge: Royal Economic Society, 1972.

- Keynes, J. M. "An Economic Analysis of Unemployment." In *Unemployment as a World Problem*, edited by Q. Wright, 3–42. Norman Wait Harris Lectures for 1931. Chicago: University of Chicago Press, 1931.
- Keynes, J. M. *Essays in Persuasion*. London: Macmillan, 1931; New York: Harcourt Brace, 1932.
- Keynes, J. M. *The Means to Prosperity*. London: Macmillan; New York: Harcourt Brace, 1933.
- Keynes, J. M. "National Self-Sufficiency." *Yale Review* 22, no. 4 (June 1933): p. 755–769.
- Keynes, J. M. *The General Theory of Employment, Interest and Money*. London: Macmillan; New York: Harcourt Brace, 1933.
- Keynes, J. M. und H. D. Henderson. *Can Lloyd George Do it?* London: The Nation and Athenaeum, 1929.
- Kindleberger, Charles P. "Competitive Currency Depreciation between Denmark and New Zealand." *Harvard Business Review* 12, no. 4 (July 1934): 416–427.
- Kindleberger, Charles P. *The Dollar Shortage*. Cambridge, Mass.: Technology Press, 1950.
- Kindleberger, Charles P. *The Terms of Trade: A European Case Study*. New York: The Technology Press of Massachusetts Institute of Technology and John Wiley & Sons, 1956.
- Kindleberger, Charles P. "International Monetary Politics of a Near-Great Power: Two French Episodes, 1926–36 and 1960–70." *Economic Notes* (Monte dei Paschi di Siena) 1, nos. 2–3 (1972): 30–44.
- Kindleberger, Charles P. *Manias, Panics, and Crashes: A History of Financial Crises*. New York: Basic Books, 1978.
- Kindleberger, Charles P. "International Causes and Consequences of the Great Crash." *Journal of Portfolio Management* 6, no. 1 (Fall 1979): 11–14.
- Kindleberger, Charles P. "The Cyclical Pattern of Long-Term Lending." In T*he Theory and Experience of Economic Development: Essays in Honour of Sir W. Arthur Lewis*, edited by Mark Gersovitz et al., 300–312. London: Allen & Unwin, 1982.
- Kindleberger, Charles P. *A Financial History of Western Europe*. London: Allen & Unwin, 1984.
- Kindleberger, Charles P. "International Propagation of Financial Crises: The Experience of 1888–93." In *International Capital Movements, Debt, and Monetary System*, edited by Wolfram Engels, Armin Gutowski, and Henry Wallich, 217–234. Mainz: Hase & Koehler, 1984.
- Kindleberger, Charles P., and Jean-Pierre Laffargue, eds. *Financial Crises: Theory, History, and Policy*. Cambridge: Cambridge University Press, 1982. Klein, Burton H. *Germany's Economic Preparations for War*. Cambridge, Mass.: Harvard University Press, 1959.
- Krasner, Stephen D. "Structural Causes and Regime Consequences: Regimes as Intervening Variables." In *International Regimes*, edited by Stephen D. Krasner, 1–21. Ithaca, N.Y.: Cornell University Press, 1983.

- Kreider, Carl. *The Anglo-American Trade Agreement: A Study of British and American Commercial Policies, 1934-39.* Princeton: Princeton University Press, 1967.
- Krohn, Claus Dieter. "Wirtschaftstheorie als politische Interessen: Die akademische nationalökonomie in Deutschland, 1918–1933." *Campus Forschung* 226 (1981).
- Kroll, Gerhard. "Die deutsche Wirtschaftspolitik in der Weltwirtschaftskrise." In *Moderne deutsche Wirtschaftsgeschichte,* edited by Karl Erich Born, 398–409. Cologne: Kiepenheuer & Witsch, 1966.
- Laffargue, Jean–Pierre. Kindleberger, Charles P., and Jean–Pierre Laffargue를 보라.
- Lalumière, Pierre. *L'Inspection des finances.* Paris: Presses Universitaires de France, 1959.
- Lary, Hal B. *The United States in the World Economy. The International Transactions of the United States During the Interwar Period.* Washington, D.C.: U.S. Government Printing Office, 1943.
- Latham, A. J. H. *The Depression and the Developing World, 1914-1939.* Totowa, N.J.: Barnes & Noble, 1981.
- Lautenbach, Wilhelm. *Zins, Kredit und Produktion.* edited by Wolfgang Stützel. Tübingen: J. C. B. Mohr (Paul Siebeck), 1952.
- League of Nations. (Bertil Ohlin). *The Course and Phases of the World Economic Depression.* Geneva: League of Nations, 1931.
- League of Nations. *Balance of Payments, 1930.* Geneva: League of Nations, 1932.
- League of Nations. *Review of World Trade, 1934.* Geneva: League of Nations, 1934.
- League of Nations. Sixth International Studies Conference. A record of a second study conference on "The State and Economic Life" held in London, May 29–June 2, 1933. Paris: International Institute of Intellectual Cooperation, 1934.
- League of Nations. (James E. Meade). *World Economic Survey, 1937-38.* Geneva: League of Nations, 1938.
- League of Nations. (James E. Meade). *World Economic Survey, 1938-39.* Geneva: League of Nations, 1939.
- League of Nations. *Review of World Trade, 1938.* Geneva: League of Nations, 1939.
- League of Nations. (F. Hilgerdt). *The Network of World Trade.* Geneva: League of Nations, 1942.
- League of Nations. (Ragnar Nurkse). *International Currency Experience: Lessons of the Interwar Period.* Princeton, N.J.: League of Nations, 1944.
- League of Nations. *Economic Stability in the Post-war World. Report of the Delegation on Economic Depression.* Geneva: League of Nations, 1945.
- League of Nations. *Statistical Yearbook,* Various issues.
- League of Nations. *Monthly Bulletin of Statistics.* Various issues.
- Leith–Ross, Frederick. *Money Talks: Fifty Years of International Finance.*
- London: Hutchinson, 1968.
- Lewis, William Arthur. *Economic Survey, 1919–1939.* London: Allen & Unwin, 1949;

Philadelphia: Blakiston, 1970.

- Lewis, William Arthur. Review of C. P. Kindleberger, The World in Depression, 1929–1939. In *Journal of Interdisciplinary History* 6 (1975): 172–174.
- Lindert, Peter H. "Key Currencies and Gold, 1900–1913." *Studies in International Finance*. International Finance Section, Princeton University, no. 24 (August 1969)
- Londoño, Carlos. Thorp, Rosemary, and Carlos Londoño를 보라.
- Lüke, Rolf E. *Von der Stabilisierung zur Krise*. Zürich: Polygraphischer Verlag,
- 1958.
- Lundberg, Erik. *Business Cycles and Economic Policy*. Translated by J. Potter. London: Allen & Unwin, 1957.
- Lundberg, Erik. *Instability and Economic Growth*. New Haven: Yale University Press, 1968.
- Luther, Hans. *Vor dem Abgrund, 1930–1933: Reichsbankpräsident in Krisenzeiten*. Berlin: Propyläen, 1960.
- McFerrin, John Berry. *Caldwell and Company: A Southern Financial Empire*. Chapel Hill: University of North Carolina Press, 1939. Reissued, Nashville, Tenn.: Vanderbilt University Press, 1969.
- Maier, Cahrles S. "The Two Postwar Eras and the Conditions for Stability in Twentieth-Century Western Europe." *American Historical Review* 86, no. 1 (April 1981): 327–352.
- Malach, Vernon W. *International Cycles and Canada's Balance of Payments, 1921–33*. Toronto: University of Toronto Press, 1954.
- Malenbaum, Wilfrid. *The World Wheat Economy, 1885–1939*. Cambridge, Mass.: Harvard University Press, 1953.
- Mantoux, Etienne. *The Carthaginian Peace or the Economic Consequences of Mr Keynes*. New York: Charles Scribner's Sons, 1952.
- Marcus, Edward. *Canada and the International Business Cycle, 1927–39*. New York: Bookman Associates, 1954.
- März, Edouard. Comment on "Policy in the Crises of 1920 and 1929," by D. E. Moggridge. In *Financial Crises: Theory, History, and Policy*, edited by Charles P. Kindleberger and Jean-Pierre Laffargue, 187–194. Cambridge: Cambridge University Press, 1982.
- Matthews, R. C. O. A Study in Trade-Cycle History: Economic Fluctuations in Great Britain, 1832–1842. Cambridge: Cambridge University Press, 1954.
- Meade, James E. League of Nations. (James E. Meade)를 보라.
- Meltzer, Allen H. "Monetary and Other Explanations of the Start of the Great Depression." *Journal of Monetary Economics* 2 (1976): 455–472.
- Meltzer, Allen H. "Comments on 'Monetarist Interpretations of the Great Depression.'" In *The Great Depression Revisited*, edited by Karl Brunner, 148–164. The Hague: Martinus Nijhoff, 1981.
- Menne, Bernhard. *The Case of Dr Brüning*. London: Hutchinson, 1943.

- Meyer, Richard H. *Banker's Diplomacy: Monetary Stabilization in the Twenties.* New York: Columbia University Press, 1970.
- Migone, Gian Giacomo. *Gli Stati Uniti e il fascism: Alle origini dell' egemonia Americana in Italia.* Milan: Feltrinelli, 1980.
- Ministère des Finances et Ministère de l'Agriculture, du Commerce et des Travaux Publics. *Enquête sur les principes et les faits généraux qui régissent la circulation monétaire et fiduciaire.* 6 vols. Paris: Imprimerie Impériale, 1867.
- Mintz, Ilse. *Deterioration in the Quality of Foreign Bonds Issued in the United States, 1920-1930.* New York: National Bureau of Economic Research, 1951.
- Mishkin, Frederic S. "The Household Balance Sheet and the Great Deprssion." *Journal of Economic History* 38, no. 4 (December 1978): 918–937.
- Mitchell, Broadus. *Depression Decade. From New Era through New Deal, 1929-1941.* New York: Rinehart & Winston, 1947; New York: Harper & Row, 1969.
- Modigliani, Franco. Neisser, Hans, and Franco Modigliani를 보라.
- Moggridge, D. E. *The Return to Gold, 1925: The Formulation of Policy and its Critics.* Cambridge: Cambridge University Press, 1969.
- Moggridge, D. E. *British Monetary Policy, 1924-31: The Norman Conquest of $4.86.* Cambridge: Cambridge University Press, 1972.
- Moggridge, D. E. "Policy in the Crises of 1920 and 1929." In Financial Crises: Theory, History, and Policy, edited by Charles P. Kindleberger and Jean–Pierre Laffargue, 171–187. Cambridge: Cambridge University Press, 1982.
- Moley, Raymond. With the assistance of Elliott Rosen. *The First New Deal.* New York: Harcourt Brace & World, 1966.
- Moll, J. Th. Neytzell de Wilde, A., and J. Th. Moll을 보라.
- Montgomery, Arthur. *How Sweden Overcame the Depression, 1930-1933.* Stockholm: A. Bonniers, 1938.
- Moreau, Emile. *Souvenirs d'un gouverneur de la Banque de France. Histoire de la stabilization du franc (1926–28).* Paris: Génin, 1954.
- Morgenstern, Oskar. *International Financial Transactions and Business Cycles.* Princeton: Princeton University Press, 1959.
- Morgenthau, Henry. Blum, John Morton을 보라.
- Morison, Elting E. *Turmoil and Tradition: A Study of the Life and Times of Henry L. Stimson.* Boston: Houghton Mifflin, 1960.
- Moulton, Harold G. and Leo Pasvolsky. *War Debts and World Prosperity.* Washington, D.C.: Brookings Institution, 1932.
- Nanto, Dick K., and Shinji Takagi. "Korekiyo Takahashi and Japan's Recovery from the Great Depression." *American Economic Review* 75 (May 1985): 369–374.
- Neal, Larry. "The Economics and Finance of Bilateral Clearing Agreements: Germany, 1934–38." *Economic History Review,* 2d ser. 32, no. 3 (August 1979): 391–404.

- Neisser, Hans. *Some International Aspects of the Business Cycle.* Philadelphia: University of Pennsylvania Press, 1936.
- Neisser, Hans, and Franco Modigliani. *National Incomes and International Trade: A Quantitative Analysis.* Urbana: University of Illinois Press, 1953.
- Néré, J. *La Crise de 1929.* Paris: Colin, 1968.
- Nevin, Edward. *The Mechanism of Cheap Money: A Study in Bristih Monetary Policy, 1931–1939.* Cardiff: University of Wales Press, 1955.
- Newbold, J. T. W. "The Beginnings of the World Crisis, 1873–1896." *Economic History* 2, no. 7 (January 1932): 425–551. New York Times, Various issues.
- Neytzell de Wilde, A. and J. Th. Moll. With the assistance of A. J. Gooszen. *The Netherlands Indies During the Depression: A Brief Economic Survey.* Amsterdam: Meulenhoff, 1936.
- Nichols, Jeannette P. "Roosevelt's Monetary Diplomacy, 1933." *American Historical Review* 56, no. 2 (January 1951): 295–317.
- Niveau, Maurice. *Histoire des faits économiques contemporains.* 2d ed. Paris: Presses Universitaires de France, 1969.
- Nötel, Rudolf. "Money, Banking and Industry in Interwar Austria and Hungary." *Journal of European Economic History* 13 (1984): 137–202.
- Noyes, Alexander Dana. *The Market Place: Reminiscences of a Financial Editor.* Boston: Little, Brown, 1938.
- Nurkse, Ragnar. "International Monetary Equilibrium." *Essays in International Finance.* International Finance Section, Princeton University, no. 4 (April 1945). Reprinted in American Economic Association, *Readings in the Theory of International Trade.* Philadelphia: Blakiston, 1949.
- Nurkse, Ragnar. 또한 League of Nations. (Ragnar Nurkse)를 보라.
- O'Connell, Arturo. "Argentina into the Depression: The Problems of an Open Economy." In *Latin America in the 1930s: The Periphery in World Crisis,* edited by Rosemary Thorp, 188–221. London: Macmillan, 1984.
- Ohlin, Bertil. League of Nations. (Bertil Ohlin)을 보라.
- Oppenheimer, Joe A. Froelich, Norman, and Joe A. Oppenheimer를 보라.
- Psvolsky, Leo. Moulton, Harold G. and Leo Pasvolsky을 보라.
- Patrick, Hugh T. "The Economic Muddle of the 1920s." In *Dilemmas of Growth in Prewar Japan,* edited by James William Morley, 211–266. Princeton: Princeton University Press, 1971.
- Pedersen, Jørgen. *Essays in Monetary Theory and Related Subjects.* Copenhagen: Samfundsvidenskabeligt Forlag, 1975.
- Penrose, E. F. *Economic Planning for the Peace.* Princeton: Princeton University Press, 1953.
- Pentzlin, Heinz. *Hjalmar Schacht: leben und Wirken einer umstrittenen Persönlichkeit.*

Berlin: Ullstein, 1980.

- Perrot, M. *La Monnaie et l'opinion en France et en Angleterre, 1924–36.* Paris: Colin, 1955.
- Pigou, A. C. *Aspects of British Economic History, 1918–1925.* London: Macmillan, 1948.
- Platt, D. C. M. *Foreign Finance in Continental Europe and the United States, 1815-1870: Quantities, Origins, Functions, and Distribution.* London: Allen & Unwin, 1984.
- Phol, Manfred. *Hermann J. Abs: A Biography in Text and Pictures.* Mainz: Hase & Koehler, 1983.
- Pressburger, Fritz Georg. "Die Krise der Österreichischen Creditanstalt." *Revue international de l'histoire de la banque* 2 (1969): 83–118.
- Rabelo Versiani, Flavio. "Brazilian Industrial Growth: The 1920s and the Depression." In *Latin America in the 1930s: The Periphery in World Crisis,* edited by Rosemary Thorp, 163–187. London: Macmillan, 1984.
- Reddaway, W. B. "*Was $4.86 Inevitable in 1925?*" Lloyds Bank Review, no. 96 (April 1970): 15–28.
- Reuss, Frederick G. *Fiscal Policy for Growth without Inflation: the German Experiment.* Baltimore: Johns Hopkins University Press, 1963.
- Review Committee for Balance of Payments Statistics, Report to the Budget Bureau. *The Balance of Payments Statistics of the United States. A Review and Appraisal* (E. M. Bernstein Report). Washington, D.C.: U.S. Government Printing Office, 1965.
- Richardson, H. W. *Economic Recovery in Britain, 1932–39.* London: Weidenfeld & Nicolson, 1967.
- Richardson, H. W. and D. Aldcroft. *Building in the British Economy between the Wars.* London: Allen & Unwin, 1969.
- Rist, Charles. "L'expérience de 1926 et la franc d'aujourd'hui." In *Monnaie d'hier et de demain,* edited by J. Lacour–Gayet et al. Paris: Editions SPID, 1952.
- Robbins, Lionel. *The Great Depression.* London: Macmillan, 1934.
- Robbins, Lionel. *Autobiography of an Economist.* London: Macmillan, 1971.
- Rolfe, Sidney E., and James L. Burtle. *The Great Wheel: The World Monetary System.* New York: Quadrangle Books, 1973.
- Roose, Kenneth D. *The Economics of Recession and Revival. An Interpretation of 1937–38.* New Haven: Yale University Press, 1954.
- Roosevelt, Franklin D. *The Papers and Addresses of Franklin Delano Roosevelt.* Vol. 2: *The Years of Crisis.* New York: Random House, 1938. Vol. 7: *The Continuing Struggle for Liberalism.* New York: Macmillan, 1941.
- Röpke, Wilhelm. *Crises and Cycles.* London: William Hodge, n.d. (1936?)
- Röpke, Wilhelm. *International Economic Disintegration.* New York: Macmillan, 1942.
- Rosen, Elliot. Moley, Raymond를 보라.
- Rostow, W. W. "The Strategic Role of Theory: A Comment." *Journal of Economic History* 31 no. 1 (March 1971): 76–86.

- Rostow, W. W. *The World Economy: Theory and Prospect.* Austin: University of Texas Press, 1978.

- Rothschild, Murray. *America's Great Depression.* 3d ed. Kansas City, Kan.: Sheed & Ward, 1975.

- Rothschild, K. W. *Austria's Economic Development Between the Wars.* London: Muller, 1947.

- Rueff, Jacques. Preface to *Souvenirs d'un gouverneur de la Banque de France,* by Emile Moreau. Paris: Génin, 1954.

- Rueff, Jacques. "Sur un point d'histoire: Le niveau de la stabilisation Poincaré." *Revue d'économie politique* 69 (March-April 1959): 169–178.

- Sachs, Jeffrey. "LDC Debt in the 1980s, Risk and Reforms." In *Crises in the Economic and Financial Structure,* edited by Paul Wachtel, 197–243. Lexington, Mass.: D. C. Heath, 1982.

- Safarian, A. E. *The Canadian Economy in the Great Depression.* Toronto: University of Toronto Press 1959.

- Salter, Sir Arthur. Recovery: *The Second Effort.* London: Bell; New York: Century, 1932.

- Salter, Sir Arthur. *Memoirs of a Public Servant.* London: Faber & Faber, 1961.

- Salter, Sir Arthur. *Slave of the Lamp.* London: Weidenfeld & Nicolson, 1967.

- Samuelson, Paul A. "Myths and Realities about the Crash and Depression." *Journal of Portfolio Management* 6, no. 1 (Fall 1979): 7–10.

- Sauvy, Alfred. *Histoire économique de la France enire les deux guerres.* Vol. 1: *1918–1931.* Paris: Fayard, 1965. Vol. 2: *1931–1939.* Paris: Fayard, 1967.

- Sayers, R. S. "The Springs of Technical Progress in Britain, 1919–1939." *Economic Journal* 60, no. 238 (June 1950): 275–291.

- Sayers, R. S. *The Bank of England, 1891-1944.* 3 vols. Cambridge: Cambridge University Press, 1976.

- Schacht, Hjalmar H. G. *The Stabilization of the Mark.* London: Allen & Unwin, 1927.

- Schacht, Hjalmar H. G. *The End of Reparations.* London: Jonathan Cape; New York: Jonathan Cape & Harrison Smith, 1931.

- Schacht, Hjalmar H. G. "Germany's Colonial Demands." *Foreign Affairs* 15, no. 2 (January 1937): 223–234.

- Schacht, Hjalmar H. G. *Confessions of the "Old Wizard."* Boston: Houghton Mifflin, 1956. Published in England under the title *My First Seventy-Six Years.* London: Allan Wingate, 1955.

- Schattschneider, E. E. *Politics, Pressures and Tariffs: A Study of Free Private Enterprise in Pressure Politics as Shown by the 1929–30 Revision of the Tariff.* New York: Prentice–Hall, 1935.

- Schlesinger, Arthur M., Jr. *The Age of Roosevelt.* Vol. 2: *The Coming of the New Deal.* Boston: Houghton Mifflin, 1959; London: Heinemann, 1960.

- Schliemann, Jürgen. *Die deutsche Währung in der Weltwirtschaftskrise, 1929-33: Währungs-politik und Abwertungskontroverse unter den Bedingungen der Reparationen*. Berne: Paul Haupt, 1980.
- Schmidt, Carl T. *German Business Cycles, 1924–1933*. New York: National Bureau of Economic Research, 1934.
- Schmidt, Paul. *Statist auf diplomatischer Bühne 1923–45*. Bonn: Athenäum–Verlag, 1949.
- Schrecker, Ellen. *The Hired Money: The French Debt to the United States*. New York: Arno Press, 1978.
- Schuker, Stephen A. *The End of French Predominance in Europe: The Financial Crisis of 1924 and the Adoption of the Dawes Plan*. Chapel Hill: University of North Carolina Press, 1976.
- Schuker, Stephen A. Review of *The Collected Writings of John Maynard Keynes*, vol. 17: *Activities 1922-1932: Treaty Revision and Reconstruction;* vol. 18: *Activities 1922-1932: The End of Reparations*, edited by Elizabeth Johnson. *Journal of Economic Literature* 18, no. 1 (March 1980): 124–126.
- Schumpeter, Joseph A. *Business Cycles: A Theoretical, Historical and Statistical Analysis of the Capitalist Process*. 2 vols. New York: McGraw–Hill, 1939.
- Schwartz, Anna J. "Understanding 1929–1933." In *The Great Depression Revisited*, edited by Karl Bruner, 5–48. The Hague: Martinus Nijhoff.
- Schwartz, Anna J. 또한 Friedman, Milton, and Anna Jacobson Schwartz를 보라.
- Schwartz, Jordan. *1933: Roosevelt's Decision: The United States Leaves the Gold Standard*. New York: Chelsea House, 1969.
- Seymour, Charles. House, E. M., and Charles Seymour를 보라.
- Shaplen, Robert. *Kreuger, Genius and Swindler*. New York: Alfred A. Knopf, 1960; London: André Deutsch, 1961.
- Sheare, Ronald A., and Carolyn Clark. "Canada and the Interwar Gold Standard, 1920–35: Monetary Policy Without a Central Bank." In *A Retrospective on the Classical Gold Standard, 1821-1931*, edited by Michael D. Bordo and Anna J. Schwartz, 277–309. Chicago: University of Chicago Press, 1984.
- Silberman, Charles. Burck, Gilbert and Charles Silberman을 보라.
- Simpson, Amos E. *Hjlamar Schacht in Perspective*. The Hague: Mouton, 1969.
- Skidelsky, Robert. *Politicians and the Slump. The Labour Government of 1929–1931*. London: Macmillan, 1967.
- Sobel, Robert. *The Great Bull Market: Wall Street in the 1920s*. New York: Norton, 1968.
- Stimson, Henry L. and McGeorge Bundy. *On Active Service in Peace and War*. New York: Harper & Bros., 1947.
- Stolper, Gustav. *German Economy, 1870–1940: Issues and Trends*. New York: Reynal & Hitchcock; London: Allen & Unwin, 1940.
- Stuart, G. M. Verrijn. "The Netherlands during the Recent Depression." In *The Lessons of*

Monetary Experience: Essays in Honor of Irving Fisher, edited by A. D. Gayer, 237–258. New York: Farrar & Rinehart; London: Allen & Unwin, 1937.

- Stucken, Rudolf. *Deutsche Geld- und Kreditpolitik, 1914 bis 1963*. Tübingen: J. C. B. Mohr (Paul Siebeck), 1964.
- Sturmthal, Adolf. *The Tragedy of European Labour, 1918–1939*. New York: Columbia University Press, 1943; London: Gollancz, 1944.
- Svennilson, Ingvar. *Growth and Stagnation in the European Economy*. Economic Commission for Europe. Geneva: United Nations, 1954.
- Swerling, Boris C. Timoshenko, Vladimir P. und Boris C. Swerling을 보라.
- Takagi, Shinji. Nanto, Dick K., and Shinji Takagi를 보라.
- Tavernier, K. Wee, Herman van der, and K. Tavernier를 보라.
- Taylor, Henry C., and Anne Dewees Taylor. *World Trade in Agricultural Products*. New York: Macmillan, 1943.
- Temin, Peter. "Three Problems in Economic History." *Journal of Economic History* 31, no. 1 (March 1971): 58–75.
- Temin, Peter. "The Beginning of the Depression in Germany." *Economic History Review* 24, no. 2 (May 1971): 240–248.
- Temin, Peter. *Did Monetary Forces Cause the Great Depression?* New York: W. W. Norton, 1976.
- Thomas, Brinley. *Monetary Policy and Crisis: A Study of Swedish Experience*.
- London: Routledge, 1936.
- Thomas, Mark. Discussion of "Keynes and Protection," by Barry Eichengreen. *Journal of Economic History* 44, no. 2 (June 1984): 375–379.
- Thorp, Rosemary. Introduction to *Latin America in the 1930s: The Periphery in World Crisis*, edited by Rosemary Thorp, 1–16. London: Macmillan, 1984.
- Thorp, Rosemary, ed. *Latin America in the 1930s: The Periphery in World Crisis*. London: Macmillan, 1984.
- Thorp, Rosemary, and Carlos Londoño. "The Effect of the Great Depression on the Economies of Peru and Colombia." In *Latin America in the 1930s: The Periphery in World Crisis*, edited by Rosemary Thorp, 81–110. London: Macmillan, 1984.
- Timoshenko, Vladimir P. *World Agriculture and the Depression*. Ann Arbor: University of Michigan, 1953.
- Timoshenko, Vladimir P. and Boris C. Swerling. *The World's Sugar: Progress and Policy*. Stanford: Stanford University Press, 1957.
- Toniolo, Gianni. "Crisi economica e smobilizzo pubblico delle banche miste (1930-1934)." In *Industria e banca nella grande crisi 1929-1934*, edited by Gianni Toniolo, 284–352. Milan: Etas Libri, 1978.
- Toniolo, Gianni. *L'economia dell' Italia fascista*. Rome: Laterza, 1980.
- Toniolo, Gianni. "Per un' analisi comparata delle cause delle crisi bancarie nell' Europa

dei primi anni Trenta." In *Banco di Roma, Le istituzioni finanziarie degli anni Trenta nell'
Europa continentale*, 219–235. Bologna: Il Mulino, 1982.

- Treviranus, Gottfried Reinhold. *Das Ende von Weimar: Heinrich Brüning und seine Zeit.*
  Düsseldorf: Econ–Verlag, 1968.
- Triantis, Stephen G. *Cyclical Changes in Trade Balances of Countries Exporting Primary
  Products, 1927–33.* Toronto: University of Toronto Press, 1967.
- Triffin, Robert. "La theorie de la surevaluation monetaire et la devaluation belge." *Bulletin
  de l'Institut des Recherches Economiques de l'Universite deLouvain* 9, no. 1 (November
  1937): 3–36.
- Tugwell, Rexford G. *The Brains Trust.* New York: Viking Press, 1968.
- United Nations. *Commodity Trade and Economic Development.* Report by a Committee of
  Experts. New York, 1952.
- U.S. Bureau of the Census. Historical Statistics of the United States, 1789–1945. Wash-
  ington, D.C.: U.S. Government Printing Office, 1949.
- U.S. Department of State. Foreign Relations of the United States. Washington, D.C.: U.S.
  Government Printing Office, Various issues.
- van der Wee, Herman. Wee, Herman van der를 보라.
- Vansittart, Lord. *The Mist Procession. The Autobiography of Lord Vansittart.* London:
  Hutchinson, 1958.
- Vaubel, Roland. "International Debt, Bank Failures and the Money Supply: The Thirties
  and the Eighties." *Cato Journal* 4, no. 1 (Summer 1984): 249–267.
- Wachtel, Paul, ed. *Crisis in the Economic and Financial Structure.* Lexinton, Mass.: D.C.
  Heath, 1982.
- Walker, E. Ronald. *Australia in the World Depression.* London: King, 1933.
- Wanniski, Jude. *The Way the World Works.* New York: Basic Books, 1977.
- Warburg, James P. *The Long Road Home: The Autobiography of a Maverick.* Garden City,
  N.Y.: Doubleday, 1964.
- Warren, George F., and Frank A. Pearson. Prices. New York: Wiley, 1933.
- Webb, Steven B. "The Supply of Money and Reichsbank Financing of Government and
  Corporate Debt in Germany, 1919–1923." *Journal of Economic History* 44, no. 2 (June
  1984): 499–507.
- Wee, Herman van der, ed. *The Great Depression Revisited: Essays on the Economies of the
  Thirties.* The Hague: Martinus Nijhoff, 1972.
- Wee, Herman van der, and K. Tavernier. *Le Banque nationale de Belgique et l'histoire
  monétair entre les deux guerres mondiales.* Brussels: National Bank of Belgium, 1975.
- Weinstein, Michael M. "Some Macroeconomic Impacts of the National Industrial Recov-
  ery Act, 1933–1935." In *The Great Depression Revisited*, edited by Karl Brunner, 262–
  281. The Hague: Martinus Nijhoff, 1981.
- White, Eugene Nelson. "A Reinterpretation of the Banking Crisis of 1930." *Journal of*

Economic History 44, no. 1 (March 1984): 119–138.

- Whittlesey, Charles R. Graham, Frank D., and Charles R. Whittlesey를 보라.
- Wicker, Elmus R. *Federal Reserve Monetary Policy, 1917–1933.* New York: Random House, 1966.
- Wicker, Elmus R. "A Reconsideration of the Causes of the Banking Panic of 1930." *Journal of Economic History* 40, no. 3 (September 1980): 571–584.
- Wilcox, James A. Gordon, Robert J., and James A. Wilcox를 보라.
- Williams, David. "London and the 1931 Financial Crisis." *Economic History Review,* 2d ser. 15, no. 3 (April 1963): 513–528.
- Williams, John H. *Postwar Monetary Plans and Other Essays.* New York: Alfred A. Knopf, 1947.
- Williams, William Appleman. *The Tragedy of American Diplomacy.* Cleveland: World Publishing, 1959.
- Williamson, John, ed. *IMF Conditionality.* Washington, D.C.: Institute for International Economics, 1983.
- Winch, Donald. Howson, Susan K., and Donald Winch를 보라.
- Woytinsky, Emma S., ed. *So Much Alive: The Life and Work of W. S. Woytinsky.* New York: Vanguard Press, 1961.
- Woytinsky, W. S. *Internationale Hebung der Preise als Ausweg der Krise.* Leipzig, 1931.
- Woytinsky, W. S. "International Measures to Create Employment: A Remedy for the Depression." *International Labor Review* 25, no. 1 (January 1932): 1–22.
- Woytinsky, W. S. *Stormy Passage: A Personal History through two Russian Revolutions to Democracy and Freedom, 1905–1960.* New York: Vanguard Press, 1961.
- Wright, H. R. C. "Fears of Inflation in 1919: Wage Push and Conspiracy Theories." Paper presented on "Topics in Economic History" at the Canadian Economic Association meeting, Dalhousie University, Halifax, Nova Scotia, May 25, 1981.
- Youngson, A. J. *The British Economy, 1920–1957.* London: Allen & Unwin, 1960.

이 책의 가장 큰 장점은 대공황이라는 거대한 역사적 사건을 종합적인 시각으로 조망할 수 있게 해준다는 점이다. 많이들 알고 있는 기존의 설명들, 가령 1930년대 대공황은 1929년 10월의 뉴욕 주식시장 대폭락에서 비롯됐다든가 혹은 대공황은 자본주의 체제의 필연적 산물이라는 식의 이해에서 벗어날 수 있게 해주는 것이다. 찰스 P. 킨들버거는 무엇보다 단 한 가지 원인만 갖고 모든 것을 설명하려는 단선적이고 편협한 논리를 거부한다. 세상사라는 게 그리 단순하지 않기 때문이다.

제1차 세계대전 이후 복잡하게 얽혀 있던 배상과 전채戰債 문제, 1920년대의 경기 확장과 뒤이은 주식시장 폭락, 상품가격의 하락과 세계적인 디플레이션 현상, 각국의 금본위제 이탈과 경쟁적인 평가절하, 그리고 미국의 스무트-홀리 관세법 시행 이후 벌어졌던 연쇄적인 관세 인상과 보복 조치에 이르기까지 대공황을 야기한 경제 문제들은 그야말로 한두 가지가 아니었다. 게다가 이같은 문제들을 풀어나가야 할 정치 지도자들은 경제적으로 무지했을 뿐만 아니라 근린궁핍화 정책으로 자국 이기주의만 추구했다. 여기에 영국과 미국, 프랑스, 독일이 보여준 상대국에 대한 불신과 반목이 상황을 더욱 악화시켰고, 세계경제회의 같은 절호의 기회를 날려버림으로써 대공황은 장기화될 수밖에 없었다. 히틀러의 집권과 주축국의 세계경제 이탈, 그 다음은 다들 알다시피 제2차 세계대전이었다.

킨들버거는 대공황을 설명하면서 어떤 하나의 요인에 국한하지 않는다. 그는 당시 세계를 둘러싸고 있던 복잡한 문제들, 그리고 이런 풀기 힘든 문제들을 초래했던 정치적, 경제적, 사회적, 정서적 요인과 그것이 몰고 온 파장과 결과들을 차근차근 풀어나간다. "문학적 경제사가"라는 수식이 붙을 만큼 탁월한 저자의 필력은 한 세기 전에 벌어졌던 딱딱한 주제의 논쟁거리를 재미있는 일화가 풍부하게 담겨있는 오늘 현재의 관심사로 만들어놓는다.

이 책의 특징이자 묘미는 여기에 있다. 《대공황의 세계》에서 전개되는 사건의 전말을 따라가다 보면 자신도 모르게 마치 용마루에 올라서서 복잡하게 얽혀있는 세계사의 장면장면들을 찬찬히 바라보는 듯한 느낌이 들곤 하는 것이다. 책을 읽는 도중 문득문득 깨닫게 되는, 저자의 오랜 연륜이 배어있는 통찰은 예사롭지 않다. 이런 식이다. "(후버가) 스무트-홀리 관세법에 서명한 것은 세계사의 전환점이었다. 그것은 기술적인 어떤 경제적 이유 때문이 아니라 세계경제라는 무대에 이제 아무도 책임질 사람이 없다는 점을 확실히 드러냈기 때문이다."

그런가 하면 중간중간 나오는 킨들버거 특유의 멋진 비유들은 책을 읽는 즐거움을 더해준다. 몇 가지 예를 들자면, 전후 배상 문제를 다루면서 "전채 문제는 마치 시리고 아픈 치아처럼 정신을 집중하지 못하게 만들었다"고 표현한 대목이나, 주식시장의 투기적 성질을 이야기하며 "성질이 예민하고 쉽게 흥분하는 말일수록 한 번만 채찍질해도 내달리

역자 후기

게 할 수 있지만 나중에 고삐를 쥐고 끌고 가려면 강하게 저항하기 마련"이라고 간파한 것은 아주 그럴듯한 비유다.

그러나 가장 중요한 것은 킨들버거가 내린 결론이다. 이 책의 마지막 장 제목에서처럼 저자는 이를 그저 "하나의 설명an explanation"이라고 겸손하게(?) 낮춰 말했는데, 한마디로 요약하자면 리더십의 부재다. 영국은 국제 경제 시스템의 안정자로서 그 역할을 할 수 없었고, 미국은 그 역할을 하려고 하지 않았다는 것이다.

킨들버거는 이 책의 서두부터 계속해서 물음을 던진다. "대공황을 야기한 원인은 무엇이었는가? 대공황은 왜 그렇게 광범위한 지역을 강타했으며, 왜 그토록 심각했으며, 왜 그리도 오랫동안 이어졌는가?" 이 책 《대공황의 세계》는 바로 이 물음에 대한 답을 찾아간 여정이라고 할 수 있다. 그러니까 리더십을 가진 나라는 (1) 불황에 빠진 상품들에 대해 개방된 시장을 유지하고 (2) 안정적인 장기 대부를 공급하고 (3) 안정된 환율 시스템을 유지하고 (4) 각국의 거시경제 정책을 조율하고 (5) 금융 위기 시 최후의 대부자 역할을 해야 하는데, 19세기 중반부터 20세기 초까지는 영국이 역할을 해왔다. 그런데 제1차 세계대전 이후 영국은 그럴 능력이 없어서, 미국은 그럴 의사가 없어서 결국 국제 경제 시스템을 불안정하게 만들었고, 이것이 사상 초유의 대공황을 야기한 결정적인 뇌관이 됐다는 설명이다.

역자이기에 앞서 한 명의 독자로서, 과연 저자의 주장이 옳은 것인지, 킨들버거의 설명이 정확한 것인지 일일이 검증할 생각은 없다. 사실 중요한 것은 우리가 지금 맞닥뜨리고 있는 현재 상황과의 관련성이다. 그런 점에서 킨들버거의 관점은 우리에게 많은 시사점을 던져준다. 근 100년 전의 세계를 바라보고 있는 그의 시각과 오늘의 세계를 바라보는 우리의 시각이 매우 유사하기 때문이다. 제1차 세계대전 이후 대영제국 중심의 세계질서가 붕괴되고 미국이 지도국으로 자리잡는 리더십 교체기에 공백이 생겼다. 그것이 대공황과 새로운 전쟁으로 이어졌다고 할 수 있다. 그렇다면 한 세기 가까이 지도국 역할을 해왔던 미국의 리더십이 약해지고 새로이 중국이 부상하고 있는 지금은 과연 어떤가? 만일 국제 경제 시스템이 불안정해진다면 군소 국가의 하나일 수밖에 없는 우리는 그 파고波高를 어떻게 해쳐나가야 할 것인가?

이 책을 처음 읽은 것은 꼭 20년 전 이 무렵이었다. 소위 IMF 한파가 매섭게 몰아치던 때였다. 국내뿐만 아니라 태국과 인도네시아, 브라질, 러시아까지 소용돌이치듯 덮쳤던 금융위기는 얼마 지나지 않아 글로벌 금융위기로 발전했는데, 당시 국제부 와이어실에서 킨들버거의 글을 읽어나갔던 기억이 새롭다. 역사는 반복된다. 세월이 지날수록 새삼 깨닫는다. "과거를 기억하지 못하는 자는 그것을 되풀이할 수밖에 없다"는 조지 산타야나의 경고를 굳이 떠올리지 않더라도 아픈 역사는 반드시 마음속에 새겨둬야 한다. 대공황도 그런 역사 가운데 하나다.

2018년 1월 일산에서

박정태

대공황의 세계 1929 - 1939
The World in Depression 1929-1939

1판1쇄 펴낸날 2018년   1월 30일
1판2쇄 펴낸날 2021년 11월 10일

지은이 찰스 P. 킨들버거
옮긴이 박정태
펴낸이 서정예
펴낸곳 굿모닝북스

등록 제2002-27호
주소 (410-837) 경기도 고양시 일산동구 호수로 672 804호
전화 031-819-2569
FAX 031-819-2568
e-mail goodbook2002@daum.net

가격 22,000원
ISBN 978-89-91378-33-9   03320

투자의 고전을 펴내면서

어느 분야에나 고전은 있다. 문학과 역사, 철학, 과학 분야의 고전은 우리 인간이 쌓은 지식의 보고寶庫다. 고전은 세월의 검증을 받은 책이고, 고전이기에 틀림없이 우리에게 무언가 좋은 것을 말해줄 것이다. 수많은 독자들로부터 위대한 책으로 인정받았기 때문에 고전이 된 것이다.

투자 분야의 고전도 마찬가지다. 투자의 고전을 통해 우리는 투자 이론과 투자 심리를 이해할 수 있고, 투자 역사와 투자 산업을 통찰할 수 있다. 우리나라 금융시장에서 외국인 투자자가 활개를 치는 이유는 자금력이 우세해서도, 정보력이 뛰어나서도 아니다. 이들이 늘 한 발 앞서 갈 수 있는 것은 다름아닌 지식이라는 힘을 가졌기 때문이다. 이 지식은 투자의 고전에서 나온 것이다.

우리나라 투자자들도 이 지식으로 무장할 수 있다. 그러기 위해서는 훌륭한 투자의 고전이 한국어로 번역돼야 한다. 처음부터 우리말로 쓰여지지 않았다고 해서 우리의 것이 아니라고 여겨서는 안 된다. 기본적으로 저자가 쓴 글이 어떤 의미를 가진 텍스트라면 그것은 어떤 언어를 통해서든 이해하고 소화할 수 있어야 한다. 제대로 된 번역이 절실히 요구되는 이유이기도 하다.

모든 분야의 고전이 한국어로 번역돼야 하는 것처럼 투자의 고전도 반드시 한국어로 읽을 수 있어야 한다. 고전 읽기는 뿌리를 찾아가는 여행이다. 투자의 분야도 예외일 수 없다.